BLUE BOOK

智库成果出版与传播平台

创意城市蓝皮书
BLUE BOOK OF CREATIVE CITIES

创意 书系
·中国创意产业研究中心·
总 编／张京成

北京文化创意产业发展报告（2023）

BEIJING REPORT ON CULTURAL AND CREATIVE INDUSTRIES (2023)

主 编／张京成
副主编／曾凡颖 周学政

社会科学文献出版社
SOCIAL SCIENCES ACADEMIC PRESS（CHINA）

图书在版编目（CIP）数据

北京文化创意产业发展报告.2023／张京成主编；
曾凡颖，周学政副主编.--北京：社会科学文献出版社，
2023.9
（创意城市蓝皮书）
ISBN 978-7-5228-2308-9

Ⅰ.①北…　Ⅱ.①张…　②曾…　③周…　Ⅲ.①文化产
业-产业发展-研究报告-北京-2023　Ⅳ.①G127.1

中国国家版本馆 CIP 数据核字（2023）第 152477 号

创意城市蓝皮书
北京文化创意产业发展报告（2023）

主　　编／张京成
副 主 编／曾凡颖　周学政

出 版 人／冀祥德
组稿编辑／恽　薇
责任编辑／冯咏梅
文稿编辑／王雅琪
责任印制／王京美

出　　版／社会科学文献出版社·经济与管理分社（010）59367226
　　　　　地址：北京市北三环中路甲 29 号院华龙大厦　邮编：100029
　　　　　网址：www.ssap.com.cn
发　　行／社会科学文献出版社（010）59367028
印　　装／天津千鹤文化传播有限公司

规　　格／开　本：787mm×1092mm　1/16
　　　　　印　张：25　字　数：380 千字
版　　次／2023 年 9 月第 1 版　2023 年 9 月第 1 次印刷
书　　号／ISBN 978-7-5228-2308-9
定　　价／188.00 元

读者服务电话：4008918866

"创意城市蓝皮书" 总序

张京成

　　城市是生产力发展到一定阶段的产物，并随着生产力的发展而不断升级。时至今日，伴随着工业文明的推进和文化的提升，以及服务业的大力发展，经济增长方式的转变和产业结构的调整正在推动一部分城市向着一个前所未有的高度迈进，这就是创意城市。

　　创意城市已经为众多有识之士所关注、所认同、所思考。在全球性竞争日趋激烈、资源环境束缚日渐紧迫的形势下，城市对可持续发展的追求，必然要大力发展附加值高、环境友好、成效显著的创意经济。创意经济的发展实质上就是要大力发展创意产业，而城市是创意产业发展的根据地和目的地，创意产业也正是从城市发端、在城市中集聚发展的。创意产业的发展又激发了城市活力，集聚了创意人才，提升了城市的文化品位和整体形象。

　　综观伦敦、纽约、东京、巴黎、米兰等众所周知的创意城市，其共同特征大都离不开创意经济。首先，这些城市都在历史上积累了一定的经济、文化和科技基础，足以支持创意经济的兴起和长久发展；其次，这些城市都已形成了发达的创意产业，而且能以创意产业支持和推进更为广泛的经济领域创新；最后，这些城市都具备了和谐包容的创意生态，既能涵养相当数量和水平的创意产业消费者，又能集聚和培养众多不同背景和个性的创意产业生产者，使创意经济行为得以顺利开展。

　　对照上述特征不难发现，我国的一些城市已经或者正在迈向创意城市，从北京、上海等一线城市，到青岛、西安等二线城市，再到义乌、丽江等中小城市，我们自 2006 年起每年编撰的《中国创意产业发展报告》一直忠实记录着它们的创意轨迹。今天，随着创意产业的蔚然成风，其中的部分城市已经积累了相当丰富的实践经验以及大量可供分析的数据与文字资料，对其进行专门研究的时机已经成熟。

　　因此，我们决定在《中国创意产业发展报告》的基础上，逐步对中国各主要创意城市的发展状况展开更加深化、细化和个性化的研究与发布，由此即产生了"创意城市蓝皮书"，这也是中国创意产业研究中心"创意书系"的重要组成部分。希望这部蓝皮书能够成为中国每一座创意城市的忠实记录者、宣传推介者和研究探索者。

　　是为序。

Preface to the
Blue Book of Creative Cities

Zhang Jingcheng

City came into being while social productivity has developed into a certain stage and upgrades with the progress of the productivity. Along with the marching of industrial civilization, cultural development, the growth of the service industry, the transformation of economic growth and the adjustment of industrial structure, cities worldwide have by now entered an unprecedented stage as of the era of creative cities.

Creative cities have caught the attention from various fields these years. While the global competition for limited resources gets heated, sustainable development has become the only solution for cities, which brings creative economy of high added value and high efficiency into this historic stage. Creative industries is the parallel phrase to creative economy, which regards cities as the bases and the core of the development, and cities is also the place where creative industries started and clustered. On the other hand, creative industries helped to keep the city vigorous, attract more talents and strengthen the public image of the city.

From the experiences of world cities such as London, New York, Tokyo, Paris, and Milan, creative economy has been their common characteristic. First, histories of these cities have provided them with certain amount of economic, cultural and technological resources, which is the engine to start and maintain creative economy; second, all these cities have had sound creative industries which can function as a driving force for the innovation and economic growth of the city; finally, these cities have fostered harmonious and tolerant creative ecology through time, which conserves consumers of creative industries, while attracting more creative industries practitioners.

It can be seen that some Chinese cities have been showing their tendency on the way to become creative cities, such as large cities of Beijing and Shanghai, medium-size cities of Qingdao, Xi'an and even small cities of Yiwu and Lijiang, whose development paths have been closely followed up in our *Chinese Creative Industries Report* started in 2006. By now, some cities have had rich experiences, comprehensive data and materials worthy to be studied, thus the time to carry out a special research has arrived.

Therefore, based on *Chinese Creative Industries Report*, we decided to conduct a deeper, more detailed and more characteristic research on some active creative cities of China, leading to the birth of *Blue Book of Creative Cities*, which is also an important part of *Creative Series* published by China Creative Industries Research Center. We hope this blue book can function as a faithful recorder, promoter and explorer for every creative city of China.

《北京文化创意产业发展报告（2023）》编委会

顾　问　方　力　伍建民

主　任　卫万顺　梅　松

委　员　（按姓氏笔画排序）

于　隽　于丽娜　于德利　丰春秋　王苗苗

王智毓　王锦慧　吕华侨　乔　阳　刘德良

池建宇　许玥姮　孙天垚　李　洺　李道今

杨金叶　杨海丽　杨濛濛　肖　丹　吴晨生

宋慰祖　张　迪　张素娟　陈　琪　陈　端

陈娴颖　邵　颖　孟　潇　徐轶瑛　郭　昱

郭　嘉　郭尚珍　郭晓宇　黄　琳　龚　俊

康　勇　蒋金洁　曾祥瑞　颜　煌　戴俊骋

主　编　张京成

副主编　曾凡颖　周学政

主编简介

张京成　北京市科学技术研究院研究员，文化创意产业标准化研究北京市重点实验室主任，北京市文化创意产业顾问团专家，北京大学中国城市管理研究中心特约研究员，北京工业大学经济与管理学院兼职教授，澳大利亚昆士兰科技大学创意产业学院高级访问学者。主要研究领域为文化创意产业与科技政策，是国内最早研究创意产业的学者之一。2005年7月组建中国创意产业研究中心，出版了我国第一部创意产业蓝皮书，现已连续18年主持编写品牌出版物《中国创意产业发展报告》（中国经济出版社，2006～2023年）。先后主持完成国家软科学研究计划、北京市社会科学基金项目、北京市自然科学基金项目、北京市科技计划等国家级和省部级科研任务，以及科技部、中国科协、北京市科委、北京市文资办、北京市新闻出版广电局等部门委托课题近百项，其中3项获得北京市科技进步奖，1项获得北京市哲学社会科学优秀成果奖。在国内外重要学术期刊上发表论文40余篇，自2011年起策划总编"创意城市蓝皮书"系列（社会科学文献出版社，2011～2023年，已出版8个城市的32本报告），主编中国创意产业研究中心"创意书系"（包括研究系列、案例系列、翻译系列），出版研究成果30余部，在《人民日报》《科技日报》《经济日报》《北京日报》《中国青年报》等报纸上多次发表学术观点，作为业界专家多次接受中央电视台、凤凰卫视、第一财经等媒体采访。

摘　要

2022年是实施"十四五"规划的关键之年，国家文化产业实现平稳增长，北京文化产业总体趋势向好，"数字+文化"成为北京文化创意产业的重要支撑，区域特色鲜明的文化创意产业日益增多。北京文化创意产业呈现出传统文化复兴、数字技术注入新活力、文化新消费不断涌现等特色亮点。2022年，北京文化创意产业继续保持平稳增长，呈现了较好的发展态势。

首先，北京文化创意产业政策频出。2022年，北京市共发布了14项关于文化创意产业的市级支持政策，涉及文旅融合、智慧广电、非遗保护等方面，这些政策的密集出台，不仅完善了文化政策体系，为北京文化创意产业的高质量发展指明了方向，推动文化创意产业和文化市场更加繁荣、规范、有序，也对进一步发挥好全国文化中心的引领作用具有十分重要的指导意义。

其次，各种各样的传统文化以更生动、更创意的方式受到国人的喜爱与追捧，渐成风尚，一场关于传统文化的复兴正悄然发生。主旋律正能量内容、国风类文化节目及作品持续创下"新高度""新热度"。2022年，北京非遗时尚文化孵化平台入选国家文化产业发展项目库，该平台依托北京得天独厚的历史文化底蕴和首都核心功能优势，聚合全国非遗资源，聚焦中国时尚宝藏，引领非遗时尚文化设计创新，使中国非遗文化"热"起来。

再次，在数字经济发展战略、国家文化数字化战略等的推动下，Web3.0、5G、元宇宙等数字技术源源不断地为文化创意产业注入"生命力"。2022年，云展览、云演艺、云旅游、云直播、云讲座等"云"文化传播新形式打破了文化传播主体的限制和传播的时空壁垒，穿梭于线上线下、真实与虚拟之间，打造"跨次元"的文化数字世界。国内首档 Web3.0 沉浸式演唱会——百度元宇宙歌会完美收官，以数字人、数字藏品、元宇宙构建 Web3.0 时代全新的"人、货、场"玩法，树立了晚会商业化运营的标杆。数字藏品也为文化创意产业带来生机与活力。

最后，文化创意产业新消费模式不断涌现。新消费作为一种新兴的消费浪潮，包括传统消费产业向"云端"数字化、沉浸式、社交性新消费模式的转型，新文创等新消费品牌的诞生，以及实体与虚拟融合、智慧商店等新消费场景的拓展，代表着年轻化、个性化、多样化的新消费趋势。在新消费趋势下，文化消费领域涌现了一些新名词：剧本杀、密室逃脱、国风音乐、汉服、盲盒、内容 IP 等。"国潮消费"也持续加入新鲜元素，以沉浸式、在地化为鲜明特色，"国潮在地化"体验场景在 2022 年持续吸引大众关注。新潮个性的小众运动日益兴起，新消费模式推动着众多文化新产业的发展。

关键词： 文化创意产业　数字技术　博物馆文创　非遗　乡村振兴

Abstract

The year 2022 is really crucial for the implementation of the 14th Five Year Plan. The national cultural and creative industry has achieved stable growth, the "digital + culture" has become an important support for Beijing's cultural and creative industry, and the number of cultural and creative industries with distinctive regional characteristics is increasing. The cultural and creative industries in Beijing have shown distinctive highlights such as the revival of traditional culture, the injection of new vitality into digital technology, and the continuous emergence of new cultural consumption. In 2022, the cultural and creative industry in Beijing continued to maintain stable growth and presented a good development trend.

Firstly, the report analyzes the policy support for Beijing's cultural and creative industries. In 2022, Beijing issued a total of 14 support policies on the cultural and creative industry, covering various aspects such as cultural tourism integration, smart radio and television, and intangible cultural heritage protection. The policies not only improved the cultural policy system, but also pointed out the direction for the high-quality development of Beijing's cultural and creative industries, promoting a more prosperous, standardized, and orderly cultural and creative industry and market. It also has very important guiding significance for further exerting the leading role of the national cultural center.

Secondly, various traditional cultures are being loved and pursued by Chinese people in more vivid and creative ways, which has been gradually become a trendand a revival of traditional culture. The positive energy content of the main melody, as well as cultural programs and works of Chinese style, continue to reach "new heights" and "new popularity". In 2022, the Beijing Intangible

Cultural Heritage Fashion Culture Incubation Platform was selected as a national cultural industry development project library. Relying on Beijing's unique historical and cultural heritage and core functional advantages of the capital, the platform aggregates national intangible cultural heritage resources, focuses on Chinese fashion treasures, leads the design and innovation of intangible cultural heritage fashion culture, and makes Chinese intangible cultural heritage "hot".

Thirdly, driven by the development strategy of the digital economy and the national cultural digitization strategy, digital technologies such as Web 3.0, 5G, and metaverse continue to inject "vitality" into the cultural and creative industry. In 2022, new forms of "cloud" cultural dissemination such as cloud exhibitions, cloud performances, cloud tourism, cloud live streaming, and cloud lectures, have broken the limitations of cultural dissemination subjects and the spatiotemporal barriers of dissemination, shuttling between online and offline, real and virtual, creating a "cross dimensional" cultural digital world. The first Web3.0 immersive concert in China, the Baidu Metaverse Song Festival, has come to a perfect conclusion. The new "people, goods, and field" gameplay of the Web3.0 era is constructed by digital people, digital collectibles, and metaverse, which has also set a benchmark for the commercial operation of Web3.0 evenings. Digital collections also bring vitality and vitality to the cultural and creative industries.

Finally, new forms of consumption in the cultural and creative industries are constantly emerging. As an emerging trend of consumption, new consumption includes the transformation of traditional consumption industries towards digital, immersive, and social "cloud based" consumption models, the birth of new consumer brands such as new cultural and creative industries, and the expansion of new consumption scenarios such as physical and virtual integration and smart stores, representing a new trend of youthfulness, personalization, and diversification in consumption. Under the new consumption trend, some new terms have emerged in the field of cultural consumption: script killing, secret room escape, Chinese style music, Hanfu, blind box, content IP, and so on. "China-Chic Consumption" also continues to add new elements, with immersion and localization as its distinctive characteristics. The experience scene of "China-Chic Localization" will continue to attract public attention in 2022. The rise of niche movements with trendy and individualistic characteristics is driving the development of numerous cultural and new industries through new forms of consumption.

Keywords: Cultural and Creative Industries; Digital Technology; Museum Cultural and Creative; Intangible Cultural Heritage; Rural Revitalization

目 录 ↖

I 总报告

B.1 北京文化创意产业总体趋势向好 亮点呈现

.... 张京成 周学政 郭晓宇 / 001

　一 政策支持 .... / 002

　二 数据支撑 .... / 008

　三 特色亮点 .... / 016

　四 发展展望 .... / 021

II 专题研究篇

B.2 建设高质量发展的设计名城，提升北京作为世界设计之都的
国际影响力 .... 宋慰祖 / 026

B.3 北京发展数字文化产业的战略与路径 .... 李道今 / 040

B.4 北京文化产业高质量发展水平测度与评价 ..... 王锦慧 黄铭锴 / 062

B.5 北京市级文化产业园区的空间分析和发展研究
.... 陈 琪 戴俊骋 / 079

B.6　2022年北京市文化产业投融资发展情况分析 ………… 刘德良 / 094

B.7　北京舞台剧产业发展现状及策略研究………… 池建宇　刘佳乐 / 109

B.8　北京地区老字号"老店新生"发展研究

………………………………………… 郭　嘉　林　晨　韩　易 / 123

B.9　北京市乡村旅游品质提升路径及政策建议

………………………………………… 康　勇　曾祥瑞　姚肖刚 / 138

B.10　京郊文化产业发展助力北京乡村振兴

………………………………………… 孙天垚　黄　宇　何　葳 / 147

B.11　城市更新视域下北京"博物馆之城"建设路径研究

………………………………………………… 黄　琳　杨　丽 / 163

B.12　博物馆之城背景下北京存量资源建设博物馆的模式分析

………………………………………………… 乔　阳　王蒙蒙 / 177

B.13　创意与智造：从零到一的价值指数设计和应用

　　　——以北京上市文创企业创意价值指数为探例 ……… 王苗苗 / 193

B.14　数字赋能文商旅融合发展的路径解析

………………………………………… 陈　端　王汝冰　王　雪 / 209

Ⅲ　技术应用篇

B.15　数字技术赋能文旅融合发展的实践和探索

………………………………………… 孟　潇　陈　曦　刘平平 / 225

B.16　人工智能与文化创意产业的融合路径研究

………………………………………………… 徐轶瑛　佟雨欣 / 237

B.17　元宇宙在文创产业中的应用研究

………………………………………… 杨海丽　刘洪彰　刘平平 / 250

B.18　数字藏品行业发展的北京实践与路径探析

………………………………………… 陈娴颖　廖梦君　黄雨轩 / 262

B.19　科技支撑北京文化体育融合发展研究 ………………… 蒋金洁 / 275

IV　案例分析篇

B.20 文旅深度融合背景下北京新型实体书店的景观意义

　　　　及营销策略 ………………………………………… 于　隽 / 293

B.21 以纺织博物馆建设带动北京市纺织文化

　　　　传承与发展 …………………………………… 颜　煌　肖　丹 / 305

B.22 城市更新视角下的文化产业园区发展新模式

　　　　——以隆福寺文创园为例 ……………… 杨金叶　曹瀛琰 / 324

V　区域发展篇

B.23 朝阳区：注重数字赋能，抓好园区提质，打造文化

　　　　高质量发展新样板 ……………… 李　洺　王　琼　郭翔宇 / 336

B.24 丰台区：提升服务效能，当好"服务管家"，推动文化产业

　　　　提质增效 ………………… 龚　俊　杨　光　郭尚珍 / 346

B.25 怀柔区：坚持文化影视旅游融合发展，奋力打造

　　　　"永不落幕的电影节" ……………………………… 于德利 / 356

附录1　2022年度北京市级文化产业园区认定名单 …………………… / 364

附录2　中国创意产业研究中心"创意书系"出版书目 ……………… / 369

皮书数据库阅读**使用指南**

CONTENTS ↰↱

I   General Report

B.1   The Overall Trend of Beijing's Cultural & Creative
Industries is Improving and Showing Positive Highlights   / 001

    1. Policy Support   / 002

    2. Data Support   / 008

    3. Featured Highlights   / 016

    4. Development Prospects   / 021

II   Special Research Reports

B.2   Build a High-quality Design City and Enhance BeiJing's International
Influence as the World's City of Design   / 026

B.3   The Strategy and Path of Developing Digital Culture Industry
in Beijing   / 040

B.4   Measurement and Evaluation of the High Quality Development
Level of Beijing's Cultural Industry   / 062

CONTENTS ↖↘

B.5 Spatial Analysis and Development Research of Beijing Municipal
       Cultural Industrial Parks   / 079
B.6 Analysis of the Development of Cultural Industry Investment and
       Financing of Beijing in 2022   / 094
B.7 Research on the Development Status and Strategies of Beijing
       Stage Drama Industry   / 109
B.8 A Study on the Development of "Old Store Freshmen" of
       Tranditional Brands in Beijing   / 123
B.9 Path and Policy Suggestions for Improving the Quality of Rural
       Tourism in Beijing   / 138
B.10 The Development of Cultural Industries in the Suburbs of Beijing
       Helps to Revitalize Rural Areas of Beijing   / 147
B.11 Research on the Construction Path of Beijing's "Museum City"
       from the Perspective of Urban Renewal   / 163
B.12 Analysis on the Model of Building Museums with Existing
       Resources in Beijing under the Background of Museum City   / 177
B.13 Creativity and Smart Manufacturing: Design and Application of
       Value Index from Zero to One
       — *Taking the Creative Value Index of Beijing Listed Cultural & Creative
       Enterprises as an Example*   / 193
B.14 Analysis on the Path for the Integration and Development of
       Digital Empowered Culture, Business and Tourism   / 209

Ⅲ Technological Application Reports

B.15 Practice and Exploration on Digital Technology Empowering
       the Integration of Culture and Tourism Development   / 225
B.16 Research on the Integration Path of Artificial Intelligence and
       Cultural & Creative Industries   / 237
B.17 Research on the Application of Metaverse in the Cultural &
       Creative Industries   / 250
B.18 The Urban Practice of Digital Collections and the Development
       Path of Beijing   / 262

005

B.19 Research on Technology Supporting the Integration and
Development of Culture and Sports in Beijing   / 275

Ⅳ Case Study Reports

B.20 The Landscape Significance and Marketing Strategy of Beijing's
New Physical Bookstore under the Background of Deep
Integration of Culture and Tourism   / 293
B.21 Promoting the Inheritance and Development of Beijing Textile
Culture through the Construction of Beijing Cotton Mill Heritage
Textile Museum   / 305
B.22 A New Development Model of Cultural Industry Parks from the
Perspective of Urban Renewal: Taking Longfu Temple
Cultural and Creative Park as an Example   / 324

Ⅴ Regional Progress Reports

B.23 Chaoyang District: Pay Attention to Digital Empowerment,
Improve the Quality of the Park, and Create a New Model for
High-quality Cultural Development   / 336
B.24 Fengtai District: Improving the Service Efficiency as Being a Good
Service Manager, and Promoting the Improvement of Quality and
Efficiency in the Cultural Industry   / 346
B.25 Huairou District: Insisting on the Integration and Development of
Culture, Film, Television and Tourism, and Striving to Create a
Never-ending Film Festival   / 356

Appendix 1: List of Beijing Cultural Industries Clusters for 2022   / 364
Appendix 2: Book-list of "Creative Series" Published by China
Creative Industries Reaserch Center (CIRC)   / 369

总 报 告

General Report

B.1
北京文化创意产业总体趋势向好
亮点呈现

张京成　周学政　郭晓宇*

摘　要： 2022年是实施"十四五"规划的关键之年，北京加强顶层设计，强化政策引导和行业规划，为文化创意产业发展提供政策支持和保障。2022年，国家文化产业实现平稳增长，北京文化产业总体趋势向好，"数字+文化"成为北京文化创意产业的重要支撑，区域特色鲜明的文化创意产业日益增多。同时，北京文化创意产业呈现出传统文化复兴、数字技术注入新活力、文化新消费不断涌现等特色亮点。展望未来，北京需要进一步构建高精尖文化创意产业体系，争创全国文化和旅游消费示范城市，培育文化创意产业发展新动能。

---

* 张京成，北京市科学技术研究院研究员，主要研究方向为文化创意产业与科技政策；周学政，北京体育大学教授、博士生导师，主要研究方向为文化创意产业、科学社会学、体育理论；郭晓宇，北京体育大学马克思主义学院硕士研究生，主要研究方向为当代中国体育发展、文化创意产业。

关键词： 文化创意产业　高质量发展　文化消费　数字技术

2022 年是党的二十大召开之年，也是实施"十四五"规划的关键之年。在以习近平同志为核心的党中央坚强领导下，北京各地区、各部门进一步落实文化创意产业各项政策措施，文化创意产业呈现向好态势，新业态对文化创意产业的支撑作用持续增强。在科技强国建设、数字中国建设和文旅融合发展的大背景下，北京市坚持"科技为文化赋能，文化为城市赋能"的总体思路，聚焦精品生产，推动文化创意产业高质量发展，强化文化与科技的融合发展，取得了显著成效，越来越多的文化产品、文化服务与文化消费为人们带来了全新的文化体验。

2022 年，北京市规模以上文化及相关产业法人单位实现收入合计 17997.1 亿元，与上年持平。其中，规模以上文化企业实现营业收入 17555.3 亿元，同比增长 0.2%。分领域来看，文化核心领域实现收入合计 16339.4 亿元，同比增长 0.6%。其中，新闻信息服务收入、内容创作生产收入和文化娱乐休闲服务收入同比分别增长 4.3%、17.2% 和 8.1%。文化相关领域实现收入 1657.8 亿元，同比下降 6.0%。文化消费终端生产收入同比增长 3.4%。总体来看，2022 年北京市文化产业发展呈现出强大韧性和良好态势。

一　政策支持

党的二十大报告指出，健全现代文化产业体系和市场体系，实施重大文化产业项目带动战略。这是基于新形势、新情况对提高社会文明程度、提升公共文化服务水平以及促进文化产业发展做出的新部署。

2022 年，中共中央办公厅、国务院办公厅印发《"十四五"文化发展规划》（以下简称《规划》）、《关于推进实施国家文化数字化战略的意见》（以下简称《意见》）等政策文件，明确提出要加快文化产业数字化布局，推动科技赋能文化产业，为行业整体发展提供了指引和方向。北京市《关于推动北京音乐产业繁荣发展的实施意见》《北京文化艺术基金章程》《北京市社会力量兴办博物馆扶持资金管理办法（暂行）》《文化产业高质量发展三年行动计划（2020—2022年）》等政策文件的相继印发，不仅完善了文化政策体系，还推动了文化产业和文化市场更加繁荣、规范、有序。北京文化创意产业已然进入高质量发展时期。

（一）从国家政策战略高度加强文化创意产业顶层设计

1.《规划》为文化创意产业发展奠定良好基础

习近平总书记强调，"十四五"时期，统筹推进"五位一体"总体布局、协调推进"四个全面"战略布局，文化是重要内容；推动高质量发展，文化是重要支点；满足人民日益增长的美好生活需要，文化是重要因素；战胜前进道路上各种风险挑战，文化是重要力量源泉[①]。面对当前日益复杂的国际环境，我国发展不平衡不充分问题仍然突出，给我国文化创意产业发展带来了风险和挑战。基于此，《规划》正式出台。

《规划》作为锚定到2035年建成文化强国目标的第一个文化发展五年规划，对新时期重点目标任务、重要政策举措和重大工程项目进行了新的部署和安排。《规划》明确指出"文化是国家和民族之魂，也是国家治理之魂。没有社会主义文化繁荣发展，就没有社会主义现代化"，强调了文化在社会主义现代化进程中的重要位置。《规划》总结了我国文化建设的6条历史经验，强调要坚持党的全面领导，坚持人民至上，坚持新发展理念，坚持固本培元、守正创新，坚持把社会效益放在首位、社会效益和经济效益相统一，坚持统筹兼顾、全面推进，确保文化发展始终沿着正确方向前进。《规划》还概括了增强理论自信、提升社会文明程度等5个方面的文化发展目标任务，系统部署了精神文明建设、文化创作生产等12个方面的工作，明

---

① 《习近平在教育文化卫生体育领域专家代表座谈会上的讲话》，《人民日报》2020年9月23日，第2版。

晰了"十四五"文化建设的整体布局。

《规划》的出台既为文化发展提供了坚实的物质支撑、丰厚的精神滋养，也为文化领域推进实施重大工程项目、明确发展目标、研究制定专题规划积累了宝贵经验。

2.《意见》助力文化创意产业发展

国家文化数字化战略是基于整个社会的数字化程度、文化产业的发展程度进一步提出的战略。为进一步推动实施国家文化数字化战略，发挥建设国家文化大数据体系的指导作用，中共中央办公厅、国务院办公厅印发了《意见》。《意见》明确提出，到"十四五"时期末，基本建成国家文化数字化基础设施和服务平台，形成线上线下融合互动、立体覆盖的文化服务供给体系；到2035年，建成国家文化大数据体系，这是实施国家文化数字化战略的中长期目标。

中国是数字化大国、互联网大国，同时是文化产业大国。《意见》共提出了八大具体任务，其一就是加快文化产业数字化布局，在文化数据采集、加工、交易、分发、呈现等领域培育一批新型文化企业，引领文化产业数字化建设方向。当前，文化数字化逐渐改变大众文化生活潮流，为文化生产、文化传播、文化发展提供了一个重要平台。伴随数字化发展日新月异，以区块链、数字孪生、人工智能等为代表的数字技术不断丰富着文化产品的形态，越来越多有趣又新潮的文化产品逐渐走进大众的日常生活。同时，文化数字化的发展将进一步提升数字经济的广度和深度，进而推动数字经济的变革与创新。

（二）从市级政策推动角度为北京文化创意产业发展提供有效保障

为持续推动北京文化创意产业高质量发展，进一步增强文化创意产业的创新能力和国际竞争力，2022年，北京市共发布了14项关于文化创意产业的市级支持政策，涉及文旅融合、智慧广电、非遗保护等方面，这些支持政策的陆续出台，为北京文化创意产业发展提供了有效保障，也对进一步发挥好全国文化中心的引领作用具有十分重要的指导意义。

围绕建设"国际音乐之都"和华语音乐的全球中心，形成具有首都文化特色和高质量发展态势的音乐产业形态，巩固和提升北京音乐产业发展的领先地位。2022 年，北京市委宣传部出台《关于推动北京音乐产业繁荣发展的实施意见》，对推进示范产业园区建设、加快数字音乐产业发展、繁荣音乐演出产业市场等方面做出统筹规划，为北京文化创意产业增添活力。同年，在国家电影事业发展和实体书店经营方面，北京市委宣传部还出台了《北京市国家电影事业发展专项资金预算管理办法》和《北京市实体书店扶持项目管理办法（修订）》两个政策文件，对当下推动传统文化产业创新发展、发挥传统文化产业优势、适应数字化经济背景下的产业竞争具有非常重要的价值和意义。

我国文旅融合不断向纵深发展，释放强劲的产业潜力。作为全国文化中心的北京，在助推首都文化和旅游发展上实现了新跨越。2022 年，北京市文旅局出台《北京文化艺术基金章程》《北京市文化艺术基金 2023 年度项目资助申报公告》两个政策文件，旨在对舞台艺术创作、文化传播交流推广和艺术人才培养等文化艺术领域的工作进行相应的补贴、奖励。同时，北京市一直致力于精品创作，《北京市演艺服务平台项目资助管理办法》以服务演艺为核心，以精品剧目、演艺空间及线上演艺服务为支持内容，推动文化艺术特定领域的创新发展。

文化是民族的精神命脉，文艺是时代的奋进号角。2022 年，北京市继续发挥全国文化中心的示范引领作用，推出一批首都广播电视网络视听精品力作。2023 年初，北京广电局先后出台《北京广播电视网络视听发展基金 2023 年度项目资助申报指南》《关于发布 2023 年北京市 8K 超高清视听作品扶持申报要求的预通知》《关于 2023 年北京市推动智慧广电发展专项资金奖励项目申报工作的通知》等政策文件，为呈现出一系列具有时代特色的视听文化产业提供政策支持。

近年来，北京市文物局按照新时代文物工作方针，加强顶层设计，有序推动文博文创工作蓬勃发展。2022 年，北京市文物局印发《关于支持文物拍卖企业依法开展网上拍卖的意见》，该意见实施后，北京市文物局全年共审批 3200 余场文物拍卖会，成交额超 75 亿元，线上文物拍卖会多达 3100 余场，同比增长约 61%，为首都文物产业发展贡献了力量。同年，《北京市社会力量兴办博物馆扶持资金管理办法（暂行）》出台，2022 年底完成首批资金发放。截至 2022 年底,北京市备案博物馆达 210 家,全年共举办展览和活动近 500 项,使北京博物馆建设呈现新气象。

针对北京文化创意产业发展的实际需求,切实帮助文化创意企业纾困解难。2022 年,北京市国有文化资产管理中心发布了《北京市文化产业"投贷奖"政策实施细则》《北京市文化产业"房租通"政策实施细则》等政策文件,为文化创意产业发展提供了有效保障。截至 2022 年底,累计投放财政资金超过 25 亿元,共支持企业约 10000 家次,极大地缓解了小微企业在新冠疫情期间的资金压力。

为进一步支持推动文化产业园区高质量发展,根据《北京市级文化产业园区认定管理办法(试行)》,北京市委宣传部评审认定了 2022 年度北京市级文化产业园区 97 家,其中市级文化产业示范园区 11 家、市级文化产业示范园区(提名)10 家、市级文化产业园区 76 家。市级园区覆盖 13 个行政区和开发区,城市核心区集聚效应明显,其中朝阳区最多,达 33 家;东城区 17 家,西城区 14 家,海淀区 13 家;丰台区和大兴区各 4 家,通州区、顺义区、昌平区、房山区和开发区各 2 家,石景山区和门头沟区各 1 家(名单见附录一)。

(三)从区级政策落实角度促进北京文化创意产业高质量发展

北京文化创意产业发展取得辉煌成就不仅得益于中央政策、北京市级政策的大力推动和有效保障,更得益于区级政策的贯彻落实。在区级政策方面,北京各区根据区域文化创意产业特点以及产业发展遇到的新问题,相继推出各种政策促进文化创意产业发展,特别是聚焦传统文化产业、数字文化产业以及文化创意产业扶持项目,不断打造区域发展新引擎。

2022 年,北京市西城区、通州区先后印发《北京市西城区推动文化产业高质量发展若干措施》和《通州区关于促进文化产业高质量发展的若干措施》(2022 年版),这两个政策文件的印发,是西城区、通州区贯彻落实中央和北京市委部署要求、紧跟时代发展步伐、坚持守正创新、促进区域文化创意产业长期健康发展的重要指南。朝阳区是北京的消费强区,拥有文化消费、时尚消费、艺术消费等众多消费元素。2022 年,朝阳区制定了《朝阳区促进文化产业高质量发展引导资金管理办法（2022 版）》，强调要加快推进文化科技融合发展，加强文化产业新型基础设施建设，着力增强文化领域的科技应用和自主创新能力，引导和促进朝阳区文化产业高端化、融合化、集约化、国际化发展。

2022 年是北京市经济技术开发区建设发展的第 30 年，经过多年的发展，开发区充分发挥自身科技创新资源优势，高度重视并大力支持以电子竞技、高新视听为代表的科文融合产业发展，制定发布了《北京经济技术开发区视听产业政策》和《北京经济技术开发区游戏产业政策》，不断塑造产业竞争新优势。打造了中国（北京）高新视听产业园、北京网络游戏新技术应用中心、北京智慧电竞赛事中心、北京智慧融媒创新中心、紫荆文化广场等科文融合特色产业园区。在传统文化产业领域，西城区在 2022 年出台《北京市西城区实体书店、阅读空间扶持项目暂行管理办法》，对实体书店、阅读空间进行扶持奖励，助力推动"书香西城"建设。

数字技术的广泛运用成为北京数字文化消费升级的新动力。石景山区紧抓"两区"建设机遇，重点支持以数字创意为主的文化及相关产业，制定了《石景山区促进以数字创意为主的文化及相关产业发展暂行办法》，全面推进本区数字经济创新发展和数字化治理能力提升。2022 年，丰台区结合"1+3+1"高精尖产业面临的新形势、新问题，制定发布了《丰台区促进高精尖产业发展扶持措施（试行）》和《丰台区支持高新技术企业发展的若干措施》两个政策文件，进一步促进本区高精尖产业提质增量，使高新技术企业成为促进本区科技创新和经济高质量发展的重要引擎。

为促进区域文化创意产业高质量发展，助力全国文化中心建设，2022 年，东城区制定发布了《东城区"文菁计划"实施办法》，向社会公开征集"文菁计划"支持企业及项目。西城区重点支持以西城区历史文化和现实生活为背景，以影视剧、舞台剧等为形式，以反映西城区老城保护与复兴为主题的原创文化作品项目，制定了《北京市西城区文化艺术创作扶持专项资金项目管理办法（试行）》和《北京市西城区文化艺术创作扶持专项资金项目管理实施细则》两个政策文件，通过有力的文化政策支持，促进文艺创作领域蓬勃发展。

二 数据支撑

（一）国家文化产业实现平稳增长

2022 年，党的二十大胜利召开，擘画了全面建设社会主义现代化国家、以中国式现代化全面推进中华民族伟大复兴的宏伟蓝图。北京市文化产业发展质量稳步提升，文化产业收入增速逐步加快。根据国家统计局发布的《中华人民共和国 2022 年国民经济和社会发展统计公报》，经初步核算，2022 年我国 GDP 为 1210207 亿元，按不变价格计算，比上年增长 3.0%（见图 1）。其中，第一产业增加值为 88345 亿元，比上年增长 4.1%；第二产业增加值为 483164 亿元，比上年增长 3.8%；第三产业增加值为 638698 亿元，比上年增长 2.3%。第一产业增加值占 GDP 的比重为 7.3%，第二产业增加值占 GDP 的比重为 39.9%，第三产业增加值占 GDP 的比重为 52.8%[①]。

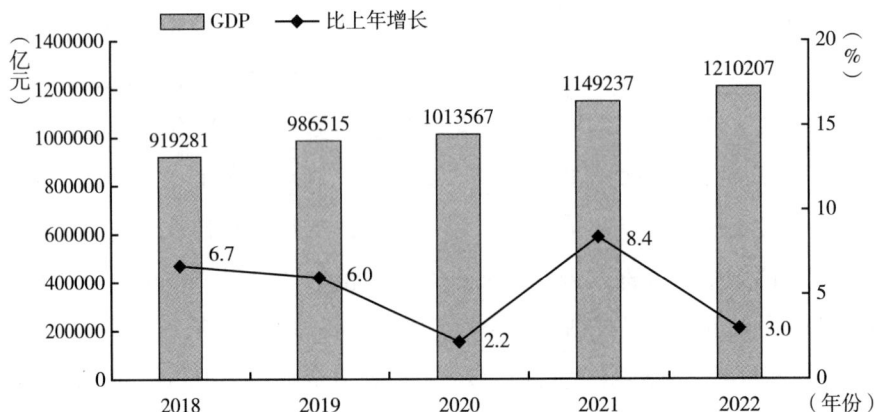

图 1　2018~2022 年我国 GDP 及其增长速度

资料来源：《中华人民共和国 2022 年国民经济和社会发展统计公报》，国家统计局网站，2023 年 2 月 28 日，http://www.stats.gov.cn/sj/zxfb/202302/t20230228_1919011.html。

[①]《中华人民共和国 2022 年国民经济和社会发展统计公报》，国家统计局网站，2023 年 2 月 28 日，http://www.stats.gov.cn/sj/zxfb/202302/t20230228_1919011.html。

2022 年，文化和旅游业受疫情影响较大。全年旅客运输总量达 55.9 亿人次，比上年下降 32.7%；旅客运输周转量达 12921.4 亿人公里，比上年下降 34.6%（见表 1）。

表 1　2022 年各种运输方式完成旅客运输量及其增长速度

指标	绝对数	比上年增长（%）
旅客运输总量(亿人次)	55.9	−32.7
铁路	16.7	−35.9
公路	35.5	−30.3
水路	1.2	−28.8
民航	2.5	−42.9
旅客运输周转量(亿人公里)	12921.4	−34.6
铁路	6577.5	−31.3
公路	2407.5	−33.7
水路	22.6	−31.7
民航	3913.7	−40.1

资料来源：《中华人民共和国 2022 年国民经济和社会发展统计公报》，国家统计局网站，2023 年 2 月 28 日，http://www.stats.gov.cn/sj/zxfb/202302/t20230228_1919011.html。

2022 年，国内游客达 25.3 亿人次，比上年下降 22.1%（见图 2）。其中，城镇居民游客达 19.3 亿人次，比上年下降 17.7%；农村居民游客达 6.0 亿人次，比上年下降 33.5%。国内旅游收入达 20444 亿元，比上年下降 30.0%。其中，城镇居民游客花费 16881 亿元，比上年下降 28.6%；农村居民游客花费 3563 亿元，比上年下降 35.8%。

截至 2022 年底，全国文化和旅游系统共有艺术表演团体 2023 个。全国共有公共图书馆 3303 家，总流通 2375 万人次；共有文化馆 3503 家。有线电视实际用户达 1.99 亿户，其中有线数字电视实际用户达 1.90 亿户。年末广播节目综合人口覆盖率为 99.6%，电视节目综合人口覆盖率为 99.8%。全年生产电视剧 160 部 5283 集、电视动画片 89094 分钟。全年生产故事影片 380 部，科教、纪录、动画和特种影片 105 部。出版各类报纸 266 亿份、各类期刊 20 亿册、各类图书 114 亿册（张），人均图书拥有量达 8.09 册

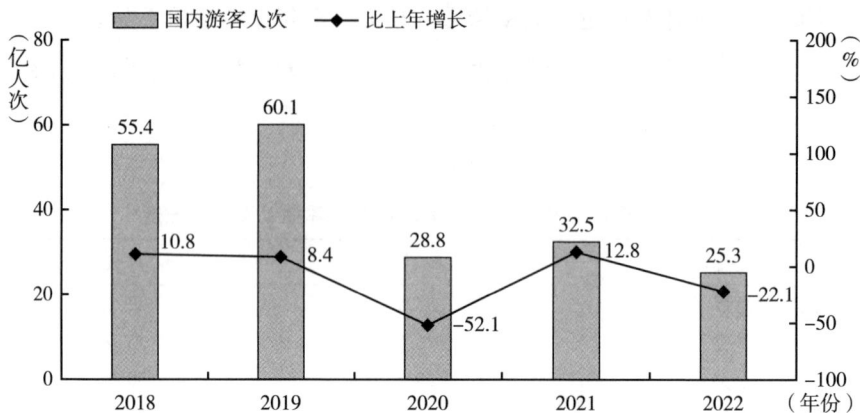

图 2 2018~2022 年国内游客人次及其增长速度

资料来源:《中华人民共和国 2022 年国民经济和社会发展统计公报》,国家统计局网站,2023 年 2 月 28 日,http://www.stats.gov.cn/sj/zxfb/202302/t20230228_1919011.html。

(张)。全国共有档案馆 4136 家,已开放各类档案 20886 万卷(件)。2022年全国规模以上文化及相关产业企业营业收入达 121805 亿元,按可比口径计算,比上年增长 0.9%。

(二)北京文化产业总体趋势向好

2022 年,面对严峻复杂的外部形势和国内经济、文化、社会等多重压力,北京市充分发挥全国文化中心的引领作用,加强核心领域文化产业的发展,持续开创文化新业态,促进文化供给与消费创新升级,凝聚多方合力应对疫情带来的冲击与变革,北京文化产业总体趋势向好。经初步核算,2022 年北京市 GDP 为 41610.9 亿元,比上年增长 0.7%(见表 2)。其中,第一产业增加值达 111.5 亿元,比上年下降 1.6%;第二产业增加值达 6605.1 亿元,比上年下降 11.4%;第三产业增加值达 34894.3 亿元,比上年增长 3.4%。三次产业构成为 0.3∶15.9∶83.8。按常住人口计算,全市人均 GDP 为 19.0 万元[1]。

---

[1]《北京市 2022 年国民经济和社会发展统计公报》,北京市统计局、国家统计局北京调查总队网站,2023 年 3 月 21 日,http://tjj.beijing.gov.cn/tjsj_31433/tjgb_31445/ndgb_31446/202303/t20230321_2940951.html。

表2　2022年北京市GDP情况

指标	绝对数(亿元)	比上年增长(%)	比重(%)
GDP	41610.9	0.7	100.0
按产业分			
第一产业	111.5	−1.6	0.3
第二产业	6605.1	−11.4	15.9
第三产业	34894.3	3.4	83.8
按行业分			
农、林、牧、渔业	113.1	−1.8	0.3
工业	5036.4	−14.6	12.1
建筑业	1614.2	0.1	3.9
批发和零售业	3110.3	−1.1	7.5
交通运输、仓储和邮政业	879.2	−4.6	2.1
住宿和餐饮业	372.6	−13.7	0.9
信息传输、软件和信息技术服务业	7456.2	9.8	17.9
金融业	8196.7	6.4	19.7
房地产业	2594.5	−1.2	6.2
租赁和商务服务业	2581.4	−1.3	6.2
科学研究和技术服务业	3465.0	1.8	8.3
水利、环境和公共设施管理业	304.5	1.5	0.7
居民服务、修理和其他服务业	200.7	−2.4	0.5
教育	1927.4	−2.9	4.6
卫生和社会工作	1260.1	13.7	3.0
文化、体育和娱乐业	784.3	−2.2	2.0
公共管理、社会保障和社会组织	1714.1	3.5	4.1

资料来源：《北京市2022年国民经济和社会发展统计公报》，北京市统计局、国家统计局北京调查总队网站，2023年3月21日，http://tjj.beijing.gov.cn/tjsj_31433/tjgb_31445/ndgb_31446/202303/t20230321_2940951.html。

截至2022年底，北京市共有公共图书馆21家，总流通769.5万人次；国家档案馆18家，馆藏纸质档案1049.5万卷（件）；备案博物馆210家，其中免费开放100家；群众艺术馆、文化馆18家。北京地区登记在册的报刊总量达3514种，出版社达240家，出版物发行单位达10419家。全年引进出版物版权7446件，版权（著作权）登记105.4万件。年末有线电视实际用户达 610.1 万户，其中高清电视实际用户达 344.2 万户，超高清（4K）实际用户达 193.7 万户。全年制作电视剧 36 部 1260 集、电视动画片 20 部 4351 分钟、纪录片 150 部、网络剧 58 部、网络电影 98 部、网络微短剧 43 部、网络动画片 28 部。全年生产电影 135 部，共有 30 条院线 292 家影院，共放映电影 262.9 万场，观众达 2575.4 万人次，票房收入达 14.2 亿元。2022 年北京接待旅游总人数 1.8 亿人次，比上年下降 28.5%；实现旅游总收入 2520.3 亿元，比上年下降 39.5%。其中，接待国内游客 1.8 亿人次，比上年下降 28.6%，国内旅游总收入达 2490.9 亿元，比上年下降 39.8%；接待入境游客 24.1 万人次，比上年下降 1.6%，国际旅游外汇收入达 4.4 亿美元，比上年增长 2.3%[①]。

从文化产业发展的总体趋势来看，2022 年 1~12 月，北京市规模以上文化产业收入合计 17997.1 亿元，与上年持平。其中，营业收入达 17555.3 亿元，同比增长 0.2%；实现利润总额 1846.6 亿元，同比增长 26.1%；从业人员平均人数为 61.3 万人，同比下降 7.8%（见表 3）。总体来看，2022 年北京文化产业继续保持平稳增长，呈现较好的发展态势。

表 3   2022 年 1~12 月北京市规模以上文化产业情况

项目	收入合计		营业收入		利润总额		从业人员平均人数	
	1~12 月（亿元）	同比增长（%）	1~12 月（亿元）	同比增长（%）	1~12 月（亿元）	同比增长（%）	1~12 月（万人）	同比增长（%）
合计	17997.1	0.0	17555.3	0.2	1846.6	26.1	61.3	-7.8
文化核心领域	16339.4	0.6	16010.3	0.8	1781.4	29.1	52.5	-8.0
新闻信息服务	5243.4	4.3	5127.5	4.6	144.6	262.1	13.4	-10.2
内容创作生产	4801.2	17.2	4658.9	18.2	1506.1	30.4	18.0	-2.1
创意设计服务	3465.5	-15.1	3465.5	-15.1	78.3	-19.4	10.3	-9.5

① 《北京市 2022 年国民经济和社会发展统计公报》，北京市统计局、国家统计局北京调查总队网站，2023 年 3 月 21 日，http：//tjj.beijing.gov.cn/tjsj_31433/tjgb_31445/ndgb_31446/202303/t20230321_2940951.html。

续表

项目	收入合计		营业收入		利润总额		从业人员平均人数	
	1~12月（亿元）	同比增长（%）	1~12月（亿元）	同比增长（%）	1~12月（亿元）	同比增长（%）	1~12月（万人）	同比增长（%）
文化传播渠道	2657.5	-7.0	2643.3	-7.1	86.2	-23.8	7.5	-13.3
文化投资运营	48.9	-12.4	41.9	-8.6	24.7	54.6	0.3	-7.0
文化娱乐休闲服务	122.9	8.1	73.1	14.0	-58.6	—	3.0	-11.2
文化相关领域	1657.8	-6.0	1545.0	-6.1	65.2	-23.2	8.8	-6.3
文化辅助生产和中介服务	695.4	-13.3	582.7	-14.9	32.0	-10.6	7.3	-6.5
文化装备生产	90.4	-23.6	90.4	-23.6	3.0	-33.4	0.6	-8.5
文化消费终端生产	871.9	3.4	871.9	3.4	30.3	-32.3	1.0	-3.3

资料来源：《规模以上文化产业情况》，北京市统计局、国家统计局北京调查总队网站，2023年2月1日，http：//tjj. beijing. gov. cn/tjsj_ 31433/yjdsj_ 31440/wh/2022/202302/t20230201_ 2910194. html。

2022年1~12月，文化核心领域收入合计16339.4亿元，同比增长0.6%。其中，内容创作生产、文化娱乐休闲服务和新闻信息服务发挥引领带动作用，分别同比增长17.2%、8.1%和4.3%。文化相关领域收入合计1657.8亿元，同比下降6.0%，在一定程度上受到宏观经济和疫情的影响。其中，文化消费终端生产收入合计871.9亿元，同比增长3.4%；文化辅助生产和中介服务收入合计695.4亿元，同比下降13.3%；文化装备生产收入合计90.4亿元，同比下降23.6%。

2023年1~6月，北京市规模以上文化产业收入合计9535.3亿元，同比增长14.8%。其中，营业收入达9337.5亿元，同比增长15.8%；实现利润总额1148.9亿元，同比增长51.6%；从业人员平均人数为59.1万人，同比下降7.8%（见表4）。由以上数据可知，2023年上半年北京文化产业复苏加快，呈现繁荣发展态势。

表 4　2023 年 1~6 月北京市规模以上文化产业情况

项目	收入合计		营业收入		利润总额		从业人员平均人数	
	1~6 月（亿元）	同比增长（%）	1~6 月（亿元）	同比增长（%）	1~6 月（亿元）	同比增长（%）	1~6 月（万人）	同比增长（%）
合计	9535.3	14.8	9337.5	15.8	1148.9	51.6	59.1	-7.8
文化核心领域	8639.9	14.8	8489.4	15.5	1107.9	51.1	49.9	-8.3
新闻信息服务	2595.8	11.9	2552.4	12.7	195.1	55.2	11.5	-7.3
内容创作生产	2789.8	31.2	2722.9	33.1	739.0	23.3	17.6	-7.6
创意设计服务	1683.7	-2.6	1683.7	-2.6	18.1	20.6	10.1	-9.4
文化传播渠道	1451.6	14.3	1443.6	14.6	144.1	411.3	7.2	-12.8
文化投资运营	25.0	9.7	22.9	2.3	23.3	862.2	0.3	-3.4
文化娱乐休闲服务	93.8	64.3	64.0	103.1	-11.7	—	3.2	-0.6
文化相关领域	895.4	14.7	848.0	19.3	40.9	66.9	9.2	-5.4
文化辅助生产和中介服务	380.5	10.5	333.1	21.1	20.7	138.6	7.5	-4.7
文化装备生产	39.3	-11.2	39.3	-11.2	-0.6	—	0.7	-2.8
文化消费终端生产	475.6	21.4	475.6	21.4	20.8	32.4	1.0	-11.9

资料来源：《规模以上文化产业情况》，北京市统计局、国家统计局北京调查总队网站，2023 年 8 月 1 日，http://tjj.beijing.gov.cn/tjsj_31433/yjdsj_31440/wh/2023/202308/t20230801_3211909.html。

（三）"数字+文化"成为北京市文化创意产业的重要支撑

党的二十大报告首次提出"实施国家文化数字化战略"，反映了文化数字化已进一步成为新时代推进文化自信自强的重要抓手。当前，我国正在阔步迈入数字化时代，5G、人工智能、云计算等数字技术快速发展，数字经济释放蓬勃活力，人们的数字文化消费需求日益增长。

近年来，数字化为北京文化创意产业带来了巨大机遇，在提高质量和效率的同时，新动能增长领域与文化创意产业双向融合，催生了一系列高附加值的文化创意产品。截至 2022 年底，国家图书馆（国家古籍保护中心）等 6 家单位新发布古籍数字资源 6786 部（件），全国已累计在线发布古籍数字资源 13 万部（件）。"沉浸式+"逐渐发展成一个行业，且在过去几年内迅速发展，借助 AR、VR、MR 等技术，围绕人的文化需求打造沉浸式体验，目前出现了沉浸式演艺、沉浸式游戏、沉浸式影视、沉浸式展览等一系列丰富的形态。博物馆可以借助 VR 技术还原文物古迹或历史场景；游乐场不断推出 AR 体验馆、VR 电影等数字化旅游项目。2022 年 12 月，北京国际设计周主题展开幕暨经典设计奖颁奖仪式通过线上直播的方式成功举办。围绕数字化与产业发展、智能化与城市更新、信息化与文化传承、智慧化与生活方式等主题，数字经济与实体经济不断深度融合。

同时，数字化不断创造满足多样化、个性化需求的新场景，数字化虚拟游览已成为文化体验新模式。2022 年，国家博物馆推出的"8K+AR+5G 科技助力全球博物馆珍藏云端智慧传播"入选 2022 年文化和旅游数字化创新实践优秀案例，并完成首个国博数智人"艾雯雯"的设计、开发、发布和宣推工作。在"古代中国"展厅，艾雯雯作为虚拟数智人与馆藏文物产生神奇感应，拥有"让文物活起来"的独特魅力。故宫全新改版上线的"全景故宫"，覆盖故宫所有开放区域，游客可以通过移动手机屏幕、点击方向指示箭头，全方位、近距离感受故宫景观与文化，将紫禁城景观尽收眼底。2022 年，北京注重中轴文化推广宣传，以云直播形式举办以"中轴非遗·遗脉相承"为主题的非遗"五进"（进商圈、进园区、进文物、进景区、进酒店）活动，吸引线上观众近 600 万人次，用现代科技方式立体展现了中轴线的独特魅力。西城区博物馆编制完成"古都溯源·骑遇西城"文旅骑行线路、"梨园文化·国粹之旅"文旅线路，推出 3 条博物馆线路，推进区属博物馆数字化新场景建设，实现"三皇五帝与百家姓"专题展览 VR 全景上线。

（四）打造区域特色鲜明的文化创意产业

北京作为世界著名古都和历史名城，拥有丰富的历史文化遗产资源，遍布于西城区、东城区、海淀区等区域。由于各区域所在的地理位置不同、拥有的历史建筑不同，各区域文化创意产业的发展也各具特色。

"三山五园"是海淀区独有的优秀历史文化资源，2022 年，海淀区加快推动"三山五园"的保护利用工作，并新建"三山五园"艺术中心，建成后将成为海淀区服务全国文化中心建设和展示"三山五园"历史人文风貌的标志性建筑。同时，海淀区充分发挥其科技优势，创新合理利用文物的技术手段，让文物"活"起来，并开发众多将历史文化与时代潮流相结合的文创产品，带动了文物和旅游的融合发展。石景山区是北京市"一核一城三带两区"文化中心建设框架的重要组成部分，辖区内拥有丰富的自然和文化资源。2022年，石景山区充分发挥其优势打造自然露营地，通过与历史人文景观紧密结合，形成集花卉观赏、文化旅游、休闲采摘于一体的特色农业旅游产业项目。北京作为国内书香氛围最浓厚的城市之一，拥有众多知名书店，如三联韬奋书店、王府井新华书店等。2022年，东城区推出了"国潮风尚""书映百年"等5条书香之城探访路线。北京中轴线是中国城市文化和空间形态的杰出代表，应保护、传承、利用好这份宝贵的历史文化遗产。2022年，西城区坚持以中轴线保护带动老城整体保护与复兴，把文化遗产视为宝贵的可持续发展资源，在全市首创文物建筑活化利用"揭榜挂帅"新模式，塑造"白塔夜话""老舍戏剧节""京剧发祥地"等文化品牌，创新推出"万象中轴"数字文化体验项目，"点亮中轴线"整体效果逐渐呈现。

三　特色亮点

（一）传统文化复兴悄然发生

传统文化复兴植根于中华民族悠久深厚的历史底蕴，应以优秀传统文化为根脉，持续从中汲取灵感，不断深耕与传承。2022年春晚，《千里江山图》《只此青绿》等节目成为亮点；《典籍里的中国》《此画怎讲》等国风文化节目现象级刷屏；汉服、马面裙等民族服饰受到追捧。2022年，各种各样的传统文化以更生动、更创意的方式受到国人的喜爱与追捧，渐成风尚，一场关于传统文化的复兴正悄然发生。

　　构建强有力的文化 IP 是实现从"文旅大国"到"文旅强国"转变的必经之路。《只此青绿》在 2022 年春晚亮相后，成为"一票难求"的现象级舞剧。创作团队深度挖掘文化 IP 的核心价值，与多行业合作推出《只此青绿》联名产品，以文化融入产品，以产品融入生活，延续"出圈"热度。除授权消费品牌外，《只此青绿》出品方也进行了一系列文创商品的开发，推出了《只此青绿》数字藏品纪念票，精选了 5 张剧照和 1 幅书法题词，设计了 6 款纪念票，共发售 24000 张。在全国巡演时，出品方在观众大厅开辟了周边产品柜台，进行保温杯、香氛明信片、多层文件夹、笔记本、丝巾发带、丝绒包等文创衍生品的销售。

　　《北京市推进全国文化中心建设中长期规划（2019 年—2035 年）》指出，引导各种文化要素集聚，推进融合创新，使北京成为民族文化精华的展示地。2022 年，北京冬奥会、冬残奥会成功举办，吉祥物冰墩墩、雪容融以中国国宝熊猫和中国传统春节元素红灯笼为原型，在开发和传播的过程中完成了从传统运动赛事吉祥物到文化 IP 的跨越，一跃成为"爆款"IP，通过儿童音乐剧、动画电影以及网络数字产品等跨媒介模式进行 IP 产业开发，并借助意见领袖、UGC 互动和融媒体矩阵进行全媒体传播，构建 2022 年北京冬奥会吉祥物的文化 IP 矩阵。2022 年，北京欢乐谷举办了"国潮"文化节，纵向挖掘"神秘金面""传奇山海经""甜品王国的饼干警长""民间飞侠燕子李三"等文化 IP，横向推进三大中国传统 IP"大闹天宫的孙悟空""浴火重生的哪吒""好兄弟葫芦娃"合作打造"中华文化复兴者联盟"，通过主题展览、主题演艺、主题巡游和主题商品销售等形式，打造国漫"宝藏"IP，掀起一股真正的中华传统文化复兴风潮。

　　融媒体时代，主旋律正能量内容、国风类文化节目及作品持续创下"新高度""新热度"。2022 年，中央广播电视总台打造了"大会"系列文化知识品牌，相继推出了《中国国宝大会》《中国考古大会》等精品节目，展示中华文明的灿烂成就和对世界文明的重大贡献；以"经典"创新打造融古贯今的文化精品，围绕经典古籍、诗词歌赋、文物宝藏等中华文化经典，推出《典籍里的中国》《国家宝藏》等节目，使千年经典"潮"起来、传统文化"热"起来。2022年，北京继续走在传承传统文化这条路上，推出国内首档为宋词谱曲的真人秀节目《寻找蝶恋花》，让宋词成为全民哼唱的流行曲；推出首档国风潮牌服饰创意真人秀节目《青青子衿》，打造时尚国风服饰新潮流。

传统文化复兴还包括国学、汉服、乐曲等各种传统文化的传播。2022年热播剧《梦华录》中精致的宋代点茶、茶百戏，让观众身临其境地感受宋人的雅趣。2022年，"落手秀民族服饰"词条登上视频平台传播榜，播放量达33.6亿次，助推民族文化传播。2022年，北京非遗时尚文化孵化平台入选国家文化产业发展项目库，该平台依托北京得天独厚的历史文化底蕴和首都核心功能优势，聚合全国非遗资源，聚焦中国时尚宝藏，引领非遗时尚文化设计创新，使中国非遗文化"热"起来。

（二）数字技术为文化产业注入"生命力"

在数字经济发展战略、国家文化数字化战略等的推动下，Web3.0、5G、元宇宙等数字技术源源不断地为文化创意产业注入"生命力"，让科技的理想之光照进现实。Web3.0是一种互联网技术，早在2014年就被提出，随着2022年数字货币、元宇宙、数字藏品的全面兴起，其重新走进大众视野。

2022年，《关于推进实施国家文化数字化战略的意见》《虚拟现实与行业应用融合发展行动计划（2022—2026年）》等政策文件为新时代推动文化数字化高质量发展指明了方向；全国50家博物馆、高校的60名馆长、学者联名发布《关于博物馆积极参与建构元宇宙的倡议》，武汉、成都等城市均将"元宇宙"写入政府工作报告，为文化及各行业入局元宇宙夯实了基础。

2022年，云展览、云演艺、云旅游、云直播、云讲座等"云"文化传播新形式打破了文化传播主体的限制和传播的时空壁垒，穿梭于线上线下、真实与虚拟之间，打造"跨次元"的文化数字世界。由中国文物交流中心指导的线上看展小程序"云上觅宝",在支付宝上线了首个元宇宙概念博物馆空间,首展推出宋代文物虚拟展"梦回宋朝",用户在虚拟空间中创建角色即可沉浸式观展。国内首档 Web3.0 沉浸式演唱会——百度元宇宙歌会完美收官,该歌会以"AI+XR"的奇幻舞台形式,带给观众全方位的沉浸式互动体验,直播两小时观看人数超 5000 万人。同时,该歌会以数字人、数字藏品、元宇宙构建 Web3.0 时代全新的"人、货、场"玩法,树立了晚会商业化运营的标杆,开启了虚拟与现实的穿越、Web3.0 与元宇宙的探索。2022 年,中国首个文化遗产主题元宇宙博览会——2022 文化遗产元宇宙博览会在元宇宙空间成功举行,填补了文化遗产元宇宙的空白。该博览会以"抖转新遗　遗脉相承"为主题,以西城区文化遗产生态资源优势聚焦核心技术、人才、产品和应用场景,致力于实现文化科技的跨界融合。2022 年"五四"青年节,央视携手腾讯开创了国内首个数实融合的虚拟音乐世界节目,通过"海量用户+庞大场景+同屏互动+多端接入"的全新 3D 技术,让超百万名用户化身"数字人",进入虚拟音乐世界。

2022 年,数字藏品为文化创意产业带来了生机与活力。第 53 个世界邮政日,人民创意携手中国邮政北京市分公司共同创作,以"世界上第一枚邮票"为原型,运用创新技术再现经典,首次推出"黑便士 180 周年"纪念套装数字藏品。影视剧《人世间》掀起收视热潮,"人世间"也成为超级 IP。围绕《人世间》背后的百姓文化,灵境·人民艺术馆与北京一未文化传媒有限公司联合推出了"献给世间最珍贵的你"人世间数字藏品,用数字化的方式让浓浓的情怀永久留存。为进一步助力实施乡村振兴战略,新华社推出首款乡村振兴数字藏品——"看得见的改变·石阡旧貌""看得见的改变·石阡新貌",成为将数字公益文化 IP 与区块链技术相结合的有力实践。

(三)文化新消费不断涌现

习近平总书记指出,要培育新型文化业态和文化消费模式,以高质量文化供给增强人们的文化获得感、幸福感①。新消费作为一种新兴的消费浪潮，包括传统消费产业向"云端"数字化、沉浸式、社交性新消费模式的转型，新文创等新消费品牌的诞生，以及实体与虚拟融合、智慧商店等新消费场景的拓展，代表着年轻化、个性化、多样化的新消费趋势。

在新消费趋势下，文化消费领域涌现了一些新名词：剧本杀、密室逃脱、国风音乐、汉服、盲盒、内容 IP 等。剧本杀、密室逃脱在满足人民群众多样化精神文化生活需求的同时，拓展了文化消费的类型，丰富了沉浸式体验经济的业态表现形式，使全国各地的文化创意产业纷纷以剧场模式构建文旅 IP。当前，汉服已成为"国潮"文化、"国风"经济的重要内容。2022年9月，北京汉服文化节成功举办，华夏衣冠礼仪秀展现了传统服饰魅力，营造了吸引不同年龄圈层、不同偏好人群共同参与的浓郁文化消费氛围。2022年，第十届北京惠民文化消费季聚焦党的二十大、假日经济、传统文化、乡村振兴等主题，为群众带来红色观影季、红色图书特展、中秋文化市集、汉服文化节、非遗国潮游园会、京郊寻美等特色主题活动，累计举办活动 27.84 万场，吸引 5.25 亿人参与，带动消费金额近 120 亿元。

当前，在科技赋能和消费升级的驱动下，"新"的消费场景持续涌现。2022年9月，通州区阿派朗创造力乐园开园，开设了"不迷路——高颜值雪森林迷宫""派斯基摩村——主题雪上营地"等亮点项目以及"好饿的雪怪"等特色活动。这是北京市首座将前沿科技转化为亲子游玩体验的户外智玩 IP 乐园，为北京新添了一处特色消费场景，在数字化的不断驱动下构建了线上线下"双线融合"的新消费模式。2022年4月，国务院办公厅印发《关于进一步释放消费潜力促进消费持续恢复的意见》，提出促进新型消费，加快线上线下消费有机融合，扩大升级信息消费，培育壮大智慧产品、智慧零售、智慧旅游等消费新业态。随着民族文化自信的增强，"国潮"成为一股主流消费热潮，2011~2021年，"国潮"的搜索热度涨幅超过5倍，

---

① 《习近平：举旗帜聚民心育新人兴文化展形象　更好完成新形势下宣传思想工作使命任务》，《人民日报》2018年8月23日，第1版。

"国潮"成为重要的消费经济和文化现象。而随着文化创意产业的不断发展，"国潮消费"也持续加入新鲜元素，以沉浸式、在地化为鲜明特色，"国潮在地化"体验场景在2022年持续吸引大众关注。

2022年，新潮个性的小众运动日益兴起，新消费模式推动着众多文化新产业的发展。2022年北京冬奥会掀起了全民"冰雪热"，2023年春节假期期间，超6.4万名游客进入北京世园公园玩冰雪、赏花灯。露营经济逐渐从小众化走进大众视野，2022年北京露营文化节成功举办，集生态、体育、旅游于一体，深挖"露营+"特色，开启露营生活新方式。2022年，因具有参与门槛低、包容性强、社交属性突出等特点，飞盘成为城市热门运动和年轻人的潮流运动，同时带动了不少城市衍生具有一定规模的飞盘俱乐部，初步探索飞盘商业化模式。艾媒咨询的数据显示，2021年中国飞盘产业核心市场规模为75.9亿元，产业市场规模为867.7亿元。预计未来几年，中国飞盘产业核心市场规模和产业市场规模将持续增长，且增长速度将不断加快。

四　发展展望

（一）构建高精尖文化创意产业体系

首都文化资源基础雄厚，文化产业前景广阔。加速构建与建设全国文化中心相适应的高精尖文化创意产业体系、增强首都文化软实力，是贯彻落实"十四五"时期首都城市战略定位、把首都文化优势转化为首都发展优势的必然要求。

北京电竞产业作为将文化与科技深度融合的新锐产业，凭借线上线下相结合的独特优势，迸发着超乎想象的活力。自2020年北京发布电竞相关政策以来，北京电竞产业呈现蓬勃发展势头，从观众到俱乐部，从文化活动到体育比赛，从政策引导到产业落地，北京正在逐渐形成具有自身特色的电竞产业发展模式。未来，北京将继续出台一系列规划政策，完善"电竞北京"

品牌活动体系，支持电竞产业在京发展，吸引优质电竞企业和项目落地生根。首都文化不仅有丰富多彩的表现形式，还蕴含中国传统文化的精神内涵，北京文化创意产业要继续运用创意元素，将文化产品的商品属性和意识形态属性进行完美结合，创作一批文化精品。同时，做强北京文博会、北京国际电影节、北京国际设计周，建设国家文化出口基地、国家文化产业创新实验区等，将是今后北京文化创意产业的发展方向。

将文化内容与数字技术相结合的新型文化业态已成为北京文化创意产业发展的重点领域和数字经济的重要组成部分。未来，北京要借着新一代信息技术的强劲势头对多领域的文化资源进行创新，推动数字化、VR、AR、光影技术等在文化和旅游领域的发展，增强文化数据库、数字藏品、VR 主题公园、光影秀、高科技体验馆等新消费体验；重点培育动漫游戏、移动互联网应用、视听新媒体等新兴文化业态，依托高新技术手段不断加强文化产品的创新设计；继续办好北京文创市集、北京惠民文化消费季，推进 798 艺术区、国家新媒体产业基地、"新华 1949" 文化金融与创新产业园等的建设，推出更多全球知名的"夜京城"消费品牌。

实体空间是城市的文化符号和载体。未来，北京要打造一批市场响应度高、文化影响力大、消费活跃度高的精品书店、品牌书店、流量书店。同时，打造"书香北京"和"博物馆之城"，以公共图书馆、综合书城等为支撑，构建现代公共阅读服务体系。2022 年，中央广播电视总台和北京卫视精品佳作频出，如现实题材电视剧《人世间》、大型创新文化节目《古韵新声》、系列文化纪录片《遇见中国》等，持续引领中国文艺精品创作风向。今后，北京要加强对重点剧目的策划与扶持，推动创作首钢题材的京剧作品、北京中轴线题材的交响乐作品等，继续发挥主流媒体的引领作用，推出更多精品力作。

（二）争创全国文化和旅游消费示范城市

党的二十大报告指出，坚持以文塑旅、以旅彰文，推进文化和旅游深度融合发展。北京市文旅局以"扩内需、促消费，拓开放、抓入境，优服务、提品质"作为新时期推动文旅深度融合的工作重点。2022年，北京市文旅局公布了"2022北京旅游商品和文创产品大赛榜单"，涵盖了20项"倍儿北京"榜单上榜作品及强国复兴红色主题、外事商务礼品主题、"一城四带"文化主题、"文博+公园+非遗"主题、"双奥之城"文旅体融合主题、节日节气中国传统文化主题六大主题榜单的120项上榜作品。未来，北京要继续开发更多符合人民群众需求的文旅产品，进一步升级打造"北京礼物""骑游北京"等文旅品牌，扩大首都文化和旅游消费，形成文化创意产业集群效应，提振文旅企业发展信心，以文创产品品质提升激活高品质文旅消费。

近年来，红色文化的弘扬和传承为红色旅游提供了广阔的市场和舞台，红色旅游热度持续攀升，北京成为最受关注的红色旅游城市之一。未来，北京将继续开发利用好红色资源，推动北大红楼、卢沟桥文化旅游区、香山革命纪念馆等爱国主义教育主题区成为知名红色旅游目的地，让红色文化更加鲜活生动。北京不仅拥有丰富的红色文化，更拥有宝贵的非物质文化遗产。目前，北京市已推出北京城市中轴线非遗主题旅游线路，围绕中轴线沿线的人文历史设计了非遗研学、非遗体验、非遗探访等旅游内容，全面展示了北京的古都文化、老城文化和红色文化。未来，北京要继续开发具有全国示范效应的非遗主题旅游线路，并推出水上文旅精品线路和长城文化旅游线路，将历史文化与旅游资源合理组成可看、可玩、可购、可赏的精品文化旅游产品，助力形成首都文化和旅游新消费热点。

同时，北京应加强数字化与文旅产业的深度融合，推进5G、AR、VR、MR等数字技术的运用，完善"VR全景智慧文旅地图""一键游北京"等文旅"新基建"项目，做强做响"漫步北京""品读建筑"等品牌，开展"网红打卡地"榜单推荐，推动智慧文旅平台建设项目尽快落地；促进科技不断赋能文化活动，首钢园为2022年北京冬奥会的成功举办做出了重大贡献，同时留下了宝贵的"冬奥遗产"，要积极推动"冬奥遗产"的赛后利用，以AR、VR、全息影像等技术为手段，改造出沉浸式剧场、科技秀等内容，打造"科技+工业遗存"文旅目的地；进一步完善文旅消费供给体系，推出"环球主题公园+"旅游线路，发挥北京环球影城项目的"外溢效应"。充分利用北京市丰富的文旅资源，加强产品创新、技术创新、模式创新，使新时期的文旅产业更加满足数字化、多样化、个性化的消费需求，让大众进一步感受科技赋能文旅带来的价值。

（三）培育文化创意产业发展新动能

"文化中心"是党中央赋予北京"四个中心"城市战略定位的重要组成部分。北京聚力打造全球文化创意中心，在文化创意产业领域绘制发展新蓝图，通过培育文化创意产业新业态、新动能、新消费，激发文化创意产业的发展活力。

"文化+科技"融合发展成为新的发力点。北京加速推进数字技术与文化创意产业的对接，持续攻关关键技术，提升文化创意产业的科技感、开放感。不断完善产业链条，激活"文化+科技"新业态，优化公共文化服务，打造文化消费新场景，提升民众的文化体验。引入绿色能源，率先推动碳中和示范区建设，为文化创意产业增添生态环境友好、绿色零碳引领的明显特征，使其成为北京构建绿色低碳循环发展经济体系、推动可持续发展的重要引擎。未来，北京要加快推进智慧园区建设，充分利用5G、大数据等新技术，提升园区的科学管理水平。促进网络教育、网络游戏、数字音乐、数字出版等新业态融合发展，开启业态更新、转型提升的新阶段。

老旧厂房保护和利用成为北京城市更新的热点。改革开放后，北京大力推动产业结构优化升级，重化工企业陆续搬离，留下大批老旧厂房。北京要继续出台一系列促进文化创意产业发展的举措，鼓励利用老旧厂房优先发展文化创意产业，积极引入创新项目，在保护工业遗产、推动文化创意产业发展的同时，为节能减排和可持续发展做出有益探索。北京已改造利用2000多万平方米的老旧厂房，使首钢滑雪大跳台成为城市地标。未来，北京要继续推动老旧厂房保护和利用，推动可持续发展模式下的城市更新。

文化消费成为新的重要经济增长点。北京要发挥文化消费带动作用，加快实施"文化商圈"计划，打造以"老字号+国潮"为特色的传统文化消费圈、以"品牌+品质"为特色的时尚魅力消费圈、以"国际+休闲"为特色的时尚娱乐圈，激活城市高端消费潜力；进一步扩大惠民文化消费电子券的发放范围，进一步激活民众消费，着眼文化消费新热点与新趋势，有效引导市民的文化消费行为。《中共中央国务院关于做好2022年全面推进乡村振兴重点工作的意见》指出"启动实施文化产业赋能乡村振兴计划"，预计到2025年，文化产业赋能乡村振兴的有效机制基本建立。今后，北京要持续推进"文化+乡村振兴"新业态发展，强化以城带乡、城乡互促，在让乡村旅游成为市民消费新需求的同时转化乡村潜在资源，使其成为被市场接受的文化创意产品，形成一批具有市场竞争力的文化创意产业特色品牌，建成一批具有鲜明特色的文化创意产业乡镇和村落，依托优秀乡土文化，培育乡村发展新动能，使文化创意产业为全面推进乡村振兴做出积极贡献。

专题研究篇
Special Research Reports

B.2
建设高质量发展的设计名城，提升北京作为世界设计之都的国际影响力

宋慰祖*

摘　要： 设计作为人类创新创造的科学方法，已成为创新驱动发展时代的重要驱动力。2022年是北京被授予联合国教科文组织创意网络城市设计之都称号的第10年。10年来，北京立足全国文化中心、国际交往中心、科技创新中心定位，举办三届联合国教科文组织创意城市北京峰会，积极探索了北京国际设计周、中国北京设计学术月、张家湾设计小镇、中国设计红星奖、光华龙腾设计创新奖、"北京礼物"标志文旅商品等具有国际影响力的中国设计IP项目，为建设设计名城奠定了基础。

关键词： 设计之都　创意设计　设计产业　国际化

---

* 宋慰祖，北京设计学会创始人、工业设计高级工程师，民盟中央文化委员会副主任，清华大学文创院特聘研究员，主要研究方向为工业设计与设计产业发展战略。

设计是集成科学技术、文化艺术、社会经济、法规标准、乡规民约、生产生活等人类知识要素，创造满足自然环境、人和生物需求的商品、环境和服务的科学创新方法。2022年颁布的《中华人民共和国国民经济和社会发展第十四个五年规划和2035年远景目标纲要》多次提到"设计"。自2006年《中华人民共和国国民经济和社会发展第十一个五年规划纲要》首次提出"鼓励发展专业化的工业设计"以来，我国多次将"设计"作为推动社会经济发展的支撑与方法写入发展规划，充分体现了"设计是助力社会进步、创新创造的科学方法论"。

"十四五"时期，北京市提出将着力构建高精尖文化产业体系，推动设计名城、影视高地、演艺中心、音乐城市、网络游戏中心、世界旅游名城、艺术品交易中心、会展中心建设不断取得新成效。设计产业是全国文化中心建设的重要内容，具有高知识性和高附加值，是推进北京建设全国文化中心的有力抓手，是文化产业的重要组成部分，也是促进科技文化融合发展的关键手段和方法。2010年10月12日，《北京市促进设计产业发展的指导意见》提出北京市将打造九大设计产业园区，并建设"北京设计博物馆"，集成国内外优质设计资源；建设西城核心设计示范区，推动设计集群发展。

2022年是北京被授予联合国教科文组织创意网络城市设计之都称号的第10年。北京作为全国文化中心、国际交往中心、科技创新中心，既有文化资源，又有科技优势，还有国际化平台。新中国成立以来，北京汇聚了国家设计研究院所、企业研发机构和国际设计组织，有专业设计机构（法人单位）23000余家，设置各类设计专业的大中专、高等院校超过200所，从事与设计相关工作的人员超过100万人。同时，北京是我国设计产业发展的龙头，以设计创造为核心，集生产制造、市场营销、区域辐射协同于一体的产业结构已经形成。以航天科工、中车、小米、新浪、金山、寒武纪等为代表的航天、高铁、消费品、互联网、数字经济等头部产业的设计产业体系已经形成。

一 设计之都建设进入新阶段

多年来，北京以建设世界设计之都为目标，以促进产业设计能力提升、培育设计服务型制造业和设计服务产业为方向，以全面提升设计教育、设计研究、设计应用能力和学术水平为目标，形成了具有国际影响力的设计名城品牌。

（一）构建设计学术高地

设计引领，学术先行。2015年，国内第一个设计学术组织——北京设计学会诞生。该学会以推动中国设计学术研究、培育设计创新人才、为中国设计战略与产业发展提供理论支撑为目标，依托首都优势，汇聚了国内在京知名设计院校、设计研究院所和设计专业人才，通过举办学术论坛、培训、讲座等形式，汇聚国内外设计专家学者，紧紧围绕设计人才培养、设计产业发展、科技文化融合、非遗文化传承与创新、乡村振兴设计和国家设计产业政策等主题开展系统的学术研究和交流研讨。

2016年，经北京市科学技术协会批准，北京设计学会主办了第一届中国北京设计学术月活动，围绕设计学术理论、设计教育和人才培养、设计促进社会经济发展、设计产业政策和法规制定等主题开展了形式多样的学术交流、教学观摩、学科创作、青少年设计科普等活动。北京设计学会论坛是中国北京设计学术月的品牌活动，以"设计为人民服务"为宗旨，围绕设计创新打造学术交流平台，探讨国际设计教育发展趋势，丰富设计与相关产业融合发展的理论和实践，为推动中国设计教育的国际化发展以及城市未来可持续发展、满足人民日益增长的美好生活需求贡献思想和智慧，发表研究成果、教学经验，并将研究论文汇编出版。

2022年，北京设计学会论坛被列为北京国际设计周的重点活动，主题为"数字经济与设计未来"。来自斯坦福大学与加州艺术学院、北京师范大学、北京航空航天大学、北京化工大学、北京服装学院等的专家学者围绕数字经济发展条件下的设计理论发展与实践应用趋势开展研讨。该论坛以线上形式举办，并向社会直播，在线听众达 1.15 万人次。此外，北京设计学会发挥设计专业学术社团的作用，整合国内外设计领域高校和知名设计机构资源，联合北京化工大学、北京林业大学、中国农林高校设计艺术联盟、北京服装学院、北京师范大学智慧教育科技研究院、北京联合大学和中国工艺美术学会非遗工作委员会等举办了一系列专题论坛，包括"设计走进美丽乡村，促进乡村振兴""农林院校设计教育""设计马拉松""智慧教育设计""非遗保护与传承设计"等。各类设计论坛汇聚国内外专家近百人，围绕乡村振兴、设计人才培养、青年创意设计、非遗创新设计、中轴线文创等主题开展系统研讨，汇聚专家智慧，承担推动设计产业发展的首都智库作用。

围绕首都文化传承发展中的设计开展专题学术研究，探索将设计学术研究与城市发展工作相结合的路径。依托曹雪芹与《红楼梦》的国际影响力，促进文化认同，助力北京中轴线申遗。2021 年，北京设计学会会同北京印刷学院承担了北京市文物局委托的"曹雪芹在京遗迹标识工程"研究课题。围绕保护与传承北京历史文化、建设博物馆之城的工作目标，针对文物的传承、保护、利用问题，北京设计学会与北京印刷学院会同中国红楼梦学会、北京曹雪芹研究会、北京文化产业研究院及东城区政府、通州区政府、朝阳区政府、西城区政府、海淀区政府的有关部门，开展了系统的实地调查研究和学术理论及历史文化研究，提出了建设"大地上的主题博物馆"，将设计学术研究成果和论文汇编出版，并以曹雪芹在京遗迹为研究对象，总结曹雪芹在京遗迹标识体系建设的经验。完成了"曹雪芹在京遗迹标识""曹雪芹在京遗迹数字化导览图"的设计，于 2022 年 7 月在张家湾设计小镇举办的红楼梦学术研讨会上正式发布。这些成果推动了曹雪芹在京遗迹的研究、保护和利用。

（二）打造城市设计品牌

联合国教科文组织创意网络城市设计之都是北京建设全国文化中心、科技创新中心、国际交往中心的抓手和城市品牌"金名片"，是建设设计名城、构建全球设计创新中心的基础。2013 年,北京发布《北京"设计之都"建设发展规划纲要》,指出到 2020 年,北京基本建成全国设计核心引领区和具有全球影响力的设计创新中心,设计之都成为首都世界城市的重要标志。多年来,北京市委、市政府针对国家发展的战略部署和首都城市建设的定位需求,不断完善建设目标,提出"推动设计名城建设"。

近年来,北京在塑造城市设计品牌上不断创新。从 1978 年 56 位专家学者在北京向中央提出推动中国工业设计发展,建议成立中国工业设计协会,到 2015 年中国第一个设计学术组织——北京设计学会成立,北京始终走在全国设计发展的前沿。在设计教育、设计学术、设计研究、设计实践、设计活动、设计奖励、人才评价、国际交流等领域,北京打造了北京国际设计周、中国北京设计学术月、联合国教科文组织创意城市北京峰会、中国设计红星奖、"北京礼物"旅游商品及文创产品大赛等,提升了北京在国际上的设计影响力,夯实了北京作为设计名城的基础,北京正在成为新时代世界设计创新中心和基地。

北京国际设计周于 2009 年 9 月创办,至 2022 年已连续举办 13 届,成为世界五大设计周之一,也是当今与意大利米兰设计周齐名的最活跃的国际设计周之一。北京国际设计周的发展定位是:国家推进创意设计与相关产业融合发展的重要平台,北京建设全国文化中心、科技创新中心、国际交往中心的重要抓手,北京疏解非首都功能、优化高精尖产业结构、深化文化与科技融合的重要引擎。北京国际设计周已经成为中国设计的一面旗帜和推动京津冀协同发展的重要网络,并辐射粤港澳大湾区、京津冀、成渝等地。

北京国际设计周的发展方向有以下几个。一是增强服务首都发展定位的能力。北京国际设计周每年围绕国家创新发展战略和北京市委、市政府中心工作确定年度活动主题,统筹安排内容。二是认真贯彻国家文化创意和设计服务与相关产业融合发展的战略部署,推动设计名城建设。三是推出更多优秀的中国设计师、中国原创设计产品、中国优秀传统文化设计创新案例,展示国家的创新能力和水平。四是立足世界设计之都建设,建立全球设计城市合作网络,搭建国际性设计领域交流合作平台。五是关注学术性与专业性建设，逐步打造国际先进设计思想交流的高地。六是强化公益属性，围绕设计为民生的理念，提倡公众参与，提高人民群众的获得感。

2022年12月9日，2022北京国际设计周主题展开幕暨经典设计奖颁奖仪式通过线上直播的方式成功举办，在线观众近580万人次。设计之旅作为北京国际设计周最具参与度的活动，于每年设计周期间启动，汇集北京丰富的设计资源，集聚京津冀地区的设计能量，涵盖展览、论坛、沙龙、体验等多种活动形式，是开展学术交流、展示设计成果、学习设计知识、增强设计体验、落实设计消费惠民相关政策、推动设计与相关产业融合发展、促进城市更新的重要平台。设计之旅活动共有34个分会场（含主展区）、28个遍布北京全城的活动、1个特别活动，全部活动有110多个。

设计论坛板块以"数实互生"为主题，邀请国内外各领域专家参与，涵盖国际科技创新中心建设、国家服务业扩大开放综合示范区和北京自由贸易试验区建设、全球数字经济标杆城市建设、国际消费中心城市建设、京津冀协同发展战略实施等方面，涉及数字化与产业发展、智能化与城市更新、信息化与文化传承、智慧化与生活方式等主题，从培育数字化创新设计业态、整合线上线下资源、促进数字经济与实体经济深度融合、加快推动"数字中国"建设等领域贡献真知灼见。

设计展览板块举办了"设计力量——北京100新消费榜"评选活动，涵盖北京地区旅居、餐饮、文化艺术和商业综合四大类别，共评选了100个城市设计消费新空间和热门"打卡地"；举办了2022中国传统工艺振兴主题设计展，以"融汇东西，营造生活"为主题，展示东西方传统工艺与现代设计融合的项目和作品，通过非遗数字化体验、非遗数字藏品等形式展现"数实互生"的成果；举办了"设计向未来——北京2022年冬奥会和冬残奥会设计创新展"，阐释了北京2022年冬奥会和冬残奥会与中国设计的深度融合。以上设计活动的举办，充分体现了北京的设计学术影响力正在逐步提升。

（三）培育设计专业人才

科技是第一生产力，人才是第一资源，创新是第一动力。党的二十大报告强调，要坚持教育优先发展、科技自立自强、人才引领驱动，加快建设教育强国、科技强国、人才强国。

教育、科技、人才是全面建设社会主义现代化国家的基础性、战略性支撑。北京打造世界设计之都，其核心优势是雄厚的科研教育基础。截至2022年，北京有93所注册在案的高等院校，基本都开设了与设计相关的专业。

2015年起，北京积极探索教育体制机制改革，面向设计教育发展的新需求、新方向，探索人才培养新模式。清华大学美术学院开办了"工业设计工程硕士班"，招收各行各业、不同背景的从业者，通过学习设计理论知识，将设计方法论用于解决本行业和工作岗位中的实际问题，完成学术研究论文，探索了从实践到理论、再到实践的学习过程，达到知识理论和实践水平的再提升，具有很强的研究性、创新性和示范性。北京市丰台区职业教育集团和北京设计学会围绕非物质文化遗产传承保护和创新发展的需求，紧扣教育改革主题，积极探索中等职业教育人才培养新机制，提出了"创办非遗与设计专业，成立非遗与设计学院，与高校对口专业实现'3+4'人才培养"的目标，构建了创新职业教育与学历教育人才贯通培养新机制。此项改革得到了北京市教工委、教委和丰台区人民政府的支持。遵循国家教育体制改革的相关规定，北京市丰台区职业教育集团非遗与设计学院与北京联合大学艺术设计学院建立了"3+4"人才贯通培养机制。2021年，北京市丰台区职业教育集团非遗与设计学院的首批毕业生全部升入北京联合大学艺术设计学院攻读本科。这正是北京作为全国文化中心在设计人才培养上率先做出的教育改革探索与实践。

为表彰和鼓励设计业青年创新创业，在设计实践、设计教育、设计研究、设计服务领域建功立业、开拓创新，2005年起，中国光华科技基金会设计专项基金会同全国工业设计、建筑设计、室内设计、包装设计等行业组织在北京发起了"中国设计业十大杰出青年"评选活动，旨在评选表彰各行业中通过运用设计方法论，在本职工作中开展设计实务、组织设计活动、实施设计教育、运营设计组织并取得优异成绩的青年设计工作者。

2011 年 10 月，中国第一个设计人才表彰奖——光华龙腾设计创新奖通过国家科学技术奖励办公室批准，成为全国最具影响力的表彰优秀设计人才的奖项之一。北京市率先探索设计人员职称评审，2009 年，北京市人事局发出了第一张工业设计高级工程师职称证书。2015 年，人社部根据专家建议，将设计作为一项职业写入了修订的职业大典。2022 年，北京市在全国率先增设创意设计专业职称，纳入北京市职称系列中的工艺美术系列，设置正高级、副高级、中级、助理级和员级 5 个层级，以及文化创意设计、工业产品设计、视觉传达设计 3 个证书专业，在国内率先建立了创意设计专业人员职称评价体系。

北京设计学会作为中国首个设计学术组织，汇聚国内外专家学者的智慧和经验，注重对青少年设计思维的培养，探索将设计教育与劳技、科技、历史、文化、艺术教育相结合，贯彻"美术、艺术，科学、技术，相辅相成，相互促进，相得益彰"的设计教育指导思想，不断培养掌握设计方法论的创新型人才。

发挥设计学术组织的作用，贯彻习近平总书记"科技创新、科学普及是实现创新发展的两翼，要把科学普及放在与科技创新同等重要的位置"[1]的指示精神，北京设计学会探索设计科普新路径和新方法，取得了良好的成效。自 2018 年起，在北京冬奥组委文化活动部和新闻宣传部、北京市科学技术协会、中国民主同盟北京市委员会、中国文学艺术基金会姜昆艺术公益基金、中国教育学会的支持下，北京设计学会会同全国中小学校、培训机构等，持续围绕冬奥吉祥物、火炬、奖牌、宣传海报和奥林匹克青少年教育标识的设计开展创意征集活动，组织全球青少年进行辅导培训和创意设计。仅吉祥物设计就收到作品 3000 余幅，经过专家评审，最终将 900 幅作品提交北京冬奥组委作为备选方案，其中 1 件 11 岁少年的作品入围百件候选设计，5 套少年儿童设计的冬奥宣传海报入选正式发布的 2022 年北京冬奥会宣传

---

[1] 《"要把科学普及放在与科技创新同等重要的位置"》，"全国人大"百家号，2022 年 9 月 7 日，https://baijiahao.baidu.com/s? id=1743279979220658705&wfr=spider&for=pc。

海报。世界新能源汽车大会组委会和中国汽车工程学会、北京设计学会创办的"青少年汽车无限创意征集活动"已举办两届。该活动面向全球青少年，通过组织设计科普教育活动，提升青少年的创意思维、艺术表达水平，围绕绿色低碳、功能多样、智能便捷、造型美观的标准，创意设计面向未来的汽车交通工具。

2021年以来，北京代表队在两届全国工业设计职业技能大赛中取得了优异的成绩。首届全国工业设计职业技能大赛，北京代表队参加了首饰、家具、陶瓷、鞋类4个赛道的比赛，取得了1项冠军奖和1项一等奖、2项二等奖的好成绩；第二届全国工业设计职业技能大赛，北京代表队参加了全部6个赛道的比赛，获得了2项一等奖、3项二等奖和1项三等奖的优秀成绩。北京作为设计之都，不仅具有一批优秀的设计师，还有一批具有较高设计水平的技能人才。

（四）建设设计产业园区

设计产业是智慧产业，未来的方向是以设计创新为引领的产业化发展。未来的设计产业涵盖了科技研发设计、生产加工制造、商业服务贸易，产业协同、资源互补、行业分工、信息共享是发展的趋势。这就需要构建产业集聚、专业协同、行业互补的产业园区平台。北京作为设计之都，人才、科研、文化等产业资源丰富。多年来，北京围绕高质量发展、科技创新中心建设、世界设计之都培育，逐步构建了系统、完备的设计产业园区，为建设世界设计之都奠定了基础。

2001年，北京诞生了全国首家设计产业园"北京时代创新设计企业孵化器"，地点在朝阳区惠新东街。该产业园由北京工业设计促进中心、北京工业设计促进会和北京市工艺美术学校共同建立，旨在汇聚北京设计公司和院校等，为企业的设计创新提供智力服务，依托学校的设计教育资源、行业组织的国际交流平台，开展对企业的设计培训指导和国际合作，为之后的设计产业园区建设积累了经验。

2005年，原北京崇文区图书馆探索建立了中国首个"设计图书馆"，开展设计教育和设计知识普及，对设计教育、研究和产业发展形成支撑。该图书馆邀请设计专家、文化学者开展设计文化讲座和青少年创意设计活动，激发了市民与青少年的参与热情。

2006年，在北京市科学技术委员会和西城区人民政府的共同支持下，专业化、规范化、系统化的北京DRC工业设计创意产业基地成功创建。该基地一改传统制造业产业园区的模式和机制，首次提出了设计创意类智慧型产业园区建设的八大要素：专业运营团队、产业培育与创业空间、资源中介交易平台、展览展示宣传推广场地、技术基础条件平台、知识产权法律保护和投融资服务、人才培养教育组织、休闲生活服务条件。北京DRC工业设计创意产业基地还着重建立了支撑设计发展的公共服务体系，包括开展设计学术交流的"设计师之家"，组织未来设计师培训的"设计教室"，支持个人设计师创业的"创业空间"，提供法律、知识产权服务的"资讯中心"，支撑设计服务的"材料展示中心"，展示优秀作品的"红星奖博物馆"，提供设计成果中试服务的"CNC加工中心""快速原型制作中心""速印中心摄影空间"，举办设计活动的"会议中心"以及其他生活服务设施。

2012年5月，北京正式获批成为联合国教科文组织创意网络城市设计之都。同年，北京市科学技术委员会与西城区人民政府围绕设计要素交易市场建立了北京设计之都大厦，该大厦与北京DRC工业设计创意产业基地协同发展，以服务世界设计之都建设、开展设计资源交易服务、支持设计奖项评审展示、集聚国际设计组织为主要工作。北京设计之都大厦让各类产学研机构可以进行知识产权、法律服务、金融资本、科技成果、生产制造、商业传播等产业资源的对接和交易，为设计产业发展、设计与相关产业融合构建线上线下交互平台，促进各种知识要素有序流动、相互交融，推动相关政策法规的制定与推广。

北京在2013年、2016年、2020年举办了3届联合国教科文组织创意城市北京峰会。2013年峰会主题为"魅力创意·美丽城市"，2016年峰会主题为"创意与可持续发展"，2020年峰会主题为"创意激活城市·科技创造未来"，3届峰会发布了多项成果，联合国教科文组织给出高度评价：联合国教科文组织创意城市北京峰会为联合国教科文组织创意城市网络各成员之间建立合作提供了新途径，树立了新的里程碑。

2018年，基于首都发展布局和产业特色，北京国际设计周办公室会同北京设计学会经过充分调研，撰写了在张家湾建设设计小镇的可行性报告。民盟北京市委在认真研究可行性报告的基础上提交了建言专报，建议在张家湾建设设计小镇，并成立首都创新设计发展研究院。2019年，北京市委、市政府做出部署，在张家湾围绕"设计小镇、智慧小镇和活力小镇"3个主题打造设计、文化、科技融合的智慧小镇。

2022年，在北京市委、市政府的支持和领导下，由北京市建筑设计研究院有限公司、北京通州发展集团有限公司、广联达科技股份有限公司3家单位筹建的首都创新设计研究院正式挂牌，该研究院聚焦建筑设计、工业设计、智能设计、绿色设计、艺术设计研究，致力于建立一个汇聚专家资源的专业化智库和开放式平台。在北京市经信局的支持和领导下，首都创新设计研究院在北京未来设计园区打造了5个市级科技创新场景实验室，分别是国产自主三维技术软件及智慧设计实验室、智慧工厂实验室、智慧建筑实验室、智慧生活实验室、智慧城市实验室。各实验室聚焦场景应用研究，实现"设计场景化、场景方案化、方案标准化"，吸引设计全链条创新要素集聚。

（五）促进设计产业发展

北京是世界上设计产业最发达的城市之一。新中国成立以来，北京构建了系统、全面的设计产业格局，分行业、分领域、分级建立了专业设计院所。改革开放以来，工业设计、空间设计、艺术设计、包装设计、广告设计、造型设计等新兴领域的设计服务不断涌现，构成了设计产业体系的基石。

伴随社会经济的发展，文化与科技融合创新成为当今世界发展的主要方向，设计产业的重要性日益凸显。2016年，工信部、国家发改委、中国工程院联合发布《发展服务型制造专项行动指南》，依据该指南，民盟北京市委进行了广泛的调研，基于长期从事工业设计与产业发展研究的成果，率先提出了"发展设计服务型制造业"，并以政协提案、人大建议的形式向国务院和北京市人民政府提出了建议，得到了相关部门的高度重视。

2023年，北京市发改委等11部门发布了《关于北京市推动先进制造业和现代服务业深度融合发展的实施意见》，强调提升综合设计等总集成总承包服务能力，发挥高校院所研发设计优势，探索建立北京设计创新研究院等新型研发机构，开展面向未来的学科交叉型前瞻设计创新；引导工业设计领军企业构建"设、研、产、销"综合设计服务生态体系，与制造企业开展嵌入式合作，对能够带动产业链上下游联动发展、有较强国际竞争力的工业设计机构予以支持。

发展设计服务型制造业的关键是制造有消费、应用需求的产品，其创新方法就是"设计方法论"。发展设计服务型制造业已成为当今制造业发展的重要方向。2015年，宋慰祖在《艺术设计研究》中指出，伴随社会经济的发展，以及计算机技术、互联网技术、3D打印技术的出现，全球制造业进入转型升级期，英国、美国的工业再造计划以及德国的工业4.0计划等，都聚焦通过发展设计服务型制造业推动制造业高质量发展，抢占世界制造业发展的制高点。培育设计服务型制造业，政府应加强顶层设计，进行战略谋划；企业要转变观念，促进产业转型升级，大力培养掌握设计方法、具有跨界集成创新能力的人才。

二　走向未来的设计名城之路

伴随数字经济时代的来临，设计在创新发展中的重要作用不言而喻。我国已是世界设计大国，北京也成为设计之都。但北京的设计创造力、产业创新力、人才创意水平、城市设计活动品牌影响力还有待提高。

要擦亮设计之都"金名片"，持之以恒地发挥设计之都的品牌效应，注重树品牌、夯基础、育人才、做活动。在"科技是第一生产力，人才是第一资源，创新是第一动力"的指引下，紧紧围绕北京作为全国文化中心、国际交往中心、科技创新中心的定位，制定相关政策。统筹"北京国际设计周""联合国教科文组织创意城市北京峰会""中国国际服务贸易交易会""中国北京设计学术月""中国设计红星奖""光华龙腾设计创新奖"等品牌活动，培育更多品牌，打造具有国际影响力的北京世界设计之都形象。

利用北京教育院校、设计院所、科研机构、学术组织的人才资源、科技成果、文化底蕴，强化对理论与实践相结合的设计方法论的研究，鼓励跨界融合的设计实践，探索完善人才培养路径；构建中国设计学术研究体系、学术发表体系、出版发行体系、能力考评体系；持续举办设计职业技能大赛，培育技能型的设计创新人才。

依托张家湾设计小镇建设，构建首都设计产业发展智库、科研和产业集聚平台。探索新时代设计应用的新路径、新场景、新技术、新方法。强化数字经济下的产品设计，提升文化传播、社会服务水平，加强对基础环境、应用场景、数字技术、公共服务的研究与设计。

大力发展设计服务型制造业。数字技术的应用带来了新一轮产业革命，数字金融、数字制造、数字生活正在改变人们的传统生活方式和认知。要积极探索、研发、设计应用数字技术的生活消费品。

推动设计走进美丽乡村，让设计在乡村振兴中发挥引领作用。助推乡村经济集体化、农业生产企业化、基础设施现代化、公共服务均等化，切实推动乡村创新发展。

加强科学技术研究，提升人工智能、数字技术的应用水平，精准开展适老、适残福祉产品设计，以及社会安全产品、生活智能产品、模拟环境产品、文艺娱乐产品的研发设计，改善、丰富人民日常生活，开拓新领域，发展新产业，增加新动能。

加强历史文化研究，注重将传统文化与现代生活需求相结合的文化创意设计，做好对"非物质文化遗产的创造性保护与创新性发展"的设计研究，提升文化产业的创造力。

参考文献

习近平：《高举中国特色社会主义伟大旗帜　为全面建设社会主义现代化国家而团结奋斗——在中国共产党第二十次全国代表大会上的报告》，中国政府网，2023 年 10 月 25 日，http：//www. gov. cn/xinwen/2022-10/25/content_5721685. htm。

《中华人民共和国 2022 年国民经济和社会发展统计公报》，国家统计局网站，2023 年 2 月 28 日，http：//www. stats. gov. cn/sj/zxfb/202302/t20230228_1919011. html。

《北京市 2022 年国民经济和社会发展统计公报》，北京市统计局、国家统计局北京调查总队网站，2023 年 3 月 21 日，http：//tjj. beijing. gov. cn/tjsj_31433/tjgb_31445/ndgb_31446/202303/t20230321_2940951. html。

《规模以上文化产业情况》，北京市统计局、国家统计局北京调查总队网站，2023 年 2 月 1 日，http：//tjj. beijing. gov. cn/tjsj_31433/yjdsj_31440/wh/2022/202302/t20230201_2910194. html。

《规模以上文化产业情况》，北京市统计局、国家统计局北京调查总队网站，2023 年 5 月 4 日，http：//tjj. beijing. gov. cn/tjsj_31433/yjdsj_31440/wh/2023/202305/t20230504_3085951. html。

《中国国家博物馆数据报告（2022 年度）》，中国国家博物馆网站，2023 年 2 月 22 日，https：//www. chnmuseum. cn/zx/gbxw/202302/t20230222_258096. shtml。

B.3
北京发展数字文化产业的战略与路径

李道今*

摘　要： 本报告深入分析了数字文化新基建体系与数字文化技术的范畴与
特征、文化大数据体系的特征与任务、数字文化产业集聚发展的
特征与规律以及数字文化消费与数字文化贸易发展的特征与趋势。
在此基础上，本报告以翔实的数据和案例，全面梳理了北京在数
字文化新基建体系、数字文化技术、文化大数据体系、数字文化
产业集聚发展、数字文化消费、数字文化贸易发展等方面的现状与
问题，并从强化数字文化新基建体系建设、推动数字文化技术创新
与突破、构建开放与共享的文化大数据体系、全面促进数字文化产
业集聚发展、充分释放数字文化消费潜力、着力推动数字文化贸易
提质增效等方面提出了促进北京数字文化产业高质量发展的路径。

关键词： 数字文化产业　数字文化新基建　数字文化技术　文化大数据
数字文化产业集聚　数字文化消费　数字文化贸易

　　数字文化产业是以数字技术为核心、以文化内容为载体、以创意设计为
驱动、以互联网为平台、以满足人们的精神文化需求为目的的新型文化业
态，涵盖了按照不同产业逻辑划分的数字动漫、数字游戏、数字音视频、数
字出版、数字艺术、虚拟现实、元宇宙等多个领域。

　　近年来，数字文化产业在全球范围内快速发展，成为经济社会发展的重

---
* 李道今，投资北京国际有限公司首席研究员、研究中心主任，投资北京研究院常务副院长，
主要研究方向为文化创意与产业政策规划。

要引擎和文化软实力的重要体现。北京作为全国文化中心，是我国数字文化产业发展的推动者和领跑者。在新时代、新形势下，北京数字文化产业呈现新的趋势与特征，面临新的机遇和挑战，亟待构建新的发展战略与路径。

遵循数字文化产业发展规律，强化数字文化新基建体系建设、推动数字文化技术创新与突破、构建开放与共享的文化大数据体系、全面促进数字文化产业集聚发展、充分释放数字文化消费潜力、着力推动数字文化贸易提质增效，将有力推动北京数字文化产业高质量发展，支持北京努力打造具有全球影响力的数字文化产业中心。

一 强化北京数字文化新基建体系建设

（一）数字文化新基建体系的范畴与特征

功能强大的数字文化新基建体系是北京数字文化产业发展的前提。强化数字文化新基建体系建设，将形成支撑数字文化产业发展的"云、网、端"基础设施体系，打通"数字化采集—网络化传输—智能化计算"数字链条，形成架构端，支撑供给端、交易端和消费端。

按照数字文化新基建体系的范畴与特征，其主要包含四个层次。第一个层次是网络通信基础设施，包括有线电视网络设施、广电 5G 网络设施、固定网络设施、移动网络设施、工业互联网设施、物联网设施、下一代互联网设施、卫星互联网设施等。第二个层次是算力基础设施，包括云计算数据中心、边缘数据中心、智算及超算中心等。第一、第二个层次的数字文化新基建体系和数字经济新基建体系基本一致。第三个层次是融合基础设施，包括智慧景区、智慧文博馆、智慧剧场、智慧图书馆、交互娱乐等所需的智能化设施、设备、系统等。第四个层次是创新基础设施，包括用于数字文化产业科技研发及技术创新的专业实验室设备设施等。第三、第四个层次的数字文化新基建体系和数字经济新基建体系存在一定差异，是数字文化产业较为独特的新基建体系。

（二）北京数字文化新基建体系建设的现状与问题

从网络通信基础设施来看，北京的建设领先全国。截至 2022 年 7 月，北京累计建设 5G 基站 6.3 万个，每万人拥有 5G 基站 28.9 个，全国排名第一；移动互联网用户数超过 3945.8 万人，其中 5G 用户数达 1260.6 万人，IPTV 用户数达 395.3 万人；固定互联网宽带接入用户数达 2094.8 万人，光纤接入（FTTH/O）端口达 2007.2 万个，具备千兆网络服务能力的 10G PON 端口达 32.9 万个，宽带网络接入迈向千兆时代；三大基础电信企业发展蜂窝物联网终端用户 1.2 亿人[①]；推动卫星互联网技术创新、生态构建、运营服务、应用开发，聚集商业航天卫星网络企业 90 余家，占全国的 30%[②]。

从算力基础设施来看，北京的建设适度超前。北京全面推进数据中心从存储型到计算型的供给侧结构性改革，早在 2011 年就建成北京超级云计算中心，截至 2021 年底，北京地区在运机柜总量达 33 万架[③]。"十四五"期间，全市规划加快老旧数据中心升级改造[④]，加强存量数据中心绿色化改造，重点推动数据中心向"云+边+端"的分布式架构演变，推进算力感知、算力编排和算力路由等技术的发展，打造新一代人工智能算力基础设施，推进北京人工智能超高速计算中心建设，为数字文化产业发展提供一定的算力服务保障。

从融合基础设施与创新基础设施来看，北京的建设强劲有力。围绕智慧景区、智慧文博馆、智慧剧场、智慧图书馆、交互娱乐等领域，北京已在各相关场馆、场所分布式部署智能闸机、智能导览设备、视频监控设备、人脸识别设备、智能 LED 大屏、智能播映终端、智能藏品管理设备、交互式娱乐

---

① 《2022 年，北京通信业经济运行数据领跑全国》，网易网，2022 年 10 月 22 日，https：//m.163.com/dy/article/HJGMNAJ2051288FS.html。

② 《北京：卫星网络发展正当时》，《人民日报》2021 年 4 月 2 日，第 10 版。

③ 《北京地区传统行业 IDC 需求持续增长》，《人民邮电报》2022 年 8 月 4 日，第 6 版。

④ 《北京市数据中心统筹发展实施方案（2021—2023 年）》，国际科技创新中心网站，2021 年 4 月 27 日，https：//www.ncsti.gov.cn/kjdt/ztbd/xydrgzn/zczc/202106/t20210608_33971.html。

设备等，融合基础设施已基本覆盖北京全部景区、影剧院、文博馆、图书馆等。北京已建设10家文化和旅游部重点实验室，深入开展包括演艺装备系统技术、公共文化服务大数据、沉浸式交互动漫、视听技术与智能控制系统、古籍保护技术、在线旅游场景数据挖掘与智能设计等在内的数字文化科技研发。

但是，北京数字文化新基建体系构建仍有诸多不足，突出表现在以下五点。一是标准缺失，导致其建设管理各自为政。二是投资不足，社会资本参与缺乏规范化、制度化的安排。三是算力制约，数据中心受能耗"双控"约束较大，算力设施供需不匹配。四是应用不足，与5G适配的全息投影、虚拟现实、增强现实、人工智能等相关应用仍然较少。五是存在隐患，软硬件、网络、数据、应用等方面都存在一定安全隐患。

（三）强化北京数字文化新基建体系建设的建议

一是建设国家专网、文化计算区域中心。在建设有线电视网络、5G移动网络和互联互通平台的基础上，部署建设提供标识编码注册、登记和解析服务的自主可控技术系统，着力构建国家文化专网北京中心。充分挖掘新能源潜力，加快升级市域内数据中心，重点打造支撑云计算、边缘计算、隐私计算的计算型中心、边缘计算中心及人工智能算力中心；按照"东数西算"及京津冀协同发展战略，分类推动数字文化产业冷、温数据处理在西部省市及河北张家口和廊坊、天津武清等区域布局，强化应用标识解析、边缘计算、区块链等具有云计算能力和超算能力的文化计算体系建设，打造具有模式识别、机器学习、情感计算等功能的京津冀集群式智能计算中心，构建协同高效的区域一体化文化算力服务体系。

二是制定科学规划、完善标准规范。重点聚焦支撑数字文化产业发展的融合基础设施和创新基础设施，在当前支持数字基础设施建设政策的基础上，研究出台专门支持数字文化基础设施发展的政策，强化部门、行业、区域的衔接和协同，加强标准对接及地方、行业标准规范的制定，推动建立融合标准体系，完善数据共享、网络安全、测试评价等方面的标准，改变不协同的建设及管理模式，避免新基建设施的重复建设。

三是支持社会投资、创新融资模式。完善数字文化新基建领域的投资准入及资源配置政策。支持数字文化基础设施建设模式创新，推广运营商共建5G基站的经验，鼓励企业合作共建数字文化基础设施，实现数据集成、成本共担、频段共享，激发社会资本投资活力。加大政府直接投资、引导性资金支持力度，探索数字文化新基建领域的不动产投资信托基金（REITs）试点、发行数字文化新基建专项债等融资模式；鼓励金融机构创新服务，探索企业以新基建设备数据、生产数据、管理数据等经营数据作为贷款抵押物等融资模式。

四是建立应用场景、加强安全保障。强化数字文化新基建设施应用场景建设，鼓励参建企业利用运营管理数据资源等开发增值服务，创新商业模式，释放数字文化新基建设施应用潜力。加快建立数字文化新基建设施安全保障体系，推动构建跨部门及跨领域的应急处置及风险防控机制；加强数字文化新基建设施可靠性系统设计，强化新技术安全风险研究，采用优化路由组织、网络架构、节点备份等措施，同步规划、建设、运行配套网络安全设施，加强网络安全风险评估评测、隐患排查，提升安全保障水平。

二　推动北京数字文化技术创新与突破

（一）数字文化技术的范畴与特征

数字文化技术的创新与突破是北京数字文化产业发展的根本。在"网络中国""数字中国""国家文化数字化"战略的引领下，数字文化技术的创新步伐不断加快，技术要素支撑能力持续提升，为数字文化产业发展注入源源不断的动力。

按照数字文化技术的逻辑与框架，其体系可分为四个层次。第一个层次是底层技术，包括芯片、操作系统、引擎技术等。第二个层次是支撑产业发展的共性技术，包括5G、大数据、云计算、人工智能、区块链、虚拟现实、增强现实、物联网等。数字文化技术的这两个层次与数字经济技术基本一致。第三个层次是数字文化产业的关键技术，具有一定的独特性。包括围绕文化生产、传播、服务及管理环节的文化资源分类与标识，数字化采集与管理，多媒体内容知识化加工处理，文化产品多渠道发布、多网络分发、多终端呈现，文化产品价值评估与版权交易，基于大数据的个性化推荐，文化产品与服务质量评测，文化资源保护与开发利用，知识产权保护与侵权追踪，舆情分析与内容安全监管以及文化艺术品鉴定等。第四个层次是数字文化业态的应用技术，也具有一定特性。包括文化展演机构应用的虚实互动协同设计与布景呈现、声光电一体控制与多维综合展演、三维成像与智能交互等技术，文化内容服务机构应用的跨媒体内容、数字内容知识标识与内容关联相关技术，影视制作传播机构应用的虚拟现实与互动影视融合技术、实时交互虚拟化电影制作技术等，文旅及文博机构应用的智能展示、文物保护和智慧管理技术等，创意设计机构应用的文化素材交互式重构技术、基于人机互动的设计技术等。

（二）北京数字文化技术发展的现状与问题

从北京数字文化产业发展的底层技术和共性技术来看，北京取得了重大技术突破。上线北京首个超导量子计算云平台，率先建设发布全球最大的超大规模智能模型"悟道 2.0"，打造大模型创新生态，自主可控的区块链开源底层软件平台"长安链"上线。同时，北京加快布局下一代互联网核心技术研发，组织开展 6G 未来技术和潜在技术攻关，率先启动 6G 太赫兹低噪放混频芯片、太赫兹功放芯片等相关研究。北京打造国际化开源社区，建设百度飞桨等开源平台，发布百度昆仑人工智能芯片、国内算力最强的寒武纪思元人工智能芯片、全球首款自主可控的 96 核区块链专用加速芯片等[①]；2023 年以来，北京支持头部企业打造对标 ChatGPT 的大模型，着力构建开源框架和通用大模型的应用生态。

---

① 唐立军、朱柏成主编《北京数字经济发展报告（2021～2022）》，社会科学文献出版社，2022。

从北京数字文化产业发展的关键技术和应用技术来看，北京深入推动文化科技融合，加强数字文化关键核心技术攻关和应用示范，率先实现"5G+8K"全产业链技术应用贯通，支持企业开展 Web3.0、元宇宙、虚拟现实、增强现实、云计算、大数据、区块链、量子计算等前瞻性技术研发，推动渲染计算、近眼显示、虚拟现实内容制作、感知交互、网络传输等虚拟现实技术创新，加强资源管理技术、虚拟化技术、云原生技术等云计算技术以及共识机制、密码算法、智能合约、对等式网络、数据存储等区块链技术创新研发，超高清视频、新型显示、虚拟现实等与数字文化产业密切相关的关键技术、应用技术都在近几年得到重大突破与较广泛的应用，实现了技术迭代，为全市的数字文化产业发展提供了有力的技术支撑。

但是，当前北京数字文化产业还存在技术瓶颈。一是底层技术"卡脖子"，如我国自主研发的"元宇宙"引擎技术，在检测与渲染、脚本及场景管理等方面还有不足，这是数字核心技术薄弱的一个缩影。二是共性技术亟待突破，在人机交互、混合现实等数字核心技术以及类人视听觉、语言及思维等人工智能技术方面仍然存在明显差距。三是关键技术仍存在难题，"数字化采集—网络化传输—智能化计算"的数字链条还不畅通。四是应用技术创新不足，数字文化产业各领域应用技术的自主知识产权不多。数字文化技术瓶颈的存在，从根本上说是技术创新平台缺失、模式不适、生态环境不利、示范应用不足等导致的。

（三）推动北京数字文化技术创新与突破的建议

一是强化北京数字文化技术创新平台建设。围绕数字文化的底层技术、共性技术、关键技术和应用技术需求，谋划建设一系列国家数字文化技术实验室，打造国家数字文化技术创新中心；推进北京数字文化技术专家库建设，支持设立数字文化技术新型研发机构；发挥高校、科研院所、龙头企业的带动作用，组建体系化、任务型的数字文化技术创新联合体；大力推动中小数字文化企业"上云用数赋智"，推动专业科学仪器、科技信息资源开放共享，建立跨时空、跨领域、跨行业及共创、共享、共赢的数字文化技术创新集群。

二是加强数字文化核心及前沿技术的攻关与布局。组织实施北京数字文化核心技术创新计划，重点锚定前瞻布局的数字文化关键核心技术、基础前沿技术、颠覆性技术等，探索企业出题、能者破题、政府助题的"科研众包"机制，构建"金字塔"形的数字文化技术创新项目体系，建立多部门"共挖需求、同设任务、协同实施"的操作机制，推行"揭榜挂帅""赛马""军令状""里程碑式资助"等制度，支持领军企业及相关高校、科研院所统筹行业上下游创新资源，集合各类研发主体联合攻关；支持数字经济、平台经济、文化经济主体开展应用技术攻关，打造应用示范，突破数字文化底层"卡脖子"技术，解决关键技术难题，弥补应用技术不足，打造北京数字文化技术创新策源及应用高地。

三是推动数字文化技术融入全领域与全链条。制定北京数字文化技术应用场景清单，创建多层级的数字文化技术示范应用基地，推动数字文化创新技术落地应用；健全数字文化技术创新服务体系，完善概念验证、技术认证等平台建设，加强知识产权保护；完善数字文化技术成果评价机制和转化服务体系，探索建立数字文化技术转化专员制度，提升技术经济服务水平，举办专项技术成果推介活动，强化各类技术产权交易平台的服务能力，完善技术交易规则，提升数字文化技术成果转化效能，加强支撑数字文化产业发展的底层技术、共性技术、关键技术和应用技术的示范和推广，赋能数字文化产业全链条、全环节、全体系。

四是优化北京数字文化产业技术创新生态环境。优化政策环境，推动研发费用加计扣除、技术开发及转让免征增值税等普惠政策"应享尽享"，推动技术创新政策"应知尽知"，推进科技创新券、职称评价等政策向数字文化技术创新机构覆盖；加大资金支持力度，建立健全国有企业数字文化技术创新投入考核机制，支持相关民营企业加大 R&D（研究与试验发展）资金投入，提升数字文化技术研发创新水平；推进"研发贷""成果贷""人才贷"等创新金融服务支持数字文化技术创新，用好各级、各类转化基金，推动数字文化技术创新成果转移转化；强化人才支撑体系，深入实施国家级、市级及区级人才计划，加强数字文化技术人才引进培育，完善人才激励计划，营造鼓励技术创新的氛围。

三 构建开放与共享的北京文化大数据体系

（一）文化大数据体系的特征与任务

健全的文化大数据体系是北京数字文化产业发展的关键。文化大数据是服务文化相关决策，需要新型数据处理模式对其内容进行采集、存储、管理和分析的海量、高增长率和多样化的信息资产，也是数字文化产业发展的核心要素。构建文化大数据体系是推动文化数字化成果走向网络化、智能化的有效途径。

按照 2020 年 5 月中央文改办《关于做好国家文化大数据体系建设工作的通知》要求，构建的文化大数据体系应是一个物理分布、逻辑关联、快速链接、高效搜索、全面共享、重点集成的文化数据服务及应用体系，涵盖标准、伦理、技术平台、内容、监管政策、参与者、数据共享与协同、落地场景等多个方面。

当前，国家文化大数据体系构建主要是从供给侧着手，从生产端发力，实施体系化建设，主要有"三库、两体验、一专网、一平台、一生产线"八大重点任务。"三库"是建设中国文化遗产标本库、中华民族文化基因库、中华文化素材库，"两体验"是建设文化体验园、文化体验馆，"一专网"是建设国家文化专网，"一平台"是建设国家文化大数据云平台，"一生产线"是建设数字化文化生产线。

（二）北京文化大数据体系构建的现状与问题

北京是全国文化大数据体系建设的重要窗口和示范区。按照国家文化大数据体系构建的要求，北京加快建设国家文化专网、文化数据服务平台，积极探索文化大数据的应用和发展。一方面，北京不断加强文化数据资源的整合共享，建立了以市级为主导、区级为支撑、部门为协同的文化数据资源管理体系，实现了政府部门间的数据资源互联互通；通过建设北京市博物馆大数据平台、北京市公共文化服务大数据平台等，在一定程度上实现了公共文化数据资源开放利用；通过建立北京市文化企业大数据服务平台、在线音乐行业大数据平台、北京数字出版云中心及行业大数据中心、中国视听大数据平台、中国动漫大数据平台等产业大数据平台，有力推动了文化企业间数据资源协同创新。另一方面，北京着力发挥文化大数据的分析挖掘能力，运用人工智能、云计算、区块链等新技术，通过建设北京市公共文化服务大数据分析系统、北京市图书馆智能推荐系统、北京市博物馆智能导览系统等，实现了对公共文化服务需求、效果、趋势等方面的深度挖掘和智能化利用；通过发挥文化行业及企业的大数据平台功能，强化对数据资源的利用，实现了对数字音乐、数字出版、动漫游戏等领域的产业态势、用户行为、内容质量、精神推送等方面的创新性和针对性应用。

但是，北京文化大数据体系在构建过程中也存在诸多问题。一是文化数据资源整合不力，各级各类文化数据资源仍分散存储、标准不一、互不联通，数据资源开发共享不足。二是对文化大数据的分析挖掘不足，文化大数据应用主要集中在数据展示、统计分析、服务推送等方面，数据分析挖掘不深。三是文化大数据全面应用水平不高，文化大数据对文化资源数字化管理、文化创作、文化消费等方面的促进作用未能有效发挥。四是文化数据安全及治理方面仍存在不足，安全保障不够完善，治理水平有待提升。

（三）构建开放与共享的北京文化大数据体系的建议

一是加强文化数据资源的整合，打通"数据孤岛"。加快文化数字化建设标准的研究制定，制定北京文化数据资源目录，建立首都文化数据库及资源平台，支持文化研发、生产、经营、服务等全环节数据资源采集，健全文化数据资源动态更新机制，创建完整贯通的文化数据链。统筹利用全市已建或在建的相关文化数据库，建立统一的标准规范和接口协议，加快推进各级各类文化数据资源的整合，实现文化数据资源的互联互通，形成多级联动的文化资源、行业、区域、消费大数据库，打造国家文化大数据体系北京中心。支持各类文化数据资源接入国家文化专网，建立合理的激励及约束机制，推动建立跨层级、跨地域、跨系统、跨部门、跨业务的文化数据体系。

二是增强文化大数据的分析挖掘能力，释放数据价值。依托北京国际大数据交易所，加强文化数据要素市场培育，推动文化数据资源向可溯源、可量化、可交易的资产转化。提升文化大数据的商用水平，立足文化大数据清洗、标注、分析、可视化等需求，建立完善文化大数据服务标准体系，支持发展文化智能服务、开发运营一体化等新型服务模式，推动文化大数据服务向专业化、平台化、市场化发展，培育优质的文化大数据服务供应商。健全文化数据资源和文化数字内容的标识解析、搜索查询、匹配交易、结算支付等服务体系，建设可信的文化数据资源流通环境，打通传输应用堵点，强化文化大数据智能化利用基础。建立北京文化大数据产品图谱，重点关联多维度异构文化数据，提升数值、文本、图形、图像、音频、视频等多类型文化数据资源的多样化处理能力，创新文化数据资源融合模式，不断拓展文化数据资源的开发利用场景。

三是提升文化大数据的融合应用水平，强化数据赋能。以推动文化数字化转型为引领，研究制定专业化、场景化的文化大数据服务解决方案。推进文化数据资源与互联网消费平台衔接，推动文化大数据与各行业、各领域融合应用，发挥文化大数据对文化创新、文化消费、文化治理等方面的赋能作用。强化文化大数据在政府治理、态势研判、科学决策、精准管理等方面的应用，加强文化内容及文化消费大数据分析运用，推广受众精准画像、客户智能推介等新模式，促进文化供需精准对接，助力数字文化企业创新商业模式，形成"用数据带动供需、用数据管理决策、用数据开发创新"的数字文化产业发展格局。

四是强化文化大数据的安全保障能力，加强数据治理。提高中华文化数据库入库标准，增强文化大数据的规范性和安全性；构建完善的文化大数据安全监管及责任体系，引导数字文化机构优化数据安全服务；探索文化大数据分类分级管理机制，围绕文化大数据全生命周期，强化质量监控、诊断评估、清洗修复、数据维护，保障文化大数据的安全存储、安全运算、安全传输。加强对基于人工智能技术、对数据深加工的元宇宙、数字人、数字藏品等数字文化新业态的监管，按照包容审慎原则，创新监管模式，健全管理制度，推动数字文化新业态健康发展。强化网络综合治理体系建设，优化网络法治环境，加强向上向善的网络文化建设，提升全民数字素养和技能，保障文化大数据健康有序交互。

四　全面促进北京数字文化产业集聚发展

（一）数字文化产业集聚发展的特征与规律

打造发达的数字文化产业体系是北京数字文化产业发展的核心。数字文化产业的集聚既有一般产业集聚的共性特征，也有其鲜明的个性特点，一般只有科技、文化等软硬件环境优越的高等级中心地，才具备对数字文化产业主体物理集聚的条件，而功能强大的数字经济平台是集聚数字文化产业主体经营活动的虚拟空间。

从数字文化产业体系特征来看，其一般包括四大类业态。一是支撑数字文化发展的新基建设施、终端设备、感知交互设备、关键元器件等数字设备设施业态；二是提供数字文化内容的数据服务、技术服务、内容开发、设计创作等数字内容创意制作业态；三是包括数字出版、数字音视频、动漫网游、数字广告等在内的数字文化内容应用业态，这也是核心数字文化业态；四是包括网络平台、在线数字消费平台、线下数字消费平台等在内的数字文化传播渠道业态。

从数字文化产业集聚的规律来看，一方面，基于集群效应，数字文化产业有物理园区集聚的发展需求。但由于对高水平的人才、资本、技术、政策、数据要素有较强黏性，其集聚更注重区域中心地位及产业生态环境，包括文化企业、数字平台和消费者等关键主体作为核心层的规模与能级，政府部门、科研机构、金融机构、中介组织等主体作为支撑层的活力与水平，以及区域经济发展环境、政策法律环境、社会文化环境和自然生态环境作为环境层的优越程度。因此，数字文化产业四大类业态集聚区域需要具备在高端人才储备、技术研发水平、关联产业基础、资本要素保障、应用场景规模、区域政策优势等方面的良好条件。另一方面，数字文化产业经营活动具有依托网络空间的"数字平台""云园区"的集聚特性。这是由于数字革命促进了产业组织形式、企业商业模式及消费参与方式的创新，文化创意主体边界消融，而远程办公、协作空间、虚拟团队的存在使文化组织更加灵活柔性地组织生产，数字文化企业的经营往往超越了办公室或工厂车间的物理界限，在线的数字平台成为集聚数字文化企业的新空间。

（二）北京数字文化产业集聚发展的现状与问题

数字文化产业已成为北京文化产业的主导力量。随着国家文化数字化战略向纵深推进，借助北京加快建设全球数字经济标杆城市的机遇，北京数字文化产业迅猛发展。2021年，全市规模以上核心数字文化企业已达到1708家，实现营业收入11409.8亿元，占全国数字文化产业的1/4以上；数字文化产业营业收入占全市规模以上文化企业营业收入的比重达到66.8%，同比增长23.5%，拉动全市文化企业收入增长14.9个百分点。全市核心数字文化企业中，"互联网+文化"领域企业共实现营业收入超万亿元，占全市核心数字文化企业营业收入的比重达87.8%[①]。

北京是全国数字文化产业的创新高地，新兴数字文化产业加快市场化扩张，传统文化产业也加快了数字化转型与升级。以网络新视听、数字广告、数字出版、电竞游戏等为代表的数字文化产品和服务不断涌现，已集聚蓝色光标、掌阅科技、汉王科技、掌趣科技等一批数字文化领军企业，上市数字文化企业约占全国总数量的三成。

---

① 《〈北京文化产业发展白皮书（2022）〉发布》，国际科技创新中心网站，2022年7月26日，https://www.ncsti.gov.cn/kjdt/xwjj/202207/t20220726_90525.html。

北京注重数字文化产业生态构建，支持数字文化企业开展债券融资，推进设立数字文化产业投资基金，鼓励数字文化企业与高校、科研院所等合作，建立了国家新媒体产业基地、国家动漫游戏原创产业基地等国家级载体，以及中关村多媒体创意产业园等市级、区级数字文化产业园区、基地、平台等载体，实现了数字文化产业的全链条协同发展。同时，北京加强对数字文化产业的监管和服务，完善数字版权保护机制，规范数字内容生产和传播秩序，为数字文化产业发展营造良好的市场环境，全方位、全链条、全体系加速推进数字文化产业的演进及升级。

但是，北京的数字文化产业集聚发展也存在不足，一是数字文化产业链条不够完善，尤其是数字设备设施业态的研发及生产能力不足；二是数字文化产业市场化及传统文化产业数字化进程还需加快；三是庞大的科技园区及文化产业园区对数字文化产业的主体承载力不强；四是数字文化产业生态体系不够完善，协同效应不够显著。

（三）全面促进北京数字文化产业集聚发展的建议

一是构建涵盖全链条的数字文化产业集群。推动数字文化装备研发制造业态列入"北京市鼓励产业目录"，优化市场准入条件，打造数字文化装备产业集群。加强数字文化资源开发和利用，打造集技术研发、创意设计、标准信息、创业孵化、知识产权、科技金融、人才培训和技术市场于一体的综合服务体系，提升数字内容创意制作产业集群的创新发展水平。推动北京数字文化内容应用业态的供给侧结构性改革，打造以高质量内容创作生产为引领、以高价值赋能数字文化产品为导向的数字文化内容应用业态体系；加强需求引导和培育，拓展市场空间，加大政府部门和公共机构对数字文化产品的采购力度，鼓励公众参与数字文化体验和消费，打造数字文化内容应用业态集群品牌。加强平台建设和运营，优化数字文化传播渠道的布局和结构，鼓励平台之间的合作与竞争，推动平台与内容生产者的对接与协同，提升数字文化传播渠道业态集群的发展能级。推动数字文化产业与教育、旅游、体育、医疗、金融等产业的深度融合，打造更多跨界融合的新型业态集群。

二是强化传统园区的数字文化产业集聚力。支持建设国家级、市级、区级数字文化产业园区、孵化器、加速器等，依托中关村科学城、中关村科技园等基础较好的科技园区打造数字文化产业集聚区，创建数字文化产业发展新高地。按照数字文化企业集聚发展需求，加强传统文化园区规划和建设，提升园区专业化服务和管理水平，强化专业的技术、人才、资金、市场等服务，推进各类园区的合作和交流，探索建立数字文化工程师协同创新中心，加强数字文化机构引进培育，增强传统文化园区的数字文化产业集聚效应。

三是打造数字文化企业集聚的"云园区"。借鉴国家文创实验区建设"云园区"的经验，搭建"一站式"服务门户，统筹社会化服务资源，构建涵盖文化政策服务、文化金融服务、数字企业推介、数字产品推广、文化数据应用、云网资源接入、创新创业支持、产业协同合作、企业权益保障等功能的数字模块，连通数字经济平台、文化消费平台、国家文化专网、文化版权及数据交易体系、文化算力服务体系、文化大数据体系等，强化数字化治理，引导文化专业服务机构、线下文化公共空间、各类数字文化企业在"云端"集聚，提供市场化、多形态的数字文化服务。

四是优化促进数字文化产业集聚的生态圈。按照数字文化产业集聚理论，不断优化促进数字文化产业集聚的生态圈。充分发挥数字经济平台企业、头部企业、链主企业等具有行业领导地位的企业的优势，推动大、中、小企业加强合作，促进各类主体间的有效协同和良性竞争，着力建设平台企业、龙头企业、链主企业带动的数字文化产业集聚生态圈。优化政策环境，加快制定与修订涉及数字文化产业的相关法律法规及政策，研究制定北京市数字文化产业发展规划。优化投融资环境，支持金融机构创新服务，探索建立数字文化产业链金融服务平台，鼓励符合条件的数字文化企业通过"北交所"及各类资本市场进行融资，支持设立数字文化产业创投基金和各类股权投资基金。强化人才支撑能力，完善高层次紧缺人才引进机制，优化数字文化新业态、新职业人员职称评定等政策措施，推进产学研一体化进程，加快建设数字文化产业高技能人才队伍。持续推进"放管服"改革，深入落实北京市营商环境 6.0 版改革措施，积极发挥数字文化相关行业组织的作用，打造助力数字文化产业集聚发展的管理服务体系。

五　充分释放北京数字文化消费潜力

（一）数字文化消费的特征与趋势

数字文化消费是畅通数字文化产业循环的关键。随着数字技术的创新和普及，数字文化消费正在成为文化消费的主流。未来，随着 5G、云计算、物联网等新技术的发展和应用，数字文化消费将迎来新一轮发展。

从数字文化消费的基本特征来看，一方面，数字文化消费具有"两度"特征——客源广度和体验深度。数字文化消费突破了传统依托文娱载体的接触型消费形态，也突破了去属地化的互联网消费形态，是一种非在地性消费与在地性消费兼容的数字空间消费形态，既有无属地边界的线上消费，面向的是网络客群市场，也有依托属地数字文娱载体的线下消费，提升了传统接触型消费的便利性与体验感。同时，数字文化消费是通过数字技术为消费者提供文化产品和服务的场景式消费，与传统文化消费相比，具有更强烈的实时体验、更有效的具身交互、更全面的感官沉浸等特点，是一种追求深度体验的消费形态。另一方面，数字文化消费具有"五化"特征。一是个性化，数字文化消费通过大数据和人工智能等技术，实现了供给和需求的精准、快速匹配，更好地满足个性化消费偏好与需求；二是便捷化，数字文化消费基于网络平台的内容生产、分发及消费过程，消费者可以随时随地通过智能终端和网络平台进行文化消费；三是多样化，数字文化消费拓展了文化产品和服务的种类、形式和渠道，形成更丰富、更多样、更新颖的文化消费形态；四是互动化，数字文化消费增强了文化产品和服务的社交属性，形成了以兴趣为纽带的社交网络和社区；五是创新化，数字技术不断推动文化产业的创新发展，不断为消费者带来新颖独特的文化体验。基于"五化"特征，数字文化消费已成为"粉丝经济""种草经济""悦己经济"等新经济模式发展的重要驱动力。

另外，数字文化消费还具有两个不可忽视的效应。一是"鸿沟效应"，由于不同群体拥有和使用现代信息技术的差距，以及不同群体的文化解码能力的差距，数字文化消费存在数字和文化的"双鸿沟"；二是"马太效应"，受数字技术自动生成、筛选、推送的影响，围绕群体兴趣的数字文化消费内容的集聚效应越来越强，但部分经典文化或冷门内容由于关注度低，创作生产越来越少。

（二）北京数字文化消费的现状与问题

北京加快构建数字文化消费场景。北京充分把握国际消费中心城市建设契机，大力推动数字文化消费，围绕内容创作、设计制作、展示传播、信息服务、消费体验等文化领域关键环节，推动人工智能、大数据、超高清视频、5G、虚拟现实等技术应用，持续提供数字图书馆、数字博物馆、数字非遗展示、数字艺术展、沉浸演出剧场等新的消费模式和场景，推动云观展、云游览、云演艺等数字文化消费业态发展，建设智慧商店、智慧商街、智慧商圈，培育新型文化消费模式。

北京市数字文化消费需求快速增长。数字文化消费生态圈逐步形成，举办北京数字经济体验周、北京数字消费节，开展数字消费场景拓展活动，定期推出特色消费榜单和消费指引，培育消费品牌；以短视频、直播等为代表的数字文化消费增长迅猛，形成新浪微博、今日头条、快手、爱奇艺等热门文化应用，"云端"消费成为常态。2022年全市文化消费市场整体承压，前三季度的人均文化娱乐支出同比下降2.6%，但数字文化消费金额和消费频次位居前三，超四成的消费者愿意为线上观影、有声读物等内容付费，数字文化消费备受欢迎。

但是，北京数字文化消费在发展过程中也存在不足，一是数字文化消费新场景构建有待强化，数字文化消费的"鸿沟效应"与"马太效应"仍存在；二是数字文化消费生态有待优化，"大小屏"与其他智能终端的消费潜力有待释放；三是数字文化消费机制与模式有待创新，适应数字文化消费特点的供需匹配度不高；四是数字文化的消费环境有待优化，促进数字文化消费的政策精准度不足，健康良性的数字文化消费市场建设有待强化。

（三）充分释放北京数字文化消费潜力的建议

一是强化具有首都特色的数字文化消费场景的构建。研究发布北京市数字文化消费新场景建设清单，支持数字文化企业积极参与数字文化消费新场景建设，培育针对不同需求偏好的"网红"直播、网游电竞、网络教育、网络健康、网络旅游、网络阅读、网络动漫、网络科普等在线数字文化消费，弥合数字文化消费"鸿沟"。推动文化遗产数字化资源体系建设，加强文化遗产数字化资源消费场景建设，打造数字文化消费"爆款"，跨越"马太效应"陷阱，强化文化遗产保护。深入挖掘分析文化大数据，推动文化供需精准匹配，重点打造"文化大数据驱动型文化消费空间"，引导线上数字文化消费方向。强化虚拟现实技术、3D全息投影交互技术、元宇宙技术等技术赋能，推动文化场馆、旅游景区、商业街区智能化改造，拓展数字文化消费的触达渠道和覆盖范围，提升沉浸式消费体验，打造"数字技术驱动型文化消费空间"。

二是打造各类智能终端的数字文化消费生态。大力发展新兴超高清融媒体视听业态，支持8K超高清内容制作，强化音视频大数据处理、全媒体智能播控、超高清视频制播等平台建设，鼓励数字文化企业创新数字电视、数字投影等"大屏"运用方式，加快发展为移动终端"小屏"定制的数字文化内容应用业态，打造依托"大小屏"的"5G+8K"数字文化消费新生态，进一步促进"大小屏"数字文化消费。加强虚拟现实和增强现实头盔、眼镜、自助一体机、全息投影等沉浸式智能终端设备的研发、推广与普及，提升XR、元宇宙等技术的研发水平，支持文化内容开发，优化沉浸式智能终端设备的消费生态，进一步促进沉浸式数字文化体验消费。促进数字文化产品在智能网联汽车、可穿戴设备、智能健身器械等新型智能终端产品上的应用，培育数字文化消费新生态。

三是推动北京数字文化消费机制与模式创新。探索建立北京数字消费评价和激励机制，激励居民参与数字文化消费评价，以积分奖励促进数字文化服务再消费；联合金融机构推行文化消费信用卡，以信用卡积分折扣等方式刺激居民的数字文化消费；推进北京"文惠卡"服务扩围，将更多的数字文化产品与服务纳入"文惠卡"供给体系。把握"粉丝经济""种草经济""悦己经济"的特点，创新数字文化产品的宣传推介方式，支持"网红"、明星、意见领袖"代言文化""带文化"，引领数字文化消费，提升北京数字文化消费品牌的知名度、美誉度和普及度。

四是营造良好的数字文化消费氛围与消费环境。研究制定促进数字文化消费的周期性政策举措，在全市促消费、促产业、促文旅、促科技等相关政策中及时发布；借助北京数字经济体验周、北京数字消费节、北京消费季等品牌活动，加大数字文化消费宣传推介力度，营造良好的数字文化消费氛围。加强数字文化消费监管和引导，建立健全数字文化内容的审查和审核机制，加大对违法违规内容和行为的查处力度，规范网络版权秩序，营造健康、有序、清朗的网络空间。建立健全数字文化消费者权益保护机制，加强对消费者的教育和培训，提高网络素养和安全意识，引导消费者理性、合理地进行数字文化消费。

六　着力推动北京数字文化贸易提质增效

（一）数字文化贸易发展的特征与趋势

推动数字文化贸易发展是提升数字文化产业能级的重要动力，更是在国际上提升文化软实力、提高文化影响力的关键手段。数字文化贸易是数字文化产业的重要组成部分，也是全球文化交流和合作的新形式。近年来，随着数字技术的创新和应用，全球数字文化贸易规模快速扩大，结构不断优化。

一方面，我国数字文化贸易成为贸易新引擎。2021 年中国游戏产品海外市场收入超过 180 亿美元，同比增长 16.59%，市场份额已经位居全球第一，中国短视频平台海外流量和热度激增，成为"讲好中国故事、传播好中国声音"的"扩音器"。截至 2022 年 9 月，抖音及其海外版 TikTok 全球下载量超 6200 万次，位居全球移动应用（非游戏）下载榜第一；网络文学"出海"方式由传统的对外作品授权升级为模式传播，截至 2021 年，中国网络文学共向海外传播作品 1 万余部，海外市场规模超过 30 亿元，海外用户达 1.45 亿人；原创影视内容"出海"又"出圈"，以爱奇艺、腾讯、优酷为代表的头部影视平台积极制定中国影视"出海"战略，推动影视内容"走出去"[①]。

另一方面，我国数字文化贸易形式更加多样。数字平台成为我国发展数字文化贸易的主渠道，阿里巴巴、腾讯、百度、字节跳动、快手等互联网平台直接或间接地推动数字文化贸易发展，快手海外版 Kwai、抖音海外版 TikTok、起点国际 Webnovel、掌阅海外版 iReader、爱奇艺海外版 iQIYI 等数字文化平台提升了中华文化的国际传播效能。这些平台或是自产外销，依托平台打通传播渠道；或是合产外销，与外国企业联合制作，融入当地元素，激发海外用户的情感共鸣；或是外产外销，鼓励海外本土内容制作者在平台上发布作品，数字文化贸易形式更加多样。

在我国数字文化贸易影响更加广泛的同时，其面临的挑战更加复杂。全球数字贸易壁垒持续增加，对我国数字文化贸易的限制日益加剧，从基础设施、电子商务、支付体系、知识产权保护和其他壁垒五大领域来识别、分类和量化数字文化贸易限制性措施，我国数字文化贸易面临数据安全、知识产权保护、"数字鸿沟"、文化冲突等方面的诸多挑战。

（二）北京数字文化贸易发展的现状与问题

北京数字文化贸易规模不断扩大。近年来，北京市作为全国文化中心和国际交往中心，紧抓"两区"建设机遇，推动数字文化贸易创新发展，数

---

① 《"出海"又"出圈"！数字文化产品走红海外》，"人民论坛网"百家号，2022 年 12 月 4 日，https://baijiahao.baidu.com/s? id=1751295679914639540&wfr=spider&for=pc。

字文化贸易规模不断扩大，出口额位居全国前列。2021 年，北京市文化产品出口额达到 19.36 亿美元，同比增长 152.07%，其中，网络游戏、网络音视频、网络阅读等数字文化产品出口额占比达到了 45.6%，比上年提高 4.7 个百分点；2022 年上半年，北京市文化产品出口额为 10.25 亿美元，同比增长 16.8%，其中，数字文化产品出口额占比达到了 48.2%，比上年提高 5.5 个百分点[①]。

北京数字文化贸易形式日趋多元。北京市数字文化产品出口覆盖了全球 200 多个国家和地区，出口市场呈现多元化；涵盖了网络游戏、网络音视频、网络阅读、电子竞技、"直播带货"、短视频创作等多种形式，出口产品呈现多样化；采用跨境电子商务、跨境数据流等新型贸易模式，加强与国际流媒体平台、电商平台等合作伙伴的对接，拓展了国际市场渠道和空间，出口模式呈现创新化。

但是，北京数字文化贸易在发展过程中还存在明显不足。一是数字文化贸易服务平台建设不完善，缺乏统一、全方位、高效的数字文化贸易服务平台，文化数据交易平台的规则、技术实现路径和商业模式还不够成熟；二是文化数据跨境流动存在制度和技术障碍，数字文化贸易规则标准缺失；三是"走出去"的数字文化产品较少，原创精品 IP 的数量和质量仍需提升，海外市场开拓能力仍需加强；四是数字文化产业的国际交流和合作水平有待提升，在国际数字文化资源和人才的引进方面还存在政策、制度障碍。

（三）着力推动北京数字文化贸易提质增效的建议

一是搭建数字文化贸易服务平台。依托自由贸易试验区建设，探索在自由贸易试验区商务片区或科创片区建立数字文化自由贸易试验基地，在一定程度上推进文化数据自由交互，加快数字文化贸易发展。打造数字文化贸易服务平台，完善专业翻译、支付清算、法律及政策咨询、数据合规咨询、风险预警、知识产权保护及版权服务等基础服务和专业化服务。依托北京国际

---

① 李嘉珊主编《首都文化贸易发展报告（2022）》，社会科学文献出版社，2022。

大数据交易所搭建文化数据交易平台，创新文化数据交易平台的规则、技术实现路径和商业模式；发挥中国国际服务贸易交易会等国际性平台的优势，搭建面向全球的线上线下数字文化贸易交流和展示平台。

二是探索创新数字文化贸易规则。在维护国家网络安全和数据安全的前提下，逐步建立健全文化大数据出境安全评估制度；积极参与国际合作和国际贸易组织的规则治理，结合北京实际对接国际高标准数字贸易规则，加快数字贸易试验区建设，在数字贸易试验区内开展数字文化贸易制度创新压力测试，加快制定和完善北京数字文化贸易相关规则和法律法规，尽快形成数字文化贸易治理的"北京模板"。

三是强化海外市场开发拓展能力。全力培育文化大数据、虚拟现实等领域的全球标杆企业，着重开发面向国际市场的数字出版、数字影视、网络电视、网游动漫等数字内容产业的原创精品 IP 和企业品牌；积极开发本土化的海外专属频道、专属视听应用，丰富海外市场的数字文化产品及服务。加大国际化资源导入力度，提升文化商务服务的国际化水平，鼓励银行为数字文化贸易企业提供专项服务，加强对数字文化贸易企业的指导，强化数字文化贸易的支撑体系。

四是提升国际交流与合作水平。强化数字文化产业开放合作，吸引更多国际数字文化资源和人才来北京合作发展，支持举办和参与国际数字文化交流展示活动，促进文化园区跨国交流合作，加快推进文创实验区、国际文化中心等重大项目建设，推动北京的优秀数字文化产品"走出去"，提升北京在全球数字文化产业中的地位和影响力。

B.4
北京文化产业高质量发展水平测度与评价[*]

王锦慧　黄铭锴[**]

摘　要： 本报告根据文化产业高质量发展的内涵，围绕北京的城市战略方向，结合建设全国文化中心的要求，构建北京文化产业高质量发展评价指标体系，并且利用熵权 TOPSIS 法对北京文化产业高质量发展状况进行测算评价与分析。研究结果表明：北京文化产业高质量发展水平整体处于提升态势，但仍有较大的提升空间；文化交流亟待复苏转型；文化产业数字化发展迅速；文化融合发展水平仍有较大的提升空间；文化领域的创新成果显著；文化产业保护与建设卓有成效。

关键词： 文化产业　高质量发展　熵权 TOPSIS 法　评价指标体系

一　引言

文化产业高质量发展对推动北京建设全国文化中心起着举足轻重的作用，也是满足人民美好生活需要的重要途径和建设文化强国的重要支撑。近年来，北京坚持"科技为文化赋能，文化为城市赋能"，以打造全国文

* 本报告受北京市社会科学基金一般项目（艺术、体育）"首都文化产业高质量发展监测与评价机制研究"（项目编号：21YTB017）资助。
** 王锦慧，中国传媒大学经济与管理学院副教授，主要研究方向为文化产业投融资、文化金融；黄铭锴，中国传媒大学经济与管理学院硕士研究生，主要研究方向为文化产业。

化中心为目标，打造文化产业发展的先导区，持续推进文化产业高质量发展。中国人民大学文化产业研究院发布的"2021中国省市文化产业发展指数"显示，北京连续6年在中国省市文化产业发展指数排名中位居第一。2021年，北京规模以上文化产业实现营业收入17563.8亿元，约占全国的15%；文化核心领域实现营业收入15848.3亿元，占总收入的比重达90%。

党的二十大报告指出，繁荣发展文化事业和文化产业，坚持以人民为中心的创作导向，推出更多增强人民精神力量的优秀作品，健全现代公共文化服务体系，实施重大文化产业项目带动战略。北京作为全国文化中心，积极推动文化产业高质量发展既是适应新时代社会主要矛盾转变的客观要求，又是提升我国文化软实力和文化竞争力的必然选择。因此，本报告以北京为研究对象建立了一套评价指标体系，以期能对北京文化产业高质量发展起到一定的参考作用，并对我国文化产业高质量发展提出一些建议。

二 文献综述

目前，学术界对文化产业高质量发展评价已经有一定的研究，实证评价涵盖全国各省域、地方等不同范围，其评价指标体系的构建因不同的研究范围和出发角度有不同的设计。

近年来，在对全国文化产业高质量发展评价指标体系的研究中，国内相关研究院所和不同专家学者提出了不同看法。由中央财经大学文化经济研究院主导设计的中国文化产业高质量发展指数，基于投入水平和产出品质的基本架构模型，完善地评估和反映了我国文化产业的高质量发展进程。而中国人民大学文化产业研究院则从产业生产力、影响力和驱动力3个方面设计了中国省市文化产业发展指数，以便更好地了解我国文化产业的发展状况。袁渊等人在统筹相关内涵特征与我国新时代发展要求、理念的基础上，基于产业效率、文化创新、协调发展、发展环境和对外开放的视角构建了文化产业高质量发展评价指标体系。丁仕潮等人从质量、效率、动力、需求、环境 5 个方面着手，构建涵盖 5 个维度 29 个指标的文化产业高质量发展评价指标体系，以衡量我国省域文化产业高质量发展水平。喻蕾则从创新、协调、开放和共享 4 个方面构建文化产业高质量发展评价指标体系，衡量我国各地区文化产业的高质量发展水平。

区域文化产业发展水平也是目前的研究热点，周怡岑等人基于湖南文化特色，从文化发展、素质培养、服务保障和形象影响等 4 个方面构建湖南文化软实力评价指标体系。江晓晗等人从 4 种产业类型出发，考察了长江经济带沿线 11 省份的文化产业发展质量。李忠斌等人基于对特色村寨文化产业高质量发展的理解和定义，建立了特色村寨文化产业高质量发展评价指标体系。国外学者则通过对比不同地区的文化产业，探讨文化产业的未来发展方向，Kim 通过研究中国文化产业改革发展进程，对比分析中韩两国文化产业的现状，探讨韩国文化产业的发展方向。Hyoung 从工业、经济和投资领域，分析目前处于转型状态的中国和俄罗斯文化产业的现状，探讨中俄文化产业未来发展需要解决的问题。

综上可以看出，目前学术界对文化产业高质量发展的研究有较大的差异，省市层面的研究并不多，有关北京的研究也比较欠缺。目前，我国并没有标准的文化产业高质量发展评价指标体系，现有的评价指标体系也未达成共识。因此，本报告基于北京文化产业的发展特点，构建文化产业高质量发展评价指标体系，进而对此进行分析。

三 评价指标体系构建

本报告围绕北京的城市战略方向，结合建设全国文化中心的要求，构建北京文化产业高质量发展评价指标体系，从客观科学的角度展现北京文化产业高质量发展情况。当前，文化产业已经成为经济建设的重要一环，文化产业高质量发展是经济发展的新动能。以社会主义核心价值观和中华优秀传统文化为内核的中国文化产业，必须实现高质量发展。

（一）数字化

随着数字经济的快速发展，数字化已成为北京文化产业高质量发展的标志，而数字文化产业逐渐成为促进北京文化产业高质量发展的新动力。《北京市"十四五"时期文化产业发展规划》明确指出，加快实施文化产业数字化战略，紧抓数字产业化和产业数字化发展机遇，深入推进数字技术在文化产业领域创新转化，推动高质量发展。目前，数字文化产业具有融合发展和集聚发展两大特点，且发展成果难以通过 GDP 贡献来直接衡量。因此，本报告从文化产业数字化的应用和支撑两个层面，建立数字化产业、数字化设施两个二级指标来量化北京文化产业数字化的发展情况。

（二）国际化

《"十四五"文化产业发展规划》指出，要立足国内大循环，发挥比较优势，协同推进国内文化产业发展和国际合作。北京是我国对外开放的前沿城市，是我国进行对外文化交流的窗口，作为国际化大都市，北京具有丰富的国际资源，对外交流、国际旅游以及文化贸易能推动北京文化产业快速发展。国际化已经成为推动北京文化产业高质量发展的重要力量。因此，本报告从国际化的角度出发，围绕文化产业国际化指标构建对外交流、国际旅游、文化贸易 3 个二级指标。

（三）融合发展

文化产业高质量发展必然以产业发展为基础，只有实现产业的蓬勃发展，才能提高高质量发展水平，因此产业的发展情况也是构建指标的一个重要衡量标准。文化与旅游的融合发展是实现文化产业高质量发展的重要方式，《北京市"十四五"时期文化产业发展规划》指出，要推进文化与旅游等相关产业融合发展，实现文化产业和旅游产业双向融合。此外，要想实现文化产业的规模化发展，必须要有足够的资金来支撑。文化与金融的融合对催生文化新业态、提升文化消费水平、推动文化产业转型升级都有重要的作用。因此，融合发展也是文化产业持续健康发展的内在要求，"文化+"可以深度赋能北京城市发展。基于此，本报告构建了融合发展一级指标，以及产业发展、文化旅游、文化金融3个二级指标。

（四）文化创新

文化产业高质量发展离不开文化创新，多维的文化发展需要产业进行创新，通过创新驱动产业的进一步发展。尤其是文化与科技的融合发展，只有坚持创新驱动，提升创新发展水平，推动科技创新为文化赋能，才能促进文化与科技、金融、旅游等融合发展，为文化产业发展注入新动能。产业创新已经成为北京文化产业高质量发展的核心动力，因此本报告选取文化创新为一级指标，产业创新为二级指标。

（五）保护建设

北京是一座历史悠久的城市，有着丰富的文化资源和文化内涵。特别是对文化遗产的保护与传承，对北京文化产业高质量发展至关重要。此外，北京要建设全国文化中心，需要坚持传承和发展丰富多彩的红色文化、源远流长的古都文化、特色鲜明的京味文化、蓬勃兴起的创新文化，打造具有中国特色的先进文化。所以，汇集红色文化、古都文化、京味文化与创新文化的北京文化建设也成为促进北京文化产业高质量发展的关键。因此，本报告将保护建设作为一级指标，将保护与传承、北京文化建设作为二级指标。

综上，本报告认为，北京文化产业高质量发展评价指标体系应该包括数字化、国际化、融合发展、文化创新、保护建设等5个方面。本报告参考"中国文化产业高质量发展指数""中国省市文化产业发展指数"以及其他学者对文化产业高质量发展的研究，构建了5个一级指标、11个二级指标以及39个三级指标，形成北京文化产业高质量发展评价指标体系，具体如表1所示。

表1 北京文化产业高质量发展评价指标体系

一级指标	二级指标	三级指标	单位
数字化	数字化产业	网络（有线电视）收入	万元
		数字电视用户数	万户
	数字化设施	互联网宽带接入用户数	万户
		信息传输、软件和信息技术服务业生产总值	亿元
国际化	对外交流	国际展览收入	亿元
		国际展览数量	个
		高等教育外国留学生毕（结）业人数	人
	国际旅游	入境过夜旅游人数	万人次
		入境旅游收入	亿美元
	文化贸易	引进版权数量	件
		电视节目进口总额	万元
融合发展	产业发展	文化制造业新产品出口额	万元
		文化及相关产业增加值	亿元
		限额以上文化批发和零售企业营业收入	亿元
		规模以上文化服务业企业营业收入	亿元
		规模以上文化制造业企业营业收入	亿元
		规模以上文化及相关产业从业人员数量	人
		乡村人均文化娱乐消费支出	元
		城镇人均文化娱乐消费支出	元
		一般公共预算文化体育与传媒支出	亿元
		电影放映票房收入	亿元
		举办文物艺术品拍卖场次	场
		艺术表演场馆数量	个
		娱乐场所营业收入	万元
	文化旅游	观光园和乡村旅游总接待游客数	万人次
		观光园和乡村旅游总收入	亿元
	文化金融	文化及相关产业固定资产投资额	万元
		文化类基金会数量	个
文化创新	产业创新	规模以上文化制造业企业研发费用	万元
		规模以上文化制造业企业新产品开发项目数量	个
		文化科研机构专业技术人才数量	人
		规模以上文化制造业企业新产品收入	万元
		文化企业获得专利数量	项

续表

一级指标	二级指标	三级指标	单位
保护建设	保护与传承	文物保护管理专业技术人员数量	人
		版权登记数量	件
	北京文化建设	博物馆参观人数	万人次
		公共图书馆馆藏数量	万册
		组织文艺活动数量	次
		举办展览数量	个

四　研究设计

（一）熵权 TOPSIS 法

熵权法是一种具有客观意义的权重赋值方法，能够以矩阵自身的数据信息为基础来决定各个评价指标的权重，能够有效地防止人为判断的主观随意性，提高权重的客观性。而 TOPSIS 法是目前应用最广泛的一种综合评估方法，能最大限度地读取原始资料中的数据信息，评估结果能够准确地反映评估项目间的差异。基本流程是：先通过统一指数类型获得一个正向化的原始数据矩阵，再归一化前向矩阵，以消除各个指数维度的影响，以及在一个有限的方案中寻找最佳方案与最差方案，最后分别计算出每个被评价对象与最佳方案和最差方案之间的差距，用来衡量优劣。这种方法不受数据分布和样本量的限制，数据计算简便。相对而言，本报告的数据更适合采用熵权 TOPSIS 法处理。

熵权 TOPSIS 法能够用一条函数曲线来反映评价对象与最佳方案之间的相似程度，从而客观、真实地反映不同方案之间的差距。在此基础上，本报告对北京文化产业高质量发展水平进行了综合测度与评估，首先从数据中提取信息，得出各项指标的权重，再对北京文化产业高质量发展水平与最佳方案的相似程度进行评价。

（二）计算模型

熵权 TOPSIS 法的计算步骤如下。

首先是熵权法的计算过程。步骤一，数据去量纲化，鉴于各测度指标 X_{ij} 会存在一定的差异，采用极差法对其进行了归一化：

$$X_{ij} = \frac{Y_{ij} - \min(Y_{ij})}{\max(Y_{ij}) - \min(Y_{ij})}$$

$$X_{ij} = \frac{\max(Y_{ij}) - Y_{ij}}{\max(Y_{ij}) - \min(Y_{ij})}$$

步骤二，计算各测度指标 X_{ij} 的信息熵 H_j：

$$H_j = \ln\frac{1}{n}\sum_{i=1}^{n}\left[(X_{ij}/\sum_{i=1}^{n}X_{ij})\ln(X_{ij}/\sum_{i=1}^{n}X_{ij})\right]$$

步骤三，计算各测度指标 X_{ij} 的权重 W_j：

$$W_j = (1 - H_j)/\sum_{j=1}^{m}(1 - H_j)$$

其次是 TOPSIS 法的计算过程。步骤一，构建各测度指标的加权矩阵 A_{ij}：

$$A_{ij} = (a_{ij})_{m\times n}$$
$$A_{ij} = W_j \times X_{ij}$$

步骤二，根据加权矩阵 A_{ij} 确定最佳方案 I_j^+、最差方案 I_j^-：

$$I_j^+ = \max(a_{ik})$$

$$I_j^- = \min(a_{ik})$$

步骤三，利用欧几里得距离公式的原理，测算各测度指标的向量在标准化后与最佳方案和最差方案的差距 d_i^+ 和 d_i^-：

$$d^+ = \sqrt{\sum_{j=1}^{m}(a_{ij} - I_j^+)^2}$$

$$d^- = \sqrt{\sum_{j=1}^{m} (a_{ij} - I_j^-)^2}$$

步骤四，计算各测度指标与最佳方案的相似程度 C_i：

$$C_i = \frac{d_i^-}{d_i^+ - d_i^-}$$

其中，相似程度 C_i 的取值范围为 0~1。C_i 值越高，测度指标的综合值越高，北京文化产业高质量发展水平越高；C_i 值越低，测度指标的综合值越低，北京文化产业高质量发展水平越低。

（三）数据来源

本报告以北京为研究对象，选择 2012~2020 年的相关数据，测算与评价北京文化产业高质量发展的实际情况。本报告中的主要数据来自历年《北京统计年鉴》《中国文化及相关产业统计年鉴》《北京文化产业发展白皮书》，缺失数据均采用平均值法进行补全。

五　实证分析

（一）综合评价结果

2012~2020 年北京文化产业高质量发展指数如图 1 所示。2012~2020年，北京文化产业高质量发展指数在 0.29~0.51 波动。其中，2019 年最高，达到 0.51；2013 年和 2016 年最低，均为 0.29。受新冠疫情的影响，2020 年的指数有一定回落，但仍处于近年来的较高水平。2012~2020 年，指数平均值为 0.37，标准差为 0.07，各年度之间的差异比较显著。整体来看，北京文化产业高质量发展水平呈现提升趋势，但仍有进一步提升的空间。

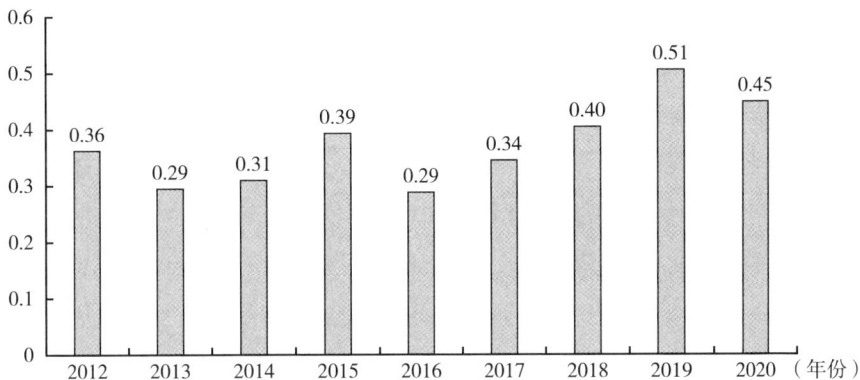

图1　2012~2020年北京文化产业高质量发展指数

（二）分维度评价结果

1. 数字化维度：文化产业数字化发展迅速

图2反映的是2012~2020年北京文化产业高质量发展数字化指数，从图2中可知，2015年之后，北京文化产业高质量发展数字化指数均超过0.4，表明近年来北京文化产业数字化发展速度较快，发展规模较大，数字化程度显著。2013~2015年，北京文化产业高质量发展数字化指数位于0.3左右，这几年北京文化产业在数字化方面的表现中规中矩，仍然处在迫切需

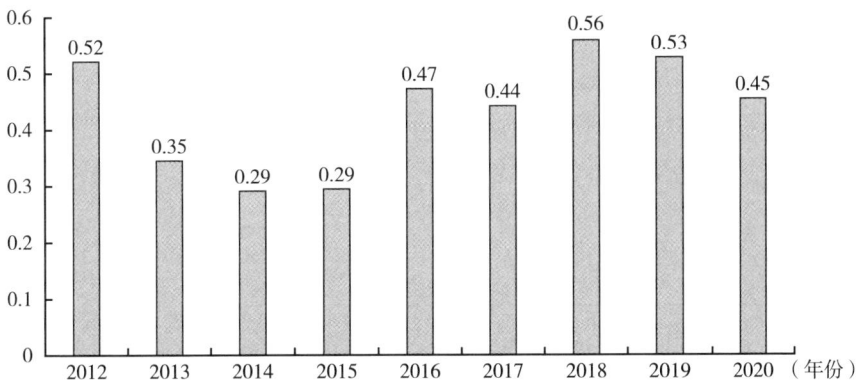

图2　2012~2020年北京文化产业高质量发展数字化指数

要发展的时期，还有很大的提高空间。整体来看，北京文化产业高质量发展数字化指数呈现"前期低，后期高"的趋势，究其原因，主要是2012年以来北京实施了大量数字文化产业发展政策，政策成效逐步显现。一方面，在数字强国建设过程中，网络新媒体强势崛起，引导消费者从传统媒体转向新媒体，使网络和数字电视用户数量不断增长；另一方面，在数字化时代，文化产业需要更多的数字基础设施，北京作为国家文化产业发展的先行者，积极布局互联网宽带并引导信息传输、软件和信息技术服务业加速发展。

2. 国际化维度：文化交流亟待复苏转型

图3反映的是2012~2020年北京文化产业高质量发展国际化指数，从图3中可知，2013~2015年，北京文化产业高质量发展国际化指数均在0.35左右，整体处于低位，均不及2012年的国际化指数，这可能是由于2013年以前，北京的文化产业保持着6%以上的增长，但在2013年后，增长率大幅下降，不及往年增幅的1/3，并且在2013年后，北京文化产业吸引外资、利用外资明显减少，2013年上海自贸试验区的建立也在一定程度上影响了其他地区的文化产业发展。随着2014年北京市人民政府、原文化部共同发布《关于加快国家对外文化贸易基地（北京）建设发展的意见》，2016~2019年的国际化指数均超过0.4，表明近年来北京文化产业的国际交

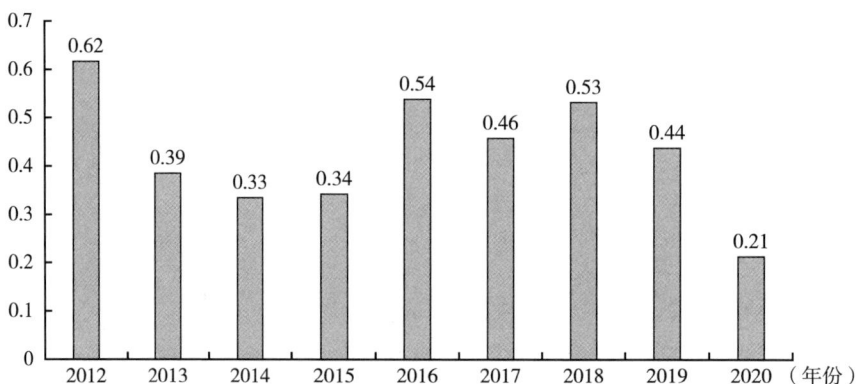

图3 2012~2020年北京文化产业高质量发展国际化指数

流与对外贸易显著增加，政策推动效果显著，国际文化贸易发展较快。2020
年，受疫情影响，国际交流与对外贸易显著减少，国际化指数也达到了近年
来的最低值，仅为 0.21。

3. 融合发展维度：文化融合发展水平仍有较大的提升空间

图 4 反映的是 2012~2020 年北京文化产业高质量发展融合发展指数，从
图 4 中可知，2015 年的融合发展指数最高，达到了 0.51，高于 2012~2020 年
的平均水平，主要得益于 2015 年北京文化产业的强势增长，文化及相关产
业增加值高于临近年份。同时，2015 年北京人均文化娱乐消费支出达到统
计期内的最高值 2592.1 元，促进了北京文化产业的发展。另外，2015 年北
京文化类基金会数量快速增长，为北京文化产业发展提供了较强的经济支
持。因此，2016 年以来，北京文化产业高质量发展融合发展指数不断增长。
从整体来看，2012~2020 年北京文化产业高质量发展融合发展指数整体呈现
增长趋势，但仍有较大的提升空间，需要进一步促进文化与多种产业的融合
发展。在文化与多种产业的融合发展上，文旅融合逐渐成为热门方向，在乡
村振兴战略的引导下，北京乡村旅游和观光园快速发展。此外，文化与金融
的融合为北京文化产业提供新动能、新支撑，加快了北京文化产业高质量发
展的速度。在未来发展过程中，文化与多种产业的融合发展将催生更多的新
业态，助力北京文化产业高质量发展。

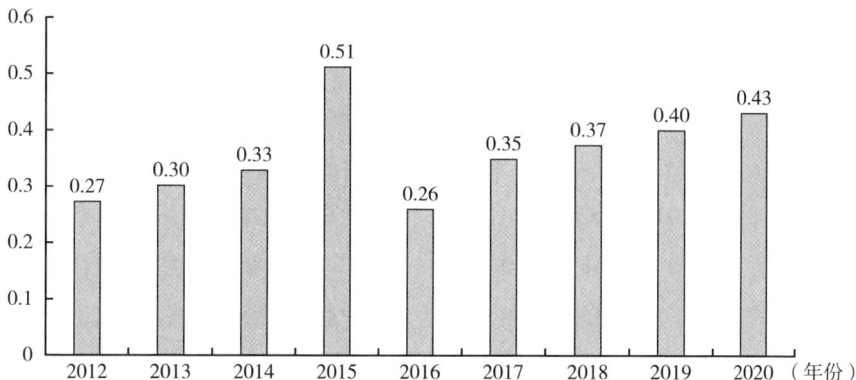

图 4 2012~2020 年北京文化产业高质量发展融合发展指数

4. 文化创新维度：文化领域的创新成果显著

图 5 反映的是 2012~2020 年北京文化产业高质量发展文化创新指数，从图 5 中可知，2019 年的文化创新指数最高，达到 0.88，表明 2019 年北京文化创新水平大幅提高。2012~2019 年，北京坚持"科技为文化赋能，文化为城市赋能"，立足全国文化中心建设，持续推进文化产业发展引领区建设，在多项创新政策的引领下，文化制造业研发投入不断增加，文化新产品收入飞速增长。同时，凭借较强的人才吸引力以及丰富的高校科研资源，北京文化领域的创新成果显著，技术人才数量不断增长，文化产业高质量发展取得新成效。2020 年，由于疫情影响，国内人员流动受到限制，文化交流和创新活动无法开展，文化创新指数有所下降。

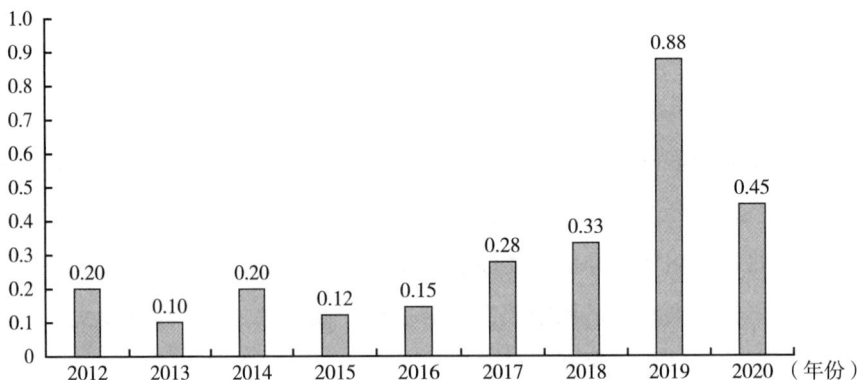

图 5　2012~2020 年北京文化产业高质量发展文化创新指数

5. 保护建设维度：文化产业保护与建设卓有成效

图 6 反映的是 2012~2020 年北京文化产业高质量发展保护建设指数，从图 6 中可知，2013~2020 年，北京文化产业高质量发展保护建设指数整体呈上升趋势，2020 年最高，达 0.53。一方面，随着经济发展，人们对文化基础设施的需求不断增长，在推进全国文化中心建设的过程中，北京公共文化建设实现高质量发展，文化公共设施不断完善，博物馆参观人数、文艺活动以及展览数量均不断提高；另一方面，《北京城市总体规划（2016 年—

2035 年)》把历史文化名城保护作为重要内容，各项要求已全面融入北京各级规划编制和实施体系，文物保护进一步受到重视。同时，随着数字技术的发展，北京文物保护工作不断深入，历史文化保护和传承卓有成效。

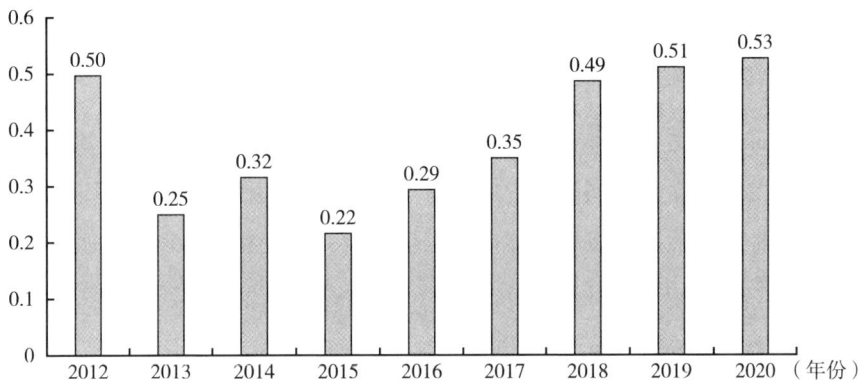

图 6　2012~2020 年北京文化产业高质量发展保护建设指数

六　结论与建议

本报告围绕北京城市战略定位，结合北京推进全国文化中心建设的各方面举措，构建数字化、国际化、融合发展、文化创新、保护建设 5 个维度的北京文化产业高质量发展评价指标体系，运用熵权 TOPSIS 法计算了北京文化产业高质量发展的综合指数和各维度指数，分析北京文化产业高质量发展的实际情况。

（一）结论

第一，从综合指数来看，文化产业高质量发展指数在 2019 年最高，在 2013 年和 2016 年最低。受到疫情影响，2020 年指数有一定回落，但仍处于较高水平。2012~2020 年，北京文化产业高质量发展指数在各年之间的差异比较显著。整体来看，北京文化产业发展稳中向好。第二，从各维度指数来看，融合发展指数和保护建设指数整体呈现上升趋势，文化创新指数在

2012~2019年整体呈上升态势，而数字化指数和国际化指数的波动幅度较大。因此，北京的文化交流亟待复苏转型，文化产业数字化发展迅速，文化融合发展水平仍有较大的提升空间，文化领域的创新成果显著，文化产业保护与建设卓有成效。

（二）建议

在全面推进文化产业高质量发展的关键时间节点上，作为全国文化中心，北京在落实文化强国战略上肩负着重要的责任和使命。从本报告分析来看，目前北京文化产业发展整体向好，但仍有一定的提升空间。对此，本报告提出以下建议。

1. 鼓励数字科技赋能文化产业

党的二十大报告提出，实施国家文化数字化战略。目前，北京文化产业数字化发展迅速，数字化普及率较高，数字基建相对成熟，应广泛利用数字化基础优势，进一步扩大数字文化产品供给，着力推动文化产业数字化发展，将数字科技作为促进文化产业高质量发展的核心力量，促进数字文化产业稳步发展。

2. 加速国际文化交流复苏

提高文化产业国际化程度，提升文化贸易水平，要从北京的实际出发，尽快解决限制文化产业发展的难题，并将文化产业和旅游业的发展需求相结合，打造文旅贸易专业服务平台，探索建设文旅贸易合作区、海外仓等平台，发挥平台的示范引领和辐射带动作用。挖掘北京文化贸易发展潜力，开拓重点市场，推进市场多元化，结合数字技术，积极培育文化对外贸易新业态、新模式。

3. 进一步激发文化创新活力

党的二十大报告指出，激发全民族文化创新创造活力，增强实现中华民族伟大复兴的精神力量，对中华优秀传统文化"坚持创造性转化、创新性发展"。因此，北京应进一步通过内容、技术、产品、服务、模式等方面的创新，让优秀传统文化在新时代不断迸发新的生命力。同时，应运用大数据、人工智能等手段，及时了解公众文化消费心理、习惯，推动文化产品不断推陈出新，提高文化产品的市场竞争力，扩大文化产品的市场规模。此外，要加强对文化产业人才的引进和培养，培养更多文化产业首创人才，提升人才创新能力，增强文化产业内生力。

4. 促进文化金融健康发展

数字经济已经成为北京文化产业高质量发展的关键动能，要以文化创意、科技创新为引领，发挥文化金融资源的配置功能，发挥金融在推动城市更新和文旅消费创新上的积极作用，探索多渠道融资模式，为城市更新提供保障。党的二十大报告指出，构建全国统一大市场，深化要素市场化改革，建设高标准市场体系。北京可以引领建立数字文化产业统一大市场标准体系和数据平台，推进文化产业高质量发展。

5. 加大文化保护与传承力度

党的二十大报告特别指出，实施重大文化产业项目带动战略。重大文化产业项目是文化产业高质量发展的源头活水，应积极落实文化传承与保护重大项目，结合现代化技术完善文物与遗址的复原与保护，构建文物保护利用工作的长效机制。同时，进一步将历史文化名城保护与城市更新有机结合，加强老城空间格局保护，传承历史文脉，改善人居环境。

参考文献

袁渊、于凡：《文化产业高质量发展水平测度与评价》，《统计与决策》2020年第21期。

丁仕潮：《中国文化产业高质量发展的时空演化特征》，《统计与决策》2021年第21期。

喻蕾：《文化产业高质量发展：评价指标体系构建及其政策意义》，《经济地理》2021年第6期。

周怡岑等：《湖南省软实力发展水平测度及地域分异研究》，《经济地理》2021年3月15日。

江晓晗、任晓璐：《长江经济带文化产业高质量发展水平测度》，《统计与决策》

2021 年第 2 期。

李忠斌、陈小俊：《特色村寨文化产业高质量发展与乡村生态振兴》，《青海社会科学》2020 年第 4 期。

Kyoung-Young，K.，"Study on Significance and Implications of Supply-side Structural Reforms of Chinese Cultural Industry，" *The Journal of the Korea Contents Association* 9（2017）.

Hyoung，L. T.，Bae，K.，"*Cultural Policy and Cultural Industries in China and Russia*：*Case study of Beijing and Moscow，*" The Journal of Slavic Studies 32（2017）.

B.5
北京市级文化产业园区的空间分析和发展研究[*]

B.5
北京市级文化产业园区的空间分析和发展研究 [*]

陈　琪　戴俊骋 [**]

摘　要： 文化产业园区已经成为推动北京市文化产业高质量发展与产业集聚发展的重要空间载体与重要依托。通过分析 2022 年认定的 97 家北京市级文化产业园区发现，北京市级文化产业园区呈现出诸多新动态：园区在空间分布上的扩散效应明显，区域内园区集聚程度显著增强，并呈现出不同的空间特征。北京市级文化产业园区整体进入高质量发展阶段，品牌效应逐渐凸显，园区智能化数字化程度不断加深，同时涌现出一系列以首创郎园 Station 为代表的场景化运营特色园区，北京市级文化产业园区发展进入提质增效的重要阶段。

关键词： 文化产业园区　集聚效应　高质量发展

实践经验表明，文化产业园区是全球和我国发展文化产业的主要集聚载体，是推动文化产业走向文化产业集群的关键，成为推动文化产业高质量发展与产业集聚发展的重要空间载体与重要依托。近年来，北京市立足建设全

* 本报告系国家自然科学基金项目"建设大运河国家文化公园的地方尺度转换和空间协调机制研究"（项目编号：42071194）、北京市社会科学基金重大项目"数字经济与北京文博文创提质增效模式研究"（项目编号：21ZDA07）、北京市社会科学基金重点项目"北京创新文化资源挖掘与价值阐释研究"（项目编号：21JCB014）、北京市社会科学基金重点项目"北京书法文化资源系统挖掘整理研究"（项目编号：22YTA024）的阶段性研究成果。

** 陈琪，中央财经大学文化与传媒学院硕士研究生，主要研究方向为文化经济；戴俊骋，中央财经大学文化与传媒学院、文化经济研究院教授，主要研究方向为文化经济和文化地理。

国文化中心，以文化产业园区发展政策创新为切入点，不断加大存量空间转型升级力度，围绕文化产业高质量发展，大力推动文化经济政策创新。《北京市文化产业高质量发展三年行动计划（2020—2022年）》《北京市推进文化产业园区高质量发展的若干措施》等一系列政策文件的出台带动了北京市文化产业园区的迅速发展。截至2022年9月，文化产业园区对全市文化产业发展的贡献已达60%。同时，北京市始终坚持"抓产业就要抓园区"，先后出台了市级文化产业园区认定管理办法、推进文化产业园区高质量发展的若干措施以及"园区服务包""投贷奖""房租通"等多层次政策举措，推动文化空间大格局加快构建，文化产业集聚水平、发展质量显著提升。

在政策引领下，为进一步发挥文化产业园区的示范带动作用，精准落实相关配套支持政策，北京市在2019年正式发布的首批市级文化产业园区的基础上，于2022年根据《北京市级文化产业园区认定管理办法（试行）》，评审、认定了第二轮97家"2022年度北京市级文化产业园区"。当前，对这97家市级文化产业园区的研究尚未充分展开，特别是对这97家市级文化产业园区的空间分布的研究亟待进一步加强。并且，文化产业园区正呈现新动态，其与科技、金融、消费等其他要素不断融合发展，在推动北京市文旅融合、产业升级、城市更新及全国文化中心建设方面都有了许多新的动向。本报告旨在对这97家市级文化产业园区进行空间分析，探讨园区发展的最新动向，特别是以首创郎园Station为例探讨园区的场景化发展趋势。

一 文献综述

随着文化产业的快速发展，从文化地理学、经济地理学出发对文化产业进行空间分析的研究逐渐增多。周尚意、姜苗苗等人在研究文化产业集聚状况的基础上，分析了21世纪初期北京城区文化产业空间的分布特征[1]。薛

---

[1] 周尚意、姜苗苗、吴莉萍：《北京城区文化产业空间分布特征分析》，《北京师范大学学报》（社会科学版）2006年第6期。

东前、马蓓蓓等人则基于西安市文化产业的地理集中度，分析了西安市文化产业的空间分布特征及其相关影响因素，指出产业空间分布研究对文化产业发展的重要意义①，同时运用了人文地理学的诸多研究方法，进一步对西安市文化艺术产业的时空格局和布局模式展开研究②。

在文化产业园区的相关研究中，王伟年、张平宇在国内文化产业园区发展初期，对影响园区建设的文化资源、制度、技术、人才等区位因素进行了探讨分析③，花建则重点描述了集群在文化产业领域的形态，以及文化创意产业集聚区的内在规律和发展动力④，为本报告研究文化产业园区打下了坚实的"地基"。近几年，文化产业园区高质量发展逐渐成为研究的热点内容。张晓欢明确提出文化产业园区是促进老旧街区复兴和加速城市更新的重要抓手⑤。王伟杰以国家级文化产业示范园区为研究主体，梳理了全国示范园区在跨界融合、数字化转型升级、园区城市化等方面取得的高质量发展成果⑥。赵海英围绕北京市东城区文化产业园区发展的新特征、新趋势、新问题、新挑战提出了对策建议⑦。

针对北京市文化产业集群的研究大多集中于文化创意产业集聚区，其政策与现实依据来源于北京市最早在 2006 年对文化创意产业集聚区概念做出的政策层面的定义，主要对象是当时 30 家北京市级文化创意产业集聚区，有关研究也在多方面展开。管怡舒、闫玉刚在地理位置、行业分布、形成因素等多方面对北京市级文化创意产业集聚区发展状况进行分析，并提出了相关发展建议⑧；李鑫的研究更侧重在文化创意产业集聚区认定时间顺序和空

① 薛东前、刘虹、马蓓蓓：《西安市文化产业空间分布特征》，《地理科学》2011 年第 7 期。
② 薛东前等：《西安市文化艺术产业时空格局与布局模式演化分析》，《地域研究与开发》2014 年第 2 期。
③ 王伟年、张平宇：《城市文化产业园区建设的区位因素分析》，《人文地理》2006 年第 1 期。
④ 花建：《产业丛与知识源——论文化创意产业集聚区的内在规律和发展动力》，《上海财经大学学报》2007 年第 4 期。
⑤ 张晓欢：《促进新时代文化产业园区高质量发展》，《中国经济时报》2021 年 2 月 2 日，第 4 版。
⑥ 王伟杰：《国家级文化产业示范园区高质量发展显成效》，《中国文化报》2023 年 4 月 25 日，第 1 版。
⑦ 赵海英：《文化产业园区高质量发展对策》，《北京日报》2021 年 9 月 28 日，第 11 版。
⑧ 管怡舒、闫玉刚：《北京市级文化创意产业集聚区现状分析与发展对策研究》，《经济与管理战略研究》2014 年第 4 期。

间环境要素两个层面展开①；李双贵则在研究北京市文化创意产业集聚区的空间布局特征及问题的基础上，着重分析规划要点与问题②。当前，北京市已经从文化产业集聚区、功能区建设转向市级文化产业园区建设，但在市级文化产业园区的空间分析研究上仍存在空白。因此，本报告将在以上研究的基础之上，运用地理学的研究方法，进一步分析北京市级文化产业园区的空间变化与分布特点，厘清北京市级文化产业园区的发展特征。

二　数据处理与研究方法

（一）数据来源

北京市行政区划数据等空间矢量数据来源于国家基础地理信息系统。北京市级文化产业园区数据主要参考 2022 年度北京市级文化产业园区认定名单。

（二）数据处理

园区数据梳理层面，借助 Google Earth 对北京市级文化产业园区的地理坐标进行精准定位、提取和校准，利用 ArcGIS 10.8 软件建立北京市级文化产业园区数据库，并进行二次标准化处理，将北京市级文化产业园区以点状要素标记在自然资源部标准地图底图上，进行空间可视化表达。

（三）研究方法

在获取以上数据的基础上，本报告采用核密度分析法对北京市级文化产业园区的空间分布变化、整体空间分布特征进行测度与分析。在北京市

---

① 李鑫：《北京文化创意产业集聚区空间分布特征及其影响因素研究》，硕士学位论文，中南大学，2013。
② 李双贵：《北京市文化创意产业集聚区规划策略研究》，硕士学位论文，北京工业大学，2016。

域尺度下，将文化产业园区视为点状地理要素。利用 ArcGIS 10.8 软件的绘图和数据分析功能，分析文化产业园区的空间分布及核密度特征。其中，核密度分析法多用于衡量空间地理要素的集聚程度，通过样本点密度的空间变化反映样本的分布特征，能够直观呈现研究对象的分布概率[①]。其计算公式为：

$$f_h(x) = \frac{1}{nh} \sum_{i=1}^{n} k\left(\frac{x - x_i}{h}\right)$$

其中，$k\left(\dfrac{x - x_i}{h}\right)$ 为核函数，h 为带宽（$h>0$），（$x-x_i$）为样本点到估值点的距离[②]。核密度值越大，证明文化产业园区的空间分布越集中，反之则越分散。

三 北京市级文化产业园区空间分布特征分析

通过对以上数据处理与研究方法的运用，本报告基于 2022 年北京市级文化产业园的空间分布核密度情况，对北京市级文化产业园区空间分布特征进行探讨分析。

（一）市级文化产业园区空间分布变化特征

1.市级文化产业园区数量增多，区域集聚密度显著增大

近年来，北京市文化产业园区数量迅速增长，从市委、市政府到区级地方政府，再到企业与资本端，各方都从城市更新的角度做出了各种有力尝试。市级文化产业园区数量也迅速增长，除了发展较为成熟、品牌效应明显的郎园 Vintage 文化创意产业园、嘉诚胡同创意工场、中关村软件园等示范

---

① 黄聪等：《基于核密度的余江县农村居民点布局优化研究》，《中国农业大学学报》2016 年第 11 期。

② 魏珍等：《贵州少数民族特色村寨时空分布特征与影响因素分析》，《贵州民族研究》2021 年第 1 期。

性園區外，還湧現了一大批"小而美"的特色園區，園區類型與發展模式逐漸豐富。2022年北京市級文化產業園區區域數量分布見圖1。

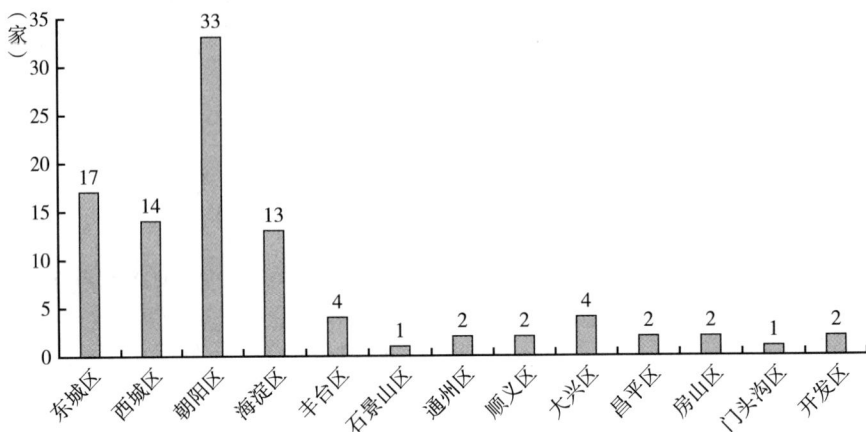

图 1　2022 年北京市级文化产业园区区域数量分布

资料来源：作者自绘。

如图1所示，2022年北京市级文化产业园区区域数量分布存在明显差异，市级文化产业园区空间分布在集聚程度与范围上也存在明显的特征。从数量上看，北京市级文化产业园区在空间上呈现"内密外疏，北密南疏"的整体特征。从集聚程度上看，市级文化产业园区范围内核密度值逐渐增大，园区区域集聚程度显著增强。

2.市级文化产业园区空间范围扩大，由中心向外围辐射扩散

与市级文化产业集聚区的发展过程相似，北京市级文化产业园区的发展也大体经历了由中心向外围辐射扩散的过程。在初始阶段，北京市级文化产业园区主要集中在东城区、西城区、朝阳区与海淀区，且主要集聚区内园区与其他区划内园区的空间联系较弱。2022年，北京市级文化产业园区呈现空间范围扩大且由中心向外围辐射扩散的变化特征。首先，主要集聚区内园区的辐射扩散效应明显，以西城区和东城区为主的核心区域园区的密度进一步增大，辐射带动周围区域内园区的集聚程度进一步增强。其中，海淀区市级文化产业园区集聚范围向西扩散；朝阳区南、北方向上园区的密度进一步增大；丰台区北接西城区与东城区，成为承接核心区文化产业园区外扩的重要区域，因此东部市级文化产业园区分布范围与密度都明显增大。其次，除了原有园区范围空间的分布变化之外，内城外涌现了诸多市级文化产业园区次级集聚区，主要分布在昌平区、顺义区、通州区、大兴区、房山区、石景山区等，形成了"以点围面"的基本格局，逐步由单中心向多中心、网络化布局发展。

（二）市级文化产业园区区域空间分布特征

整体上看，北京市级文化产业园区仍然呈"以点围面"的分布格局。但不同区域内的市级文化产业园区数量与分布又呈现一定的差异，因此本报告将依据北京市城市功能分区情况，具体探讨不同区域内市级文化产业园区的分布特征，北京市域空间划分参照《北京城市总体规划（2016年—2035年）》。

1. 首都核心区

作为首都核心区的东城、西城两区凭借它们独特的区位优势以及丰富的历史文化资源，成为文化产业园区发展的"桥头堡"，其中东城区已成为最具典型示范意义的全国老旧厂房转型发展区域之一。2022年获认定的97家北京市级文化产业园区中，东城区拥有17家，西城区拥有14家，分别位列全市第二、第三。目前，以长安街和中轴线为核心汇聚的市级文化产业园区约占总量的一半，构建了充满时代魅力的"金十字"骨架。

东城区、西城区市级文化产业园区空间分布如图2所示，长安街和中轴线附近的市级文化产业园区的空间分布核密度值明显增大，且形成了多个核心集聚区，涉及新闻出版、文化金融、互联网科技、文化演艺等多个行业，包括东城区成功推动完成的隆福寺文创园、雪莲·亮点东四文创园等一批老旧厂房改造文化产业园区项目。

2. 城市功能拓展区

围绕在东城区、西城区周围的城市功能拓展区包括朝阳区、海淀区、丰台区和石景山区，它们是承接首都核心区城市功能外扩的主要区域，也

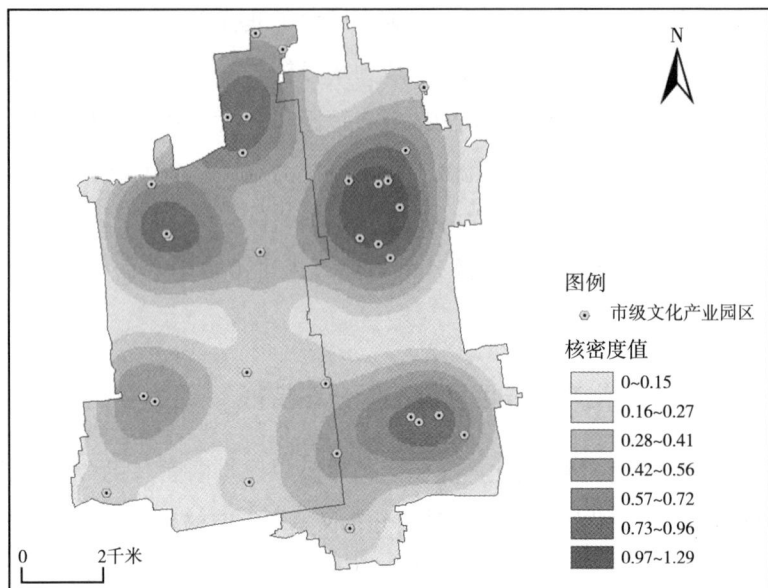

图2　东城区、西城区市级文化产业园区空间分布

资料来源：作者自绘。

是近几年北京市文化产业园区建设发展的"高速区"，每个区依托各自的资源优势，在文化产业园区建设中独具特色。2022年获认定的97家北京市级文化产业园区中，朝阳区有33家，海淀区有13家，丰台区有4家，石景山区有1家。从区划上看，朝阳区的市级文化产业园区数量最多，超过总量的1/3，居全市首位，目前已经形成老旧厂房改造利用、传统商业设施升级、有形市场腾退转型等存量空间再利用及文化引领城市更新的"朝阳模式"。在市级文化产业园区分布上，朝阳区内部也呈现明显的"双集聚中心"格局，这样的格局对区域内部文化产业的发展具有不可或缺的示范与带动作用。

　　海淀区作为北京市高校密度最大的区域，具有产学研融合发展的特殊优势，构建了"政府+企业"全链条服务体系，搭建了政策支持平台、园区服务平台，海淀文教产业园、中国人民大学文化科技园、清华科技园等依托高校资源优势的园区特色明显。在文化和科技深度融合的背景下，海淀区在推动文化产业园区智能化、数字化发展过程中发挥着良好的示范作用。

相较而言，丰台区和石景山区的文化产业园区发展起步较晚，在园区数量方面与其他两个城市功能拓展区仍然存在一定差距，但近年来丰台区和石景山区积极推动区域文化产业发展，文化产业园区发展潜力与增量空间较大。首创郎园 Park 文化创意产业园是石景山区目前唯一的市级文化产业园区，位于京西石景山长安街金轴线上，前身是京西北方旧货市场和博古艺苑工艺品市场，目前已成为一个涵盖休闲娱乐、文化艺术、生活美学、格调餐饮、亲子美育、城市公共文化服务等业态的多场景文化艺术园区，是区域文化产业园区发展的典型代表，也是市级文化产业园区在石景山区发挥引领作用、集聚效应的"排头兵"。

3. 城市发展新区

根据《北京城市总体规划（2016 年—2035 年）》，北京在市域范围内形成"一核一主一副，两轴多点一区"的城市空间格局，其中"一副"为北京城市副中心，规划范围为原通州新城规划建设区，"多点"则包含顺义区、大兴区、昌平区、房山区，是承接中心城区适宜功能和人口疏解的重点地区。为了更直观地分析北京市级文化产业园区的区域分布情况，根据区域定位，本报告将以上 5 个城区统一定位为城市发展新区，并进一步分析其文化产业园区发展特征。

2022 年获认定的 97 家北京市级文化产业园区中，通州区有 2 家，顺义区有 2 家，大兴区有 4 家，昌平区有 2 家，房山区有 2 家。虽然各区市级文化产业园区数量有限，但在北京市级文化产业园区核密度图中明显可见，各区市级文化产业园区空间分布集中，集聚现象明显，并形成了次级集聚中心，以及围绕首都核心区和城市功能拓展区等中心城区的外围分布格局。从市级文化产业园区的类型来看，各区独具特色，其中大兴区文化产业园区以新视听产业为主导产业，吸引文化企业迅速集聚；昌平区的宏福文创园和腾讯众创空间（北京）文化创意产业园则以文化产业创业孵化为主，为区域经济文化发展赋能。

四 北京市文化产业园区发展特征

北京市级文化产业园区的空间分布变化与发展动向对北京市整体的文化产业园区发展具有明显的导向作用，本部分在研究 2022 年获认定的北京市级文化产业园区的基础上，结合部分市级文化产业园区发展现状，进一步对北京市文化产业园区发展特征及动向进行梳理分析。

（一）由集聚分布向均衡分布发展，多集聚区共存

北京市文化产业园区的整体布局正在发展完善的过程中，从中心城区不断向外围城区辐射扩散，文化产业园区布局逐步由单个、少数集聚区转向多集聚区共存，网络化、多中心的格局或将是未来文化产业园区发展的主要趋势。在均衡分布发展的过程中，园区在中心城区扎堆、外围地区园区空白、同质化竞争加剧以及特色不分明等问题进一步得到解决，园区特色化、差异化、集群化发展态势明显，首钢园、798 艺术区、751D·PARK 北京时尚设计广场、首创郎园 Station、星光影视园等一批文化产业园区呈现鲜明特色。

（二）园区品牌建设初见成果，品牌效应更加显著

北京市文化产业园区正在逐渐进入存量园区提效、增量空间拓展的全面升级阶段，园区品牌建设初见成果。2022 年 1 月，北京文化产业园区协会成立，并搭建了"北京文化园区 SHOW"公众号、视频号、抖音号和微博新媒体矩阵，及时有效地宣传了园区和成员动态，扩大了园区的影响力。同时，构建了园区品牌联盟，开展了走进北京文化产业园区系列宣传活动。嘉诚胡同创意工场、751D·PARK 北京时尚设计广场、首创郎园 Station 等一批成熟的园区品牌影响力增强，使园区品牌效应日益显著，有力地促进了北京文化产业园区的品牌建设。未来，品牌化、连锁化经营将成为头部文化产业园区提升核心竞争力的有效途径，也将成为更多文化产业园区规模化发展的新模式。

（三）文化与科技深度融合，园区数字化智慧化程度加深

随着大数据时代的到来，以互联网和云计算服务为支撑的文化产业园区将成为主流，文化产业与新技术融合发展的趋势将催生越来越多以文化科技为特色的数字文化产业园区。同时，在文化与科技深度融合发展的格局下，传统文化产业园区的数字化转型升级也是重要任务。近年来，北京市一大批文化产业园区在智慧化园区建设方面进行了有益的实践和探索。例如，由三元双桥乳品厂改建而来的 E9 区创新工场，聚焦文化科技融合发展，重点吸引大数据、人工智能、数字创意行业领军企业与独角兽公司，形成文化科技融合发展的产业集聚区。永乐文智园在三维空间建设"虚拟大楼"，实现虚拟场景化办公、培训、会议、展览等功能，还将规划工商注册、税收缴纳、消费店铺等功能，预计可入驻 3000 家企业。园区的数字化、智慧化发展不仅为打造沉浸式场景、拉动文化消费提供了更多可能，还为促进园区建设更新、盘活园区文化资源提供了更多方式与途径。

五　北京市文化产业园区迈向
场景化运营新阶段

2022 年获认定的北京市级文化产业园区最为显著的特征是从原来的产业集群迈向场景化运营的阶段。文化产业园区是一个文化设施高度集中，鼓励文化使用、生产和消费的区域。以场景理论的角度看待文化产业园区的发展，其活力的来源是文化与消费的集聚，而不仅是企业的简单组合①。北京市文化产业园区正在迈向新的发展阶段，即场景化运营阶段。由于文化产业与市民精神文化生活高度关联，越来越多的文化产业园区以园区、街区、社区"三区融合"的核心理念对园区进行全方位改造升级，以打造文化消费

---

① 张铮、于伯坤：《场景理论下我国文化产业园区的发展路径探析》，《出版发行研究》2019 年第 8 期。

新空间和功能多元的"城市会客厅"。除此之外,园区也逐渐成为"产城融合"的主阵地,在由文化生产的"工厂"向文化生产消费综合体升级的同时,促进了街区、城市的文化消费。

目前,北京绝大多数文化产业园区都在有限的空间里主动腾出15%~20%的面积,配套建设实体书店、图书馆、美术馆、剧院等文化消费场所,创新"文化+"消费业态,引入快闪店、国潮店等产业新形态,已经形成E9区创新工场10分钟文化休闲体验圈、嘻番里、我是不白吃、曼联旗舰店、时堂等品牌首店和"网红打卡地"。在北京市级文化产业园区中,也不乏北京坊、隆福寺文创园、北京天桥演艺区、郎园Vintage文化创意产业园等文化消费热门目的地和"网红打卡地"。

本报告重点以首创郎园Station为例探讨这种场景化运营的经验。首创郎园Station前身是北京纺织仓库,始建于20世纪60~70年代。2017年,园区开始实施产业升级。原本依铁轨而建的30多个纺织仓库被划分为不同主题的街区,成为集创意设计、休闲娱乐、文化商业于一体的综合街区。2018年后,首创郎园Station启动改造项目,经过持续的建设升级,首创郎园Station目前已经成为北京市朝阳区国际文化消费新地标,在2021年获得了"艺术商圈"称号,并入选"北京市新消费品牌孵化基地"首批试点项目。作为老旧厂房疏解腾退空间改造文化产业园区的成功项目,首创郎园Station的改造更新经验对北京市文化产业园区发展具有借鉴意义。

(一)超前理念主导园区定位

2018年,首创郎园Station还未启动改造时就率先举办了以纪念改革开放40周年、朝阳区建区60周年为主题的"文化驱动下的城市更新"大型图片展,以"城市更新之路"为主题的中欧城市更新论坛也在此举办,在保留原有历史风貌的基础上引入国际设计元素,基于原有建筑特征进行"微更新"的运营思路初见雏形。项目启动后,首创郎园Station运营团队进行了园区设计理念国际招标,希望以先进的设计理念带动文化属性的强化。超前的理念、先进的文化与本土文化有机融合,使原本陈旧的红砖老房焕发新的活力，城市功能也随着废弃土地被激活而不断更新。

（二）构建自然人文相融合的街区型消费场所

首创郎园 Station 依托景观优势、建筑风格与产业特征进行了商业规划，在空间布局上形成了"三横两纵"的基本格局。其中，"三横"包括东西向的滨海国际休闲娱乐区、中央车站文化广场和设计师聚落，"两纵"包括南北向的中轴创意展示商业街和森林公园创意步行街。不同的空间承担着不同的功能，呈现不同的消费场景。滨河国际休闲娱乐区主要衔接坝河水岸的滨河国际美食港和坝河码头休闲公园；中央车站文化广场则融合了剧场群落、复合式多元文化空间、国际潮流文化新消费集合体；森林公园创意步行街衔接公园与商业，进一步打造休闲娱乐步行街；中轴创意展示商业街采取"前店+后办公"的模式，是集设计、研发和消费于一体的展示型商业街区；设计师聚落则是新锐设计师、潮流艺术家、生活创想家集聚的艺术街区。首创郎园 Station 在保留旧厂房基本格局的基础上，重新建设多个文化空间，将自然景观与人文景观相融合，打造街区型消费场所以及新型文化综合体与文化消费空间。

（三）城市场景的运营更新

文化产业园区既是文化企业的集聚地，又是文化内容的生产地，要想实现长久稳定发展，文化产业园区就必须在运营服务方面"精耕细作"，重点培育自身的运营服务能力，打造具有自身特色的运营品牌。首创郎园 Station 通过加强数据运营、线上推广与线下活动联动，持续推动城市场景的运营更新。首先，首创郎园 Station 通过采集园区入口数据、消费数据，结合城市线上社交媒体数据多维度精准描摹客群画像，系统整合园区内产品，打造面向潮流文化人群的精神内容体系。其次，布局线上媒介矩阵，丰富热点内容。首创郎园 Station 联合腾讯视频开展探店直播活动，并借助大众点评、小红书、B 站、抖音、淘宝、虎扑等媒介，帮助品牌迅速"走红"、持续发声。最后，首创郎园 Station 不断丰富线下活动，全年举办 200 多场主题活动，包括中欧城市更新论坛、美食嘉年华、城市森林艺术摄影季、国际一线品牌秀场、文化艺术演艺、国际文创市集等多领域、多形式的活动，以此共创国际潮流文化新消费生态圈，同时发展文化消费、首店经济、夜间经济，带动文化、设计、时尚等多产业集聚，持续打造北京新生代生态型文化潮流地标。首创郎园 Station 在空间规划与设计、品牌建立与运营、新型文化消费场景打造等方面为北京市文化产业园区发展提供了成功经验，在推动北京文化产业高质量发展中发挥了重要作用，首创郎园 Station 的发展模式将为城市带来更多可能。

六　结论与讨论

文化产业作为北京的重要产业，综合实力持续增强，集聚水平日益提升，新业态不断涌现，"科技为文化赋能，文化为城市赋能"的效益也进一步显现。在此背景下，北京市文化产业园区正成为新时代中国特色社会主义文化的传播地、城市更新的承载地、文化科技融合的创新地、优质文化企业的集聚地、市民文化消费的"打卡"地，有利于助力北京文化产业高质量发展、进一步提升北京作为全国文化中心的地位。随着北京市文化产业园区的空间布局日趋均衡、园区品牌建设成效显著、数字化智能化转型加快、场景化运营逐渐深入，北京市文化产业园区进入存量园区提效、增量空间拓展的全面升级阶段，在提质增效的重要阶段，仍要注意以下方面。

首先，要注重文化产业园区相关扶持优惠政策的衔接与落实，推进文化产业园区的可持续发展。北京市在市级、区级层面积极开展文化产业园区的评审、认定工作，并出台了一系列扶持优惠政策。因此，既要确保不同层级园区认定管理办法的标准化与连续性，又要确保政策的有效落地，助力发挥园区孵化器功能，真正惠及文化企业。

其次，要防范园区空壳化、同质化竞争、空间布局不合理等问题。文化产业园区同质化竞争激烈，将会阻碍产业的健康发展，下一步要不断梳理各个文化产业园区的特色，引导它们特色化发展。

最后，要充分发挥示范园区的引领作用，依托区位优势合理配置、使用文化资源。北京市级文化产业园区对其他园区的建设发展具有重要的借鉴意义，应在此基础上鼓励、指导其他园区挖掘区位优势与特色文化资源，顺应时代发展，打造高质量发展园区。

B.6
2022年北京市文化产业投融资
发展情况分析

刘德良[*]

摘　要： 2022年，北京出台了一系列政策，通过助力中小企业挂牌上市及融资、推动数字文化产业发展，进一步优化了投融资政策环境。在产业端，北京文化产业发展呈现稳步向好态势；在资本运营端，北京文化产业融资整体降温，市场承压前行，私募股权融资、上市、新三板等多个渠道的融资规模出现不同程度的下滑，整体表现相对低迷，文化企业投资行为也愈加谨慎。北京文化产业投融资挑战与机遇并存，注册制的全面推行、北交所转板新规的落地、交易所债市改革创新的持续推进以及北京股权交易中心"新8条"举措的实施等，将进一步为北京文化产业投融资发展带来利好。

关键词： 文化产业　投融资　私募股权　上市　新三板

一　北京市文化产业投融资发展环境趋好

2022年，北京市颁布了一系列助企纾困政策，帮助中小文化企业缓解资金压力，快速恢复健康发展。随着北交所转板新规正式落地，北京迅速配

---

[*] 刘德良，新元智库和新元资本创办人，北京立言金融与发展研究院文化和旅游金融研究所副所长，兼任清华大学新经济与新产业研究中心特约研究员、中国人民大学文化产业研究院特约专家、中央财经大学文化经济研究院特约专家、文化金融50人讲坛创始成员等，主要研究方向为文化产业、旅游业、数字经济等。

套出台八大重点举措，通过给予企业挂牌及上市资金支持等方式，支持创新型中小文化企业在北交所上市。数字文化产业相关利好政策密集出台，产业迎来更多投资机遇。产业方面，全市规上文化企业营收同比增长0.2%，产业整体发展稳步向好。

（一）政策环境持续优化

1. 助企纾困政策接连出台，中小微文化企业投融资环境有所改善

2022年，为了最大限度地减少新冠疫情对经济发展的影响，北京市接连出台了《关于继续加大中小微企业帮扶力度加快困难企业恢复发展的若干措施》（中小微企业纾困"18条"）、《北京市统筹疫情防控和稳定经济增长的实施方案》（稳经济"45条"）等一系列政策，通过减税费、减房租、贷款贴息、担保补偿、社保缓缴等举措帮助中小微文化企业恢复发展，如《关于加大中小微企业金融支持力度建立"融资纾困直通车"工作机制的通知》提出："主要商业银行发挥'头雁'作用，地方金融组织发挥补充作用，支持疫情前吸纳就业多、纳税正常、销售稳定、信用记录良好，受疫情影响营业收入下降，但仍有发展前景的中小微企业。建立授信审批绿色通道，缩短贷款审批时限。"一系列助企纾困政策的出台，有利于改善北京文化企业尤其是中小微文化企业的投融资环境，缓解企业的资金压力。

2. 北京八大重点举措落地，支持创新型中小文化企业在北交所上市

在北交所转板新规正式落地之后，2022年4月，北京市发布了《关于支持创新型中小企业在北京证券交易所上市融资发展的若干措施》，提出了提供上市协调服务、支持企业上市前融资、给予企业挂牌及上市资金支持、支持企业开展并购重组、支持提升金融科技发展水平等八大重点举措，支持北交所打造服务创新型中小企业的主阵地。该政策文件的出台，有利于推动更多社会资本积极支持文化企业挂牌上市，促进金融服务机构为文化企业开发专属金融产品，从而进一步加大北京文化企业上市融资的政策服务保障力度，为北京市优质创新型中小文化企业上市融资创造更加优质的环境。

3. 各级政策利好不断释放,数字文化产业营商环境进一步优化

2022 年 5 月,中共中央办公厅、国务院办公厅发布《关于推进实施国家文化数字化战略的意见》,提出要加快文化产业数字化布局,支持符合科创属性的数字化文化企业在科创板上市融资。随后,北京市接连发布了《北京市数字消费能级提升工作方案》《北京市促进数字人产业创新发展行动计划(2022—2025 年)》等政策文件,聚焦数字消费、数字人等重点及热点领域,提出了鼓励相关单位为电竞游戏企业提供金融信贷等配套服务、支持企业围绕数字人产业供应链上下游开展股权投资等重点任务。未来,随着 5G、VR、AR、4K/8K 超高清等技术不断更新迭代及各项政策利好不断释放,北京数字文化产业营商环境将进一步优化,产业将迎来更多投融资机遇。

(二)文化产业发展态势向好

1. 规上企业营收及利润总额实现双增长,北京文化产业整体发展稳步向好

近年来,北京立足全国文化中心定位,持续推进文化产业高质量发展。北京市统计局数据显示,2022 年,北京市规模以上文化企业实现营业收入 17555.3 亿元,同比增长 0.2%;实现利润总额 1846.6 亿元,同比增长 26.1%,产业整体发展稳步向好。

2. 文化核心领域营业收入实现正增长,内容创作生产等领域表现突出

分领域来看,规模以上文化相关领域实现营业收入 1545.0 亿元,同比下降 6.1%;规模以上文化核心领域实现营业收入 16010.3 亿元,同比增长 0.8%。其中,内容创作生产、文化娱乐休闲服务、新闻信息服务 3 个领域的营业收入同比分别增长 18.2%、14.0%、4.6%,表现相对突出,其他文化核心领域的营业收入均出现不同程度的下滑。

二 北京市文化产业投融资承压前行

在国内外多重不确定因素的影响下,北京文化产业融资规模下滑,融资

事件数量及融资规模分别同比下降 37.37%、85.76%，市场整体表现不佳。分渠道来看，私募股权融资、上市、新三板等多个渠道的融资规模出现不同程度的下滑，整体表现相对低迷，文化企业投资行为也愈加谨慎。

（一）文化产业融资市场趋冷，互联网新兴业态表现突出

1. 文化产业融资规模下滑，市场整体表现一般

在全球融资环境收紧、国际形势动荡、世界经济总体不振等因素的影响下，资本市场投资预期下降。2022 年，北京文化产业上市渠道（首次募资、再融资），债券渠道，私募股权渠道以及新三板渠道共计发生 124 起融资事件，募集资金 141.40 亿元，分别同比下降 37.37%、85.76%，市场整体表现一般（见图 1）。可以看出，尽管北京出台了一系列促进投融资的利好举措，但政策落地实施存在一定的时间滞后性，国际形势等外部不确定因素也会对投融资增长造成阻碍，加上北京文化企业经历了疫情冲击，恢复正常发展仍需要一定时间。

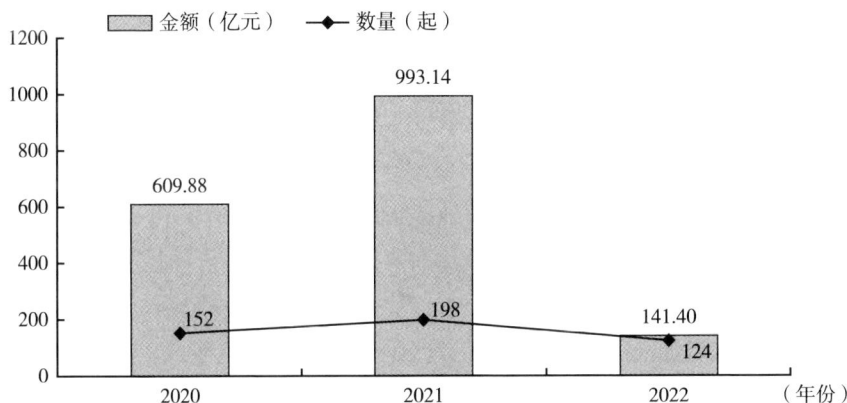

图 1　2020~2022 年北京文化产业融资情况

资料来源：中国文化金融数据库（CCFD）。

2. 融资行业分布相对集中，互联网新兴业态融资能力突出

从细分领域看，2022 年，北京文化产业融资主要集中在互联网文化娱

乐平台、数字内容服务、广播电视节目传输、互联网信息服务 4 个领域，融资规模均超 10 亿元，合计融资规模占比超八成，文化产业融资的行业分布相对集中（见图 2）。其中，互联网文化娱乐平台、数字内容服务、互联网信息服务 3 个互联网新兴业态的融资规模虽较上年均出现不同程度的下跌，但在文化产业融资总规模中的比重仍相对领先，分别占 45.63%、16.12%、7.15%，融资能力相对突出。

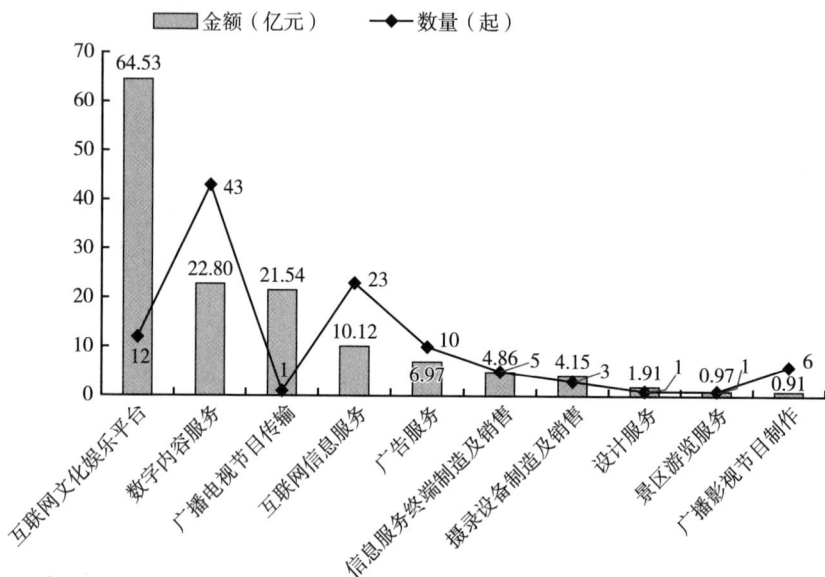

图 2　2022 年北京文化产业融资规模行业分布（TOP10）

资料来源：中国文化金融数据库。

3. 北京融资规模排名下滑，但仍是全国融资最活跃地区

从区域对比来看，2022 年，北京文化产业融资规模占全国文化产业融资总规模的 9.43%，排名由上年的全国第一下降至全国第五（见表 1）。但从融资事件数量来看，北京仍是我国文化产业融资最为活跃的地区，以 124起的成绩位居全国各省市之首，在全国文化产业融资事件总数中的比重高达20.23%。整体来看，尽管排名较上年有所下降，但北京文化产业融资的领先优势依旧相对突出。

表1　2022年我国重点省市文化产业融资规模对比（TOP10）

地区	数量（起）	金额（亿元）	金额占比（%）
广东	119	470.77	31.41
江苏	60	188.70	12.59
浙江	87	170.57	11.38
上海	75	154.91	10.34
北京	124	141.40	9.43
江西	16	88.22	5.89
陕西	14	71.41	4.76
安徽	14	45.56	3.04
湖北	13	36.83	2.46
天津	7	20.52	1.37

资料来源：中国文化金融数据库。

（二）多个融资渠道表现低迷，文化企业投资行为愈加谨慎

1. 私募股权融资行为趋于谨慎，市场避险情绪浓厚

2022年，疫情反复以及国际形势变化使国内资本市场动荡不安，北京文化产业私募股权融资市场也随之受到影响，退出端估值压力依然存在，LP投资信心不足导致募资难度增大，市场投资行为愈加谨慎。据中国文化金融数据库统计，2022年，北京文化产业私募股权融资事件共计108起，融资规模为38.21亿元，分别同比下降29.87%、68.47%，私募股权融资市场避险情绪浓厚（见图3）。从细分领域来看，2022年，互联网信息服务、数字内容服务依旧是资本关注的焦点，融资规模占比分别为26.47%、26.25%。

2. 新三板对创新型中小文化企业的吸引力上升，已挂牌企业融资降温，但投资表现相对平稳

近年来，在资本经历寒冬、监管趋严等因素的综合作用下，我国新三板市场逐渐进入挂牌数量负增长时代。在此背景下，北京文化产业新三板挂牌市场也一直处于低位运行状态，2020年、2021年均新增新三板挂牌文化企业

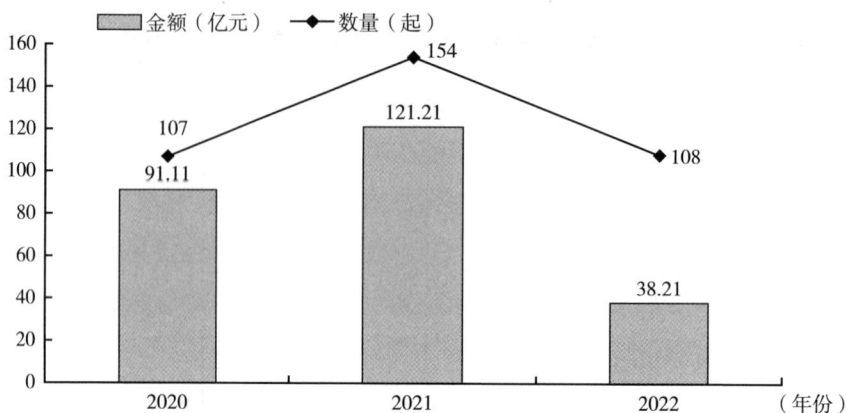

图3 2020~2022年北京文化产业私募股权融资情况

资料来源：中国文化金融数据库。

1家。2022年，北交所转板新规的落地，为广大创新型中小文化企业开辟了一条"新三板—北交所—沪深交易所"的上市路径，在一定程度上提高了新三板对谋求上市的中小文化企业的吸引力。中国文化金融数据库数据显示，2022年，北京新三板挂牌文化企业数量增长至3家。

从新三板挂牌文化企业的投资情况来看，2022年，北京新三板挂牌文化企业投资整体表现相对平稳，投资规模虽然同比下跌了17.90%，但投资事件数量较上年增长了1.10%，整体波动不大。从融资情况来看，2022年北京新三板挂牌文化企业融资市场呈现持续下降走势，融资事件数量及融资规模分别同比下降63.64%、45.62%，市场流动性仍有待提升（见图4）。

3. 文化企业上市节奏趋缓，已上市文化企业投融资市场表现低迷

在全球通胀高企、国际冲突加剧、二级市场表现低迷的背景下，2022年全球IPO（首次公开募股）活动放缓，许多文化企业选择推迟IPO计划。据中国文化金融数据库统计，2022年，北京市新增IPO文化企业数量下降至4家，IPO融资规模为19.87亿元，较上年分别下降66.67%、97.32%，上市节奏明显放缓（见图5）。具体来看，这4家企业分别为互联网文化娱乐平台领域的知乎、花房集团，及数字内容服务领域的汉仪股份、飞天云动，在文化

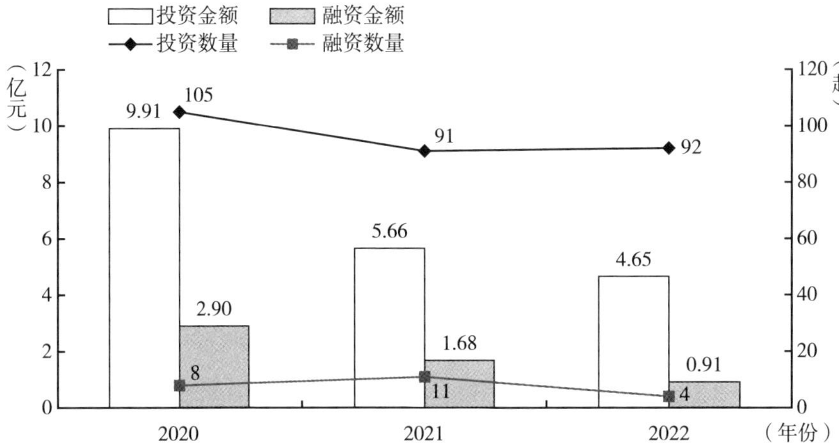

图4　2020~2022年北京新三板挂牌文化企业投融资情况

资料来源：中国文化金融数据库。

产业上市节奏整体放缓的情况下，数字文化企业依旧表现出了较强的上市热情及实力。

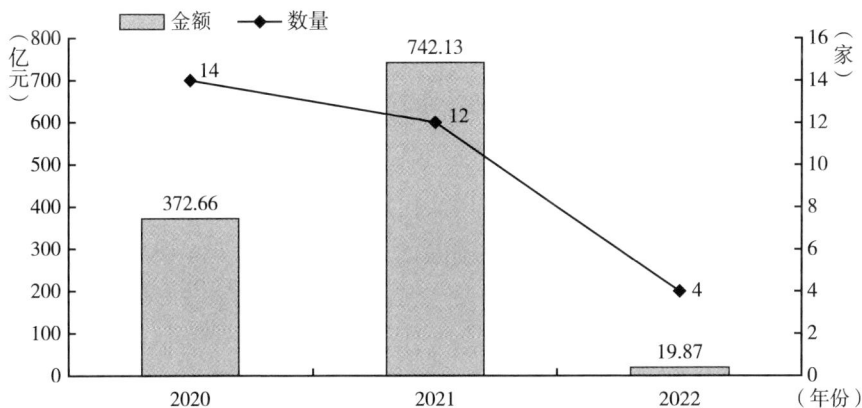

图5　2020~2022年北京新增IPO文化企业融资情况

资料来源：中国文化金融数据库。

从已上市文化企业投融资情况来看，2022年，北京已上市文化企业共计发生投资事件81起，投资规模为51.77亿元，分别同比下降40.44%、

44.79%；发生融资事件 8 起，融资规模为 82.40 亿元，分别同比下降 61.90%、35.68%（见图 6）。整体来看，在全球资本市场动荡的大背景下，北京已上市文化企业投融资市场整体表现相对低迷，市场观望情绪较为严重。

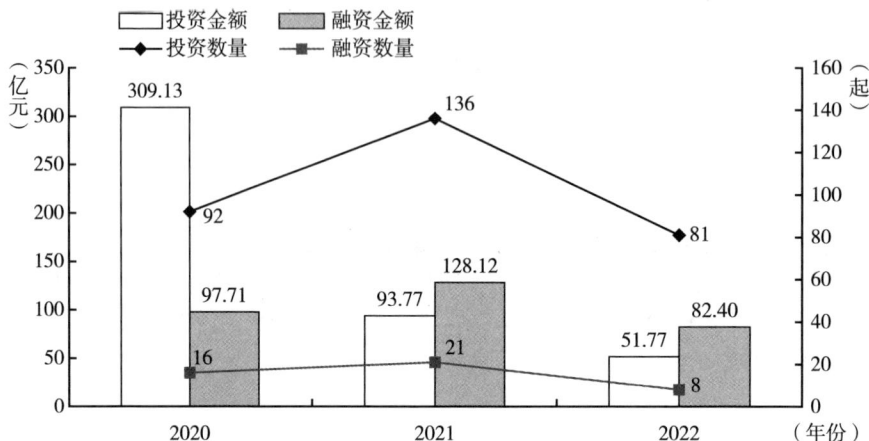

图 6　2020~2022 年北京已上市文化企业投融资情况

资料来源：中国文化金融数据库。

4. 文化产业债券融资规模紧缩，市场或将迎来触底反弹

2022 年，随着全球通胀高企和竞争性加息不断演进，全球融资环境持续收紧，融资成本不断攀升，债务违约风险上升。在此背景下，北京文化产业债券融资规模明显收缩，仅互联网文化娱乐平台领域发生了 1 起债券融资事件，融资规模为 34.40 亿元，分别同比下降 88.89%、59.05%（见图 7），文化产业债券融资市场几乎已经触底。未来，随着国内经济复苏及交易所债市改革创新的不断推进，北京文化产业债券融资市场或将迎来触底反弹。

5. 文化产业并购市场逐渐回归理性，娱乐服务领域表现相对突出

贝恩公司发布的《2023 年全球及中国并购市场报告》数据显示，2022 年，全球并购市场的总交易规模同比下降 36%。受美联储加息、国际局势动荡等因素影响，市场投资节奏放缓，全球并购市场进入盘整阶段，北京文化产业并购市场也出现下降趋势。据中国文化金融数据库统计，2022 年，北京文化产业共发生并购事件 15 起，并购规模为 18.92 亿元，分别同比下

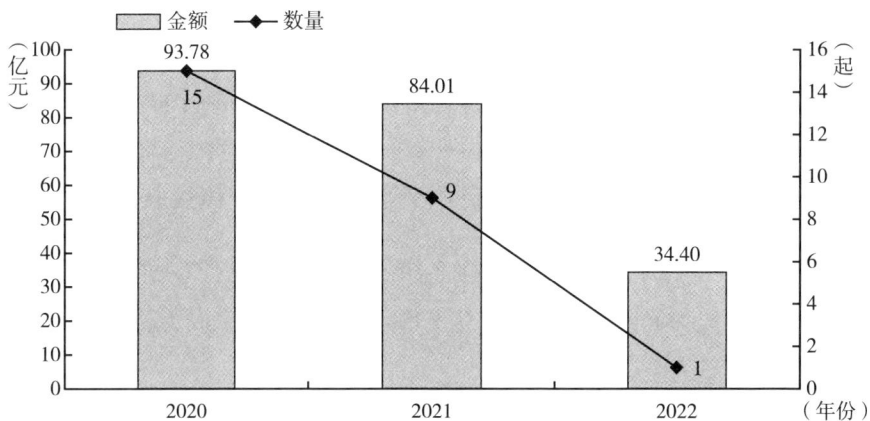

图 7　2020~2022 年北京文化产业债券融资情况

资料来源：中国文化金融数据库。

降 46.43%、90.09%（见图 8）。近几年字节跳动并购小鸟看看等大额并购事件引发的并购热潮正在逐渐消退，北京文化产业并购市场逐渐回归理性。从细分领域来看，2022 年北京文化产业并购事件主要集中在娱乐服务领域，以 12.21 亿元占据北京文化产业并购总规模的 65%；景区游览服务领域次之，以 4.20 亿元、占比 22%的成绩居各细分领域第 2 位；其他细分领域并购规模相对较小，均不足 1 亿元。

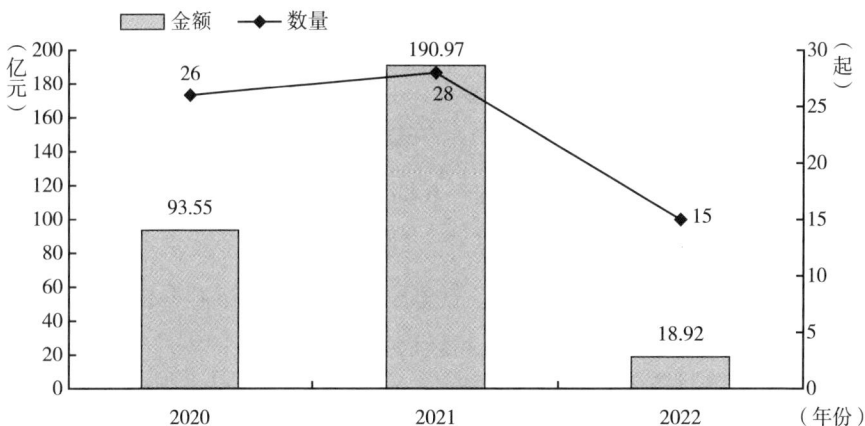

图 8　2020~2022 年北京文化产业并购情况

资料来源：中国文化金融数据库。

三　北京市文化产业投融资案例解析

（一）知乎成首家以双重主要上市方式回港的中概互联网公司

2022年4月22日，在线问答社区知乎（股票代码：02390）正式在香港联合交易所挂牌上市，募资规模达8.34亿港币，知乎成为首家以双重主要上市方式回港的中概互联网公司。

1. 融资方介绍

知乎成立于2010年，在互联网时代的红利下，逐渐成长为我国前五大综合在线内容社区之一，更是全国最大的在线问答社区。

2. 财务分析

知乎财报显示，公司营收由2019年的6.7亿元增长至2020年的14亿元、2021年的30亿元，自2019年以来的复合年增长率为110.1%。2022年，公司实现营收36.05亿元，同比增长超20%。整体来看，近几年知乎的营收正在持续快速增长。

3. 竞争优势分析

一是用户原创内容优势。2022年上半年，知乎的平均月活跃用户达1.04亿人；内容创作者累计达0.59亿人，贡献的问答内容共计4.62亿条，覆盖超过1000个垂直领域。

二是技术创新优势。近年来，知乎积累了海量专有数据，通过机器学习及内容运营团队的手动操作，推动了TopicRank算法（该算法通过对内容创作者的理解来评估内容）的持续迭代。同时，采用多种技术不断提高平台运营效率和用户体验，包括利用AI搜索引擎和个性化推荐系统向用户精准推送感兴趣的内容，利用监察和反垃圾信息系统实时识别、及时响应不适当内容和用户不当行为等。

三是人才优势。集团创始人及领导均是拥有丰富在线内容行业经验的高级管理团队成员，对在线内容社区拥有敏锐触觉。公司员工背景多元，均拥有独特的行业经验及较高的业务能力，成为知乎的骨干力量。

4.融资分析

随着美国《外国公司问责法案》的落地实施，数家中概股被美国证券交易委员会列入预摘牌名单，美股监管趋严信号不断释放，导致市场对中概股退市风险的担忧加剧。在此背景下，包括知乎在内的中概股避险情绪逐渐走高，纷纷选择回港上市或回归A股。此次知乎赴港上市选择的是双重主要上市方式，相较于二次上市，双重主要上市更加复杂，但好处在于公司可以在两个上市地同时拥有同等上市地位，两个股票互不流通、互不影响。这意味着即使知乎在美股退市，也不会影响其在港股的上市地位，在化解风险的同时，为后续资本市场运作留出了更多空间。

（二）玩具品牌巧合榫卯积木完成数千万元天使轮融资

2022年1月13日，巧合榫卯积木完成了由梅花创投和小红书联合投资的数千万元天使轮融资，此轮融资主要用于产品研发生产、市场推广、团队建设等方面。

1.融资方介绍

巧合榫卯积木成立于2020年，是一家致力于打造中国人自己的拼接积木的中式榫卯积木玩具品牌运营商。该公司将传统榫卯技艺应用于积木玩具，将中国传统文化特色与现代工业设计相结合，打造了一个新的积木玩具品牌。目前，巧合榫卯积木已推出古代中国兵俑、秦代兵俑、古代神仙祈福等人偶系列产品，以及"致敬开国大典"榫卯模型产品和榫卯家具类、建筑类等周边产品。

2.融资分析

近年来，随着国内潮玩市场热度攀升，森宝积木、布鲁可积木、未及积木等多个积木品牌受到资本市场追捧，主营益智教育玩具、具有较强研发实力的企业受到越来越多资本的关注。巧合榫卯积木在文化与潮玩行业深耕多年，具有丰富的产品研发经验及IP运营推广经验，将中国传统榫卯文化与积木玩具进行结合，不仅创新了积木玩具的拼接方式，增加了新玩法，还降低了积木玩具的难度，自然受到消费者青睐。并且，公司高度重视产品研发创新，曾花费超1年的时间自建产品研发实验室，进行榫卯结构的技术创新。当前，国产积木发展前景广阔，市场潜力巨大且可以进行持续挖掘，因此市场竞争也十分激烈。在此背景下，巧合榫卯积木受到资本支持，靠的是不断强化的品牌意识及产品创新。未来，古风国潮或将成为国产积木IP化的主要方向及新的投资风口。

四　北京市文化产业投融资迎来新机遇

随着注册制全面推行、北交所转板新规落地等利好不断释放，A股市场对北京文化企业的吸引力正在逐步上升。交易所债市改革创新的持续推进，有利于改善文化企业尤其是民营及科技创新型文化企业的债券融资环境。随着北京股权交易中心"新8条"举措正式落地，北京文化企业上市后备资源库有望进一步扩容。从产业角度来看，在技术赋能下，沉浸式文娱正在成为新的投资风口。

（一）市场环境不断优化，选择A股上市的北京文化企业数量或将增长

受经济下行等多重因素影响，全球IPO市场显著下滑，而中国A股市场业绩表现突出。根据安永发布的报告，2022年，全球IPO企业数量及融资规模同比分别减少45%和61%，而上交所和深交所的IPO企业数量及融资规模仍处于领先地位。在此背景下，尽管2022年北京新增IPO文化企业数量创近年来新低，但随着经济加速重启、北交所转板上市通道打通、注册制全面推行等各项利好不断释放，A股市场环境将不断优化。伴随国际形势动荡及美股监管趋严等外部影响，未来选择A股上市的北京文化企业数量或将增长。

（二）交易所债市改革持续推进，民营科技创新型文化企业债券融资规模或将扩大

2022 年以来，交易所债市改革创新持续推进。2022 年 1 月，沪深交易所发布债券交易新规，围绕债券交易机制、债券交易价格管理方式、债券交易做市商制度等方面进一步规范了债券交易行为。2022 年 4 月，沪深交易所发布《公司债券发行上市审核规则》《公司债券上市规则（2022 年修订）》《非公开发行公司债券挂牌规则（2022 年修订）》《债券市场投资者适当性管理办法（2022 年修订）》等 4 项债券审核及监管业务规则，基本形成了覆盖上市审核、发行承销、上市挂牌、交易运行、投资者保护等全业务链条的独立规则体系。随后，沪深交易所发布支持民营企业融资及科技创新型企业发行债券的相关指引，积极推出了民营企业债券融资专项支持计划并开发了科技创新型企业债券等创新产品。交易所债市改革创新的不断推进，有利于改善北京文化企业尤其是民营文化企业、科技创新型文化企业的债券融资环境，激发北京文化企业债券融资市场的发展活力及潜力，预计未来北京有更多优质的民营文化企业、科技创新型文化企业在交易所发债融资。

（三）技术赋能下，沉浸式文娱成北京文旅产业投资新风口

伴随元宇宙概念的流行及 VR、AR、AI、云计算等新兴技术的迭代更新，场景创新逐渐成为文化产业的发展驱动力，沉浸式文娱也因较强的真实感、故事感、交互感，成为北京文旅产业发展的新方向和核心竞争力之一。2022 年 7 月发布的《北京市促进夜间经济繁荣发展的若干措施》指出："支持'夜京城'地标、打卡地、生活圈等相关市场主体，利用虚拟现实、全息投影等新技术创建沉浸式、体验式、互动式消费新场景，打造夜间消费创新高地，规范健康发展沉浸式演艺、电竞酒店等夜间文化休闲业态，创建国家级夜间文化和旅游消费集聚区。"可以看出，在北京大力推动文旅产业融合发展的背景下，沉浸式文娱正在成为引领北京文旅产业未来发展方向的重要内容及新的投资风口。

（四）北京股权交易中心"新8条"举措落地，北京文化企业上市后备资源库有望进一步扩容

当前，文化产业资本市场存在资金结构性错配问题，大部分资金都在追逐5%的Pre-IPO项目，而另外95%的初创型、成长型文化企业却往往缺乏资本关注。市场资金的分布不均衡，致使文化企业上市后备力量相对不足。2022年6月，北京股权交易中心发布《关于印发助企纾困8条措施的通知》，提出"以自有资金出资为杠杆，撬动更多社会资本，联合有关私募基金管理人合作设立新三板和北交所主题私募股权投资基金，重点从'育英'企业、北交所和新三板北京基地服务企业、北京区域性股权市场培育企业等重点拟上市企业库中筛选投资标的"。北京股权交易中心成立针对北交所、新三板企业的基金，有利于改善当前市场资金结构性错配、分布不均衡的问题，为初创型、成长型文化企业引入更多社会资本，进而帮助北京文化产业资本市场培育更多优质上市后备资源。

参考文献

《2022年全市规模以上文化产业收入与上年持平》，北京市统计局、国家统计局北京调查总队网站，2023年2月1日，http：//tjj. beijing. gov. cn/tjsj_ 31433/sjjd_ 31444/202302/t20230201_ 2910199. html。

杨涛、金巍主编《中国文化金融发展报告（2022）》，社会科学文献出版社，2022。

B.7
北京舞台剧产业发展现状及策略研究

池建宇　刘佳乐*

摘　要： 2022 年，传统舞台剧产业正逐步摆脱疫情的影响，抓住发展机遇加速复苏。伴随技术的应用，北京舞台剧产业生产端走上数字化转型之路，通过优质多样的剧目呈现和焕新升级的演艺空间满足旺盛的市场需求。同时，北京舞台剧产业具备政策、基金、人才等多方面优势，发展前景良好。但仍应认识到，北京舞台剧产业仍存在供求结构性失衡、供给端缺乏长线运营思维和运作规范不健全的问题。为构建健康有序的产业生态，应在商业模式探寻、优质剧目创排、长线 IP 打造以及行业规制更新等方面进一步发力，推动北京舞台剧产业高质量发展。

关键词： 舞台剧产业　高质量发展　数字化转型　内容创作

　　舞台剧，是由演员扮演角色，在特定场合的舞台上呈现的戏剧艺术，按表现形式可分为话剧、歌剧、舞剧、音乐剧、哑剧、诗剧等。伴随我国居民消费水平的提升以及消费结构的升级，舞台剧逐渐走进广大人民的精神文化消费视野，市场规模持续扩大。据统计，2019 年我国舞台剧产业市场规模为 54.29 亿元，增长率达 5.4%[①]。舞台剧产业作为文化创意产业的一个细

---

　　* 池建宇，中国传媒大学经济与管理学院教授，主要研究方向为产业经济学、数字经济；刘佳乐，中国传媒大学经济与管理学院应用经济学硕士研究生，主要研究方向为产业经济学。

　　① 《2021 年我国舞台剧现状：行业规模整体上升话剧为市场主要需求》，观研报告网，2021 年 3 月 23 日，https://news.chinabaogao.com/wenhua/202103/03235363102021.html。

分领域，初步形成完整的产业链，培养出固定的消费群体，在良好的发展态势中逐步形成较为完善的产业生态。

新冠疫情的冲击使舞台剧产业在 2020 年呈现负增长态势，产业生态发生较多变化。一方面，疫情给舞台剧产业带来了诸多影响。不确定性风险导致演出延期甚至取消、剧团停摆、剧场歇收、演员失业、投资不力，在波及舞台剧全产业链的同时打击了消费者的积极性，舞台剧产业遭受较大损失。另一方面，新的机遇不断出现，成为推动产业革新的加速器。线下演出的不便促进了线上技术的应用和线上模式的探索，舞台剧产业找到了新的增长点。此外，外国剧团几乎完全退出国内市场，为本土翻排剧目提供了市场空间。截至 2021 年，我国舞台剧产业市场规模达 45.65 亿元[①]；2022 年，舞台剧产业逐步恢复到疫情发生前的规模。

作为全国文化中心的北京，其舞台剧产业率先摆脱疫情阴霾。2021年，北京共推出 2415 台演出剧目，举办营业性演出 20597 场，观众人数达 513.5 万人次，票房收入约为 7.83 亿元。与 2020 年相比，演出场次增长了 195%，场次数量恢复到疫情发生前的九成[②]。同时，北京在舞台剧产业升级方面率先取得突破，起到示范作用。近年来，北京舞台剧产业结构不断优化，缺乏体系化作品质量管控能力的演艺团体和公司逐渐被淘汰，供给侧产能逐渐出清，优质资源向精品舞台剧倾斜。同时，北京舞台剧产业积极探索产业数字化转型之路，以技术赋能数字文化产业生态建设。在技术支撑和政策扶持下，北京舞台剧产业的从业人员正积极寻找"破局"之路和"破圈"之法，舞台剧观众群体进一步扩大和多元化，产业正逐步焕发新的生机。

---

① 《2022 年中国舞台剧市场分析：市场规模达 45.65 亿元，其中话剧占 50.3%》，共研网，https://www.gonyn.com/industry/1149561.html。

② 北京市国有文化资产管理中心、中国传媒大学文化产业管理学院编《北京文化产业发展白皮书（2022）》，2022 年，http://wzb.beijing.gov.cn/ckediter/userfiles/files/1(31).pdf。

一　北京舞台剧产业发展现状

（一）技术赋能产业数字化转型

"十四五"规划指出，健全现代文化产业体系，需从数字文化产业等方面扩大优质文化产品的供给，这为舞台剧产业的发展指明了前进方向。新一轮的技术革命加速了北京舞台剧产业的数字化转型进程。目前，数字技术已经渗透北京舞台剧产业链的上下游，使产业各端焕发新活力。

在产业链上游，"文化+科技"助力北京舞台剧产业供应端全面升级。在艺术创作方面，国家大剧院的舞美设计师利用计算机设计软件呈现舞台空间，通过数字化模拟提升舞美创作的准确性和美观性，进而提高舞台剧展演质量。在剧目演艺方面，"现场演出+付费直播"的新商业模式打破了时空限制，国家京剧院于2022年开年之际与中国移动咪咕公司联合出品的《龙凤呈祥》，是基于"5G+4K"技术的一次大胆尝试，通过搭建"云包厢""云打赏"等新消费场景，推动演出消费升级。在场景搭建方面，剧场通过技术手段实现传统舞台和器械的改造升级，为剧团的艺术呈现增加更多可能；同时，以《大真探赵赶鹅》为代表的沉浸式戏剧通过打破传统舞台框架、营造空间气氛、赋予观众角色等手段带给观众全新体验。在舞美表现方面，3D、虚拟现实、光雕投影、立体音效等技术的应用给观众带来更强烈的视听冲击，增强舞台剧的艺术表现力。在"服化道"方面，材料的革新在保留服装特征的同时使其更轻便，上妆手法的优化在提高效率的同时使妆容更漂亮，3D打印技术的应用使道具在贴合舞台表演的同时更安全环保。新技术在北京舞台剧生产过程中的广泛应用，使剧目得以呈现更高质量的舞台效果。

在产业链下游，"线上+线下"联合刺激北京舞台剧产业的传播和消费环节。5G技术和新媒体传播生态协同发力，打破了时空隔阂，赋予舞台剧高效宣传的能力。例如，先锋戏剧导演孟京辉在微博有超300万名"粉丝"，中国歌剧舞剧院在 B 站上发布的舞剧先导宣传也有较高的关注度。而票务平台的建立则提高了北京舞台剧产业的消费转化效率。成熟售票平台如大麦网、摩天轮票务等一方面分类提供本地演出信息，帮助观众高效选择消费；另一方面助力北京舞台剧消费端数据库的建立，是北京舞台剧产业数字化转型中十分重要的一环。

（二）高质量、多种类的舞台剧供给

北京既是一座具有深厚历史底蕴的古城，也是一座充满活力的现代化都市。作为全国的文化中心，北京以深厚的文化资源和剧目积累，以紧跟潮流的剧目尝试，为全国舞台剧市场源源不断地输送着优质剧目。2022 年，民族歌剧《山海情》、舞蹈诗剧《杨家岭的春天》、音乐剧《亦梦亦真》、京剧《石评梅》、评剧《蒲柳人家》、昆曲《曹雪芹》、儿童剧《花猫三丫上房了》、木偶剧《大象来了》等新作佳作送出，为观众奉上一年四季不落幕的戏剧盛宴。

在全新创排的剧目中，以题材来源为依据，可将 2022 年的北京舞台剧分为引进剧目和本土创作剧目。受疫情影响，外国剧团难以来到中国巡演，所以近年来北京舞台剧市场上的引进剧目以国内翻排为主，如中文版《弗兰肯斯坦》于 2022 年在国家大剧院首演，以及对经典音乐剧《安娜·卡列尼娜》的汉化复刻，都在一定程度上重现了原版剧目的魅力，满足了观众对引进剧目的需求。而在北京本土剧目的创作中，既有对文学影视作品的改编，如改编自同名小说的话剧《两京十五日》；也有取材历史事件、传统文化和民俗元素的原创剧目，如以民国时期王牌女特工为原型创作的音乐剧《速记员》、以国家文物"五星出东方利中国"汉代织锦护臂为灵感创作的舞剧《五星出东方》等。丰富的题材满足了观众多元化的观剧需求，构成了助推舞台剧产业发展的核心动力。

除了全新创排的剧目外，北京也一直以高质量的演出复排经典剧目。以中国第一所艺术院团，也是最负盛名的专业话剧院北京人民艺术剧院为例，其出品的话剧被视为最"地道"的作品，《雷雨》《茶馆》《日出》等经典剧目反复重排重演，为观众所津津乐道。2022 年恰逢北京人民艺术剧院成立 70 周年，剧院推出一系列院庆活动，其中"镇院之宝"《茶馆》首次实行 8K 技术录制、超高清实时直播，极大地满足了观众对经典剧目的观赏需求。而在舞剧行业中，中国歌剧舞剧院"泱泱国风"系列经典舞剧也受到追捧，在全国各大城市巡演，使北京地区的舞剧辐射全国范围的观众。

（三）舞台剧演艺空间焕新升级

北京结合城市空间特点，一边对老旧演艺空间进行改造升级，一边陆续开展特色演艺新群落建设，推进富有城市文化特色的演艺空间探索。2021 年，北京着力打造"会馆有戏"文化品牌，盘活城市会馆资源，对古建筑进行还原修复，并结合会馆特色引入戏曲表演和剧目表演，将观众带回百年前的悠扬乐声中。同时，剧场艺术正不断开拓边界，向商场、景区拓展，如位于三里屯的爱乐汇艺术空间时光剧场，以及位于丽泽商圈居然之家 4 层的魔释剧场，都为观众带来新奇的观剧体验。

在新演艺空间内，更专业的设计强化着舞台剧的表现力。2022 年 6 月，总建筑面积为 4.1 万平方米的中央歌剧院剧场在东城区落成，马蹄形的看台结构打造出完美的声学效果，带来最原汁原味的歌剧体验。2023 年 1 月，"开心麻花·花花世界"沉浸式演艺新空间正式亮相望京，其由 A66 环境剧场、Stage One 戏剧酒吧剧场、《海上倒计时》剧本娱乐空间、开心小麻花儿童戏剧体验中心等多个专业戏剧演出、创排孵化空间组合而成，给消费者带来"一站式"文娱新体验。北京歌剧舞剧院新剧场也于 2022 年 9 月开工建设，建成后将为专业演出和日常排练提供场地。新老空间的开发改造满足了舞台剧产业扩张的需求，充分利用现有资源并吸纳更多新资源，最大限度地发挥空间优势，为北京舞台剧产业发展提供优质平台。

（四）舞台剧宣传多措并举

北京舞台剧采取线上线下联动的宣传策略，利用多种宣传手段吸引更多观众。首先，全媒体宣传手段的利用助力舞台剧"破圈"。在传统媒体的宣传方式中，除了报刊、地铁海报和剧院广告等方式外，北京舞台剧也通过赠票的方式开拓新市场，典型模式表现为剧目与高校的合作赠票活动，如《隐秘的角落》通过中国传媒大学学生会向学生赠票，以吸引更多观众。而在新媒体宣传方面，北京舞台剧的出品方利用微博、微信公众号等社交资讯平台和抖音、B站等视频平台做好演出前期的宣发工作和演出后期的推广营销工作，以扩大观众群体。同时，各类荧幕宣传为舞台剧"破圈"提供了很大助力：北京舞台剧在《舞千年》《戏剧新生活》等综艺节目上的优秀表现引起更多年轻人的兴趣，而舞剧《五星出东方》选段在2023年春晚舞台上的亮相更使其备受全国人民的关注。其次，名人效应显著提升了舞台剧的知名度。一方面，一些明星演员参与北京舞台剧演出，拓展了舞台剧的传播广度；另一方面，北京舞台剧演员凭借高超的业务能力被观众认可，逐渐走入公众视野，一些新生代演员受到年轻观众的追捧，带动更多人关注北京舞台剧。

（五）舞台剧消费市场需求旺盛

北京舞台剧产业的消费现状呈现观众消费意愿强、观众群体年轻化和消费潜力待挖掘的特点。近年来，观众对舞台剧的需求十分旺盛，北京舞台剧观众人数呈现增长态势。在北京舞台剧不断吸引新观众的同时，老观众的需求仍未饱和，产业仍有待开发的潜在市场。尤其是疫情导致近几年北京舞台剧供给严重不足，观众的消费意愿急速攀升，即便是略微高昂的票价，也难以阻挡观众对舞台剧不断升温的热情。2020年北京艺术表演团体国内演出的观众人数超过2600万人次，是2019年的3倍之多①，体现出全国市场对北京舞台剧的热情追捧，北京本地场馆的观众人数也在逐步回升。从观众特点切入，舞台剧的消费群体正不断年轻化。2021年演出市场消费主力是18~39岁的消费者，在购票用户中的占比达76%；2019~2021年，"95后"

---

① 资料来源于国家统计局，https：//data. stats. gov. cn/easyquery. htm？cn=E0103。

"00后"消费者和女性消费者的占比呈逐年上升趋势①，北京舞台剧产业的目标群体消费动力强劲，获利空间广阔。从地域消费特征切入，北京舞台剧产业正从市区向周边地区辐射，消费者跨地域来到北京追捧热门舞台剧的现象比比皆是。总而言之，北京舞台剧产业消费者群体需求旺盛，市场前景十分可观。

二　北京舞台剧产业的独特发展优势

北京是舞台剧产业的头部活跃区域，其舞台剧产业在呈现地方特色的同时具备诸多突出的发展优势，这有利于进一步引领全国舞台剧产业的发展。

（一）政策环境优化，全方位保障产业发展

在国家政策层面，顶层设计为北京舞台剧产业发展指明方向、做好保障。2020年，文化和旅游部发布了《关于推动数字文化产业高质量发展的意见》，提出建设在线剧院、数字剧场，加强演艺机构与互联网平台合作，推动文艺院团、演出经纪机构、演出经营场所数字化转型，培养观众线上付费习惯，助推舞台剧产业借数字技术复苏。2023年1月，针对舞台剧产业数字化转型过程中的政策空白和实践中出现的新问题，文化和旅游部再出新规②，对网络演出剧的报审报备、经营活动和传播内容做出了详细规定，落实主体责任，确保了舞台剧产业在数字化转型过程中的规范发展，形成了良好的生产传播秩序。除了对演出流程和内容的管理外，一些政策规制致力于提高从业人员的规范化管理水平。2022年，文化和旅游部出台了包括《演出经纪人员资格证管理规定（试行）》在内的一系列新规，使得产业内演

---

① 《2021全国演出市场年度报告》，"中国演出行业协会"微信公众号，2022年4月27日，https：//mp.weixin.qq.com/s/pyiQdga6OrNQIsmRb9rnfw。

② 《文化和旅游部关于规范网络演出剧（节）目经营活动推动行业健康有序发展的通知》，中国政府网，2023年1月16日，http：//www.gov.cn/zhengce/zhengceku/2023-01/18/content_5737726.htm。

出人员的质量得到保障。对于上述政策，北京迅速响应，结合地方实际情况落实政策，为舞台剧产业供给高质量文化内容打下政策基础。

同时，为加强"演艺之都"建设，北京构建了较为全面的政策体系，扶持舞台剧产业发展。北京以精品创作为核心任务，聚焦选题、排练、演出等关键环节，逐步打出北京文化艺术基金、北京剧目排练中心、北京市剧院运营服务平台（北京市演艺服务平台）、原创剧本创作及选题孵化机制等政策"组合拳"，全链条扶持精品艺术生产①。

在剧目展演方面，北京积极为舞台剧搭建展示交流平台。2021年，北京启动"大戏看北京"文化品牌建设，以此提升全市文化艺术创作生产质量。该品牌展演季期间，北京本土作品同其他省份文艺院团和部分民营演出机构的作品共同登台，为北京的舞台剧创作提供了良好的交流学习机会。除此之外，北京举办的戏剧节、展演季等活动持续为海内外优秀剧目搭建演出平台。

在舞台剧版权保护方面，北京走在全国前列，于2022年建立舞台剧版权交易服务平台，致力于提供版权保护、版权交易、版权维权和金融增值等功能服务，为海内外舞台剧的版权贸易搭建正规渠道，规范舞台剧版权市场交易行为，提供丰富的版权交易服务，充分发挥平台对舞台剧产业发展的导向作用。

（二）成熟艺术基金体系帮扶

在北京舞台剧产业复苏的过程中，各项艺术基金的资助起到重要作用，既提振了大型舞台剧的创作信心，也挽救诸多小型剧目于停摆边缘。以国家艺术基金为例，2022年，该基金对未首演的大型舞台剧和经社会检验的小型剧目进行资助②，共对大型舞台剧和作品创作项目立项资助101项，小型

---

① 《北京深耕"演艺之都"建设》，新华网，2023年3月15日，http://www.xinhuanet.com/ent/20230315/99f8988decdd46eca4135ca4579425f0/c.html。

② 《文化和旅游部办公厅关于印发〈国家艺术基金"十四五"时期资助规划〉的通知》，文化和旅游部网站，2022年3月11日，https://zwgk.mct.gov.cn/zfxxgkml/wysy/202203/t20220317_931948.html。

剧目和作品创作项目立项资助 93 项①。在两类资助中，北京舞台剧项目占比均达到 10% 以上②，有效为北京舞台剧创作提供了资金保障。值得一提的是，国家艺术基金的资助项目对传承戏曲等传统文化的项目有所倾斜，能够助力京剧舞台剧的传承创新。

目前，从国家艺术基金到北京文化艺术基金，舞台剧产业基金帮扶已形成层次丰富的格局。在国家艺术基金的指引下，北京文化艺术基金已形成系统的资助流程，为反映区域发展风范、传承地区特色文化的优秀舞台剧提供资助。自设立起，北京文化艺术基金累计资助了 650 个项目，资助金额达 6.56 亿元，累计支持推出 250 余部大型舞台艺术原创作品，为北京舞台剧产业的供给端提供了有力的资金支撑。

（三）产业发展的人才支撑

人才在产业的发展过程中发挥基础与支持的作用，人才支持占据着至关重要的地位。只有充分发挥相关人才的作用，才能够促进舞台剧产业健康、有序、持续发展。一方面，北京充分发挥对人才的吸纳作用，聚集了一大批舞台剧产业的优秀人才，实现了人才引进和产业发展的同频共振；另一方面，北京本身具有贴合舞台剧产业发展的人才培养体系。教育资源是北京的重要资源优势，为舞台剧产业提供了丰富的后备人才。北京电影学院、中央戏剧学院、北京舞蹈学院、中央音乐学院、中国传媒大学等培养舞台演出行业人才的高校均在北京，它们作为戏剧行业重要的人才供应主体，满足包括剧本编写、舞台表演、舞台环境支持、后期宣传在内的全产业链人才需求，源源不断地向舞台剧生产端注入大量科班出身的新鲜血液。北京舞台剧产业将人才优势转化成推动产业高质量发展的动力，形成较强的产业竞争力。

---

① 《国家艺术基金 2022 年度项目评审报告》，国家艺术基金网，2022 年 3 月 1 日，https：//www. cnaf. cn/annual_report_detail/2361. html。
② 《国家艺术基金（一般项目）2022 年度资助项目名单公示》，国家艺术基金网，2022 年 3 月 1 日，https：//www. cnaf. cn/project_detail/2362. html。

三 北京舞台剧产业存在的主要问题

北京作为文化创意之都,聚集了全国的优秀编剧、导演等人才,但北京舞台剧产业还未发展到全产业链闭环阶段,其在发展过程中暴露了诸多亟待解决的问题。

(一)舞台剧供需结构性失衡

过去几年,舞台剧产业受到不确定性风险的影响,演出频频取消或延期,舞台剧供给稍显匮乏。在此基础上,顺利登台展演的剧目也并不能完全回应观众期待,供给不能完全匹配旺盛的需求,导致舞台剧市场出现较大的供需缺口。这种缺口首先表现在引进剧目上,其内容早已深得观众喜爱,但语言翻译及未达到原版水准的舞台表演使观众内心的期待并没有得到真正的满足。随着外部环境的逐渐优化,外国剧团将带着原版剧目在北京展演,国内翻排剧目没有足够的竞争优势,将面临退出市场的风险。

在本土剧目中,供需不匹配的缺口主要表现在原创作品,尤其是民间原创作品的低迷上。供给端偏向稳定收入,不愿承担创排新剧目的试水风险,新创优质剧目匮乏,好评较高、颇受欢迎的大部分剧目是已展演多次的精品剧。这就导致观众频频尝试新剧后却迟迟看不到"眼前一亮"的好剧,其真正的观剧需求迟迟得不到满足,对新编舞台剧的信心受到打击,消费意愿减退,反过来对舞台剧创新产生负面影响,非常不利于舞台剧产业的高质量发展。

(二)供给端缺乏长线运营思维

广受好评的舞台剧往往需要整个团队耐心打磨剧目细节,只有功底扎实的演员和工作人员在多次排练中形成默契,才能呈现效果理想的作品。可惜的是,在舞台剧市场化、商业化运营的过程中,很多舞台剧受制于资方严控成本以及快速排期的意愿,并不能拿出足够长的制作周期去打磨作品、遴选演员,使最终表现出的舞台质量不尽如人意。一些制作公司抱着"赚一票就走"的想法，只管打造"爆款"，通过票务预售拿到预期收益，甚至通过艺术基金攫取个人利益，毫不关心观众口碑，自然也不会精心提高舞台剧的质量。大量观众被一批这样的制作方反复消费，很多新进入的消费者也因为看不到想要的内容而离场。此外，一些制作方借助明星演员"破圈"，以其自身流量撬动销量，结果慕名而来的"粉丝"大多对舞台剧并不感兴趣，一旦换人后就会迅速离开市场；同时，明星演员若业务水平不高，将对剧目口碑造成不可逆的影响，还将导致资深观众的流失，非常不利于北京舞台剧产业的健康发展。

（三）舞台剧产业运作规范仍未健全

系统规范的管理制度贯穿舞台剧产业运作的全过程，是舞台剧产业得以长远发展的重要保障。目前，国内舞台剧演出工作仍未形成健全的行业规范，各环节都或多或少存在管理机制不完善的缺陷，有损舞台剧产业的经济效益和社会效益。

首先，舞台艺术真正的高质量发展，本质上依靠的是优秀的作品和良好的生态，但舞台剧产业目前缺乏有效的内容评价监管机制。很多舞台剧虽然质量不佳，但由于具有题材优势，依旧可以拿到一波收益，这反映出产业内有效的内容评价监管机制的缺位。相比之下，很多真正反映人民群众生活的优秀作品却因为观众面较窄、前期投入过大等原因，面临巨大竞争压力。长此以往，易导致整个产业的内容质量下滑、生态恶化。

其次，相较于上海，北京舞台剧市场的审核准入标准仍较为严苛，缺乏一定的包容度和开放度。北京作为首都，其文化创意产业要更多地承担引领思想方向的社会责任。而北京舞台剧在题材选择上较为保守，新舞台剧的首映也较多以红色题材、文化传承题材的剧目为先，市场主体发展不如上海那样有活力。外地的新剧目往往避开北京，而选择更包容活跃的上海来打开市场，北京在吸引新舞台剧方面的竞争力亟待增强。

再次，收益分配机制的不合理对产业发展有负面影响。先是产业链上下游的收益分配问题，不同于电影产业的分账模式，即影院经理需要承担内容质量不高带来的收益减少风险，舞台剧演出过程中存在较多的租场分账模式，剧院主要收取场地费，舞台剧质量好坏、票房高低并不影响剧院的收入，这也让各类舞台剧都能走到市场中。而在国有剧团内部，落后的收益分配机制也阻碍了产业升级的进程。疫情防控期间，许多剧团派遣舞台剧演员通过直播、短视频等新媒体手段帮助宣传舞台剧，同时赚取一定收益。但对于这部分收益如何在剧团和演员之间分配，尚未有明确的规章制度加以确定。这一方面在一定程度上打击了舞台剧演员的积极性，不利于持续激发国有剧团的内生动力；另一方面不利于国有剧团拓展线上演艺业务，从而阻碍整个产业数字化转型的进程。

最后，在消费环境方面，目前北京的舞台剧票务管理较为混乱。这首先表现为超前售票和不确定性因素之间的矛盾。在广泛推广票务实名制的背景下，有些舞台剧提前半年开票，若临期行程安排有变，剧院和售票平台不支持退票，消费者只能选择作废该票或者折价临时转售，损害了消费者的利益。即使演出因不可抗力取消，票务平台的售后服务也并不能保障消费者权益。这将进一步导致消费者不再购买预售票，而是倾向于通过二手票务市场进行交易，这不利于剧团和剧院的资金周转。此外，"黄牛票"的泛滥也使票务市场更为混乱，侵害消费者权益。

四 北京舞台剧产业发展对策建议

（一）探索规范商业模式，发挥文化产业合力

针对舞台剧产业的各个环节，应积极探索新商业模式，构建产业融合生态圈。在产业链上游的剧目创作环节，可借助已有的知名作品实现观众引流和转化，开辟新市场空间。在产业链核心的演出环节，可利用技术手段打造"互联网+舞台剧演出"模式，以线上线下相结合的付费模式助力舞台剧产业数字化转型。在产业链下游的运营推广环节，可学习《只此青绿》的跨界合作经验，采用融媒体宣传矩阵"破圈"，进一步利用联名、

文创产品开发等方式，将作品的影响力从舞台引向社会生活，从而收获良好的市场回馈。

（二）厚植首都文化沃土，推进精品舞台剧创排

舞台剧产业属于文化创意产业，内容是核心竞争力。要增强北京舞台剧产业的竞争优势，就必须紧抓内容创作质量，推出内容优质的新舞台剧，以实现舞台剧产业的供给侧结构性改革，弥补供需缺口。在本地剧目的创作中，要植根于首都深厚的文化底蕴，汲取传统剧目精华，利用舞台剧实现京城优秀传统文化的创造性转化和创新性发展；在传统文化题材剧目的创作中，要借鉴其他地区"爆款"剧目的成功经验，坚持守正创新；在红色题材和发展题材剧目的创作中，要扎根北京的历史和人民生活，创造贴近生活、激发共鸣的作品，以达到经济效益和社会效益的"双提升"。

（三）借鉴国内外运作经验，鼓励打造长线IP

参照《猫》等国外经典舞台剧作品，以长线制作打磨精品IP。在打造IP方面，国内已经有较为成功的案例，如北京开心麻花文化发展有限公司通过打造原创舞台剧IP，进军影视等衍生产业，获得了更高收益。对于大型舞台剧，投资人和制作人都应借鉴国内外优秀剧目经验，以长线运营思维开展投资和制作，把匠心倾注到每一个环节。而对于小剧场，则可借鉴孟京辉话剧、小柯剧场的制作经验，找准自己的观众群体，逐渐形成小剧场特色，以特色赋能新剧目创作。

（四）推动监管规制更新，营造良好外部环境

从内容审查到市场监管，再到票务交易规范，舞台剧产业亟待迎来一批新规，为产业健康发展营造良好的外部环境。首先，在内容评价监管机制方面，应鼓励大数据、人工智能等技术在舞台剧内容评价监管上的深度应用，持续跟进演出内容和观众反馈，对不合格的基金项目"应撤尽撤"。同时，做好知识产权保护工作，保护优质舞台剧内容的创作者权益。其次，在激发

市场活力方面，应根据产业新业态及时优化国有剧团的经营管理体制，构建鼓励直播演艺人才的收益分配机制；培育更加包容、更具活力的市场，以提振舞台剧剧团在北京巡演甚至首演的信心，从而进一步发挥北京舞台剧产业在全国舞台剧产业中的模范带头作用。最后，在舞台剧票务管理方面，目前仍没有明确的法律条例来进行规范，建议政府联合行业协会制定指导意见，为主办方、消费者和票务平台提供行为指导，消除票务管理乱象，在保障供需双方权益的同时提振交易信心。

B.8

北京地区老字号"老店新生"发展研究

郭嘉 林晨 韩易*

摘 要： 当前，我国消费需求持续升级，培育和发展中华老字号有助于推动供需在更高水平上实现良性循环。"十四五"规划提出，要保护发展中华老字号，提升自主品牌影响力和竞争力。品牌竞争力的提高离不开品牌的创新。一批北京老字号企业开始了创新尝试，以谋求更好的发展，在品类、业态、销售渠道方面的创新上取得了突破。但是，北京老字号"老店新生"在品牌意识、空间布局、产品形式、营销方式、市场思维5个方面仍有提升空间，本报告基于上述5个方面存在的问题，对未来北京老字号的创新、传承、发展提出了建议。

关键词： 老字号 "老店新生" 创新发展

中华老字号是指历史底蕴深厚、文化特色鲜明、工艺技术独特、设计制造精良、产品服务优质、营销渠道高效、社会广泛认同的品牌（字号、商标等）①。北京老字号数量优势显著、历史底蕴深厚，集中分布在餐饮和食品加工两个行业。北京老字号地理位置分布集中，与二环核心区内的旅游优

---

* 郭嘉，首都师范大学文化产业系主任、副教授，北京观恒文化发展研究院副院长，主要研究方向为文化产业及政策、数字创意传播；林晨，首都师范大学文化产业系硕士研究生，主要研究方向为文化产业及政策；韩易，首都师范大学文化产业系硕士研究生，主要研究方向为文化产业及政策。

① 《商务部等5部门关于印发〈中华老字号示范创建管理办法〉的通知》，商务部网站，2023年2月1日，http：//www.mofcom.gov.cn/zfxxgk/article/gkml/202301/20230103381407.shtml。

势区位高度重合，形成了集聚效应。在消费升级与新经济的冲击下，北京老字号面临发展疲软的困境，出现了亏损、知名度下降等问题。政府出台了一系列政策激励北京老字号企业守正创新，一批北京老字号企业进行了多样化的尝试。

总体来看，北京老字号创新仍处在"摸着石头过河"的阶段，大多面临如何平衡年轻消费者的喜好和核心产品的问题。要想激发北京老字号创新的内生动力，需要不断总结"老店新生"的经验，坚持同类老字号已经探索出来的可操作的创新方式，学习其他类型品牌的优点，解决暴露的问题。

因此，本报告对北京老字号"老店新生"的发展现状进行梳理，分析其优点和仍然存在的问题，探讨未来北京老字号如何在顺应市场机制和传承中华优秀传统文化的前提下进行创新，获得更多消费者的认同。

一 北京老字号"老店新生"的发展现状

（一）品类创新

1. 配合时令节庆的美食

北京老字号中有超过半数分布在食品加工和餐饮行业，与消费者的日常生活息息相关。中国人对"吃"十分讲究，有循着时令进食的传统。北京老字号创立时间长、底蕴深厚，在传统节日和时令推出的产品更易受消费者信赖。老人对北京老字号美食有较高的忠诚度，而年轻消费者考虑老人的偏好也会买上老字号美食回家共享。一些消费者则认可北京老字号推出的时令美食背后的文化附加值和纪念意义，在给外地亲友带特产时会选择老字号礼盒。

稻香村在兔年春节推出了"福兔献瑞"国潮礼盒，将糕点做成了兔子、锦鲤、柿子、寿桃、石狮子、迎春绣球、锁扣、葫芦等形状，吸引了消费者的目光，日销售量超5000盒。稻香村还按照节气饮食特点，推出了"立春咬春卷""立夏陈皮饼""惊蛰盘龙糕""春分太阳糕"等与二十四节气一一对应的美食。护国寺小吃、同和居等店根据腊八节习俗提供了腊八粥,护国寺小吃店里还备下了干货粥料,消费者可以买回家自己煮。同春园在腊八节当天免费提供腊八粥,到店堂食的顾客和外卖的顾客都能获得这个暖心的惊喜。护国寺小吃还在寒食节推出"寒食十三绝",其中的蜜麻花形似风筝,甜味的小食适合在春寒未退时品尝,且寒食节吃蜜麻花寓意良好,获得了消费者的喜爱。

2. 老字号技艺与潮流相结合

品类创新是老字号各层面创新中最常见、最必要的一类。大部分北京老字号根据现代人的喜好和习惯进行了产品改良。一些老字号将核心产品的食材原料与年轻人喜欢的甜点进行了结合,受到了年轻消费者的欢迎,如吴裕泰的抹茶冰激凌、六必居的黑芝麻冰激凌、都一处的冰皮烧麦等,在小红书等社交平台上掀起了"打卡"热潮。以酱肉闻名的天福号在紫竹院公园开了一家"天福号 PLUS"紫竹餐厅,菜品中西合璧,有天福甄烤酱肘披萨、焗饭、汉堡等,餐厅中还设立了图书阅读空间,是市属公园与北京老字号企业跨界合作的一次尝试。

许多北京老字号推出了文创产品,借助这一年轻人喜欢的产品类型来承载老字号文化。有学者说:"'新文创'是一种更加系统的发展思维,通过更广泛的主体连接,推动文化价值和产业价值的互相赋能,从而实现更高效的数字文化生产与 IP 构建。"[1] 将老字号的文化借由文创产品的形式表达出来,有助于老字号产品品质的提升及老字号 IP 的开发。老字号具有深厚的文化底蕴,具备构建 IP 的潜力,可操作性强。

白塔寺药店推出了一系列包含中医药元素的文创产品,有国潮中药"四物汤"明信片、木腰子冰箱贴、柿子形状的中药香囊、"货真价实"印章等。这些文创产品与中医药文化进行了深度的融合,而不是机械的元素叠

---

① 范周:《从"泛娱乐"到"新文创""新文创"到底新在哪里——文创产业路在何方?》,《人民论坛》2018 年第 22 期,第 125~127 页。

加，"四物汤"明信片上印着彩绘的药材植物和入药部位，每张明信片按照不同的药性印着不同的颜色。"京畿名胜里的中草药"系列冰箱贴选取了北京名胜中能入药的植物，包括妙应辛夷、真觉银杏、戒台松针等，这些药材会随冰箱贴赠送给消费者。

（二）业态升级

1. 展示传统文化，在体验中消费

许多老字号核心产品的使用场景与现代人的生活场景距离较远，年轻消费者对老字号的了解停留在技艺优秀、历史悠久这一层面，但其实许多消费者并不知道老字号的优秀具体体现在哪儿。因此，许多老字号参考了博物馆这一展示历史文化的形式，为老字号技艺打造了专属展示空间，展示空间不一定达到博物馆的体量，也有一些是内嵌在门店中的史料馆、品牌展览馆、非遗展厅等。北京老字号在博物馆选址时多考虑原址老店，以贴近历史，更好地还原传统场景，增强沉浸式体验感。北京市出台的《关于推动北京老字号传承发展的意见》也提出要保护原址老店，"适当放宽对临街老字号店铺设计的限制，允许保留符合要求的传统牌匾"，因此北京老字号博物馆多以古色古香的面貌呈现。

北京老字号中现有的文化展示空间有北京六必居博物馆、同仁堂博物馆、全聚德展览馆、北京市腐乳科普馆、北京二锅头酒博物馆、红星源升号博物馆、中国景泰蓝艺术博物馆、北京美发博物馆、北京茶叶博物馆、北京果脯博物馆、北京龙徽葡萄酒博物馆、北京工艺美术博物馆、中国冠帽文化博物馆、北京龙顺成京作非遗博物馆、内联升非物质文化遗产展厅等。这些文化展示空间复原了老店的旧时样貌，陈列老店留存下来的制作工具等老物件，由非遗传承人演示技艺，如北京六必居博物馆用蜡像还原了酱菜的制作流程。一些文化展示空间还挖掘了老字号品牌核心产品背后的文化内涵，结合文化习俗，打造了更高一级的传统文化标识。以北京龙顺成京作非遗博物馆为例，它不仅介绍了龙顺成品牌的历史，还围绕京作硬木家具这一主题，展示样式设计、生产制作的全过程，讲述明清宫廷家具发展

史、中国硬木宫廷家具艺术。龙顺成的"木局"文化空间还提供了体验课程，消费者可以亲手制作红木平安扣、红木大宝剑、木勺、版画、橡皮章、非遗毛猴等。

2. 瞄准年轻客群，设立全新品牌

一些老字号瞄准年轻消费者的需求，直接开设新品牌，用全新的名字、定位、产品、空间吸引年轻消费者。同仁堂的"知嘛健康"以年轻人的亚健康问题为切入点，打造了健康生活体验空间，提供精准健康全周期一体化解决方案，设计了年轻化的中药饮品，如熬夜水、陈皮拿铁、罗汉果美式等。"知嘛健康"零号店的一层为精准食疗区、二层为精准抗衰区、三层为精准医疗区。"知嘛健康·北京有礼店"配合北京环球影城的游乐园定位，选择了"梦境之旅"主题。类似的还有白塔寺药店的耀咖啡、张一元的逗叶中式茶饮、新华书店的朝闻自习室等。

3. 提供研学课程，亲身感知魅力

研学课程的设立可以提升老字号品牌的知名度，引导消费者加深对传统文化的了解，进而喜欢上老字号。荣宝斋利用百年的艺术资源，推出了八大品类的产品，即青少年美育系列产品、仪式教育系列产品、职业教育系列产品、成年人美育系列产品、低龄段"笔尖上的母语"课程、"岁与时"生活方式系列产品、书画等级测试体系、全国书画大赛。以青少年美育系列产品为例，它包含了书画、非遗、文房、传统手作、中国传统节日、老胡同新生活等课程。此外，荣宝斋面向中小学生、亲子家庭推出了"大美中和"暑期研学课程，特聘文化艺术学者带领学生品味书画篆刻、古建文化、京味美食、传统非遗等，共同游览北京中轴线，包括前门、景山、天坛等。

（三）拓展销售渠道

随着互联网经济的发展，许多老字号入驻电商平台，摆脱传统销售渠道的限制，突破了原有的用户圈层。截至2019年8月，北京市共有67家中华老字号企业入驻阿里零售平台、33家中华老字号企业入驻京东平台，分别占到北京市中华老字号企业总数的57.3%、28.2%，同仁堂、牛栏山、稻香村、张一元、红星、百花等是互联网平台成交规模较大的老字号品牌①。截至 2021 年末，北京是京东平台 2021 年下半年老字号商品成交额最高的省份。

北京老字号不仅在传统电商平台发力，还入驻了外卖等即时零售平台。北京老字号考虑平台特点，设计了配合外卖使用场景的产品。烤肉宛、烤肉季推出了"迷你版"烤肉炙子，砂锅居、烤肉宛万泉河店也推出了外卖自热餐盒。2023 年春节期间，同春园外卖营收较上年实现翻倍，同和居外卖营收较上年增长了 27%；曲园酒楼的茶油剁椒鱼头、西来顺的马连良鸭子、老西安饭庄的泡馍和陕西风味小吃、护国寺小吃地安门店的老汤扒鸡的外卖销量比平时增长了 2 倍多；2023 年除夕当天，同春园线上外卖平台卖出了100 多条松鼠桂鱼②。

二 北京老字号"老店新生"的问题剖析

（一）品牌意识欠缺，品牌发展战略亟待调整

老字号品牌的优势在于产品质量过硬。老字号企业往往是可信赖的高质量企业。随着新一批年轻人成为消费的主力军，北京老字号面临年轻消费者认知断代问题，消费者对稻香村、义利、馄饨侯等北京老字号的印象仍是"小时候的味道"，对其他老字号品牌更是印象模糊。并且，消费者的选择变多了，即便消费者知晓老字号，也不可能只围绕着每个行业的一两个老字号品牌进行消费，新的市场环境中，品牌化显得尤为重要③。"品牌化是一个涉及建立思维结构和帮助消费者建立起对产品或

---

① 《上半年北京市"老字号＋互联网"销售增长显著》，商务部网站，2019 年 8 月 6 日，http://www.mofcom.gov.cn/article/resume/n/201908/20190802888167.shtml。
② 《春节期间餐饮消费火热升温，部分老字号营收比平日增 2~3 倍》，商务部网站，2023 年 1 月 28 日，http://lzhbwg.mofcom.gov.cn/edi_ecms_web_front/thb/articledeail/1529。
③ 〔美〕唐 E. 舒尔茨等：《重塑消费者——品牌关系》，沈虹、郭嘉等译，机械工业出版社，2015，第 3 页。

服务认知的过程。这个过程可以帮助消费者明确自己的决策。"① 老字号要想生存，应该将品牌故事传递给年轻消费者，让消费者认识到同品类中不同品牌之间的差异，培养一批新的品牌爱好者，成为新的生活方式风向标。

现阶段，北京老字号头部品牌定位不够与时俱进，没有让年轻消费者产生足够的品牌忠诚度，在购买同品类产品时优先考虑北京老字号。只靠年轻消费者一次两次的好奇，而不培养消费者的消费习惯，老字号品牌无法长久地发展与传承。要想实现老字号的创新、传承与发展，不能光维护老客群，也要拓展年轻消费者，适时地利用怀旧传播策略激活老字号品牌回忆，不能让年轻消费者对老字号的印象停留在"上一辈的品牌"。例如，全聚德、内联升等老字号客单价较高，比较难吸引到年轻消费者，需要重新细化品牌定位，针对不同年龄层和消费能力的消费者制定不同的战略，以品牌延伸的方式扩大消费者需求②，提高新产品的接受度。

（二）空间布局不合理，新旧品类融合生硬

一些北京老字号在进行品类的创新时，没有同步协调空间的创新，空间布局没有做到以消费者体验为中心，店面环境塑造缺乏对传统审美意趣的创新表达，缺少独特性。以白塔寺药店为例，它的创新部分主要集中在文创产品以及单独开设的"耀咖啡"品牌。白塔寺药店阜成门店的一楼为传统中药店布局，货品较多，无清晰的功能区指示牌。以购买文创产品为目的的大多数消费者无法自行找到文创售卖区域，需要询问店员位置，药店外部也没有文创产品的售卖宣传，文创产品的潜在消费群体在经过药店时可能只将其看作售卖中药的传统药店。有消费者在大众点评上留言："为了买文创特地来的，一楼转了一圈，问了店员才找到楼梯口，二楼在装修，比较杂乱，

---

① 〔美〕凯文·莱恩·凯勒：《战略品牌管理》（第3版），卢泰宏、吴水龙译，中国人民大学出版社，2009，第11页。

② 〔美〕凯文·莱恩·凯勒：《战略品牌管理》（第3版），卢泰宏、吴水龙译，中国人民大学出版社，2009，第441页。

文创在小角落里。" 文创产品的消费群体多为前往白塔寺游玩的年轻游客，这部分消费群体和中药购买群体几乎没有重叠，将两个品类的消费区融合在一个空间内没有起到加成作用，反而可能阻碍文创产品的进一步推广。白塔寺药店将核心产品和创新产品设置在同一个空间，且文创区的售卖柜和其他药品售卖柜一样是普通的玻璃柜台，精心设计的文创产品无法得到更多关注。

同样创新了产品品类的内联升，将大内·宫保咖啡直接设立在店内二楼，空间的一半是布鞋货架，一半是大内·宫保咖啡的消费区，座椅外观与吊顶的风格不匹配，像是在原本的传统消费空间中生硬地叠加一个新的咖啡消费区，有消费者在大众点评上留言说"进来的感觉就是 20 世纪 80~90 年代国营商场的样子"，可见咖啡的产品调性与内联升传统品类布鞋差异较大，将两个品类的消费区直接拼接在一起显得较为生硬。

（三）产品更新流于形式，文化内涵未凸显

近年来，国潮风兴起，年轻消费者乐于见到老字号的创新尝试，老字号的创新传播获得了一定的市场发展机遇，但一些老字号的新产品过于追求形式上的创新，新颖的产品形式推高了产品的价格，忽略了产品的品质，导致新产品性价比低。例如，同仁堂粹和餐厅的消费者评价中，有人提到"菜品顶多是不出错，中规中矩算符合预期了，但是毕竟价格不便宜，招待客人还应上点心。"

许多北京老字号都选择了年轻人喜欢的饮料甜点作为新产品的跨界合作类型。例如，白塔寺药店的耀咖啡、同仁堂的"知嘛健康"咖啡饮品、荣宝斋的咖啡、内联升的大内·宫保咖啡等，都是将老字号的文化元素嫁接到咖啡这一西式饮品中。布鞋、中药、书法美术用品是低频消费品，而咖啡的复购率高，老字号企业纷纷开发咖啡产品线，希望以咖啡为切入口吸引更多的年轻消费者进店消费。吴裕泰、六必居、稻香村这一类的食品加工老字号，则是将茶叶、酱菜、点心等与年轻人爱吃的冰激凌相结合。这类老字号创新产品在最开始时能吸引年轻人前往"打卡"，凭借中西合璧的新奇感在

社交媒体上引发讨论，但是时间一长消费者就失去了兴趣，产生了审美疲劳，最终还是未能对品牌产生忠诚度。消费者在品尝美食以后，并不能有效感知新产品背后的老字号底蕴。一味求新而不重视挖掘老字号文化内涵和提升产品质量，反而容易破坏消费者对老字号的信任感。老字号在跨界创新上应秉持适度原则，同一模式下的产品过多容易给消费者留下"新瓶装旧酒"的印象。

（四）营销方式单一，线上推广力度不足

品牌常见的营销方式有很多种，包括社群营销、情感营销、差异营销等。一些北京老字号将"饥饿营销"作为主要的营销手段来提升品牌知名度，营销方式较为单一。适当的"饥饿营销"有助于提高店内人气，调动消费者购买热情。然而，在已知市场反响良好的情况下，提供的产品依旧无法满足消费者需求，则会因过度的"饥饿营销"影响消费者对品牌的信任。以稻香村为例，稻香村零号店推出了糕点礼盒，精美的外观吸引了大量网友前去"打卡"，但一些网友在社交媒体上反馈购买的体验感不好："整个店其实可以优化流程系统，使用电子订单系统，这样既可以减少排队时间，又可以及时看到什么已售光。"

除了营销方式有待优化以外，北京老字号企业社交账号的运营也有待加强，线上宣传推广的力度不足。年轻消费者习惯了从社交媒体渠道获取商品信息，而北京老字号企业社交账号的阅读量、点赞量较低，并没有发挥加强消费者黏性的作用。大部分北京老字号将微信公众号作为主要的运营平台，在微信公众号持续更新产品和活动信息，但阅读量较低。以稻香村为例，其微博、B站、小红书、抖音账号发布的内容较为同质化，独特性低，多为一张糕点照片配上简短的文案，大部分内容的点赞量不超过两位数。新媒体时代，在海量的信息中，老字号企业光吸引消费者的注意力是远远不够的，应该要和消费者建立更深层的情感联系。凯文·罗伯茨认为，"至爱品牌"比"传统品牌"更有力量。"情感是与消费者展开联系的重要机会。而且情感是最好的、无限的资源。它一直存在——等待着新的思想、新的灵感和新的

体验来开发。"① 只有一部分消费者是纯粹基于理性原则来做出购买决定的，因此讲好品牌故事有助于借助故事情节的力量来塑造消费者的认知，让消费者爱上老字号品牌，对老字号投入超越理性的情感。爱能帮助企业应对消费者的快速变化②。多数北京老字号企业在线上推广的内容不足以与消费者建立情感联系，停留在新产品的展示层面，尚未充分利用社交媒体裂变传播的优势，将老字号的故事加以包装来打动消费者。

（五）缺乏市场思维，服务态度不到位

许多北京老字号经历过私营转国营的阶段，尚未充分调动企业积极性，缺乏与现代市场经济相匹配的思维与管理方式，与其他在市场化竞争中脱颖而出的企业相比，对消费者的体验感关注较少。北京老字号由于地理位置的特殊性，经常接待全国各地的游客，一些工作人员的服务态度较为麻木敷衍，没有主动以更好的服务态度留住回头客，常收到负面评价。北京老字号应当增强市场思维，满足消费者的需求。

三　北京老字号创新传承与发展的建议

（一）思维观念要转变

北京老字号在当前的竞争环境中，依然保持着传统的思维观念，顾客买卖随缘、老店货品销量不愁、老字号拥有高高在上的市场地位等陈旧观念仍存在。北京老字号若不想被市场化的竞争环境淘汰，就需要进行思维观念的整体转变。思维观念在北京老字号的经营中起到精神层面的统领作用，具有整体性和全局性的特点，思维观念转变是目前北京老字号推进"老店新生"

---

① 〔美〕亨利·詹金斯：《融合文化：新媒体和旧媒体的冲突地带》，杜永明译，商务印书馆，2012，第121页。
② 〔美〕凯文·罗伯茨：《至爱品牌》，丁俊杰、程平、沈乐译，中国人民大学出版社，2005，第32页。

进程中最紧迫的任务。

转变北京老字号的思维观念，不仅需要企业负责人转变观念，还需要在品牌的长期规划中增添适用于目前市场环境的竞争策略。在日益年轻化和下沉化的市场中，北京老字号应及时摒弃陈旧理念，并将接受新鲜事物的创新基因融入思维观念，从而全面融入当前的市场环境，在良性竞争中不断求变，以思维观念的转变带动品牌整体的迭代升级。

（二）品牌内核要拓展

北京老字号延续至今，主要依靠其对某一领域及产品的深耕。但在品牌分类逐渐集中的过程中，难免会出现消费者对北京老字号品牌的认知过于单一的现象，如说到全聚德只联想到烤鸭，谈及力力餐厅只联想到川菜，说到内联升只联想到布鞋。品牌内核、宽窄决定了其所能够延伸发展的空间大小。宽度较高的品牌得以在不同文化范畴中推出带有多元价值观及内核的产品与服务，对社会文化环境的适应性较强，覆盖多元人群，最终在拓展和不断提炼中发展；而没有拓展内核、宽度较窄的品牌在多元价值碰撞中将会丧失竞争力。对于在北京老字号当中普遍存在的品牌内核宽度较窄的现象，拓展产品品类是一种有效的转变方式，这种拓展能够帮助北京老字号在日趋多元的文化环境中摒弃刻板的受众印象，开发传递人类价值的文化产品，形成真正的文化主导[①]。

老字号通过主品牌与子品牌的双向发力，可以促成新旧品类的融合。北京老字号在基于自身品牌特色的内核之上进行创新与拓展，除了能够拓展品牌宽度，也将在一众北京老字号品牌中形成新的区分度。例如，同仁堂利用其药房的药材储备与中医药文化，推出了嵌入奶茶与咖啡饮品的食补子品牌"知嘛健康"，枸杞拿铁、陈皮拿铁、陈皮山楂美式等"草本咖啡"的出现拓展了老字号的品牌内核和品牌宽度，使代表着新与旧的子品牌与主品牌得

---

① Zhou, L., et al., "Cultural Congruity and Extensions of Corporate Heritage Brands: An Empirical Analysis of Time-honored Brands in China," *Journal of Consumer Behaviour* 5 (2019): 1092-1105.

到融合。同仁堂在新推出的子品牌中摆脱了大众对其的刻板印象，成为新零售模式下全场景健康产品和服务的提供者。

品牌内核还体现在线下店面的空间布局方面，实体空间的重构与创新将成为北京老字号拓展品牌内核的一个重要抓手。构建异质化的场景可以成为北京老字号拓展空间的创新思路。宏观上，场景传播的是一种价值观，会形成城市的价值取向，从而影响某些特定人群的生活与工作①。在具体的北京老字号店铺中，店面内的场景会形成特定的空间价值取向，让来访者感受独属于该老字号的品牌内核，即体验一种空间化的价值观。

（三）打造老字号 IP

目前，北京老字号的产品形式仍然停留在日常生活中的物质产品呈现上，精神层面上的内容生产较少。如果北京老字号能够将产品形式进行更新，转向"精神福利的提供者"这一荣誉性的供给职能，便会成为现代社会中消费者在超过物质享受之后的荣耀追求目的地②，即在老字号消费成为一种生活水准或一种生活方式的标志。北京老字号突破产品形式的落脚点应当在于消费者与老字号品牌之间自我认同的构建，如利用 IP 效应，这种精神层面上的连接将会促进消费者对老字号品牌的认可。

非物质文化遗产的创新性应用可以为当前北京老字号突破产品形式带来启示。北京汉祖恒晟文化发展有限公司旗下的汉祖艺术实验室将北京非遗兔儿爷与艺术相结合，把兔儿爷这一城市民俗符号进行 IP 化，推出了多元化城市国潮 IP "元卯人"，以物象载体和隐喻符号的形式，建构对北京城和中国神话的文化想象，运用非遗、艺术、潮流、元宇宙等跨界融合的新视角来传承、解读、延展这一城市民俗符号，并将该符号融入新时代的文化特征，吸引更为年轻的受众群体探索非遗、文化、艺术、潮流、商业新形态。除了在线下物质层面进行兔儿爷装置艺术的艺术家联合创作以及艺术展陈外，在

---

① 范玉刚：《文化创意在建设"公园城市"中的助力作用》，《中原文化研究》2020 年第 1 期，第 47~52 页。
② 〔美〕凡勃伦：《有闲阶级论》，蔡受百译，商务印书馆，2019，第 79~82 页。

精神层面的塑造上，"元卯人"也脱离了兔儿爷这一物理实体，通过线上的布局成为一种"荣誉性"标志，如相关的数字藏品与特定节事期间的限量红包封面，年轻消费者群体倾向于将"元卯人"与代表着时尚、先锋、潮流的自我价值认同相关联，从而通过物质消费达到精神上的理念认可。

（四）传播方式要多元

老字号主要依靠口口相传的原始传播方式来塑造店铺口碑。口碑分为正面口碑与负面口碑，当消费者通过正面或负面口碑向他人传播某个品牌时，就是在给自我个体一个正向或负向的强化。研究显示，正面口碑在老字号真实性与消费者购买意向的关系中起到了中介作用①。虽然几十年来数字媒介发生了巨大的变革，但消费者对老字号的购买意向并没有脱离"口碑"这一概念，当下的北京老字号需要更加注重依托媒体矩阵在消费者群体中树立正面口碑，由到店消费者购买产品后被动式的口碑传播转变为老字号店铺主动的正面口碑传播，利用主流社交平台（如微信、抖音、微博、快手、B站、小红书、知乎、豆瓣等）进行品牌传播方式的矩阵化，进而覆盖年轻群体，并在传播方式上形成差异化传播，培育潜在的老字号种子消费者，通过开展面向年轻人的趣缘社交活动形成老字号的趣缘性群体，拉近老字号店铺与年轻消费者的距离。

好利来通过直播形成的多链路口碑传播就是品牌传播方式多元化的革新思路。好利来在线上进行直播宣传，通过塑造年轻化身份认同，直接拉近了年轻受众与好利来这个老品牌之间的距离，以一种"接地气"的形式增加了好利来品牌的"路人缘"，辅以当下时兴的线下夜市摆摊并售卖物美价廉的好利来产品的活动形式，不断更新年轻群体对这一老品牌的认知，并在媒体矩阵中形成了传播热点，塑造了好利来在社交媒体中的正面口碑，强化了消费者对品牌的忠诚度。

---

① 王新新、徐伟、单臻：《老字号真实性对购买意向的影响——口碑与自我概念一致性的作用》，《经济问题》2019年第7期，第62~68页。

（五）技术助力文化创新

北京老字号需要顺应当前的技术创新浪潮，运用新颖的数字技术对老字号进行文化创新。研究发现，技术创新能为老字号企业带来竞争优势，从而促进企业成长①。但北京老字号需要在技术创新与传统文化之间找到平衡点，注意规避传统文化中的消极因素对老字号在依靠技术助力文化创新方面的制约。

老字号作为一个文化缩影，可以依托新兴技术进行文化层面的创新。在依靠技术助力文化创新方面，数字创意产业领域中的恒信东方文化股份公司已经做出了一些实践，如该公司融合 VR、AR、MR、XR 等技术，并与《指环王》三部曲、《阿凡达》等片中的人物设计、模型道具以及视觉特效团队新西兰维塔工作室合作，将我国的中医药文化以一种创新的方式呈现，整合好莱坞的影视行业资源，将试验性的元素在中医药这条主线下与数字化技术相结合，从而营造了沉浸式的中医药文旅体验。

北京老字号可以依靠技术塑造新颖的生活方式，如在旅游方式的创新上，北京京骑文化传播有限公司将传统骑行转变为助力自行车，并结合城市特点在微信小程序上定制骑行线路，降低了广大受众群体探索城市的门槛，扩大了受众覆盖面，运用技术提升了游客的旅游体验，并通过骑行连接了各个文化消费地标。在文化创新方面，该公司围绕城市文化旅游探索活动，通过骑行与停驻两种节奏的相互切换，让参与人了解城市的历史人文知识，目前推出了壮美中轴线（3.5 小时骑游北京故宫永定门钟楼）、骑迹东城（5.5 小时骑游故宫以东）、京剧寻根（3.5 小时骑游北京胡同故居）、骑迹首钢园（2.5 小时/4.5 小时探秘工业遗产）等骑游北京线路。

人工智能技术也将成为未来一段时间北京老字号进行创新的重要抓手。当前，人工智能技术为日常生产及文化创新提供了工具性辅助，结合目前

---

① 李园园等：《技术创新是否能够促进老字号企业成长？——传统文化和市场化水平的双重伦理格局视角》，《研究与发展管理》2022 年第 6 期，第 145~156 页。

AIGC（生成式人工智能）的落地应用，人工智能技术成果的转化将会对线下实体店铺及产品形式产生创意触媒效应，如 MuiscX Lab 音乐实验室推出的人工智能音乐定制服务，该服务基于对巨量音乐数据的深度学习，具备风格多元的全链路音乐生成能力。同时，人工智能音乐具有高性价比的定制能力，北京老字号店铺可以依靠此技术为线下实体商店增添带有品牌特点的伴游音乐，从而使来访者获得"一店一旋律"的异质化"人工智能+老字号"空间体验。

B.9
北京市乡村旅游品质提升路径
及政策建议[*]

康勇 曾祥瑞 姚肖刚[**]

摘　要： 乡村旅游是乡村振兴的重要驱动力，能够有效加快城乡要素流动，促进城乡融合发展和共同富裕。近年来，北京市乡村旅游快速发展，成为市民户外文化娱乐休闲、郊区消费建设的重要阵地。从新时代高质量发展要求看，乡村旅游品质提升是落实《"十四五"旅游业发展规划》的战略举措，也是落实党的二十大对建设宜居宜业和美乡村要求的具体体现。因此，补齐乡村旅游短板、加强政策保障、促进品质提升，对促进旅游业高质量发展、构建乡村经济发展新格局、扩大内需、实施乡村振兴战略具有重大意义。

关键词： 乡村旅游　乡村振兴　高质量发展　品质提升

一　乡村旅游基本情况

北京市乡村旅游资源主要集中于生态涵养区。从村庄数量分布来看，生

---

* 本报告系北京市发展和改革委员会重点课题项目"北京市乡村旅游品质提升研究"（项目编号：ZC21DRC02）的阶段性成果，案例所列数据均由课题组调研走访收集。

** 康勇，北京市工程咨询有限公司城乡文旅事业部总经理、高级工程师、注册咨询工程师（投资），北京城市副中心台湖演艺小镇理事会理事，中国影都建设顾问专家，主要研究方向为乡村振兴、文化旅游、小城镇建设及产业发展政策等；曾祥瑞，北京市工程咨询有限公司项目经理、助理研究员，主要研究方向为区域经济、产业政策研究等；姚肖刚，北京市工程咨询有限公司项目经理、工程师，主要研究方向为乡村振兴、特色小镇发展、文创产品设计等。

态涵养区占 70.5%。从地理分布来看，呈现平原、浅山、深山 3 种地貌，占比分别为 66.3%、8.8%、24.9%。从旅游资源来看，生态涵养区有十渡、灵山、百里山水画廊、雁栖湖、石林峡等众多旅游景区，3A 级以上旅游景区总计 93 个。

北京市乡村旅游以传统食宿业态为主，特色业态逐步形成。2022 年北京共有乡村民宿 4850 家[①]，怀柔区、延庆区、密云区 3 个区的乡村民宿数量占总数的 80% 以上。涌现了乡村酒店（如怀柔白鸟集）、养生山居（如房山姥姥家）、民族风苑（如昌平康陵村）、葡萄酒庄（如密云邑士庄园）、房车营地（如延庆旧县）等十大乡村旅游特色业态。

出台多种政策，支撑企业不断扩大市场。2017 年至 2022 年 10 月，北京市出台乡村旅游相关政策 22 项，主要涉及文创产业、休闲农业、精品酒店、乡村民宿、假日旅游等方面。在相关政策的推动下，2021 年北京市完成 785 家乡村民宿证照办理，支持乡村民宿餐饮项目（如"大厨下乡"）发展，推出乡村文旅体验节目，如《我的桃花源》。支持旅游企业做大做强，首旅集团、中青旅控股、美团网、同程科技等一大批产业链覆盖完整、品牌效应突出的行业领军集团带动市场不断开拓创新。

（一）乡村旅游市场回暖，消费热情升温

乡村旅游收入和接待量有所增长。2020~2022 年，受北京疫情防控政策影响，北京市民赴外地旅游难度增加，从市文旅局数据来看，2021 年乡村旅游接待市民在京游人数 1.08 亿人次，较上年增长 45.9%，较 2019 年增长 0.3%。从市民出游选择来看，市民乡村旅游游客量比重从 2019 年的 53.6%、2020 年的 55.2% 上升到 2021 年的 66.8%，整体呈现"更周边、更户外、更乡村"的旅游新趋势。

节假日以及节庆活动激发旅游消费热情。据统计，北京市假日市场游客

---

① 资料来源于北京市文化和旅游局，2022 年北京疫情防控地区较多，对正常乡村旅游出游数据影响较大，对比数据选取 2021 年以及之前数据进行收集分析，部分观测数据截至 2022 年底。

量较大，春节假期游客量为日常的 9 倍，国庆假期则达到 10 倍以上。旅游收入方面，春节假期旅游收入为日常的 4.6 倍，国庆假期旅游收入为日常的 7.1 倍。

体验乡村美景，享受文旅盛宴，已是市民游客开展假期文旅活动的重要选项。2021 年，乡村观光园接待游客 1154.5 万人次，增长 33.1%；实现收入 18.4 亿元，增长 19.4%。民俗民宿等经营主体接待游客 1365.7 万人次，增长 35.2%；实现收入 14.3 亿元，增长 48.4%。

（二）消费特征偏好多元，客群逐渐清晰

在需求偏好方面，市民乡村旅游多倾向于亲子、休闲娱乐等活动。主要满足家庭或个人休闲度假、观光游览、缓解工作压力、亲子研学等旅游需求。

年龄结构方面，乡村旅游者呈现年轻化发展趋势，以"80 后""90 后"为主，两个年龄层合计占总数的 51.40%；客源市场方面，超过 80.0% 的在京市民每年都会进行乡村旅游，呈现本地出游频率较高的特征。出游方式方面，家庭休闲游、朋友结伴游成为主要偏好，以 3~4 人居多，在出行方式上多倾向于自驾游；获取途径方面，以周边人推荐及微信等社交平台、去哪儿网等旅游网站和相关电视媒体宣传为主，在线旅游消费趋势显著。

二 乡村旅游多方受制，品质提升面临诸多难题

从 2017~2022 年乡村旅游的总体发展情况来看，与浙江乡村旅游相比，北京日均接待量略高于浙江，但日均接待收入仅为浙江的 74.73%[1]，基础性旅游消费占比较高，整体品质提升仍存在诸多制约。

（一）点散面广，整体统筹难度较大

一是乡村旅游资源较为分散，缺乏全域线路引导。乡村旅游资源由于地

---

① 资料来源于国家统计局网站。

理环境独特，分布面散、空间跨度大，主要集中在北京市西南部、西部和西北部，以拒马河、永定河沿岸以及京张铁路与长城交汇处居多。但各区之间整体统筹联动难度较大，旅游协同程度较低，特别是难以形成跨区乡村旅游环线，如房山区与门头沟区旅游联动线路。

二是乡村存量资源集中度不够，统筹难度较大。目前，生态涵养区乡村旅游闲置资源多集中在个人手中，产权分散，专业运营单位获取运营权存在一定难度，难以形成集群优势，民宿院落配套设施提升改造成本较高。以怀柔区八宝堂村民宿运营机构为例，其在村内租用闲置宅院改造民宿，宅院分散导致开发运营成本较高，给企业进一步开展业务带来较大阻力。

（二）基础薄弱，缺乏核心吸引力

一是旅游产业项目建设相对独立，区域整体联动性较弱。乡村旅游产业经营单位较为独立，民俗旅游户占多数，乡村旅游产业资源在开发、建设、运营上均缺乏有效的联动。以怀柔区为例，截至 2022 年，怀柔区有 26 家 A 级旅游景区、378 家民宿、61 家特色店铺，在串点成线、实现乡村旅游要素统筹发展方面，各类产品之间并无联动，景区对乡村旅游的带动效果不明显。

二是产业链存在短板，延展性不强。从产业链纵向来看，乡村旅游产业链延伸度不够，核心链条较短且不够畅通。上游缺乏高端服务业（专业化品牌策划、产品创意、营销推广等），高端文化体验类产品较少；下游缺乏特色农产品等业态。以发展乡村旅游较好的怀柔区为例，其板栗较为知名，但缺乏围绕板栗产业打造的乡村旅游休闲产品。对比西安袁家村差距较大。西安袁家村乡村旅游产业链上游为全国多家旗舰店，对外推动品牌"走出去"；下游承销周边乡村的农产品，同时解决 4500 名村民的就业问题。

三是业态丰富度不够，"旅游+"产品深度不足。从产业链横向来看，乡村旅游与农业、林业、体育、康养等产业尚未深度融合，开发的"游购娱商养学闲情奇"产品不够丰富，缺乏留住游客的优质娱乐体验项目，提供的服务仍以餐饮和住宿为主。以怀柔区旅游产品为例，以住宿、餐饮和采摘为主。对比安吉鲁家村差距较大，鲁家村内拥有特色店铺 18 家，以野山茶、野山羊、蔬菜果园、绿化苗木、药材等产业为主，融合风情街、绿道、村庄铁轨、村景等资源，打造一体化休闲农庄。此外，"旅游+冰雪"产品供应不足，严重制约冬季乡村旅游发展。密云区冬季正常经营的民俗旅游户仅有 34.8%、精品民宿仅有 38.0%，冬季乡村旅游项目产品未能精准对接乡村旅游客群，如配置雪景观光、私汤泡池等，冰雪休闲度假产品亟待丰富。

四是缺乏文旅融合的乡村旅游 IP 产品，品牌效应不够突出。北京部分村庄毗邻长城，如怀柔区的渤海所村、延庆区的柳沟村，乡村旅游资源丰富，但尚未开发出体现长城特色的乡村旅游产品。同时，乡村文化艺术资源转化利用率较低，2022 年怀柔区第十七届满族文化旅游节日均接待游客约4000 人，日均综合收入约为 30 万元，而美国半月湾南瓜艺术节 2022 年接待的游客量达数十万人，给当地带来 1000 万美元左右的直接经济收入，与之对比，北京市乡村旅游还有很大差距。

（三）政策制约，相关配套难度高

一是用地问题制约乡村旅游项目建设。生态涵养区城区土地具有成本较高、流转难度较大的特点，点状供地依旧在探索阶段，集体经营性建设用地入市贷款项目主要集中在距离城区较近的平原地区，山区土地受关注度较低。产业发展（如休闲农业、设施农业、露营基地等）所需的用地标准规模缺乏明确的政策支持。闲置集体建设用地（如旧村委会用房、旧厂房、旧校舍等）在改造为文旅项目空间载体、转变用地性质方面尚无明确的政策支持，相较于浙江莫干山镇点状供地的"坡地村镇"试点发展滞后。

二是乡村旅游发展支持资金不明确。从已出台的政策来看，乡村旅游资金主要用于支持田园综合体和国家现代农业产业园建设，但在具体产业发展方面，如林业方面的果树产业发展基金，以及退耕农户享受农机购置、农作物病虫害绿色防控产品、有机肥和农业保险等农业补贴细则，目前并没有明确的支持。同时，农业、林业和旅游业在夏季汛期、冬季防火期和雪季的产业运营资金和停业补助资金不足。

三是产业发展延展性政策支撑不足。从《关于推动生态涵养区生态保护和绿色发展的实施意见》《北京市生态涵养区生态保护和绿色发展条例》等政策文件来看，农产品初加工、养殖业、民宿产业、林下经济、研学产业、乡村会展产业、园艺产业、商业服务等方面的支持不足。以园艺产业为例，现有政策对该产业要求较高，产业进一步发展受限。

（四）要素支撑不足，旅游体验感差

一是旅游服务设施不够完善。乡村旅游景区周边的道路交通、导览标识等服务设施还不健全，硬件与服务标准化建设水平不高，与产业集群式发展需要存在差距，难以满足游客对舒适性、便捷性、安全性的需求，如延庆区千家店镇素有"百里山水画廊"的美誉，村落与自然美景融为一体，但缺乏旅游服务设施；四潭沟村、石槽村周边山脉缺乏登山步道；门头沟区王平口村等深山区域村落尚未进行旅游设施同步配套建设；等等。餐饮方面，原生态、贴近自然的特色美食卫生状况把控缺乏统一标准，难以满足旅游消费者的基本需求，如门头沟区潭柘寺镇、房山区十渡景区周边餐饮店多为农户自营，缺乏创意运营理念，菜品质量和卫生安全难以保障。同时，智慧景区、智慧乡村建设还未全面推进，缺乏智能化的停车设施与导览设备。

二是旅游基础设施配套水平仍需提升。主要体现在重点旅游区道路、交通节点（停车场、观景台），夜间娱乐环境设施，环卫设施，安全设施（急救中心、安防消防）以及能源通信设施（能源供给、电信通信）等方面。如门头沟区山区旅游主要依赖国道，很多景点景区往返在同一条道路上，回头路太多，游客体验感较差。受用地限制，景点景区停车设施不足，无法满足节假日游客停车需求。此外，房山区十渡景区节假日交通拥堵现象严重，降低了游客乡村旅游消费意愿。现有旅游环线等级较低，如怀柔区北部、延庆区东部、昌平区东部之间的旅游环线建设联动性较弱。

三是乡村旅游服务人才依旧匮乏。尽管北京市出台了《支持返乡下乡人员创业就业的实施意见》，针对乡村开展"十百千万""大厨下乡"等多

项人才培养工作，但由于中心城区的虹吸效应，培养出的人才很难留在乡村，当地也缺乏能有效引导乡村旅游创新发展的专业领导班子。以平谷区为例，2021年该区选举产生的村"两委"干部平均年龄为46.5岁，很难针对年轻消费群体开发有创意的旅游产品。同时，本土乡村旅游从业人员服务水平较低、培养难度大，外来文旅企业招聘专业人才难度较大。以石峡村为例，该村的民宿经营单位虽在筹备开发餐饮、图书室、村史陈列室、乡村工坊等业态，但受限于专业人才短缺，难以形成高质量的产品服务模式。

四是乡村旅游品牌运营更多依赖政府推动。目前，乡村旅游运营单位品牌推广联动性较弱，各区各自为政。尽管各区级政府积极搭建线上营销推广平台，如怀柔区的"山水怀柔"、房山区的"一键游房山"等，但规模和推广力度均不足，市场认知度较低。以延庆区政府指导企业开发的旅游线上平台"沿途旅游"为例，该平台采取不收取民宿主费用的方式为延庆区民宿做推广，但订单量较低，2020年仅有300多万元的订单，仅为同年乡村旅游收入的1.5%。因此，乡村旅游发展亟须专业运营团队开发有更大影响力的市级乡村旅游推广平台。

三 推行"六化"策略，助力乡村旅游品质升级

一是统筹化组织，建立市级统筹机制，加强规划引领，用需求促进产品体系优化。根据生态涵养区的文旅发展格局与资源条件，通过统筹化组织，按照北京市"十四五"旅游规划要求，分类推进乡村提质发展行动计划与项目谋划，加强资源整合与设施共享，针对重点发展片区制定科学有效的运营规划。以顺应市场规律的管理手段激励人心，形成自下而上创新创业的良好氛围。

二是区域化联动，打造乡村旅游组团及风景线。西北部地区（房山区与门头沟区，昌平区、密云区与延庆区）可利用高速公路优势，北部地区（怀柔区、密云区）可利用市郊铁路线优势，打通乡村旅游大环线。协同优化区域文化和旅游产品，加快各区域间旅游资源共享和创新合作，同时在跨

省份合作中发挥文化、生态资源优势，共同培育冬奥冰雪之旅、长城古道之旅等精品旅游线路。通过点、线、面结合，在重点片区（如十渡片区、十三陵片区、冬奥世园片区等）实现区域文化和旅游资源互联互通。

三是融合化发展，实施"乡村旅游+"行动。立足综合农业园区建设，探索发展休闲农业文化和乡村旅游新业态。延长旅游产业链，增强产品溢价能力。强化文化赋能，打造"文化+乡村旅游"多样化主题的艺术村镇和乡村旅游产品。依托节庆活动打造一批乡村旅游精品线路，同时鼓励建设运动小镇、乡村营地、拓展基地、马术俱乐部、休闲露营地等场所，满足消费者休闲运动、健康消费需求。

四是多元化运营，丰富产品供给。政府层面，实施北京乡村旅游精品工程，建设一批具有文化特色的高端乡村旅游示范项目，推出一批市级乡村旅游重点村镇和精品线路。搭建乡村智库，运用"政府指导、社区营销"的模式，鼓励龙头企业、科技人才与技术下乡，精心包装和策划乡村旅游活动项目，利用多媒体渠道开展多元化宣传推广，提升北京乡村旅游的知名度和吸引力。

五是项目化带动，分类推动精品示范项目建设。在"双碳"目标及《北京市生态涵养区生态保护和绿色发展条例》等背景下，推进北京乡村旅游绿色低碳健康发展，加大对发展基础较好的乡村或组团以及具有较大发展潜力的新型乡村的支持力度，树立转型升级典型，建设类型综合、业态丰富、综合效益高、带动性强的项目，带动区域乡村旅游产品提质升级。

六是政策化引领，加强旅游服务要素支撑。在品质服务标准体系方面，参考浙江的乡村旅游星级评级标准。做好旅游重点项目供地保障，如探索发展点状供地模式、乡村闲置资源改造服务设施模式。以"微循环"道路缓解节假日交通拥堵与停车设施不足等矛盾。运用5G大数据推动景区停车场、宽带通信网络、智慧旅游基础设施建设，科学引导客流。协同涉旅部门，完善土地供应、资金支持、人才引培与行业管理等相关政策，推动乡村旅游行动政策落地，总体推进乡村旅游服务品质提升。

参考文献

《2021 年北京市文化和旅游业统计报告》，北京市文化和旅游局网站，2022 年 7 月 8
日，http：//whlyj. beijing. gov. cn/zwgk/tzgg/202207/t20220708_2766556. html。

《京张大地的奥运回响》，中国军网，2022 年 3 月 16 日，http：//www. 81. cn/ss/
2022-03/16/content_10141263. htm。

屈银莹：《"乡村振兴战略"背景下通辽市乡村旅游发展研究》，《现代商贸工业》
2019 年第 1 期。

罗秋明、田定湘：《乡村旅游升级发展的创新理念及实践路径》，《湖南工业大学学
报》（社会科学版）2020 年第 6 期。

马蕾：《借鉴四川经验　推进甘肃乡村旅游发展》，《今日财富（中国知识产权）》
2020 年第 7 期。

周楚军、段金平：《实现生态产品价值　建设绿色乡村》，《中国自然资源报》
2021 年。

B.10
京郊文化产业发展助力北京乡村振兴

孙天垚 黄宇 何葳*

摘 要： 近年来，北京文化产业发展从城市延伸到乡村，带动乡村发展提质增效、产业升级。都市型农业、现代休闲农业、创意农业是大城市郊区农业发展的必然趋势。振兴民族，必须振兴农业。全面推进乡村振兴，要突出乡村文化的时代价值，充分发挥文化产业对乡村振兴的引领和推动作用。

关键词： 乡村文化 文化产业 乡村振兴

"十四五"时期是我国在全面建成小康社会、实现第一个百年奋斗目标之后，开启全面建设社会主义现代化国家新征程、向第二个百年奋斗目标进军的第一个五年，同时是北京实现首都战略定位、建设世界一流和谐宜居城市的关键时期。民族要振兴，必须要全面推进乡村振兴。北京科学规划和实施乡村振兴战略，坚持农业农村优先发展，全面推进乡村振兴，以走在全国前列、率先基本实现社会主义现代化为奋斗目标①。

---

* 孙天垚，北京市科学技术研究院科学传播中心副研究馆员，主要研究方向为科技与文化传播；黄宇，北京市科学技术研究院科学传播中心助理研究员，主要研究方向为科学传播与科普产品研发；何葳，北京市科学技术研究院科学传播中心助理研究员，主要研究方向为科技传播与设计。

① 《北京市人民政府关于印发〈北京市"十四五"时期乡村振兴战略实施规划〉的通知》，北京市人民政府网站，2021 年 8 月 12 日，http://www.beijing.gov.cn/zhengce/zhengcefagui/202108/t20210812_2467323.html。

一 农业高效农村焕颜，农民生活显著改善

党的十八来以来，北京市在习近平总书记关于"三农"工作重要指示精神的指引下，全面深化农业供给侧结构性改革，有效改善农村基础设施和公共服务供给，大力提升农民生活水平，全市"三农"发展取得长足进步①。

（一）农业高质量发展按下"快进键"

以服务首都发展大局、实现农业恢复快速增长为目标，农业发展紧紧围绕首都发展思路快速推进。"十四五"开局之年，北京农业实现绿色化、科技化、高效化发展。2021 年全市农用化肥施用量（折纯）、农药使用量（按实物量算）、农业用水总量分别比 2012 年下降 53.9%、39.8%、69.9%；农业科技进步贡献率达 75%②，比 2012 年提高 6 个百分点，高于全国 13.5 个百分点；设施农业总产值达 57.9 亿元，比 2012 年增长 11.5%；亩均产值1.2 万元，比 2012 年增长 35.1%。家庭农场、龙头企业等新型农业经营主体数量不断增加，在应用新技术、推广新品种、开拓新市场等方面发挥了重要作用，2021 年全市农业产业化重点龙头企业数量达 130 家。

与此同时，北京以发展都市型现代农业为重点，农业呈现向第二、第三产业不断延伸的趋势，以设施农业、休闲农业为代表的都市型现代农业迅速发展。着力建设首都农业生态屏障，积极推进生态走廊、水源保护林建设，先后实施两轮百万亩造林工程，2012~2021 年累计新增造林绿化面积 241.9 万亩，全市森林覆盖率从 2012 年的 38.6% 提高到 2021 年的 44.6%。林业产

---

① 《农业高效农村焕颜 农民生活显著改善——党的十八大以来北京经济社会发展成就系列报告之二》，北京市统计局、国家统计局北京调查总队网站，2022 年 9 月 23 日，http://tjj. beijing. gov. cn/zt/eshdzt/eshdztbg/202209/t20220923_2821559. html。

② 《市科委四项举措落实乡村振兴战略》，北京市科学技术委员会中关村科技园区管理委员会网站，2018 年 10 月 19 日，http://kw. beijing. gov. cn/art/2018/10/19/art_6344_465646. html。

值大幅提升，在农林牧渔业总产值中的占比由 13.9% 提高到 32.9%。都市型现代农业生态服务价值年值①从 3439.4 亿元增加到 3923.3 亿元，年均增长 1.5%②。

（二）美丽乡村焕发新活力

进入新时代，北京市加大力度推进美丽乡村建设，促进农业、农村、农民增收，美丽乡村建设取得显著成效。2014 年，北京市委、市政府做出推进美丽乡村建设的决策部署，为美丽乡村建设按下"开启键"，确定了"以全市每年不低于现有村庄 15% 的比例推进美丽乡村建设"的目标，以及"到 2020 年将郊区农村基本建成绿色低碳田园美、生态宜居村庄美、健康舒适生活美、和谐淳朴人文美的美丽乡村"的方向。

美丽乡村建设是一项系统工程，北京市形成了资源集成、部门联动的工作机制，建立了"1+N"规划体系，"1"指按照《国务院办公厅关于改善农村人居环境的指导意见》的主要精神制定的政策，"N"主要包括《北京市新一轮农村电网提升行动计划（2015—2020 年）》等。北京市推动城乡融合发展，推进土地流转起来、资产经营起来、农民组织起来的"新三起来"工程，不断激发"三农"发展活力。自 2017 年开展"疏解整治促提升"专项行动以来，北京市将疏解整治工作与城乡融合发展密切结合，城乡要素流动加速，协调发展的新型城乡关系进一步巩固。北京城乡融合发展监测体系数据显示，2020 年城乡融合发展程度指数为 89.5%，比 2016 年提高 6.6 个百分点。城乡在生态文明、社会治理、公共服务、民生质量等方面均实现较高程度的融合发展。

北京市全力开展公共服务设施建设，公共服务数字化基础设施建设不断完善。北京市于 2020 年印发《北京市加快新型基础设施建设行动方案

---

① 年值即年产出价值，是指一年内所产出的都市型现代农业生态服务价值。
② 《农业高效农村焕颜 农民生活显著改善——党的十八大以来北京经济社会发展成就系列报告之二》，北京市统计局、国家统计局北京调查总队网站，2022 年 9 月 23 日，http://tjj.beijing.gov.cn/zt/eshdzt/eshdztbg/202209/t20220923_2821559.html。

（2020—2022 年）》，提出聚焦"新网络、新要素、新生态、新平台、新应用、新安全"六大方向，建设 5G 网络、千兆固网、卫星互联网等新型网络基础设施。截至 2021 年底，北京市有电子商务配送点和社区服务站的乡村占比分别达 45.6% 和 81.1%，乡村综合文化室覆盖率达 97.3%，村民生活便利性得到提升。全市乡镇范围内小学有 727 所，比 2012 年增长 8.3%，基础教育资源得到扩充；乡镇范围内医生数量为 3.3 万人，比 2012 年增长 76.1%，农村医疗卫生人才队伍建设显著加强；农村医疗卫生机构床位有 4.7 万张，比 2012 年增长 80.2%，农村卫生服务网络逐步健全。

（三）农民生活更加富裕

北京市高度重视农村居民增收工作，制定多项惠农政策，促进农村居民收入较快增长。2021 年农村居民人均可支配收入为 33303 元，2022 年为 34754 元，同比增长 4.4%[①]。全市持续开展就业帮扶，加快推进农村劳动力转移就业，提高工资性收入；城乡居民基础养老金和福利养老金逐年上涨，低收入保障标准不断提高，"煤改清洁能源"、粮食及蔬菜种植等多种补贴发放带动农村居民转移性收入快速增长，城乡居民收入差距进一步缩小。国家统计局数据显示，2022 年第四季度，北京市城镇居民人均消费支出为 4.56 万元，同比下降 2.48%；农村居民人均消费支出为 2.37 万元，同比增长 0.73%（见图 1）。2017～2022 年北京市农村居民人均可支配收入逐年增长，人均消费支出于 2022 年达到最高值（见图 2)[②]。

[①] 《2022 年北京经济保持增长质量提升》，北京经济和信息化局网站，2023 年 2 月 9 日，http：//jxj. beijing. gov. cn/jxsj/jjyx/202302/t20230209_2914286. html。

[②] 《2022 年第四季度北京市城镇、农村居民累计人均可支配收入之比为 2.42：1，累计人均消费支出之比为 1.92：1》，产业信息网，2023 年 2 月 14 日，https：//www. chyxx. com/shuju/1136340. html。

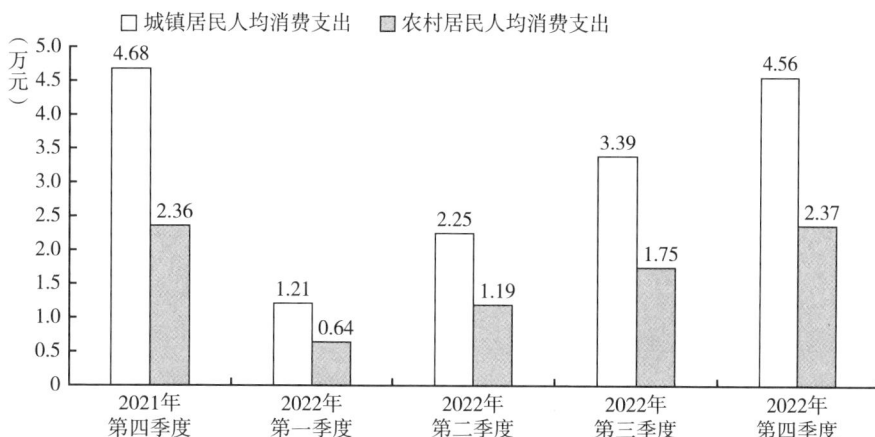

图1　2021年第四季度和2022年4个季度北京市城镇
及农村居民人均消费支出统计

数据来源：国家统计局，智研咨询整理。

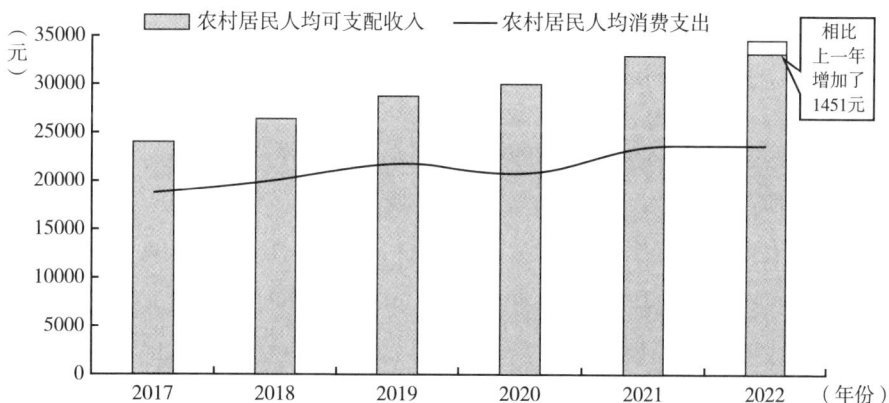

图2　2017~2022年北京市农村居民人均可支配收入及人均消费支出统计

数据来源：国家统计局，智研咨询整理。

二　政策引导营造乡村振兴文化产业发展良好环境

2021年2月21日，《中共中央　国务院关于做好2022年全面推进乡村振兴重点工作的意见》正式发布，做出推进农村一二三产业融合发展、实施乡村休闲旅游提升计划、启动实施文化产业赋能乡村振兴计划等部署。2022年4月，文旅部、教育部等多部门联合印发《关于推动文化产业赋能乡村振兴的意见》，提出深入落实《中共中央 国务院关于做好2022年全面推进乡村振兴重点工作的意见》，以文化产业赋能乡村经济社会发展，全面贯彻乡村振兴战略，从顶层设计层面为文化产业赋能乡村振兴发展绘制蓝图。北京市人民政府、市文旅局、市农业农村局、市委农委会等单位坚持问题导向，从"三农文化"入手，以乡村文化为发展基础，以创新创意为乡村振兴手段，加快强化北京市农业农村发展中的薄弱环节，推动解决城乡、区域发展不平衡、不充分问题，制定一系列促进乡村振兴的政策法规，从顶层规划视角为乡村产业振兴、人才振兴、文化振兴、生态振兴指明了方向，描绘了新时代"三农"发展蓝图，努力推动北京率先基本实现农业农村现代化。

（一）乡村振兴政策密集出台

2021~2022年，北京市密集出台各项推动乡村振兴的政策，政策内容覆盖面广、涉及领域全，包括加快制定乡村振兴实施方案及规划、促进农民增收措施、农民培训工作方案、数字农业农村发展行动计划、金融支持乡村振兴实施意见等。通过梳理2021年2月至2022年12月北京市人民政府网站及北京市农业农村局网站发布的乡村振兴相关政策文件，发现2021~2022年北京市制定发布的乡村振兴政策有40余条，其中包含乡村文化产业内容的政策约占总数的2/3①。

（二）乡村文化产业政策频出

为深入贯彻中央农村工作会议精神，坚定不移地贯彻新发展理念，2021年3月31日，北京市委、市政府印发《关于全面推进乡村振兴加快农业农

---

① 此统计不含各区县乡村振兴政策。

村现代化的实施方案》，提出推进乡村文化旅游融合，挖掘农业文化遗产、民俗风情等特色元素，发展田园观光、农耕体验、耕读教育、森林康养等业态，更好地满足市民到乡消费需求。2021 年 4 月 20 日，中国银行保险监督管理委员会北京监管局发布《北京银保监局办公室关于 2021 年银行业保险业高质量服务乡村振兴的通知》，提出大力发展农业供应链金融，重点支持农村电子商务、乡村文化旅游、休闲农业等优势特色产业，带动农民分享产业增值收益。2021 年 8 月 12 日，北京市人民政府发布了《北京市"十四五"时期乡村振兴战略实施规划》，围绕"产业兴旺、生态宜居、乡村文明、治理有效、生活富裕"总要求，全面部署"三农"工作，深度挖掘农业农村多元功能和价值，构建农业全产业链，拓展农村产业效率空间。扩大就业促增收，发展休闲农业和乡村旅游，壮大乡村特色产业，增加优质农产品和服务供给，提振农民积极性。2021 年 9 月 16 日，北京市人力资源和社会保障局发布《关于促进本市农村劳动力就业参保若干措施》，提出促进农村劳动力就业参保，拓展乡村产业就业空间。2022 年 3 月 17 日，北京市委、市政府印发《北京市"十四五"时期提升农村人居环境建设美丽乡村行动方案》，提出挖掘都市型现代农业、生态沟域、人文传承等优势，培育"门头沟小院""红色背篓"等一批特色品牌，打造"产村人文"相得益彰的美丽乡村示范村。2022 年 4 月 13 日，北京市委、市政府印发《关于做好2022 年全面推进乡村振兴重点工作的实施方案》，提出拓展农业多种功能，挖掘乡村多元价值，持续提升都市型现代农业质量效益。加强保护地理标志特色农产品，培育具有北京特色的农产品品牌，大力开展品牌策划以及宣传活动，擦亮"北京优农"金字招牌。2022 年 5 月 6 日，北京市委、市政府印发《北京率先基本实现农业农村现代化行动方案》，提出做活休闲农业与乡村旅游业，发展田园观光、农耕体验、文化休闲等业态，建设农耕文化遗产保护与活化示范村，大力发展"生态+"乡村产业。

（三）乡村振兴政策宣传矩阵形成

北京市人民政府高度重视有关乡村振兴政策的制定、执行和宣传，召集各方力量积极开展乡村振兴政策宣讲，统筹媒体资源，形成媒体传播矩阵，积极开辟乡村振兴政策的宣传阵地，提升乡村振兴政策的传播力和影响力，促进乡村振兴政策的有效执行，以实现乡村振兴政策"落地有声"的目标。例如，北京市人民政府网站设有"本市'十四五'时期全面推进乡村振兴专题"，包括要闻、政策文件、图解三大板块，分别展示了首都乡村振兴的最新动态、顶层设计以及乡村风貌，政策文件板块系统梳理了国家及北京市出台的各项促进乡村振兴发展的政策法规。北京市人民政府微信公众号"北京发布"下设信息公布专栏，其中《北京市人民政府公报（2022年度总目录索引）》第六部分"城乡建设"包含政策36条，涉及"农业""农村""乡村"关键词的政策共有9条，占25%。北京市在不同媒体平台通过议程设置对乡村振兴政策进行展示和宣传，凸显乡村振兴政策的重要性，扩大了政策的受众面，有助于乡村振兴政策的落实落地。

三 "三农文化"促进乡村文化产业根深叶茂

"三农"是农业、农村、农民的总称。"三农文化"源于乡土文明与农耕文化，体现着在中国农业劳动文化基础上形成的人类生存环境、社会环境、生活环境。"三农文化"是在解决"三农"问题的实践中而产生的文化现象，农业文化、农村文化都是在农民生产实践中逐渐形成、传承和发展起来的。乡村文化产业通过文化创新、市场运作将乡土资源转化为产品，兼具文化功能与经济功能。乡村文化创意产业以创意激活闲置资产，以文化唤醒沉睡资源，以模式创新带动乡村产业振兴。如果把"乡村文化产业"比喻成树苗，"三农文化"就是促使其长成参天大树的沃土。

（一）"三农文化"全面赋能，乡村振兴成效显著

北京市立足首都"三农文化"特色，以首善标准全面推进乡村振兴，农业农村现代化步伐加快。近年来，北京市特色乡村产业转型加速提质，美丽乡村建设有力推进，乡村治理体系不断完善，农民收入水平持续提高，农

村生产、生活、生态条件不断改善，农民的获得感、幸福感、安全感不断增强，京郊协同发展向纵深推进。

2023 年 1 月 19 日，北京市统计局、国家统计局北京调查总队发布 2022 年北京市主要经济数据。根据统一核算结果，北京市全年实现地区生产总值41610.9 亿元，按不变价格计算，比上年增长 0.7%。继续调整农业生产结构，稳产保供扎实推进。2022 年，全市实现农林牧渔业总产值 268.2 亿元，按可比价格计算，比上年下降 2.0%。其中，实现农业（种植业）产值 129.8 亿元，增长 2.3%；粮食播种面积 115.1 万亩、产量 45.4 万吨，分别增长26.0%、20.1%；蔬菜及食用菌播种面积79.7 万亩、产量198.9 万吨，分别增长 14.5%、20.1%；生猪出栏 32.2 万头，增长 4.3%；新一轮百万亩造林顺利收官，实现林业产值 86.5 亿元，增长 1.4%[①]。

2022 年，北京全面推进乡村振兴，大力促进农业农村发展，促进城乡区域协调发展。北京低收入农户全部脱贫，低收入村全部消除。农村居民人均可支配收入年均增速比城镇居民高 1 个多百分点。同时，北京着力发展壮大农村集体经济，通过产业合作、项目联建等多种方式，培育壮大集体产业，基本消除 598 个集体经济薄弱村。在推进美丽乡村建设中，北京对1500 多个村庄进行污水收集处理，基本实现农村卫生厕所全覆盖；北京休闲农业全年接待游客 2040 万人次，实现收入 27.8 亿元，带动 10.9 万户农户增收，带动农产品销售 8.8 亿元，带动 5.34 万人参与工作[②]。

（二）"三农文化+科技+人才"，推动乡村全面振兴

文化、科技、人才是实施乡村振兴战略的 3 个关键要素。在全面推进乡村振兴建设进程中，三者具有辩证统一的关系，相辅相成，互相促进。"三农文化"是促进乡村振兴的基本着力点，科技是促进乡村振兴的有效路径，

---

① 《报告解读京郊乡村如何振兴？北京市政府工作报告中这么说》，"新京报"百家号，2023 年 1 月 15 日，https://baijiahao.baidu.com/s? id=1755074119787266598&wfr=spider&for=pc。

② 《全文发布！2022 年北京经济"成绩单"出炉》，"北京日报"百家号，2023 年 1 月 19 日，https://baijiahao.baidu.com/s? id=1755435079560293787&wfr=spider&for=pc。

人才是促进乡村振兴的第一资源。"文化+科技"连接多要素、多链条，以文化引领乡村发展，以科技驱动产业振兴。乡村振兴依托乡村文化，乡村科技创新依靠人才。"科技+人才"增强乡村振兴内生驱动力，要下大功夫引人聚才，推动人才下沉、科技下乡、服务"三农"。

文化赋能乡村产业振兴。乡村产业振兴需要强化以城带乡、城乡互促，以文化产业赋能乡村自然、人文、生态等资源保护利用，促进一二三产业融合发展。乡村产业振兴的基础在于充分挖掘和转化乡村文化资源，并将"三农文化"在乡村产业振兴推进过程中具体呈现、高效转化和不断传承。文化赋能乡村产业，可以使乡村发展更具生命力，依托乡村文化内涵"守住村落、留住乡愁、引进人才"，增强乡村文化自信。文化产业赋能乡村振兴，是中国式现代化文化建设的生动体现。北京大学文化产业研究院是国家文化产业创新与发展研究基地，该院围绕乡村振兴战略，开展文化传承和创新发展相关研究和实践探索。通过课程教学，结合乡村文化产业发展、乡村创意场景构建等，展示中国乡土文化内涵和魅力，培养学生乡土情怀，引导学生践行文化自觉，增强文化自信，投身乡村文化传承和文化产业发展。

科技助力乡村产业振兴。北京云集全国80%以上的国家级种业科研力量，科技创新成为促进北京乡村产业不断升级的第一驱动力。科技作为第一生产力，正作用于北京传统生产格局，支撑农业生产由小规模、大群体向标准化、机械化转变。2021年，全市农业科技贡献率达75%，处于全国领先水平。粮食作物耕种收综合机械化率达93.0%，畜牧养殖机械化率达84.2%，秸秆综合利用率超过99%，农机专业服务组织作业面积超过70%；农机补贴政策覆盖设施农业等六大重点领域，2600台农机实现卫星定位监控，保护性耕作技术在10个郊区推广；成功打造露地甘蓝全程智能化机械化生产、京西稻智慧示范农场和番茄采摘机器人应用场景[①]。

---

① 王可心：《北京"三农"工作成果亮相中国农民丰收节　首都乡村振兴之路越走越宽》，《北京日报》2022年9月24日，第1版。

人才引领乡村产业振兴。乡村产业振兴关键靠人才，实现传统农业向现代农村产业的转变、传统村落向未来新乡村的转变，需要乡村产业延链、补链、强链，协调优质人才力量。北京高校注重对乡村振兴人才的培养，包括蔬菜种植能手、回乡创业"农二代"、电商主播等，提供多种多样的农技知识培训，通过系统的教学和指导，为现代乡村产业发展培育一批理念新、技术强、懂管理、能支撑乡村产业振兴的高素质人才。同时，开展"三农"人才学历教育，通过设置乡土人才职称晋升通道、举办农业科技大讲堂、开展科技人员进农村活动等举措，培养一大批年轻有为、素质过硬的人才，为乡村振兴注入新鲜血液。

四 北京乡村文化产业发展的动力机制分析

（一）政府引导是乡村文化产业发展的主要动力

习近平总书记在党的十九大报告中明确提出包括实施乡村振兴战略、深化供给侧结构性改革、加快完善社会主义市场经济体制等在内的建设现代经济体系的六大任务，明确乡村振兴目标，提出具体工作要求①。近年来，北京市深入贯彻党的十九大、二十大精神，认真落实党中央、国务院《关于实施乡村振兴战略的意见》《乡村振兴战略规划（2018—2022 年）》等一系列决策部署，先后印发《实施乡村振兴战略扎实推进美丽乡村建设专项行动计划（2018—2020 年）》《关于实施乡村振兴战略的措施》等政策文件，围绕促进"三产"融合、农村创新产业等，制定一系列涉及财政税收、金融保险、用地用电、科技创新、人才保障等方面的扶持政策，全力推进乡村产业发展。各类政策、规划的出台以及各项改革举措的实施，绘制了乡村产业发展的蓝图，为乡村产业振兴营造了更有利的政策环境，为乡村文化产业发展提供了不竭动力。

---

① 《一文速览十九大报告》，央视网，2017 年 10 月 18 日，http：//news. cctv. com/2017/10/18/ARTICdh4Y1ByfrTw0kj2NbKH171018. shtml。

（二）市场推动是乡村文化产业发展的内生动力

由于受自然条件影响较大，农业现代化发展的制约因素多、过程复杂，加之我国经济从高速增长阶段转向高质量发展阶段，乡村经济发展面临诸多挑战。在新常态下，过去通过"拼资源、拼环境"以求最大产量的增长方式已经不适应新发展需求，乡村产业发展的重点转为推进农业生产研发与应用、促进农产品质量提升及品牌推广、培育和发展新兴乡村产业与业态、推动乡村产业优化升级、带动乡村经济发展。城乡居民消费结构升级为乡村产业发展提供了巨大的发展空间。伴随消费方式的多元化、消费场景的多样化发展，城乡居民的消费潜力得到释放，消费市场不断扩大，为乡村产业发展提供动能。随着收入水平的提高，城乡居民对优质农产品和乡村休闲旅游的需求不断增长，如许多居民对平谷大桃、昌平草莓、大兴西瓜等区域特色农产品以及通州"运河文化"、房山"最美乡村路"等休闲观光、旅游体验的需求不断增长。我国农产品消费支出呈现较快增长态势，迫切需要农产品市场不断增加优质农产品供应。城乡居民消费结构升级催生乡村休闲旅游、电子商务等产业新业态，推动一二三产业深度融合。目前，高质量的绿色农产品供给不足，无法满足群众日益增长的消费需求，迫切需要加速转变农业的传统发展方式，构建新型现代农业体系，同时发挥好市场对乡村文化产业发展的推动作用，促进农业全产业链深度融合，不断推进乡村文化产业优化升级。

（三）科技创新是乡村文化产业发展的新引擎

科技是第一生产力，也是推动乡村文化产业发展的关键，连接着推动乡村文化产业发展的各要素，能够使农业农村生产、生活更加现代化，促进农业发展方式转变。北京应以科技创新、数字化升级等手段推动乡村传统文化升级，引导乡村文化产业向绿色、优质、品牌化发展。一方面，科技创新有助于提高各生产要素产能。科技创新具有"倍数效应"，不仅可以直接转化为生产力，而且能提高各生产要素的生产力，从而提高乡村农业整体生产力；另一方面，科技创新具有高附加值、优势持续时间长等特点，能够实现乡村文化产业的创新转化，有效提升乡村文化产业发展的核心竞争力。此外，科技创新可以为乡村文化产业发展提供科学指引。当前，传统农业成本较高，需要不断深化农业供给侧结构性改革，推动农业由增长导向转变为提质导向，实现质量兴农、绿色兴农、品牌兴农①。

五 北京乡村振兴发展的思考

（一）打破传统农业壁垒，集聚文化、科技、人才、资本优势

北京进一步推进都市型现代农业建设，亟须打破传统农业壁垒。一是培养新型农业主体，构建新型农业经营体系，创新农业经营管理机制，扶持家庭农场、农庄等经营模式，从政策、融资等方面支持现代家庭农场发展，促进农民增收致富。二是创建家庭农场、农业合作社、龙头企业等经营主体利益联结机制，加强各主体间的信息、技术交流，支撑农业生产现代化。三是培养高素质、懂专业的新型农民，发挥其在都市型现代农业建设中的基础作用，在职业农民人才队伍建设过程中，要加强政策引导、设立专项资金，完善支持农民创业创新的政策环境。四是立足区域经济发展，深入挖掘乡村文化，拓展农业文化功能，促进一二三产业融合发展，推动乡村文化产业高质量发展。发展都市型现代农业，要以乡村文化为基础、以科技为生产力、以人才为支撑、以资本为助推器。北京乡村文化富有"京韵农味"，特色鲜明、底蕴深厚，推动乡村振兴，要用好、用活乡村文化资源。同时，科技创新有助于解决北京乡村土地、水资源短缺等资源不足问题。综上，要集聚文化、科技、人才、资本优势，加快转型升级，改变传统农业生产环境、条件，将农业做大做强，形成内涵丰富、形式多样的高效综合农业②。

---

① 龚晶、李瑾等：《北京乡村振兴系列研究报告集（上）》，中国经济出版社，2022，第9~11页。
② 《北京市农业现代化发展现状、问题与对策》，百纳文秘网，2022年4月27日，https：//m. ub1. com. cn/zhengfaxitong/2022/0427/766080. html。

（二）化解难点堵点，提高金融利用效率

为更好地发挥金融对乡村产业振兴的支持作用，应化解乡村产业振兴的金融需求与金融供给之间的难点堵点，以提高金融利用效率。一是创新多渠道的抵质押融资模式。结合乡村产业不同生产周期，确定合理的贷款期限、金融利率等，稳步推进产业规模化、品牌化发展和农村基础设施建设中长期信贷业务，满足产业主体贷款额度较高、期限较长的资金需求。二是优化供应链金融服务以深化产业融合。优化供应链金融服务，以数字技术为依托，巩固供应链金融信息基础，实现金融服务与乡村产业的数字化融合。三是完善乡村产业融资的风险分担机制。整合数据信息，构建乡村大数据分析平台，运用大数据进行风险识别、降低运营成本、缓解信息不对称矛盾，以合理的成本付出和风险分担扩大金融服务覆盖面。四是提供融资和"融智"相结合的金融服务。金融机构需重视对乡村产业科技创新的推广普及，发挥引领作用，通过技术辅导和能力培养，提供销售咨询、市场咨询、财务咨询、技术咨询等增值服务，实现金融可持续发展与乡村产业转型的效益、效率、效能互动[1]。五是通过资金支持，补齐城乡发展不平衡的短板，完善片区功能，创建文化馆、运营非遗馆，集聚文化媒体资源，推进城乡协调发展，促进一二三产业融合发展，深挖地方文化资源，助力农文旅融合发展，打造金融服务乡村文化产业的"北京样板"。

（三）构建机制推动小农户与大市场相结合

小农户如何对接大市场是实现乡村产业振兴的关键问题之一。推动完善小农利益分享机制，促进小农户与大市场的有效结合。通过构建紧密的利益联结机制，可以让小农户参与农业全产业链并获得稳定的收益，进而促进小农户与大市场的有效结合。在推进乡村振兴、小农户对接大市场的过程中，

---

[1] 《农业高效农村焕颜 农民生活显著改善——党的十八大以来北京经济社会发展成就系列报告之二》，北京市统计局、国家统计局北京调查总队网站，2022年9月23日，http://tjj.beijing.gov.cn/zt/eshdzt/eshdztbg/202209/t20220923_2821559.html。

应确立利益共享、风险共担的机制，以参与经营合作的各方利益为纽带，以追求最低成本、实现利益最大化为目标，以各方投入为基础，做好利益分配，提高小农户的收入分配比重。结合当地实际，创新利益分配的具体形式。积极依托农业龙头企业、农民专业合作社、家庭农场发展乡村文化旅游，发挥乡村文化产业的辐射带动作用，建立和完善利益联结机制，通过股份合作、订单合同、服务协作、土地流转等利益联结模式充分实现小农户与其他农业主体的利益共享①。

（四）树立系统思维，培养高素质农民

乡村振兴的关键在人才，高素质农民是乡村振兴的基石。促进农业农村经济不断发展，需要加快培养一支有文化、懂技术、善经营、会管理的高素质农民队伍，造就更多乡土人才。第一，高素质农民是懂农业、爱农村、爱农民的群体，要有文化知识、技术背景、经营头脑，能够从事经营工作或胜任农村经营者、农村合作社带头人。同时，要有农业情怀，积极传承农技，并立志振兴乡村。第二，要深入实施现代农民培训计划，面向不同工种的农民，分层次、分类别开展全产业链培训，充分利用高校、科研院所等教育资源，加强线上线下培训，加强农村实用人才培养。第三，重视新乡贤群体的作用，让返乡人才带头搞规模经营、家庭农业经营，发挥示范作用，带动更多人创业创新。第四，推动城乡结合，构建新型城乡关系，完善乡村基础设施、公共服务，形成平等竞争、规范有序的就业市场，为愿意下乡的人才提供发展条件。第五，提高高素质农民的社会地位，把农民变成让人羡慕的职业，从政策支持、收入水平、社会尊重等方面优化环境②。第六，发挥乡村文化建设人才对乡村文化产业发展的支撑作用。政府部门要制定乡村留才、

---

① 《当前乡村产业振兴存在的挑战与对策》，农业农村部网站，2023 年 1 月 9 日，http：//www.agri.cn/V20/SC/jjps/202301/t20230109_7927310.htm。

② 《农业高效农村焕颜 农民生活显著改善——党的十八大以来北京经济社会发展成就系列报告之二》，北京市统计局、国家统计局北京调查总队网站，2022 年 9 月 23 日，http：//tjj.beijing.gov.cn/zt/eshdzt/eshdztbg/202209/t20220923_2821559.html。

用才政策，鼓励和吸引更多高素质人才投入乡村文化产业发展。政府及相关管理机构要建立人才培养机制，有计划、有组织地培养人才，壮大乡村文化产业建设人才队伍。

（五）发挥文化产业引领作用，带动乡村实现全面振兴

文化振兴是乡村振兴的关键。全面推进乡村振兴，要鲜明突出乡村文化的时代价值，充分发挥乡村文化产业对乡村振兴的推动作用。一要深入挖掘自然资源、人文资源，传承乡村历史文化、红色文化，深度对接文旅融合、品牌打造、产业升级，提升乡村文化内涵品质，建设生态环境宜居、农民生活富足的美丽乡村。二要注重乡村精神文化与社会主义核心价值观的契合。文化产业赋能乡村振兴，一方面表现在其对乡村文化的影响上，有助于构建乡村文明新风尚；另一方面体现为乡村对市场的敏锐度，产业内生动力将推动更多优质文化产品走向市场，融入乡村振兴。乡村文化产业保留了乡村特色风貌，同时提升了乡村建设水平、提高了农民审美和文化素养。三要创建活态的非遗保护传承机制。第一，制定政策鼓励和支持非遗传承人坚持非遗传承事业；第二，加强文旅融合发展，推动非遗融入乡村旅游，服务乡村振兴；第三，开设非遗工坊、体验中心，打造有历史底蕴的沉浸式非遗旅游基地，更好地传承非遗文化。

B.11

城市更新视域下北京"博物馆之城"
建设路径研究[*]

黄 琳 杨 丽[**]

摘 要： 当前，博物馆正在深度嵌入城市发展，从文化的传承、生产、传播、消费等多个角度与城市建立了立体联结，"博物馆之城"建设也成为城市更新的重要内容。本报告系统梳理了城市更新以及"博物馆之城"的发展历程及趋势，在总结北京"博物馆之城"建设实践与成效的基础上，结合《北京博物馆之城建设发展规划（2023—2035）》（征求意见稿），从空间重构、文化传播、产业发展、文化认同4个角度对北京"博物馆之城"建设的路径进行了解析阐释。同时，本报告指出，北京"博物馆之城"建设在品质提升、馆城融合、社会力量参与方面仍存在不足，提出搭建范围广泛的博物馆集群、深化特色博物馆建设对城市更新的作用、以"博物馆+"为契机建设新型博物馆以及鼓励社会力量参与"博物馆建设"等建议。

关键词： 城市更新 "博物馆之城" 馆城融合

---

* 本报告系北京市科学技术研究院智库研究项目"科技创新赋能北京文博数字化发展的问题与对策研究"的阶段性研究成果。
** 黄琳，北京市科学技术研究院创新发展战略研究所副所长、正高级经济师，主要研究方向为文化科技融合及政策；杨丽，北京市科学技术研究院创新发展战略研究所助理研究员，主要研究方向为文化科技融合。

一 城市更新背景下的"博物馆之城"建设

（一）现代博物馆的定义和功能

博物馆是一种典型的文化展示空间，长期以来被人们认为是一种严肃、高雅、以教育为主要功能的文化空间。但是随着经济社会发展和娱乐文化的蔓延和流行，特别是在现代信息技术的支撑下，博物馆的场景、观众构成发生了较大的转变，其作为文化空间所发挥的具体功能也随之变化。今天的博物馆不再只面对严肃观众和艺术家、科学家等专业人士，越来越多的普通群众都在走进博物馆。在学习了解知识之外，他们走进博物馆的目的更多是享受博物馆的独特氛围和场景，提升感官体验，进行休闲消费。因此，博物馆的功能不再仅注重教育，博物馆更多地成为一种集景观、体验、消费、社交于一体的公共空间。

2022年，国际博物馆协会对博物馆重新进行了定义：博物馆是为社会服务的非营利性常设机构，它研究、收藏、保护、阐释和展示物质与非物质遗产；向公众开放，具有可及性和包容性，促进多样性和可持续性；以符合道德且专业的方式进行运营和交流，并在社区的参与下，为教育、欣赏、深思和知识共享提供多种体验[1]。与之前沿用多年的定义相比，新定义认识到了博物馆在促进公众参与、社会可持续发展、文化多元化等方面的重要作用。

（二）城市更新发展历程及趋势

城市更新的概念最早可以追溯到19世纪。受工业革命影响，西方主要城市如伦敦、巴黎、纽约等拥挤不堪，各国政府开始通过对城市高密度地块

---

[1] 《博物馆新定义：见证与推动时代的变革》，中国文艺网，2022年12月7日，http://www.cflac.org.cn/xw/bwyc/202212/t20221207_1267295.html。

进行再开发来解决这一困境。城市更新自此出现雏形。

1958年,学术界第一次对城市更新进行清晰的界定:城市更新是一种将城市中已经不适应现代化城市生活的地区做出必要改造的活动。生活在城市中的人,对于自己所居住的建筑物、周围的环境或出行、购物、娱乐及其他生活活动有不同的期望和不满,要求及早施行居住房屋的修理改造以及街道、公园、绿地和不良住宅区等环境的改善,以形成舒适的生活环境和美丽的市容。包括所有这些内容的城市建设活动都是城市更新①。与此同时,经历了两次世界大战的欧美主要国家纷纷发起了大规模推倒重建式的城市更新运动。但是这样的城市更新运动只是对城市进行物理空间上的拆倒重建,没有考虑城市历史文化传承和社区居民需求,反而破坏了城市的社会内部肌理,遭到了学者广泛质疑,也引发了欧美各国政府的反思。政府开始意识到不能简单地采取大规模推倒重建方式来解决城市建设发展问题,城市规划发展要综合考虑社会、经济和文化等多重因素,城市更新也开始逐步向小规模、渐进式的方式转变,特别是要通过保护性更新手段来保护和延展城市的自然风貌和历史文脉,恢复城市中心活力。当前,渐进式、可持续的更新已经成为世界各国城市更新的主要模式。特别是进入21世纪以来,增强文化软实力越来越成为世界各城市发展的重要内容。文化从城市更新的影响因素之一逐步升级成城市更新非常重要的主题之一,并贯穿城市更新发展的全过程,成为城市发展的内生动力。其中,传统文化空间以及在居民区、商业区、工业遗产等基础上开发的新型文化空间更是承担了延展城市历史文脉、集聚区域产业和人才、激发城市发展活力、带动城市持续更新的多元化功能。

(三)城市更新背景下"博物馆之城"建设的意义

当前,伴随各地城市化脚步不断加快,我国多个城市都在先后推进

---

① 《城市更新投融资系列一:背景、典型模式和案例》,澎湃网,2021年4月22日,https://www.thepaper.cn/newsDetail_forward_12347554。

"博物馆之城"建设,"博物馆之城"建设在中国已经成为一种城市更新和建设的新理念,各城市通过增强博物馆自身能力、增加各类博物馆数量、完善博物馆生态体系、全面扩大博物馆在城市空间中的覆盖规模,使博物馆在城市中形成良好的集聚效应,与城市发展交互融合,提升博物馆对城市发展与民众生活的影响力。多样化、专业化以及体系化的博物馆群落是推动"博物馆之城"建设的重要支撑,甚至可以说,整座城市就是一座巨大的博物馆。

虽然各地"博物馆之城"建设的主要内容各有特色,但是在建设思路上基本上都将博物馆建设与文化传承保护、老城区改造、新城区建设相互融合,旨在提升城市文化软实力和品牌影响力。由此可见,博物馆正在深度嵌入城市发展,从文化的传承、生产、传播、消费等多个角度与城市建立了立体联结,"博物馆之城"建设也成为城市更新的重要内容。

第一,在空间意义上,"博物馆之城"建设有助于打造城市文化地标,显著改变城市地貌。巴黎卢浮宫、毕尔巴鄂古根海姆博物馆等世界知名的大型博物馆一般都位于城市的中心区域,其兴建与更新都与当地的城市更新过程密切结合。作为当地独具意义的文化地标,这些大型博物馆将现代风格和功能融入了既有的历史文化建筑,显著改变了城市地貌,通过新的城市地标展示新的城市文化形象。此外,一些城市在对老旧城区、工业旧址和农村社区进行更新改建的过程中,通过建设小型博物馆、美术馆等公共文化空间,营造灵活多样的文化场景,提升了区域文化品位。北京798艺术区、上海田子坊都是典型的例子。

第二,在文化意义上,"博物馆之城"建设有助于收藏保护历史文化遗产,在城市更新过程中延展城市文脉。博物馆的基本功能是保护收藏文物,能够在一定程度上减轻城市更新过程对物质和非物质文化遗产存续的影响。特别是发动社会力量共建社区博物馆、民间博物馆,可以广泛收集地区特色文化资源,在不同层面开展专题性的收藏保护,凝聚乡情乡愁,活化城市记忆。

第三,在经济意义上,"博物馆之城"建设有助于推动城市产业结构优化升级，为城市更新提供可持续发展的动力。今天的博物馆所承担的消费、娱乐和社交功能，本身蕴含了推动产业化发展的多项潜能。虽然博物馆是非营利性机构，但是要建设好博物馆、建设好"博物馆之城"，就必须推动博物馆事业与产业结合，形成良性循环的内生动力。一方面，在城市更新过程中，应注重推动"博物馆之城"与城市商圈的融合，拉动以博物馆为圆心的周边区域的文化类消费；另一方面，在城市更新过程中，应规划以博物馆为主要内容的城市游览线路和文化展演活动，带动城市文旅产业发展。

第四，在社会意义上，"博物馆之城"建设有助于凝聚社会共识，提高城市更新的社会参与度。城市更新离不开社会的共同参与，需要社会群众的共同认可。博物馆通过收藏保护文化资源和藏品，展示和传播城市文化，保存城市文化记忆，从而增强民族和地方文化认同。因此，在城市更新过程中融合"博物馆之城"建设，有利于增强全社会对城市文化的认同，引发城市文化记忆，增强文化归属感，从而建构城市文化传承的社会基础，提高社会对城市更新的参与度和认同度。

二　北京"博物馆之城"的建设历程

（一）新时代国家高度重视博物馆工作

党的十八大以来，习近平总书记在博物馆角色定位、社会功能、发展方向等方面多次做出重要指示批示，并提出新的要求，为推动博物馆事业发展提供了根本遵循。进入新时代，我国博物馆事业走上高速发展之路。截至2022年底，全国备案登记博物馆总数达6183家，相比10年前增长了1倍。博物馆已经成为现代城市建设发展的重要组成部分，与经济社会发展以及公众生活的融合不断加深，对提升城市文化软实力的作用日益凸显，中国"博物馆之城"建设热潮兴起。

（二）我国"博物馆之城"建设的发展现状

"博物馆之城"建设已成为我国博物馆改革与发展的重要内容。2021
年，中央宣传部、国家发改委等九部门联合印发了《关于推进博物馆改革
发展的指导意见》，提出"探索在文化资源丰厚地区建设'博物馆之城'
'博物馆小镇'等集群聚落"[1]。2021 年 5 月，国家文物局提出"支持北京、
西安、大同、南京等地建设'博物馆之城'"，推动博物馆集群式发展。
2021 年 11 月，国务院办公厅印发《"十四五"文物保护和科技创新规划》，
首次将建设"博物馆之城"纳入"十四五"规划。

从"博物馆之城"建设实践来看，全国多个城市自 21 世纪初陆续开启
了"博物馆之城"建设之路。据不完全统计，截至 2022 年 5 月，已有北
京、西安、大同、南京、东莞、扬州、成都、杭州、青岛、广州、太原、武
汉、深圳、长沙、郑州等 30 余座城市明确提出建设"博物馆之城"的目
标[2]，我国博物馆事业迎来一次大发展的机遇。

为建设"博物馆之城"，各城市不断加大对博物馆的支持力度，取得了
积极成效。一些城市制定"博物馆之城"建设与发展的顶层规划政策，如
东莞、扬州、西安分别出台了"博物馆之城"建设专门政策。一些城市的
博物馆建设数量不断提高、建设规模不断扩大，彰显了不同的特色，也探索
了"博物馆之城"建设的新方式。2006 年，成都市提出要成为"中国西部
博物馆之城"；南京市加强了地域文化特色鲜明、多元丰富的各类博物馆建
设，致力于打造长江路、老城南、钟山三大博物馆集群聚落，为"博物馆
之城"建设注入更多活力与动能；昆明市政府与中华社会文化发展基金会
探索政府与公益组织合作建设"博物馆之城"的新模式[3]；广州市公布了统
一设计的博物馆标识，并纳入城市标识系统，支持"博物馆之城"建设。

---

[1] 《关于推进博物馆改革发展的指导意见》，国家文物局网站，2021 年 5 月 24 日，http：//
www. ncha. gov. cn/art/2021/5/24/art_722_168090. html。

[2] 《"博物馆之城"的比拼》，《中国经济时报》2022 年 5 月 19 日，第 2 版。

[3] 北京市文物局：《北京博物馆之城建设探索》，《博物院》2022 年第 4 期，第 29~35 页。

（三）北京"博物馆之城"建设的资源优势

北京的第一座具有现代意义的博物馆是教育部于 1912 年在太学国子监筹建的国立历史博物馆。与其他城市相比，北京提出建设"博物馆之城"的时间相对较晚，但凭借得天独厚的历史、文化资源以及现代化城市建设的独特优势，这座城市正在逐步变成一座"博物馆之城"①。

北京有着 3000 多年的建城史、800 多年的建都史，深厚的历史文化底蕴是北京推动文化发展与城市建设的宝贵资源。源远流长的古都文化与丰富厚重的红色文化、特色鲜明的京味文化以及蓬勃兴起的创新文化共同组成了首都文化，为"博物馆之城"建设奠定了坚实的基础。

北京博物馆资源丰富、体系完整。近年来，北京博物馆数量快速增长。截至 2022 年末，北京市共有 215 家博物馆，与 1995 年相比，增长了近 3 倍（见图 1），北京逐步成为世界上拥有博物馆资源最多的城市。从文物资源量来看，截至 2021 年，北京有世界文化遗产 7 处、不可移动文物 3840 处、国有可移动文物 501 万件（套）、国家级非遗代表性项目 144 个，北京可移动文物数量与珍贵文物数量均居全国前列。从博物馆的质量等级来看，北京拥有全国最多的一级博物馆，共 18 家，还拥有二级博物馆 10 家、三级博物馆 11 家②。北京博物馆类型多样，涵盖综合性博物馆、专题博物馆以及各种行业博物馆。不同等级、不同属性以及不同类型的博物馆协调发展，形成便捷化的现代博物馆服务体系。北京已经形成了全国规模最大、实力最强的城市博物馆集群。

北京"博物馆之城"建设在首都"四个中心"建设中得到不断加强。博物馆发展水平体现着一个城市的文明发展程度，博物馆是其所在城市成为国际大都市的地标与象征，也是促进国际交往的重要角色。全国政治中心、

---

① 《博物馆之城让金名片更加闪耀》，《北京日报》2023 年 3 月 31 日，第 5 版。
② 《〈北京博物馆之城建设发展规划（2023—2035）〉（征求意见稿）发布 城市副中心将有代表首都形象的现代化博物馆》，北京市文物局网站，2023 年 2 月 20 日，http：//wwj. beijing. gov. cn/hudong/zhengji/wwj/detail. html？id＝63ef1091e322f308a4da2a06。

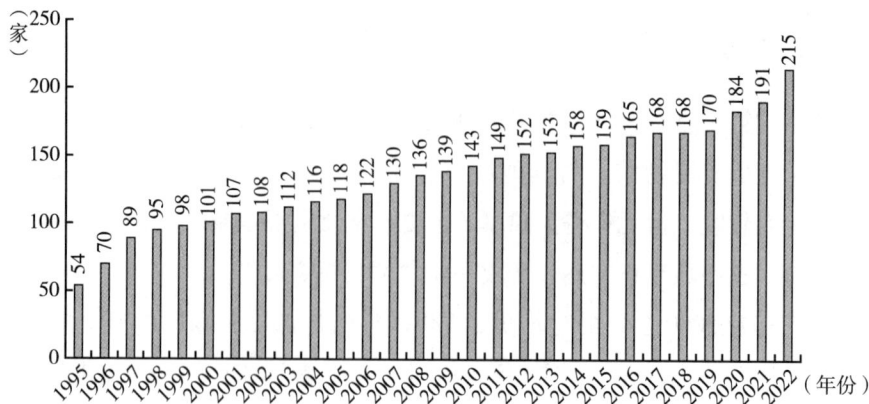

图1 1995~2022年北京博物馆数量变化情况

资料来源：根据《北京统计年鉴2021》《北京地区博物馆发展报告（2021~2022）》相关数据整理。

全国文化中心、国际交往中心以及科技创新中心是党中央对北京的鲜明城市定位。在这一背景下，作为北京地域特色文化的重要载体，博物馆成为参与北京城市发展的重要角色。

（四）北京"博物馆之城"建设现状

自2020年正式提出建设"博物馆之城"后，北京相继推出了一系列规划和举措推进"博物馆之城"建设。一方面，北京加强了"博物馆之城"建设的顶层规划与设计。2020年4月发布的《北京市推进全国文化中心建设中长期规划（2019年—2035年）》提出要打造布局合理、展陈丰富、特色鲜明的"博物馆之城"；2021年1月，北京市发布了《北京市国民经济和社会发展第十四个五年规划和二〇三五年远景目标纲要》，建设"博物馆之城"成为全国文化中心建设的重要组成部分；2021年11月，北京市文物局发布了《北京市"十四五"时期文物博物馆事业发展规划》，提出了推动"博物馆之城"建设的8项举措；2023年2月，《北京博物馆之城建设发展规划（2023—2035）》（征求意见稿）（以下简称《规划》）公开发布并面向社会征求意见，《规划》明确了"博物馆之城"的建设目标、空间布局等。此外，北京市通过强化合作，加快"博物馆之城"相关政策的实施与落地。2021年5月，北京市人民政府与国家文物局签署了《共建北京"博物馆之城"战略合作协议》，北京市"博物馆之城"建设开启了新的篇章；2023年1月，《北京中轴线保护管理规划（2022年—2035年）》正式公布实施，推进了依托北京中轴线申遗保护工作的博物馆群落的形成。

在相关规划政策的引导与推动下，北京博物馆的布局不断优化。目前，北京已经依托中轴线、大运河文化带、长城文化带、西山永定河文化带等形成了多个博物馆群落，深化了北京厚重的城市内涵，也构建了层次分明的城市肌理。北京各区博物馆在建设中依托城区特点彰显了不同特色，如东城区和西城区建设特色小型博物馆，朝阳区则利用腾退空间建设主题博物馆，海淀区以高校博物馆作为建设重点，经开区则提出要打造"科技馆之城"①。

北京博物馆的公共服务水平不断提升，博物馆的藏品展陈、社会教育、文化传播等功能不断强化。北京市博物馆持续开放基本陈列500余项，平均每年举办展览超600场，平均每年接待观众5000余万人次。依托丰富的藏品，博物馆展览内容与相关活动不断推陈出新，以满足不同受众群体的需求。2022年"5·18国际博物馆日"，北京市推出"夏日博物馆之旅""快看博物馆之城"等50项线上展览活动，并启动2022北京文博创意设计大赛等一系列活动，充分展示了博物馆的文化资源，带动了文博资源与企业之间的互通合作。在社会教育方面，一些博物馆组织了一批专业科普老师，研发了相关科普课程和活动，为中小学生提供了更为优质的博物馆科普教育。博物馆探索了多元化的活动模式，为更多社会群体与受众提供个性化、色彩化的文化服务。

社会力量参与博物馆建设取得了积极进展。2021年10月，北京市委宣传部等六部门发布了《北京市鼓励社会力量兴办博物馆的若干意见》，鼓励社会力量兴办博物馆，助力北京建设"博物馆之城"。北京市文物局印发了《"类博物馆"开放培育试点工作实施方案》，确定了"类博物馆"试点工

---

① 北京市文物局：《北京博物馆之城建设探索》，《博物院》2022年第4期，第29~35页。

作组织机构、开放形式、管理形式等，与相关部门联合开展了北京地区"类博物馆"开放培育试点工作。2023 年 3 月，北京首家"类博物馆"崇德堂匾额博物馆正式挂牌开放，推动"类博物馆"对社会有序开放，对激发社会力量与社会资源参与北京"博物馆之城"建设具有重要意义。

三　城市更新背景下北京"博物馆之城"的建设路径

（一）新时代北京城市"有机更新"理念

"有机更新"是指采取适当规模、尺度，在改造的过程中更好地权衡当前和未来，更凸显以人为本，提高规划和设计质量，在保证城区完整性的前提下替换城市功能的更新模式①。近年来，随着我国城镇化水平的提高，大规模的拆除重建已基本完成，城市开始进入"有机更新"阶段，从传统的拆旧建新式的城市更新发展到以人为本、反映新时代要求、满足经济社会发展需求、传承历史文化的城市"有机更新"。

2021 年起，北京市开启了以渐进式、针灸式为特征的城市"有机更新"。2021 年 5 月，北京市人民政府印发了《北京市人民政府关于实施城市更新行动的指导意见》，提出北京城市更新是对城市空间形态和城市功能的持续完善，是小规模、渐进式、可持续的更新；2022 年 5 月 18 日正式印发的《北京市城市更新专项规划（北京市"十四五"时期城市更新规划）》，确立了以街区为单元、以存量建筑为主体、以功能环境提升为导向的城市更新工作思路；2023 年 3 月 1 日，《北京市城市更新条例》正式实施，提出"落实城市风貌管控、历史文化名城保护要求，严格控制大规模拆除、增建，优化城市设计，延续历史文脉，凸显首都城市特色"的基本要求。上述政策都强调了"要牢记北京的城市更新不是大拆大建，要坚持敬畏历史、敬畏

---

① 《城市有机更新理论最早是谁提出来？什么含义》，搜狐网，2016 年 10 月 30 日，http://news.focus.cn/bj/2016-10-30/11219280.html。

文化、敬畏生态,要传承历史文脉、保护城市风貌、留住乡愁记忆"。这些城市更新的要求为北京"博物馆之城"建设提供了可以参考借鉴的思路和方向。

(二)城市更新背景下北京"博物馆之城"的建设路径

2023年初,北京市正式向社会公众征求对《规划》的意见。《规划》明确了北京"博物馆之城"建设的中短期目标与长期目标,确立了"两轴四区多点"的规划布局,提出了建设全域活态博物馆、推进重点文博区建设、提升博物馆功能品质、推动馆城融合发展、强化人才队伍建设、促进国际文化交流6项主要任务,这些任务都与北京的城市更新进程密不可分。

1. 打造城市文化地标,驱动城市空间重构

《规划》强调,依托城市文化资源,建设多种形态的博物馆,形成城市文化地标,以"博物馆之城"建设促进城市空间的重构。首先,《规划》结合北京的城市空间结构,明确了北京"博物馆之城"的空间分布,提出要挖掘整合北京城市功能与空间发展潜力,搭建涵盖两条空间轴线、四大政策分区和多个城市重点文博区的"两轴四区多点"空间结构。其次,《规划》提出要基于全市各区的资源条件和空间潜力,统筹布局重点文博区建设。特别是引导新建博物馆的选址与重点文博区的布局相适应,在城市建成区的城市更新进程中引入博物馆功能,带动传统平房区、老旧城区和厂房改造,推进闲置空间有效利用;在城市非建成区,通过新建博物馆或公共文化设施探索带动区域空间的规划建设。最后,《规划》强调要通过建设一批乡村博物馆,带动乡村风貌的改善和美化。

2. 推动馆城深度融合,促进城市历史文化传播再生

《规划》强调,通过提升博物馆功能品质,建设符合城市文化传承需要的博物馆体系,通过建设形态多样的博物馆,为城市历史文化提供广泛传播和持续再生的平台。首先,《规划》提出要实施"5511"计划,重点培育5家"世界一流博物馆"、50家"卓越博物馆"、100家特色中小型博物馆、一批"类博物馆",建设特色鲜明、结构完整的博物馆体系,传承好城市历

史文化，讲好城市历史文化故事。其次，《规划》提出要支持博物馆在文化遗产收藏保护方面提升功能，推动央地博物馆之间的结对协作，建设首都特色展陈体系。最后，《规划》提出要建设全市统一的智慧化博物馆服务和管理体系，完善博物馆大数据平台，大大提高博物馆的服务水平和工作效率。

3. 引导文博产业适度发展，培育"博物馆之城"建设内生动力

"博物馆之城"建设和城市更新的推进都离不开产业和经济的支撑。只有将博物馆事业和城市更新嵌入社会生产的大系统，才能形成建设发展的内生动力。《规划》强调以消费为核心，持续发展文博产业，打造独特消费体验，赋能各大商圈的更新升级。首先，《规划》提出以科技为支撑，推动博物馆文化服务领域进一步拓展，以文化活动带动餐饮、购物消费，打造科技感、临场感十足的文化消费场景。其次，《规划》提出以北京国际消费中心城市建设和全球数字经济标杆城市建设为重要契机，推动博物馆资源下沉，与消费场景衔接融合，推动线下商圈实体的更新升级，探索线上数字藏品消费交易。最后，《规划》提出推动重点文博区与城市旅游、教育培训、体育建设等其他产业的融合发展，持续为城市经济发展打造新增长点，使其成为"博物馆之城"建设的动力。

4. 面向国际讲好北京博物馆故事，以国际传播与交流增强城市文化认同

《规划》强调，通过支持博物馆建设提升国际传播能力，依托博物馆开展形式多样的对外文化交流活动，结合国际交往中心建设，对外讲好北京博物馆故事，拓展北京的"国际朋友圈"，进而向世界展示传播北京的城市文化形象，增强国际社会对于北京城市文化的认同，进而增强北京城市文化的吸引力和影响力。

四　北京"博物馆之城"建设存在的问题

（一）北京博物馆整体品质有待进一步提升

以故宫博物院、中国国家博物馆为代表的头部博物馆利用自身藏品与文化资源优势，通过 IP 打造、跨界融合、线上线下引流等方式，吸引了大量

的游客，引领了北京博物馆事业的发展。但从总体来看，北京不同层级、类型与属性的博物馆发展水平差距明显。北京市已注册的 215 家博物馆中，国家一级、二级以及三级博物馆的比例不足 20%，八成以上博物馆为未定级博物馆，且多数为中小型博物馆。从隶属关系来看，央属博物馆数量占到30% 左右，其发展水平高于市属博物馆及区属博物馆。在北京城市快速发展的背景下，除了建设一定数量的博物馆外，博物馆品质的提升、体系的完善也是推动"博物馆之城"建设的核心与关键。尤其是北京历史文化街区内的中小型博物馆受城市空间的限制，扩大规模的可能性较小，提升中小型博物馆的质量、深化其文化内涵并使其与头部博物馆共同发挥在城市发展中的功能与作用，成为"博物馆之城"建设的重要内容。

（二）北京馆城融合发展有待进一步深入

现代博物馆发展的过程是与城市历史、城市空间相融共生的过程。西方一些国家的城市发展与博物馆发展历史悠久，博物馆发展深刻融入了城市发展与民众生活中。英国俗语"不是在博物馆里，就是在去博物馆的路上"广为人知，法国巴黎的面积仅有 105.4 平方公里，但其博物馆多达 52 家，不同主题的博物馆深刻展现了巴黎的历史及包容与开放的精神。北京一些传统历史博物馆、街巷博物馆、胡同博物馆以及街区博物馆在融入历史文化名城保护以及民众生活方面还有较大的提升空间，基础设施建设还需进一步加强。从博物馆与城市空间的融合来看，博物馆的展陈方式需要进一步结合城市历史空间、文化空间利用，进而彰显城市的动态发展路径和地方文化风貌。

（三）社会力量参与博物馆建设的积极性不高

《规划》提出，到 2035 年，北京各类博物馆总数超过 460 座，平均每10 万人拥有 2 座博物馆。要实现这一目标，一方面要提高现有博物馆的发展水平，另一方面要提升社会力量参与博物馆建设的积极性，尤其是推动非国有博物馆及行业博物馆的发展。当前，社会力量参与博物馆建设仍存在一些问题：博物馆行业准入门槛高，许多民间收藏展示场所、研究资料等达不到标准；非国有博物馆在藏品管理、陈列展览、技术与人才管理等方面的专业能力不足；缺乏宣传与推介平台，难以有效提升影响力。这些问题导致社会力量参与博物馆建设的力度较小，也抑制了非国有博物馆参与博物馆建设的积极性。

五　对北京"博物馆之城"建设的建议与展望

随着北京城市更新的快速推进，博物馆在保护与传承文化遗产、促进城市经济发展以及增强民众社会认同等方面的影响逐步扩大。北京建设"博物馆之城"，需要在以下几方面进一步发力。一是搭建范围广泛的博物馆集群。将不同主题、不同类型、不同归口的博物馆资源机制化地纳入城市博物馆公共文化服务体系。建立以保护城市文脉为基础、以延展城市文脉为导向的全城博物馆协同联动网络体系与常态机制。完善北京博物馆大数据平台建设，以现有文物数据资源为基础，推进不同类型博物馆资源信息的互联互通，提升博物馆行业的整体发展水平。二是深化特色博物馆建设对城市更新的作用。在强化地标性博物馆建设的同时，加强对中小型博物馆以及特色博物馆的政策与资金支持，在城市更新背景下加强对老城区、历史文化街区、传统工业街区的整体保护，展示城市发展的文化内涵。三是以"博物馆+"为契机建设新型博物馆。通过打造博物馆特色业态以及推动博物馆"上云"等，搭建博物馆连接普通民众的桥梁，增强博物馆的参与性与体验性，在经济社会转型和城市能级跃升过程中，实现博物馆和城市生产、民众生活更为普遍而紧密的关联。四是鼓励社会力量参与"博物馆之城"建设。出台并完善社会力量兴办博物馆的配套政策，支持社会力量积极利用工业遗产、公共空间等兴办博物馆；为非国有博物馆的运营管理、技术创新、宣传推广等提供支持，提升其发展水平，从而为"博物馆之城"建设提供新的角度与经验。

B.12
博物馆之城背景下北京存量资源
建设博物馆的模式分析

乔 阳 王蒙蒙*

摘 要： 近年来，国家层面出台了一系列政策文件，为推动博物馆高质量
发展指明了方向和目标。北京在推动城市发展过程中腾退下来的
工业遗产、历史建筑等存量资源，都成为"博物馆之城"建设的重
要支撑。挖掘名人故居、文物建筑、工业遗产等存量资源，将其建
设成具有京味文化的博物馆，是新时代北京建设"博物馆之城"的
重要路径。在城市更新的背景下，通过解读存量资源改建博物馆的
经验，剖析可持续性建设运营的典型做法，本报告建议北京市存量
资源建设博物馆应加强顶层政策设计，完善执行工作机制，鼓励社
会力量参与，通过多元融合助力北京打造高质量"博物馆之城"。

关键词： 博物馆 建设模式 资源利用

北京文物资源丰富，拥有灿烂的中华文明历史遗存，为博物馆建设奠定
了优越的物质基础。目前，北京博物馆数量位居全国之首，北京是拥有国家
一级博物馆数量最多的城市，已形成多学科、多层次、布局均衡的博物馆体
系，逐步成为名副其实的"博物馆之城"。当前，北京正大力推动"博物馆
之城"建设，为新时代北京博物馆事业高质量发展带来新机遇和新挑战。

---

* 乔阳，北京国际工程咨询有限公司课题咨询师，主要研究方向为博物馆、数字文化、文化消
费；王蒙蒙，北京国际工程咨询有限公司课题咨询师，主要研究方向为产业政策、产业经济。

一 博物馆行业政策保障

近年来，党中央、国务院高度重视博物馆建设发展。习近平总书记多次就文物博物馆工作发表重要讲话并做出重要指示，国家层面也出台了一系列政策文件，为推动博物馆高质量发展指明了方向和目标。为全面贯彻落实国家文物局和北京市委、市政府相关部署，北京市加快推进"博物馆之城"建设，推动博物馆深度融入首都城市发展，为全国文化中心建设注入丰富内涵。

（一）服务文化强国战略，博物馆强国建设稳步推进

2021年5月，中宣部、国家文物局等部门联合印发的《关于推进博物馆改革发展的指导意见》（以下简称《指导意见》）提出，到2035年，要构建更加成熟定型的中国特色博物馆制度，促进博物馆社会功能更加完善，推动世界博物馆强国基本建成，为全球博物馆发展贡献中国智慧、中国方案。《指导意见》从进一步激发博物馆发展活力入手，强调加快推动博物馆实现由数量增长向质量提升的转变。国家文物局在《指导意见》新闻发布会上明确提出支持有条件的地区打造"博物馆之城"核心示范区、建设"博物馆小镇"。

2022年7月，习近平总书记在给中国国家博物馆老专家的回信中强调："博物馆是保护和传承人类文明的重要场所，文博工作者使命光荣、责任重大。希望同志们坚持正确政治方向，坚定文化自信，深化学术研究，创新展览展示，推动文物活化利用，推进文明交流互鉴，守护好、传承好、展示好中华文明优秀成果，为发展文博事业、为建设社会主义文化强国不断作出新贡献。"[①] 同年11月，国家文物局正式发布《博物馆运行评估办法》《博物馆运行评估标准》，全面整合替代存在一定交叉的原有评估文件，进一步优

---

① 《全文 | 习近平给中国国家博物馆老专家的回信》，"新民晚报"百家号，2022年7月9日，https：//baijiahao.baidu.com/s？id=1737854249294878525&wfr=spider&for=pc。

化博物馆运行评估的总体规则、工作流程和指标体系，统筹部署国家一级、二级、三级博物馆运行评估工作，客观反映博物馆运行情况，实现以评促建、以评促改。

（二）把握全国文化中心建设机遇，博物馆之城建设正当其时

2020 年 4 月，北京市发布《北京市推进全国文化中心建设中长期规划（2019 年—2035 年）》，首次明确提出要打造布局合理、展陈丰富、特色鲜明的"博物馆之城"。2021 年 5 月，国家文物局、北京市人民政府签署了《共建北京"博物馆之城"战略合作协议》[1]，北京博物馆事业发展进入快车道。同年 12 月，北京市委宣传部、国家文物局等 6 部门联合印发了《北京市鼓励社会力量兴办博物馆的若干意见》，提出加快推进"博物馆之城"建设，鼓励社会力量兴办博物馆，提升全市博物馆服务质量和水平，并提出在北京市推进全国文化中心建设领导小组下设博物馆之城建设专项工作组。北京市文物局公开数据显示，截至 2022 年底，全市共有备案博物馆 210 座，北京市"博物馆之城"建设稳步推进。2023 年 2 月，北京市文物局发布《北京博物馆之城建设发展规划（2023—2035）》（征求意见稿），提出到 2025 年，北京市博物馆总数超过 260 座，平均每 10 万人拥有 1.2 座博物馆；到 2035 年，各类博物馆（包括类博物馆文化空间）总数达到 460 余座，平均每 10 万人拥有 2 座博物馆。"博物馆之城"建设正加速推进。

北京市是全方位迈入存量时代、实行减量规划的特大城市代表，"博物馆之城"建设要与存量资源盘活利用有机结合起来。近年来，北京市先后出台了一系列政策，鼓励利用存量资源建设博物馆等公共文化设施。《北京城市总体规划（2016 年—2035 年）》提出："针对四合院、工业遗产[2]、近

---

① 陈名杰：《奋力谱写北京博物馆之城建设新篇章》，《中国文物报》2021 年 6 月 22 日，第 3 版。

② 工业遗产指能够展现工艺流程和工业技术发展的具有文物古迹价值的工业建筑或构筑物，以及设备、产品、工艺流程等，是历史文化遗产的重要组成部分。其中，建筑类工业遗产指与工业发展有关的厂房、仓库、码头、桥梁、办公建筑、附属生活服务设施及其他构筑物等不可移动的物质遗存。

现代建筑等特色存量资源，制定完善相应政策法规，鼓励发展符合核心区功能定位、适应老城整体保护要求、高品质的特色文化产业。"2017 年，北京市人民政府办公厅印发的《关于保护利用老旧厂房拓展文化空间的指导意见》也进一步明确，要着眼于解决公共文化服务供需矛盾，进一步挖掘老旧厂房空间资源，加快推动博物馆、美术馆等文化设施建设。2021 年发布的《北京市人民政府关于实施城市更新行动的指导意见》和《北京市城市更新行动计划（2021—2025 年）》，明确提出了老旧厂房改造利用业态准入标准，强调优先发展智能制造、科技创新、文化等产业。

在此背景下，北京在推动城市发展过程中腾退下来的工业遗产、历史建筑等存量资源，都将成为"博物馆之城"建设的重要支撑。与此同时，随着城市更新行动不断向纵深推进，盘活存量资源以建设博物馆更是大势所趋。

二 北京博物馆发展现状

（一）研究边界

1. 存量资源

北京的存量资源涉及老旧工业厂房、仓储、区域性批发市场、历史文物、直管公房、地下空间以及部分教育、医疗、行政疏解腾退空间等多种类型。按照《北京城市总体规划（2016 年—2035 年）》的要求，并结合存量资源特点，本报告所指的"存量资源"为承载历史文化以及产业发展的存量建筑资源，包括老旧工业厂房等工业遗产，以及四合院、名人故居、会馆①、腾退文物建筑等。

存量资源的活化利用，主要是让腾退出来的闲置空间"活"起来，为这些空间资源寻找新的出路，给它们一次"重生"的机会。在"博物馆之城"建设背景下，结合北京土地资源紧缺的现状，可以充分利用存量资源

---

① 会馆是同籍贯或同行业的人在京城及各大城市所设立的机构，建有馆所，供同乡同行集会、寄寓之用。

建设博物馆，实现资源最大化利用。

2. 博物馆

博物馆一般指注册备案的博物馆，本报告所指的博物馆为广义博物馆，涵盖已注册备案的博物馆、已挂牌的类博物馆以及其他未注册备案的博物馆。

（二）现状及问题

北京拥有3000多年的建城史和800多年的建都史，是全国乃至世界著名的古都和历史文化名城。北京作为全国规模最大、质量最高、数量最多的博物馆聚集区，已经形成建设"博物馆之城"的物质基础，在博物馆数量、质量、布局、公共服务效能等多方面优势显著。

1. 数量质量持续提升，位居全国前列

从数量看，北京市文物局公开数据显示，截至2021年底，北京市拥有备案博物馆204座[①]，较2020年新增7座，占全国博物馆总数的3.3%，每10万人拥有博物馆0.93座[②]，明显高于上海（0.63座）、广州（0.39座）。从质量等级看，北京市拥有国家一级、二级、三级博物馆共39座，其中一级博物馆18座，数量居全国城市首位[③]。《北京地区博物馆发展报告（2019~2020）》提到，无论在数量上，还是在质量上，北京市博物馆均位居全国前列，部分博物馆硬件条件已接近或达到发达国家博物馆平均水平。

2. 布局高度集中，中心城区超七成

截至2021年底，北京市各区均布局有博物馆，其中朝阳区、东城区、西城区和海淀区的博物馆数量较多，均不少于30座；昌平、丰台区、通州区、房山区、延庆区和大兴区的博物馆数量均在5座以上。从整体分布来看，向心集聚特征显著，75%左右的博物馆分布在首都功能核心区和中心城

---

① 考虑到数据可得性和可比性，故采用2021年数据进行分析。

② 资料来源于首都文化和旅游发展研究院发布的《2021—2022年北京市旅游业发展分析与展望》。

③ 《北京博物馆之城建设发展规划征求意见稿公布 到2035年各类博物馆超460座》，中国新闻网，2023年2月20日，https：//www.chinanews.com/cul/2023/02-20/9956608.shtml。

区，并主要沿长安街两侧分布；从区域分布来看，呈现"东北密，西南疏"的特点，以朝阳区、海淀区为代表的东北区域较为密集，集聚了北京50%以上的博物馆；以石景山区、房山区为代表的西南区域则较为稀疏，博物馆数量约占全市总数的14.7%。

3.博物馆类型多样，资源特色鲜明

从领域分布来看，北京市已备案博物馆主要涉及历史考古、文化艺术等多种类型，历史考古、文化艺术博物馆占比较高。此外，北京市还有500余座类博物馆，主要包括纪念馆、名人故居、军史馆、厂史馆、校史馆、村史乡情馆、陈列馆、规划馆、美术馆、艺术馆等。从管理属性来看，北京市拥有中央所属博物馆65座，如故宫博物院、中国国家博物馆、中国铁道博物馆等，其中大多数在行业中居领先地位；拥有市属博物馆47座，如首都博物馆、中国人民抗日战争纪念馆、中国电影博物馆、中国印刷博物馆等；拥有区属博物馆47座，如海淀区博物馆、石景山区博物馆等区级综合博物馆，以及展现永定河水域文化的永定河文化博物馆；拥有非国有博物馆45座，其中，观复博物馆、北京燕京八绝博物馆都是典型代表。从登记备案来看，除了已登记备案的200余座博物馆外，北京还存在较多尚未达到博物馆登记备案条件的社会机构，即类博物馆。当前，北京已挂牌的类博物馆有崇德堂匾额博物馆、瞭仓数字藏品博物馆等6座。

4.公共服务效能强化，文化惠民落到实处

截至2021年底，北京市正常开放的博物馆数量为177座[①]，其中市属44座、区属46座；免费开放的博物馆数量为96座，其中市属27座、区属27座。此外，北京市博物馆可移动文物数量和三级以上珍贵文物数量均位列全国之首，持续开放基本陈列520项，平均每年举办展览600多场、各类活动千余次，年均接待观众逾5000万人次，观众满意率超过99%[②]。

---

① 北京市统计局、国家统计局北京调查总队编《北京统计年鉴2022》，中国统计出版社，2022。

② 《北京博物馆学会副理事长兼秘书长祁庆国：北京已形成全国规模最大的城市博物馆集群》，《新京报》2023年3月31日，第C8版。

北京在推动博物馆建设发展方面取得了明显成效，但与当前全面推进"博物馆之城"高质量建设的要求相比，与人民群众日益增长的高品质文化需求相比，仍存在以下问题。

从总体来看，仍有提升空间。截至2022年底，全市拥有已备案博物馆210座，与《北京博物馆之城建设发展规划（2023—2035）》（征求意见稿）中提到的"到2025年，超过260座"的目标仍有一定差距，"十四五"后半程要加快推动博物馆建设。从布局来看，总体布局不尽合理。一方面，全市16个行政区中，仍有部分区尚未建设区级综合博物馆①；另一方面，全市博物馆分布呈现"东北密，西南疏"的特征，区域之间差距较大，截至2021年底，朝阳区和密云区博物馆数量差值已超过35座。从空间来看，展览库房面积受限。据调研，超半数的博物馆等相关单位大多存在文物库房面积不足的问题，不利于文物的安全储藏。由于博物馆展览空间不足，展览规模、次数、参观人次均受到限制，亟须利用腾退文物建筑、工业遗产等闲置资源建设博物馆。此外，因年代久远，部分博物馆库房投入使用时间早，房屋基础设施较为陈旧，且库房距离较远、不集中，巡查困难。

三　北京存量资源建设博物馆的典型案例

北京的文物建筑、工业遗产、名人故居资源丰富，依托丰富的资源建设博物馆，或在文物建筑腾退后将其作为博物馆对外开放，成为独具北京特色的博物馆建设模式。挖掘名人故居、文物建筑、工业遗产等存量资源，将其建设成具有京味文化的博物馆，是新时代北京建设"博物馆之城"的重要路径。

（一）充分挖掘存量资源建设博物馆

1.名人故居类
名人故居是一类文化景观，指某一历史人物出生、生活或从事相关工

---

① 《北京博物馆之城建设发展规划征求意见稿公布　到2035年各类博物馆超460座》，中国新闻网，2023年2月20日，https://www.chinanews.com/cul/2023/02-20/9956608.shtml。

作，并对周围环境产生一定影响的场所，也是北京历史文化的重要体现和鲜明元素。北京已确认的名人故居约有 92 处，已挂牌列入文化保护单位的名人故居共计 31 处，其中国家级重点保护单位 2 处、市级 17 处、区级 12 处①。当前，北京保护较好的名人故居有 74 处，主要类型为名人后代居住地及单位公房。名人故居的保护性利用有利于强化北京全国文化中心的地位。北京已将部分名人故居辟为博物馆，如被列入全国重点文物保护单位的宋庆龄故居、郭沫若故居，以及被列为北京市文物保护单位的鲁迅博物馆、茅盾故居、老舍纪念馆等。2023 年，京报馆旧址（邵飘萍故居）正式挂牌类博物馆并对外开放。

当前，北京名人故居资源丰富，且未开放的故居数量较多，名人故居的文化价值还未充分体现，文化资源有待盘活。在北京建设"博物馆之城"的背景下，应充分利用名人故居存量资源，挖掘其中蕴含的文化精神，保护性修缮、开放故居，将其打造成博物馆和纪念馆，让闲置存量资源"活"起来。

2. 会馆类

会馆是不可再生的文化资源，是保护城市记忆的重要载体。北京会馆文化兴于明、盛于清，在区域分布上呈现"大集聚，小分散"的特点，多集中在东城区和西城区，西城区的会馆数量最为可观。据统计，西城区现存会馆建筑达 189 处，为北京市现存会馆最多的城区，有各级会馆类不可移动文物 31 处，其中国家级 2 处（湖广会馆、安徽会馆）、市级 8 处、区级 7 处，尚未定级的普查登记文物 14 处②。"十三五"时期以来，西城区通过各类途径启动腾退福州新馆等 17 处会馆，涉及 766 户居民，资金初步统计约 34 亿元③。在疏解非首都功能、优化提升首都功能的背景下，会馆作为文物建筑的重要组成部分，对充分利用存量空间进行城市更新、保护城市历史文化、

---

① 刘玲：《统战视阈下的北京名人故居保护与发展研究》，《北京教育（高教）》2020 年第 4 期。
② 白继增、白杰：《北京会馆基础信息研究》，中国商业出版社，2014。
③ 《让老会馆释放新价值——专访北京市西城区委宣传部副部长徐晓辉》，封面网，2022 年 2 月 8 日，https://www.thecover.cn/news/8707813。

推动建设"博物馆之城"具有重要意义。

北京市充分挖掘会馆文化内涵，修缮改造后盘活文物资源，将其打造成丰富的文化空间，推进"会馆有戏"系列活动，将安徽会馆、正乙祠戏楼、临汾会馆等8个会馆打造成会馆演艺新空间。建设全域性活态博物馆，1997年湖广会馆内成立了北京戏曲博物馆，2022年湖广会馆再次启动修缮，充分对文物建筑进行保护性活化，修缮后将形成"博物馆+戏楼+特色餐饮"复合业态，成为集会馆文化、戏曲文化、体验研学等于一体的全域性活态博物馆。此外，北京市西城区推进第二批文物建筑活化利用项目，旨在将钱业同业公会建设成古玉文化博物馆，将绍兴会馆建设成北京鲁迅博物馆绍兴会馆分馆。

3. 高校博物馆类

高校博物馆是推动我国博物馆事业发展的重要力量，也是博物馆体系的重要分支。截至2021年，我国已在文物行政部门备案的高校博物馆达100余座[①]。2011年，国家文物局、教育部出台《关于加强高校博物馆建设与发展的通知》，提出文物部门要积极辅导、协调高等学校做好高校博物馆的设立、注册、登记工作；凸显大学优势学科特色，完善博物馆功能，把增加博物馆的数量与提高博物馆的质量结合起来。2021年国家层面出台的《关于推进博物馆改革发展的指导意见》提出，要协调不同属性博物馆发展，探索建立行业博物馆联合认证、共建共管机制，并将高校博物馆等纳入行业管理体系。

根据教育部公开数据，截至2018年，北京市高校数量超过90家，高校博物馆数量不足20家。高校博物馆作为学术博物馆，自身及藏品都属于学术遗产，具有较强的学术性和专业性，如北京大学赛克勒考古与艺术博物馆是中国高等院校中第一座考古专题博物馆，中央民族大学民族博物馆是北方地区唯一展示台湾高山族文物的博物馆，北京航空航天大学校内的北京航空

---

① 李瑞：《第七届中国高校博物馆馆长论坛在北京举行》，国家文物局网站，2021年12月7日，http://www.ncha.gov.cn/art/2021/12/17/art_722_172377.html。

航天博物馆是新中国成立后第一座航空航天综合博物馆，中国传媒大学传媒博物馆是以广播电视为主体的特色博物馆等。未来，应结合高校存量空间资源和文物资源情况，发挥特色学科优势，建设高质量高校博物馆，为北京建设"博物馆之城"贡献力量。

4. 工业遗产类

工业博物馆是博物馆的门类之一，通过工业遗产改扩建后建设成博物馆，为工业建筑注入新的活力，有利于传承发展历史文化、工业文化，促进城市有机更新。2020年，国家层面出台《推动老工业城市工业遗产保护利用实施方案》，提出要完善工业博物馆体系，鼓励建设重要工业遗产等行业博物馆。在疏解非首都功能的背景下，北京遗存了较多老旧厂房，2017年北京市人民政府发布《关于保护利用老旧厂房拓展文化空间的指导意见》，提出要保护利用好老旧厂房，充分挖掘其文化内涵和再生价值，承载博物馆等文化设施功能。据统计，北京已腾退老旧厂房240余个，总占地面积超过2500万平方米，其中大约七成处于待开发状态[①]。

北京工业博物馆发展趋势较为明显，功能布局初具规模，如北京自来水博物馆是北京第一座由企业投资建设的博物馆，其主建筑为北京第一座水厂的蒸汽机房；中国铁道博物馆的正阳门馆则由原京奉铁路正阳门东车站旧址改建而成；北京二锅头酒博物馆由北京红星股份有限公司建设，是在原工业遗址上扩建的工业旅游专题博物馆。2023年，位于首钢园的瞭仓数字藏品博物馆挂牌类博物馆，其前身为拥有30年历史的料仓，现成为全国首家数字藏品类博物馆。

5. 历史文化街区类

历史文化街区指"经省、自治区、直辖市人民政府核定公布的保存文物特别丰富、历史建筑集中成片、能够较完整和真实地体现传统格局和历史风貌，并具有一定规模的区域"。《北京市"十四五"时期文物博物馆事业

---

① 《本市七成已腾退老旧厂房将转型文化空间》，北京市人民政府网，2018年4月5日，https://www.beijing.gov.cn/fuwu/lqfw/gggs/201804/t20180405_1856206.html。

发展规划》提出，优化博物馆体系布局，统筹不同层级、不同属性、不同类型博物馆协调发展，倡导社区、生态、科技等新型博物馆建设。在城市更新的背景下，历史文化街区成为老城更新的重要对象。充分利用街区存量资源建设博物馆，有利于提升街区文化空间品质，更好地实现老城复兴，彰显古都风韵与时代风貌相结合的城市文化特色。

截至 2021 年底，北京市已划定 4 批次共 49 片历史文化街区，如南长街、北长街、什刹海、南锣鼓巷、大栅栏等①；此外，北京市公布了 3 批次共 1056 栋（座）历史建筑，数量位居全国前列。依托历史文化街区古建筑建设博物馆，有利于促使古建筑重新焕发生机，解决其修缮、维护和开发利用等问题，存量资源改建博物馆能够节约新建博物馆的"人财物"资源，不断丰富博物馆体系。例如，史家胡同博物馆是北京第一座胡同博物馆，其所在的史家胡同处于东四南历史文化街区，该街区为北京市第三批历史文化街区之一，史家胡同博物馆将整个史家胡同作为博物馆，对宣传和保护胡同文化具有重要意义。

（二）社会力量参与共建博物馆

1. 史家胡同博物馆："共同出资+联合管理"模式

史家胡同博物馆位于北京东城区史家胡同 24 号，前身是民国才女凌叔华的故居，现在行政隶属朝阳门街道办事处。2010 年，朝阳门街道办事处首次提出要以史家胡同 24 号为核心展区，建设老北京胡同文化博物馆，随后与英国王储慈善基金会（中国）签订《北京市东城区史家胡同建筑环境修缮公益合作协议书》，修缮建设史家胡同博物馆，并于 2013 年 10 月正式免费对外开放。在运营模式上，史家胡同博物馆采取与第三方合作的方式，形成"共同出资+联合管理+社造联盟+专项基金+志愿机制"的可持续运转模式。

政府与第三方共同出资、联合管理。2017 年，朝阳门街道办事处与北

---

① 《北京历史文化街区风貌保护与更新设计导则》，我的建筑网，https：//myarch.cn/7685/。

京城市规划设计研究院（以下简称"北规院"）签订协议，委托其对博物馆进行运营管理。在博物馆发展资金方面，由朝阳门街道办事处每年拨付一定额度资金、北规院每年投入百万元，共同作为博物馆运营资金。在管理方面，购买第三方物业服务进行日常运维，由北规院负责博物馆文化内容建设，如展览陈列、教育活动等。史家胡同博物馆响应《北京城市总体规划（2016年—2035年）》提出的"责任规划师制度"，作为北规院责任规划师制度的实践基地，促进高校、社会机构、博物馆三方协同联动，提供实习实践基地；以开放性思维开展社区文化建设和文化空间运营，对助力城市更新、加强基层治理、增强社区居民的归属感具有重要意义。

多元主体成立"社造联盟"，提供内容支持。朝阳门街道是最早试点责任规划师制度的街道，扎根基层的规划师共同成立了"北规院社造团"，即促进社区健康发展和市民精神营造的团队，9家北京社区营造领域的高校、专业机构等主体共同成立"社造联盟"，陆续合作开展"胡同微花园"等系列展览活动，以及智慧城市专题讲座、主题论坛等活动，为史家胡同博物馆提供文化内容支持①。

成立"社会培育"专项基金，提供资金支持。2018年，北规院与中社社会工作发展基金会共同成立了中社社区培育基金，这是我国首个以城市更新视角推动社区发展的专项基金，基金通过创新资金筹措方式，集聚社会资源，推动多元主体参与城市更新实践，为博物馆举办的社区活动提供资金支持，缓解博物馆运营压力。

"志愿机制"持续补充专业力量。2014年，朝阳门街道注册了由社区居民、产权单位、辖区单位等组成的群众自治组织——史家胡同风貌保护协会，由北规院的规划师担任协会责任规划师。通过协会汇集社会资源，开展院落公共空间改善试点、胡同口述史编制、"为人民设计"展览等空间改善项目和人文教育活动。建立"一日馆员"志愿机制，发布志愿者招募信息，

---

① 王思渝、王虹光：《社会性下博物馆职能的渗透与后退——以史家胡同博物馆为例》，《博物院》2019年第5期。

组建志愿者团队，推动社区与公众共同运营博物馆。

2. 北京郭守敬纪念馆："小资金"撬动"大资源"

北京郭守敬纪念馆位于北京市什刹海景区汇通祠内。1986 年，北京市复建汇通祠，辟为北京郭守敬纪念馆。1988 年 10 月 1 日，纪念馆正式对外开放。2008~2018 年，纪念馆无人员编制，由事业单位监管并负责日常开放和业务运营工作。2017 年，政府主管部门重新组织论证研究，确定以"郭守敬与大运河"为场馆主题，并闭馆开展展陈质量提升工程。2018 年 11 月 19 日，纪念馆以全新面貌向社会公众开放，成为北京市大运河文化的重要展示窗口。

北京郭守敬纪念馆的社会化运营模式是西城区文化和旅游局深化文化体制改革的创新实践，是政府主管部门积极引入专业社会力量承担小微博物馆日常开放运营工作的首次试点探索。通过"以资源促提升"、以财政"小资金"撬动社会力量"大资源"，有效激发了社会力量参与公共文化服务的活力。采取"政府承担、定向委托、合同管理、监管运营、评估兑现"的政府供给公共文化服务新方式，引入青少年博物馆公共教育专业机构——北京忆空间文化发展有限公司（以下简称"忆空间公司"），政府主管部门仍为纪念馆的管理主体，主导纪念馆发展方向，并委托忆空间公司运营管理纪念馆业务内容。双方签署了《北京郭守敬纪念馆社会化管理委托运营协议》，有效期为 3 年，该协议明确了忆空间公司负责开展纪念馆日常开放接待、社教活动以及宣传推广工作，配合政府主管部门承担场馆日常安全管理工作，并在完成协议规定的公益性服务业务的基础上开展有偿性服务，其部分收益用于纪念馆日常开放运营和公益服务支出。

3. 北京金漆镶嵌艺术博物馆：社会资本打造的"前展后厂"模式

北京金漆镶嵌艺术博物馆是北京金漆镶嵌有限责任公司（以下简称"金漆镶嵌公司"）建设运营的非遗博物馆。北京金漆镶嵌艺术博物馆为由老旧厂房改造的博物馆，经金漆镶嵌公司注资改造修缮。馆内收藏展示了丰富的工艺品，包括采用镶嵌、彩绘、雕填等工艺技法的藏品。在具体建设运营模式上，博物馆采取了社会资本投资运营的"前展后厂"模式。

"前展"，即设立博物馆常规展厅和销售展厅。北京金漆镶嵌艺术博物馆设立常规及临展等展厅，供交流研讨、成果展示、学术研究等，发挥博物馆的行业特色优势；设立工艺体验区，开展漆艺体验活动；设立家具等产品销售展区，向游客展示博物馆工艺及产品，为产业链延伸巩固基础。

"后厂"，即打造产业链延伸的生产基地。通过博物馆销售展厅的产品展示，将非遗与产品深度融合，接受产品订单，并在河北省大厂县建设生产基地，对采用金漆镶嵌工艺的家具、摆件等艺术品进行规模化加工生产，构成博物馆"以门票为基础，以产业链延伸为补充"的收入体系，实现博物馆收支平衡和良性运转。

四　北京存量资源建设博物馆的相关建议

（一）加强顶层政策设计

利用腾退空间引入博物馆文化功能。结合城市更新，利用腾退空间、四合院等建立特色博物馆。鼓励在已有的由老旧厂房改建的产业园区内划定一定面积用于发展公共文化事业，在北京"投贷奖""房租通"等政策实施过程中对产业园区配套博物馆项目进行专项扶持。设立政府专项资金。加大政府资金对文物腾退、保护、利用的支持力度，在文物保护专项资金和疏解整治专项资金中设立文物腾退专项资金，加大政府在文物腾退、修缮、利用过程中的支撑力度。扶持发展类博物馆。北京有较多类博物馆尚未达到登记备案的条件，应该用好类博物馆开放培育试点政策，支持具有北京文化特色的社区、胡同等新型博物馆建设，不断推动类博物馆对社会有序开放，推动社会各方力量积极参与博物馆事业发展。

（二）完善执行工作机制

当前，北京市存量资源存在底数不清等问题，老旧厂房、名人故居、会馆等存量资源现状资料较分散，用地面积、建筑规模、规划情况、地上物情况等缺乏系统信息和汇总整合，相关信息分散在各行业部门，存量资源的动态情况没有跟踪到位，导致存量资源信息数据十分匮乏。利用存量资源建设博物馆，应从多方面完善工作机制。开展有效的存量资源摸底普查。以各区为主体，开展存量资源专项调查工作，推进调查摸底和标图建库，筛选适合改建为博物馆的存量资源进行进一步普查，包括存量资源用地规模、建筑规模、土地性质、产权单位、供地方式等，查清土地权属关系，了解土地权利人意愿，对存量资源信息数据进行整理和分析，建立存量资源动态管理数据库。制定存量资源更新为博物馆的标准规范。综合考虑存量资源的现有特征和改造为博物馆的用途，建立完整的存量资源再利用导则、标准、规范，推动存量建筑分类认定，完善确权机制，明确强制性保护、建议性保护、一般性保护标准。鼓励企业、机构等社会相关方参与国家、行业、地方标准的修订工作，为存量资源再利用提供明确、适用的改造依据和审批依据。

（三）鼓励社会力量参与

当前，博物馆领域社会资本参与有限，市场活跃度低，缺少创新性，博物馆的建设模式和运营效能受到限制，腾退后的存量资源亟待"活"起来。为推动博物馆事业长期可持续发展，应支持多元社会力量共同建设。鼓励社会资本参与。推广PPP（政府和社会资本合作）模式在文物腾退利用工作中的应用，社会资本可从修缮、运营环节进入，拓宽社会资金进入文物保护利用领域的渠道。鼓励通过企业或个人赞助或捐助的形式设立文物保护基金，以退税形式返还一定比例的捐助金额。通过文保现场留名、政府推介等多种形式鼓励企业、个人资助文保事业。鼓励第三方共同参与博物馆运营。对于大多数国有博物馆而言，受限于经费和专业性，其运营能力不高。应积极引入社会力量，利用政府资金将运营权委托给第三方机构，发挥第三方机构的资源合力优势，创新博物馆运营模式，策划高质量展览，打造优质文化内容，整合多元社会力量，激发博物馆活力。

（四）突出多元融合赋能

现代信息技术的不断突破，给博物馆带来了新机遇，也不断重塑着博物馆的形态；人民群众对博物馆需求的日益增长，使博物馆不再局限于单一形态，将会更加积极地融入社会和经济发展；博物馆将不断培育文化服务新业态，不断融入国际消费中心城市建设。突出数智融合，打造智慧博物馆。大数据、人工智能、虚拟现实等技术日趋成熟，应推动数字博物馆建设，鼓励科技企业与博物馆合作，盘活博物馆存量数字化资源，实施藏品数字化登记，助力数字收藏和数字展览发展。突出文旅融合，发挥博物馆辐射效应。鼓励博物馆通过开发文创衍生品、创新文化服务活动的方式，将自身打造成集文化体验、休闲娱乐、公共服务等于一体的城市文化品牌新空间，发挥文化和旅游融合的叠加效应，助力"博物馆之城"建设。突出新消费融合，激发博物馆的创新活力。培育博物馆新业态，优化文化基础设施，拓展文化服务领域，试点打造博物馆夜间消费品牌，围绕博物馆集群打造特色商圈，将博物馆的文化服务功能与城市消费空间相结合，探索结合的新方式，充分激活博物馆的生命力。

B.13
创意与智造：从零到一的价值指数设计和应用

——以北京上市文创企业创意价值指数为探例

王苗苗*

摘 要： 创意价值指数作为创意价值风向标，通过对博弈过程涉及的观念认知、价值识别、容纳程度、需求条件等建立一致性的标准化共识体系，进行指标和数据项的适配，形成指数符号功能，发挥创意价值识别、评价评级、投资引导与资源配置优化的作用。本报告以38家注册地在北京的上市文创企业为样本，通过创意价值指数评价指标体系进行应用研究，构建上市文创企业创意价值定标，进而发挥参考坐标功能，为其他准上市文创企业或同行业文创企业提供企业发展参考，以助力文创企业进行战略定位、赛道选择等，充分发挥指数在资源配置优化与集成上的作用，拓展多方面的应用服务。

关键词： 创意价值指数 智造 指数应用

创意智造流程，是一个从创意开始到智慧创造落地的过程，这一过程同时是审美体验的过程。创意不是天马行空的想法，正如《创意战略：商业

---

* 王苗苗，北京中传文产信息咨询有限公司总经理、首席分析师、创意交易所（CCE）研究院首席研究员，文化产业方向MBA，主要研究方向为创意与科技创新领域价值量化与评价研究、应用性指数研究、产业投资价值分析。

与创新的再联结》一书所提："创意必须把想法和应用相连接，落脚于目的、行动和结果。"这也正是创意的价值所在。文创企业的核心价值即基于文化资源而形成的创意产品与创意服务。

随着人类文明的演进，生产要素、生产关系、生产力发生了重大的变化，基于数字技术的未来产业智造成为不可阻挡的发展趋势，文创产业同样需要顺应创意智造流程的未来发展趋势，改变传统的批量生产再营销的经营模式，以体验经济与需求定制为引擎，带动产品与服务的价值创造。

创意价值指数作为衡量创意价值的标准与工具，能满足人们在创意经济活动中对不确定、非标准、非实物资产的创意进行价值探求的需求，从而更加精准有效地识别优质创意，引导资源配置优化，助力文创产业高质量发展。

一　创意、指数与创意价值指数

创意首先是一种个体化的观念性产物，具有主观先验性。当创意面向客观体验时，会得到观念认知、容纳程度、价值识别、需求条件等反馈。与此同时，创意价值在个体与群体或集体之间的本能博弈中形成，并以妥协、制约、愿景、共同价值、择优机制等为驱动因素，决定相互是否实现契合和纽带关系。在个体与群体或集体的博弈中，创意如果完全趋同则不具新意，如果完全背离则不被容纳。因此，在博弈中从不同中找共通，是发挥创意价值的关键。

创意价值指数作为创意价值风向标，通过对博弈过程涉及的观念认知、价值识别、容纳程度、需求条件等建立一致性的标准化共识体系，进行指标和数据项的适配，形成指数符号功能，发挥创意价值识别、评价评级、投资引导与资源配置优化的作用。

二　创意价值指数模型与评价体系

创意价值指数基于创意交易所（Cui Creative Exchange，CCE）、信链储智造业实验应用模型，构建以创意知产、创意体验、创意定制、创意迭代为主的智造业生态体系和系统逻辑应用的创意价值指数 IECU 模型（见图 1）。

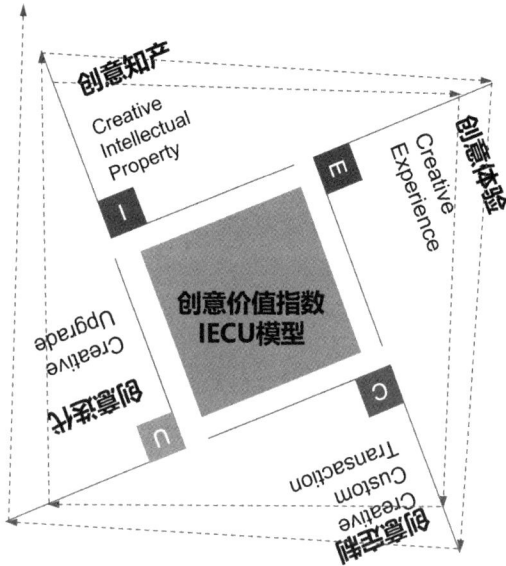

图 1　创意价值指数 IECU 模型

资料来源：CCCI 中传文产咨询公司。

首先，无论是创意产品，还是创意服务，都从一个创意源出发。创意智造流程的第一个阶段，即创意知产形成阶段。创意通过其表现形式衍生与其相应或相关的知识产权，从而使创意从人力资源成果转变为创意资产，具有明确的权属和可交易性，这是创意在流转过程中获得价值收益的前提。第二阶段即创意体验阶段，让市场对原创产品或概念产品进行体验与反馈，通过市场体验对创意产品化进行不断论证，促进其发展。第三阶段即创意定制阶段。第四阶段即创意迭代阶段，任何产品都有其生命周期，如果进入成熟期后怠于持续创新，那么产品将会被市场淘汰。因此，创意产品在发展成熟后，只有积极进入下一个良性创新循环，才能保持创意价值。

以创意价值指数 IECU 模型进一步构建创意价值指数评价指标体系，一级指标包括创意智权成果、创意产品化、创意盈利能力、创意迭代创新。创意智权成果指已经形成知识产权形态的创意，创意智权成果越丰富，市场价值转化的空间和前景越广阔。创意产品化用于评价创意是否已经形成初始创意产品或创意服务，产品和服务越丰富、市场接受度越高，创意的应用价值越高，未来商业成长空间越大。创意盈利能力用于评价创意是否已经形成盈利能力，盈利水平越高，创意商业价值回报越高。创意迭代创新指基于创意而形成的产品或服务自身不断优化与持续创新的能力，创意迭代创新能力越强，创意的生命力越强，其衍生的产品或服务的持续竞争力越强。

创意价值指数评价指标体系的二级指标包括：由创意智权成果进一步展开的自主品牌商标、自主专利技术、自主软件著作权、自主作品著作权；由创意产品化进一步展开的创意资产、创意市场空间、创意市场成长性；由创意盈利能力进一步展开的创意利润、创意利润率、创意人均创收；由创意迭代创新进一步展开的创新投入力度、持续创新活力（见图2）。

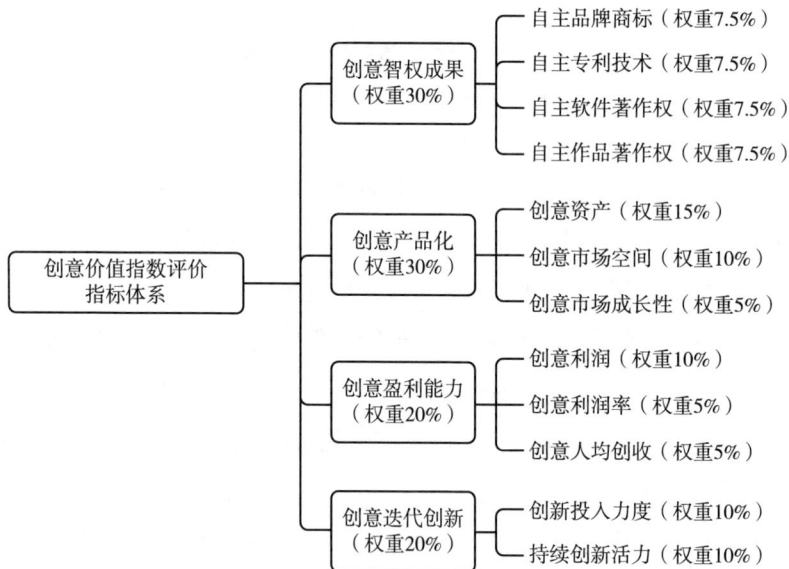

图 2　创意价值指数评价指标体系

资料来源：CCCI 中传文产咨询公司。

三 创意价值指数的例证应用——2022年北京上市文创企业创意价值指数

本报告以 38 家注册地在北京的上市文创企业为样本，通过创意价值指数评价指标体系进行应用研究，数据主要来源于各上市文创企业公示报告以及企查查平台开放的企业知识产权数据。

1. 创意智权成果指标应用分析

创意智权成果是创意价值的起点与基础。创意智权成果指标目前覆盖了企业所拥有的自主品牌商标、自主专利技术、自主作品著作权和自主软件著作权 4 类知识产权成果。2022 年北京上市文创企业创意智权成果指标排名前十依次为掌阅科技、汉王科技、神州泰岳、中文在线、元隆雅图、值得买、零点有数、新华网、锋尚文化、探路者（见图 3）。

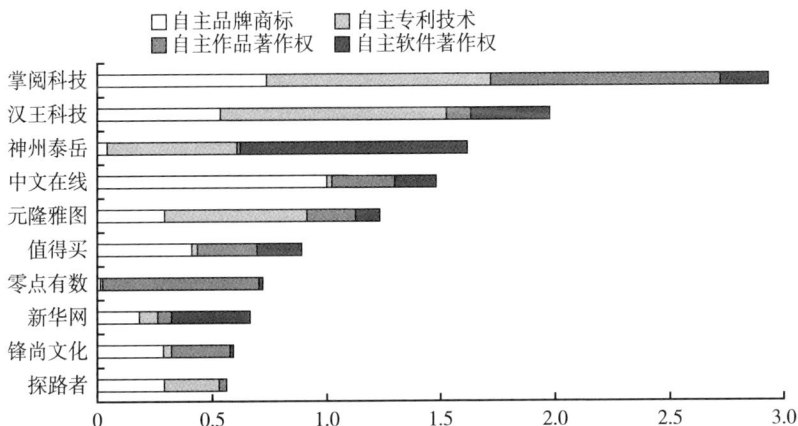

图 3　2022 年北京上市文创企业创意智权成果指标排名前十

资料来源：企查查平台开放数据，CCCI 中传文产咨询公司。

具体来看，这 10 家上市文创企业的创意智权成果优势不尽相同。排名第一的掌阅科技是一家互联网数字阅读服务平台，从图 3 可以看出，在外部结构对比中，掌阅科技在自主品牌商标、自主专利技术和自主作品著作权方面均占据优势；在内部结构对比中，掌阅科技所拥有的创意智权成果在专利和作品著作权方面的优势更为明显。截至2023年3月末，掌阅科技拥有授权专利502项，其中发明专利326项、实用新型专利24项、外观设计专利152项；拥有登记作品著作权148项。除此之外，掌阅科技拥有登记软件著作权124项；拥有注册商标1160件，涵盖了商标类目表的45类。可以说，掌阅科技拥有丰富的创意智权成果，为企业的创意产品化奠定了良好的基础。

创意智权成果指标排名第二的汉王科技，从事以模式识别为核心的智能交互领域，从图3可以看出，在外部结构对比中，汉王科技在自主品牌商标、自主专利技术、自主软件著作权方面具有相对优势；在内部结构对比中，汉王科技的自主专利技术创意智权成果更为突出。截至2023年3月末，汉王科技拥有授权专利510项，数量位居样本企业之首，其中发明专利301项、实用新型专利78项、外观设计专利131项。另外，汉王科技还拥有注册商标837件、自主软件著作权204项、自主作品著作权15项。

神州泰岳排名创意智权成果指标第三，是一家深耕于ICT运营管理的企业，同时构建了手机游戏、物联网/通信、人工智能/大数据等业务板块。从图3可以看出，无论是外部结构对比，还是内部结构对比，神州泰岳的创意智权成果优势都在自主专利技术和自主软件著作权两个方面。截至2023年3月末，神州泰岳拥有授权专利288项，其中发明专利277项、实用新型专利8项、外观设计专利3项；拥有登记软件著作权588项，数量位居样本企业之首。

综合来看，北京上市文创企业的创意智权成果以自主品牌商标居多，占63%；其次是自主软件著作权，占19%；自主专利技术占14%；自主作品著作权占4%（见图4）。截至2022年3月末，38家北京上市文创企业合计拥有注册商标8436件、登记软件著作权2521项、授权专利1969项、登记作品著作权513项。

2. 创意产品化指标应用分析

创意产品化是创意价值体验流程及其项目落地的关键。创意产品化指标

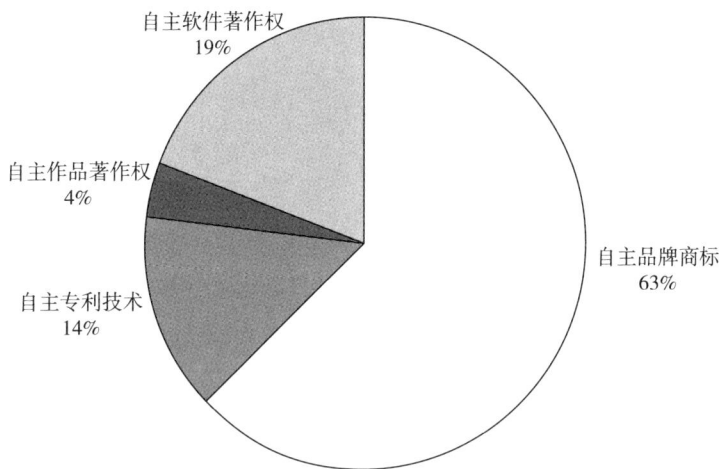

图 4　2022 年北京上市文创企业创意智权成果分类占比

资料来源：企查查平台公开数据，CCCI 中传文产咨询公司。

包含了从创意转化为资产、从创意转化为产品或服务以及创意产品或服务接受市场的检验效果。2022 年北京上市文创企业创意产品化指标排名前十依次为中国中免、万达电影、蓝色光标、中青旅、捷成股份、中国电影、元隆雅图、昆仑万维、中国出版、神州泰岳（见图 5）。

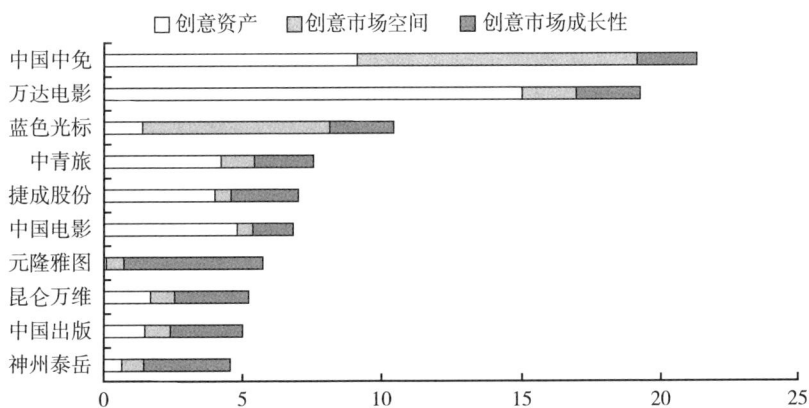

图 5　2022 年北京上市文创企业创意产品化指标排名前十

资料来源：各上市文创企业 2022 年第三季度报告，CCCI 中传文产咨询公司。

创意产品化指标排名第一的是中国中免，全称为中国旅游集团中免股份有限公司，主要从事旅游商品零售业。从创意智权成果指标来看，中国中免并未体现出较强的优势，在自主研发并拥有的创意相关知识产权方面的成果并不多，但其创意产品化指标却处于领先地位，主要是凭借其对合作方的品牌赋能，以及为合作方提供的创意产品营销与体验服务。中国中免旗下拥有世界最大的单体免税店海口国际免税城，以及成都双流机场、上海港国际客运站、杭州萧山机场 T4 航站楼等多地的免税店经营权，同时在众多品牌旅游零售渠道开展"首店""独家"等品牌合作。在营销方式与体验服务方面，以线上线下同步进行为策略，线上有直播、OTO（线上至线下）引流、KOL/KOC（关键意见领袖/关键意见消费者）宣传、短视频宣传、社交媒体宣传、OTA（在线旅行社）渠道宣传等多种方式，线下有 VIP 活动、艺术陈列、门店智慧零售场景、VR/AR 实景商城等，为消费者提供趣味、新颖的购物体验。2022 年前三季度，中国中免的无形资产和使用权资产合计超过 45 亿元，位居样本企业之首；营业收入超过 393 亿元。

创意产品化指标排名第二的是万达电影，其主要从事影院投资建设、院线电影发行、影院电影放映及相关衍生业务。万达电影与中国中免有相同之处，在自主研发或创作的创意智权成果方面并不出众，但万达电影基于合作方的创意智权成果而提供赋能服务，主要为影视作品的院线发行、影院放映、衍生品售卖等环节提供必不可少的服务。截至 2021 年末，万达电影在国内拥有已开业影院 790 家、银幕 6750 块，公司下属澳大利亚院线拥有影院 56 家、银幕 493 块，其中杜比影院 46 家、IMAX 银幕 385 块，此外还有自有高端品牌 PRIME 影院 133 家。从创意市场化指标结构可以看出，万达电影的创意资产优势明显，特别是使用权资产已经超过 66 亿元。2022 年前三季度，万达电影营业收入约为 77 亿元。

创意产品化指标排名第三的是蓝色光标，其是一家营销科技公司，以"内容、技术+服务"理念提供全案推广、全案广告代理等服务。蓝色光标提出的"内容、技术+服务"理念，从其创意智权成果上有所体现。综观蓝色光标的自主品牌商标，主要集中在广告销售、设计研发、教育娱乐、科学仪器、通信服务等方面；其 4 项自主专利技术分别涉及跨屏互动、跨领域知识迁移的标签嵌入、公众号信息影响力排序方法、话题自动标注等；另外，蓝色光标还有广告投放信息筛选系统、广告数据收集系统、品牌竞争分析系统、社交媒体画像分析系统等 27 项软件著作权。这些创意智权成果无疑为蓝色光标打下良好的基础，使其为众多品牌客户提供更优质的营销服务。2022 年前三季度，蓝色光标的营业收入达到 265.7 亿元，位居样本企业第二。

综合来看，2022 年前三季度，北京上市文创企业的创意资产均值约为 6.6 亿元，中位数为 1.2 亿元；创意市场营业收入均值约为 33.9 亿元，中位数为 12.2 亿元。创意市场成长性方面，仅有不到 1/4 的企业实现营业收入正向增长，收入萎缩幅度最大的是北京文化，2022 年前三季度营业收入同比下降 87.7%。

3. 创意盈利能力指标应用分析

创意盈利能力是创意落地后运营管理的重要绩效。创意盈利能力指标目前从创意利润、创意利润率、创意人均创收进行综合反映。2022 年北京上市文创企业创意盈利能力指标排名前十依次为中国中免、昆仑万维、捷成股份、蓝色光标、北京文化、掌阅科技、掌趣科技、神州泰岳、嘉曼服饰、流金科技（见图 6）。

创意盈利能力指标排名第一的是中国中免。从图 6 可以看出，中国中免的创意利润在样本企业中占据绝对优势，但创意利润率和创意人均创收并未凸显优势。2022 年前三季度，中国中免实现净利润 55.2 亿元，位居样本企业之首；毛利率约为 31.2%，处于中位数（28.7%）水平偏上；人均创收约为 267.4 万元。

创意盈利能力指标排名第二的是昆仑万维，该企业业务涉及社交、娱乐、元宇宙、信息分发、搜索及游戏等多个领域。从图 6 可以看出，与其他样本企业相比，昆仑万维的创意盈利优势体现在创意利润和创意利润率上。2022 年前三季度，其净利润达到 8.3 亿元，位居样本企业第二；毛利率达到 79.1%，位居样本企业第三。其 2021 年度公示报告显示，游戏业务毛利

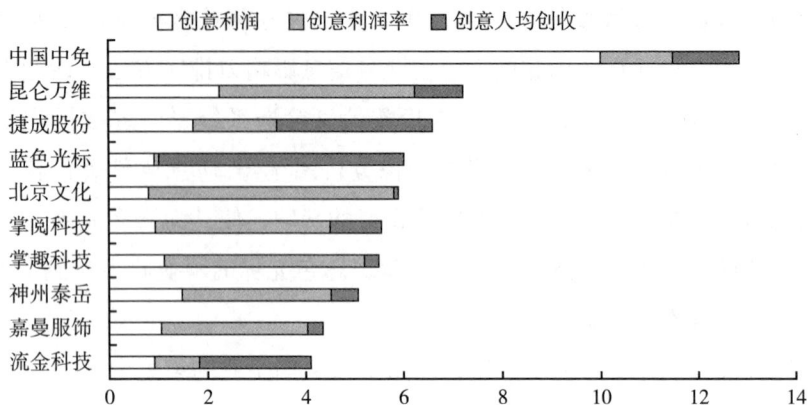

图6　2022年北京上市文创企业创意盈利能力指标排名前十

资料来源：各上市文创企业2022年第三季度报告，CCCI中传文产咨询公司。

率为42.37%，社交网络国内业务和海外业务毛利率分别为98.17%和51.86%，搜索业务毛利率为94.53%，广告业务毛利率为81.17%。

　　创意盈利能力指标排名第三的是捷成股份，该企业从事新媒体版权运营及发行，主要基于互联网技术对电影、电视、动漫、综艺等数字版权内容进行整合、分销、发行及运营。从图6来看，相较于其他样本企业，捷成股份的创意盈利优势在于创意利润和创意人均创收方面。2022年前三季度，其实现净利润5亿元，位居样本企业第三，人均创收约为590.6万元，位居样本企业第二。

　　综合来看，2022年前三季度，北京上市文创企业的净利润平均值在2亿元左右，中位数为0.34亿元，约1/3的样本企业在2022年前三季度的净利润为负，万达电影亏损额最高，超过5亿元。2022年前三季度，北京上市文创企业毛利率平均值约为33.7%，中位数为28.7%；人均创收平均值约为159.6万元，中位数约为99.2万元。

　　4.创意迭代创新指标应用分析

　　创意迭代创新是创意产品或服务保持生命力的重要手段。创意迭代创新指标目前从创新投入力度和持续创新活力进行综合反映。2022年北京上市文创企业创意迭代创新指标排名前十依次为中文在线、元隆雅图、掌阅科技、昆仑万维、神州泰岳、汉王科技、掌趣科技、新华网、华扬联众、锋尚文化（见图7）。

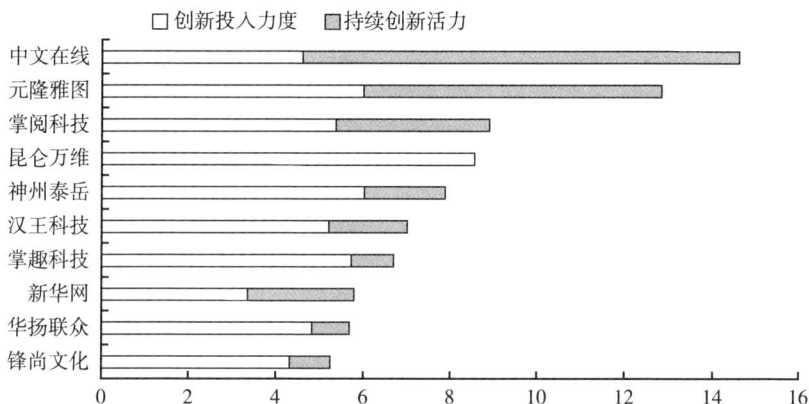

图7　2022 年北京上市文创企业创意迭代创新指标排名前十

资料来源：各上市文创企业 2022 年第三季度报告，CCCI 中传文产咨询公司。

创意迭代创新指标排名第一的是中文在线，其是一家以提供数字阅读产品、数字出版运营和数字内容增值服务为主的文创企业。从图 7 可以看出，中文在线的持续创新活力优势明显。截至 2023 年 3 月末，中文在线共计拥有有效注册商标 122 件，2022 年其提交商标注册申请 561 件，是样本企业中开展品牌商标注册活动最多的企业。2021 年，其提交的商标注册申请高达 1041 件，可以看出中文在线对品牌创新活动的失败容忍度较高，这也反映出企业对持续创新的态度和保持创新活力的文化基础。另外，2022 年，中文在线新增登记作品著作权 1 项和登记软件著作权 10 项。在创新投入力度方面，2022 年前三季度，中文在线的研发投入费用达到 1 亿元，同比增长 9.83%。

创意迭代创新指标排名第二的是元隆雅图，其是一家致力于通过新技术、新媒体、新应用的创意整合为客户提供新媒体营销价值链服务的文创企业。从图 7 可以看出，相较于其他样本企业，元隆雅图在持续创新活力方面的优势较为明显。相关数据显示，2022 年，该企业提交商标注册申请 349

件，数量位居样本企业第二；申请专利 34 项，数量位居样本企业第二；新增登记作品著作权 2 项、登记软件著作权 8 项。在创新投入力度方面，元隆雅图 2022 年前三季度的研发投入费用约为 9478 万元，同比增长 54.06%，增幅位居样本企业之首。

创意迭代创新指标排名第三的是掌阅科技。在创意智权成果指标排名中，掌阅科技位居榜首，之所以能够形成丰富的创意智权成果，在于其持续不懈的创新活动及研发投入。数据显示，2022 年，掌阅科技的专利申请达到 77 项，位居样本企业之首，其中发明专利 69 项、实用新型专利 1 项、外观设计专利 7 项。另外，掌阅科技在 2022 年提交商标注册申请 106 件，新增登记软件著作权 17 项、登记作品著作权 2 项。在创新投入力度方面，2022 年前三季度，掌阅科技共投入研发费用 1.5 亿元，同比增长 17.37%。

综合来看，在 2022 年北京上市文创企业经营收入普遍下降的情况下，依然能够保持创新研发投入的企业实属不易。在 38 家样本企业中，14 家企业坚持加大研发费用投入力度，占比约为 36.8%。2022 年前三季度，北京上市文创企业研发费用投入规模平均约为 5668 万元，中位数约为 1891 万元。

5. 2022 年北京上市文创企业创意价值指数综合分析及排序

2022 年北京上市文创企业创意价值指数十强分别是掌阅科技、中国中免、中文在线、元隆雅图、神州泰岳、汉王科技、万达电影、蓝色光标、昆仑万维、掌趣科技（见表 1）。

表 1 2022 年北京上市文创企业创意价值指数排序

排序	企业简称	创意智权成果指数	创意产品化指数	创意盈利能力指数	创意迭代创新指数	创意价值指数
1	掌阅科技	21.97	3.97	5.56	8.89	40.40
2	中国中免	0.06	21.26	12.86	3.26	37.44
3	中文在线	11.09	3.85	3.83	14.59	33.36
4	元隆雅图	9.28	5.72	3.48	12.85	31.33
5	神州泰岳	12.14	4.56	5.08	7.87	29.64
6	汉王科技	14.84	2.69	3.00	7.00	27.53

排序	企业简称	创意智权成果指数	创意产品化指数	创意盈利能力指数	创意迭代创新指数	创意价值指数
7	万达电影	1.38	19.23	1.08	2.66	24.35
8	蓝色光标	0.95	10.43	6.01	4.39	21.79
9	昆仑万维	0.62	5.21	7.21	8.56	21.61
10	掌趣科技	3.97	2.57	5.50	6.69	18.73
11	新华网	4.98	3.79	2.67	5.79	17.23
12	捷成股份	2.15	7.00	6.60	1.46	17.21
13	探路者	4.20	3.72	3.70	4.49	16.11
14	华扬联众	3.28	3.86	2.81	5.67	15.63
15	值得买	6.65	2.69	3.58	2.59	15.51
16	锋尚文化	4.43	2.17	2.35	5.24	14.19
17	零点有数	5.42	2.34	2.49	3.86	14.11
18	流金科技	1.39	3.82	4.10	4.29	13.61
19	人民网	1.04	3.53	3.54	4.54	12.66
20	歌华有线	2.52	3.72	1.91	4.34	12.48
21	中国电影	0.79	6.81	1.89	2.77	12.26
22	嘉曼服饰	0.70	2.97	4.36	3.89	11.92
23	光线传媒	3.19	2.16	2.50	3.47	11.32
24	中国科传	0.67	3.40	3.29	3.86	11.21
25	中国出版	0.00	5.01	3.23	2.77	11.00
26	北京文化	0.52	1.33	5.90	3.24	10.99
27	中青旅	1.90	7.51	1.33	0.23	10.96
28	北巴传媒	0.06	3.93	2.65	3.69	10.34
29	中信出版	0.33	3.21	3.27	3.48	10.28
30	福石控股	0.10	3.40	2.92	3.26	9.67
31	宣亚国际	0.07	3.61	3.42	1.79	8.89
32	天地在线	1.09	2.66	2.25	2.81	8.82
33	百纳千成	1.62	1.21	1.94	3.31	8.08
34	引力传媒	0.13	2.96	2.70	1.66	7.45
35	金一文化	2.08	1.86	0.97	1.91	6.82
36	殷图网联	0.37	1.43	2.21	2.68	6.69
37	中科云网	0.30	0.56	3.92	0.55	5.33
38	腾信创新	0.89	0.50	1.12	2.58	5.10

本报告依据创意价值指数 IECU 模型进行从创意到智造的价值曲线分析，并将样本企业划分为两类：原生型创意企业和服务型创意企业。原生型创意企业是指依靠自身源源不断的创意，将创意智权成果转化为产品或服务，进而形成创意经营和持续盈利模式的企业。典型代表企业有掌阅科技、汉王科技、神州泰岳、中文在线、元隆雅图、值得买、零点有数、新华网、锋尚文化、探路者、掌趣科技、光线传媒（见图 8）。可以看出，原生型创意企业在创意产品化阶段会形成价值"洼地"，这是因为大量的创意智权成果在进入产品化阶段会接受市场检验，进而形成筛选，经受住市场检验的创意将会进入商业化经营与盈利阶段，并通过持续的创意迭代创新保持产品生命力。从价值投资的角度看，价值"洼地"形成阶段投资风险大，但投资回报高。

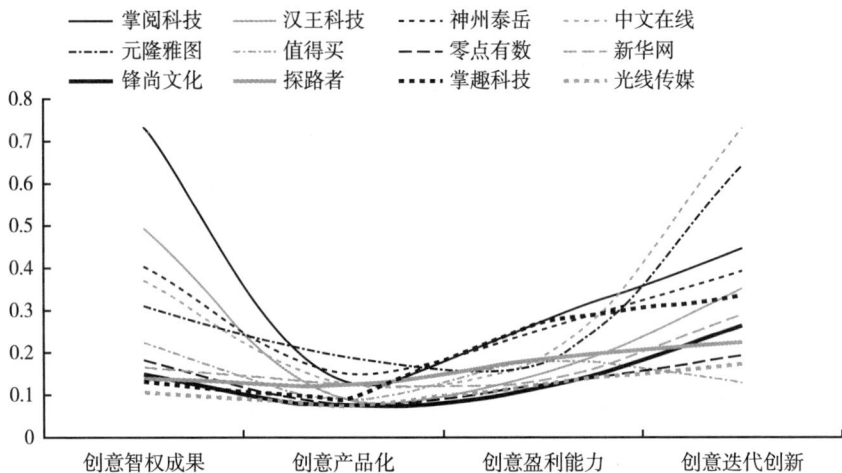

图 8　创意价值指数曲线（原生型创意企业）

资料来源：CCCI 中传文产咨询公司。

服务型创意企业是指以赋能其他企业品牌创意为主的企业，服务型创意企业在提供服务的过程中拥有其他创意智权成果的相应使用权（如发行权、出租权、展览权、表演权、广播权、放映权、信息网络传播权等），通过服务品质和竞争力形成可持续盈利模式。典型代表企业有捷成股份、中青旅、流金科技、万达电影、人民网、蓝色光标、中国电影、嘉曼服饰、中国科传、昆仑万维、中信出版、引力传媒、福石控股、宣亚国际、中国中免、北巴传媒、中国出版（见图9）。服务型创意企业的创意价值指数曲线大多呈现平缓向上的发展趋势。只有在创意产品化阶段形成自身竞争力，才能推动企业可持续性发展。值得注意的是，从创意价值指数曲线来看，万达电影和中国中免都属于创意产品化能力较强的企业；但在创意盈利能力方面，万达电影并没有形成相应的优势，后续有待继续跟踪研究。

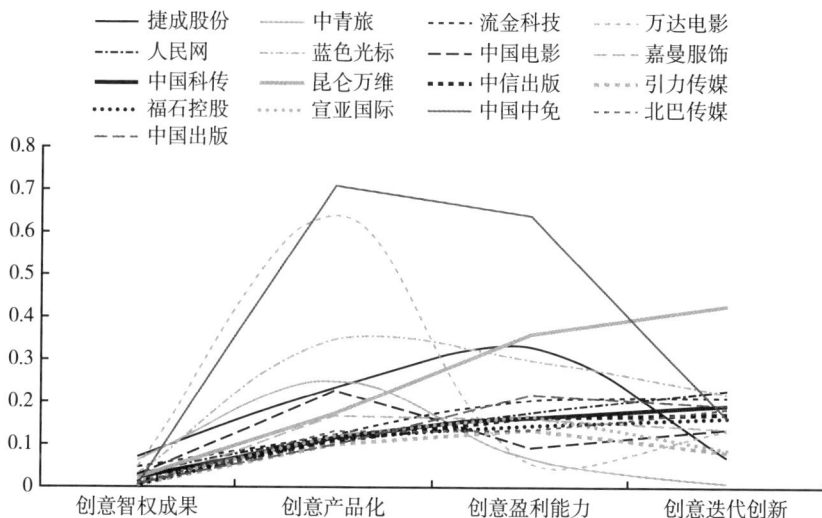

图9　创意价值指数曲线（服务型创意企业）

资料来源：CCCI中传文产咨询公司。

四　创意价值指数的延展应用建议与系统设计

基于上市企业数据的公开性和可得性，本报告以北京市上市文创企业作为样本，形成创意价值指数的区域性专题应用分析，未来可以进行持续的样本跟踪，并拓展更为广泛的区域上市文创企业样本，形成覆盖全国的创意价值指数应用。与此同时，构建上市文创企业创意价值定标，进而发挥参考坐标功能，为其他准上市文创企业或同行业文创企业提供企业发展参考，以助力文创企业进行战略定位、赛道选择等。

基于更多样本文创企业的覆盖和参评应用，将累积形成文创企业样本池，创意价值指数也将更好地发挥其作为投资价值参考指南的作用。与此同时，充分发挥指数在资源配置优化与集成上的作用，拓展多方面的应用服务，包括以下内容。一是创意价值指数体验空间。一方面可以作为创意数据地图呈现，另一方面可以为企业提供创意发布、创意体验等空间服务。二是创意智造实验平台。链接市场需求、创意团队、院校成果转化等相关机构资源和合作需求，提供从创意到智造的概念产品或实验性产品的实验与体验平台。三是创意金融延伸服务与衍生品设计。围绕创意价值指数样本企业需求进行趋同和差异分析，延伸金融服务，拓展创意金融衍生品设计，如城市创意资产包、指数产业投资基金、可交易指数等。

参考文献

〔英〕克里斯·比尔顿、〔新西兰〕斯蒂芬·卡明思：《创意战略：商业与创新的再联结》，向方勇译，金城出版社，2015。

江金骐：《从汉诺威工业智造指数看中国"未来工业"——访北京理工大学教授、汉诺威工业智造指数创制人崔新生》，《中国企业报》2019年5月14日。

崔新生：《工业遗产规划和设计大纲——工业遗产保护、国家工业文化战略实施和价值应用》，《遗产与保护研究》2018年第5期。

B.14

数字赋能文商旅融合发展的路径解析*

陈　端　王汝冰　王　雪**

摘　要： 2022 年 10 月，推进文化和旅游深度融合发展正式写入党的二十大报告。把商业要素植入文旅融合，以文化为灵魂、旅游为载体、数字技术为助力，通过文商旅的融合发展，把多个目标市场整合为一个内在耦合的统一大市场，通过业态创新带动产业融合、互利共生，通过规模效应扩大商业价值变现底盘是大势所趋。本报告针对当前产业复苏势能强劲而业态滞后的现状，分析数字赋能文商旅融合发展的内在动因与底层逻辑，分析其在数字基础设施建设以及与人才、政策、产业、产品等要素协同方面的重要作用，探析文商旅融合发展的传导过程，并归纳当前文商旅融合发展具有的整体特点。本报告将文商旅综合体划分为"主题景观+商业衍生服务""商业街区+文化体验""文化消费场景+商业服务"三类，结合实际案例对文商旅综合体的发展现状进行剖析，从资源整合、业态整合、要素整合、市场整合、政策支持 5 个维度总结文商旅融合发展的底层架构，从需求端视角总结当前北京地区文商旅融合发展进程中面临的品牌运营规划欠缺、产业业态耦合度不足、市场主体和资源分散等问题，并提出推进资源整合、实现主体联动、做好品牌形象搭配等相关建议。

---

　*　本报告系 2019 年国家社会科学基金一般项目"大众传媒与乡村振兴的互动逻辑与路径选择研究"（项目批准号：19BXW043）的阶段性研究成果。

**　陈端，中国人民大学传媒经济学博士，中央财经大学数字经济融合创新发展中心主任，主要研究方向为互联网经济和数字经济教学；王汝冰、王雪，中央财经大学文化传媒学院研究生，主要研究方向为传媒经济学。

关键词： 数字赋能　文商旅融合发展　业态融合　跨界创新

2023 年，我国文旅产业强势复苏。根据文化和旅游部数据中心数据，2023 年"五一"假期，全国国内旅游出行人数为 2.74 亿人次，同比增长 70.83%，国内旅游收入为 1480.56 亿元，同比增长 128.90%，按可比口径恢复至 2019 年同期的 100.66%，消费活跃度创下历史新高。但当前，我国文旅产业产品服务体系不健全、业态滞后、附加值不高、游客接待能力不足，严重制约了产业效益的提高。随着数字技术的不断发展，线上线下流量加速协同，文商旅融合发展带动现代服务业整体升级已经是大势所趋。本报告结合技术逻辑、产业逻辑对文商旅融合发展的内在动因、基本特点及传导机制进行系统梳理，以期为我国文商旅业态升级提供路径优化决策参考。

一　文商旅融合发展的内在动因

（一）数字赋能背景下的产业内生逻辑驱动

2022 年 2 月，中共中央、国务院印发《数字中国建设整体布局规划》，提出了数字中国建设的框架结构，指出建设数字中国是数字时代推进中国式现代化的重要引擎，是构筑国家竞争新优势的有力支撑。这一规划指出了数字技术在未来经济领域的重要作用，业界学者的前序研究也证明，数字经济发展对产业结构升级具有显著的正向促进作用。在文商旅领域，数字技术提供了更多新场景与新形式，为文商旅融合发展提供技术层面的支持。

近年来，VR、AR、全息投影、元宇宙等新技术快速发展，广泛应用于文化展览、商业演出、科普教育等领域，在以 Z 世代与 Y 世代为主流消费人群的当下，普通文旅产品已无法满足、顺应需求侧的新要求、新变化，文商旅融合发展已成为供给侧结构性改革的必然趋势。Dimitrios 认为，媒体技术是未来旅游业发展的新关键点，新兴媒体技术的运用必将对未来旅游业产生重大影响。陈红玲等学者也指出，技术进步、人力资本积累和制度变革都会助推文化产业与旅游业融合发展，因此要更加注重技术创新。中国的数字技术在近几年得到了快速的发展，在文商旅融合发展过程中也得到了一定的运用。同时，短视频用户规模快速扩大，和虚拟数字人、数字藏品等新型数字化产品实现载体交互，为文商旅业态基于线上线下流量协同、IP 联动、价值共建进行深度融合发展提供了外部支撑。

数字赋能文商旅深度融合发展，体现在以下维度。首先，数字基础设施可以通过智能化、数字化手段，以"线上服务+线下体验"相结合的方式打破时空隔阂，通过故事性、创意化、科技感的手段，带给消费者具有感染力和参与感的旅游场景，为客户提供精准化、趣味化的产品和服务；其次，数字技术与人才、政策、产业、产品等要素协同，推动文旅产业与三次产业融合发展。数字技术促进文商旅各产业资源整合，帮助地方文化"活"起来、"动"起来，打破壁垒，打造具有丰富体验的数字文化产品与文旅景观，推动产业融合发展和商业模式创新。

（二）政策红利助力下的主体活力释放

伴随旅游业的整体回暖，中国政府大力支持文商旅融合发展，各地推出大量具有地方特色、促进产业优势互补的新型文商旅综合体及文商旅一体化产品，推动融合型旅游项目发展。根据《中国文化产业和旅游业年度盘点报告（2022）》，全国地区旅游活跃度呈现先降后升的特点，全国各地均推出为文商旅产业纾困解难的相关政策，在供给端和需求端上给予了充分支持，释放多主体活力。在供给端出台专项贷款政策，加强对文商旅产业的信贷资金支持，做好普惠政策落地服务；在需求端降低文旅消费成本与门槛，通过发放消费券、补贴支持文商旅产业发展。为缓解文商旅企业的经营压力，各地政府积极支持文商旅产业发展，鼓励其在产品与品牌上进行开拓创新，尝试发展一些新的产业增长点。数字技术赋能文商旅融合发展的传导机制见图 1。

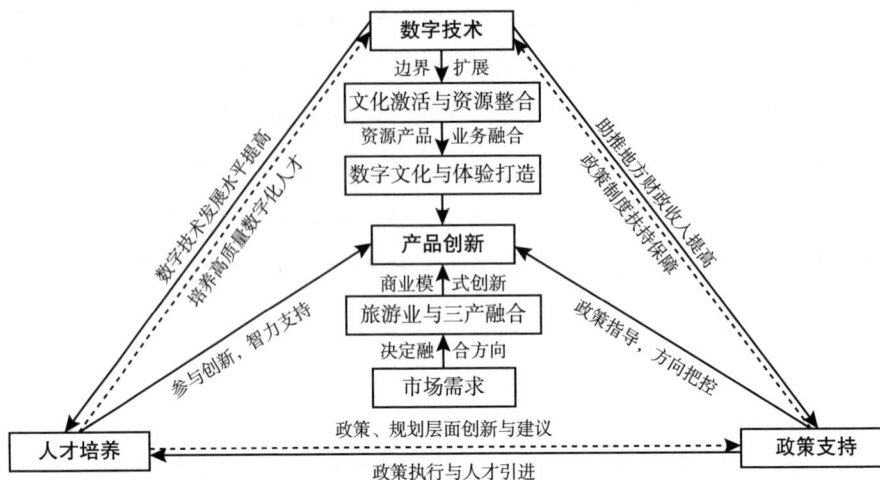

图1 数字技术赋能文商旅融合发展的传导机制

二 文商旅融合发展的总体特征

（一）以新兴技术为依托

在新兴技术的支持下，不同形态的虚拟内容与文旅景区、商圈等线下场景形成相互关联的故事线，用户能够使用手机 App、小程序或 AR 眼镜等全终端设备获得虚实融合的沉浸式娱乐体验。一个文商旅融合发展项目的"出圈"，需要硬件、软件、内容等相辅相成，这对核心技术能力提出挑战。

当前，我国有关部门在诸多商业步行街打造了智慧商圈，积极通过新型技术进行文商旅融合创新。智慧商圈的建设以互联网、移动互联网、大数据、云计算等为基础，涵盖"智慧商务""智慧营销""智慧环境""智慧生活""智慧管理""智慧服务""智慧停车"等智慧应用平台，在"文"方面，依托多媒体技术、互联网技术实时展现地方文化，通过数字化赋能与呈现，让古文物"动起来"，让古人讲述历史，能够更好地展现文化价值；在"商"方面，通过与美团、腾讯等互联网公司进行合作，搭建数字化平台，打造"线上服务平台+线下'黑科技'体验"的服务模式，提高服务能力，打造沉浸式服务产品；在"旅"方面，充分利用社交平台的数据分析与推送，匹配游客需求，通过 AI 等手段，为游客提供定制化的服务与建议，打造特色城市线路，提高公共服务的精度与水平（见图 2）。通过技术创新性应用，帮助区域内商家创新服务模式，快速精准感知消费者需求并及时响应，帮助个体融入产业发展，抓住机遇，助力文商旅融合发展水平的进一步提高。

图 2 智慧商圈在文商旅领域的作用效果

（二）以特色文化为灵魂

目前，文商旅融合发展项目的打造核心仍是具有地方特色的区域性文化，通过文化内核的差异化实现文旅景区的差异化。当前以"文"为核心的发展路径，主要以具有地方文化元素的地方特产推广当地文化，以地域特色吸引旅游者，构建地方自身的区域品牌与文化 IP，通过文化吸引，拓宽地方手工艺品、文创等旅游周边产品的销售渠道，通过激发消费潜力带动地方产业升级与发展（见图 3）。通过技术赋能，旅游者能够通过穿戴设备等完成体验流程，通过数字化产品深入理解文化内涵，并通过媒体平台完成经验分享及文化的二次创造与宣传。"以商载文、以文促旅、以旅兴商"的发展路径，在发展地方文化、传承传统文化、保护特色文化方面具有重要作用，地方政府、景区通过保护历史文化建筑、营造文化体验环境、开展文化主题活动，增强消费者对文化内涵的感知，从而塑造具有历史记忆、文化脉络、地方特点的文旅景区。

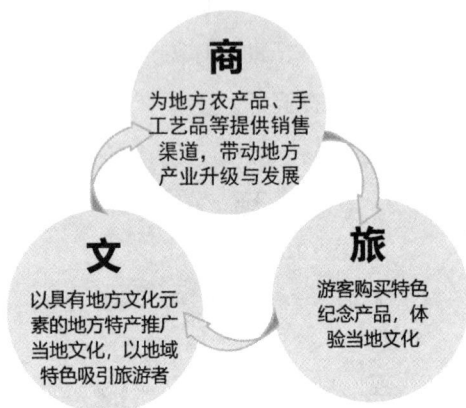

图3　特色文化在文商旅领域的作用效果

（三）以多元品牌为支撑

2019年，商务部发布《推动步行街改造提升工作方案》，指出要发展当地特色品牌和老字号品牌，积极引进国外知名品牌，打造对外开放的重要窗口。文商旅融合发展需要一批具有影响力的新品牌，尤其是当前具有良好流量转化效果的影视剧IP、文化IP，以及具有一定区域影响力与知名度的老字号特色品牌。例如，故宫博物院、上海迪士尼度假区等园区可以发挥自身IP影响力带动相关产业发展，从提供"游览服务"向提供"体验服务"转变，通过技术呈现、文创产品打造形成自身品牌矩阵，建立消费者与品牌之间的情感联系，增强消费者的文化认同，提高消费者对品牌理念、形象等要素的依恋度与忠诚度。"老品牌"在发展中也应体现新活力，一方面成为地方文化与历史的承载，另一方面成为标杆实现引流效果。例如，上海南京路步行街通过保留百联一百等"老上海"品牌，打造具有地方标志的商业街区，通过发挥品牌的规模效应，对国内外游客形成一定吸引力，为文商旅景区引流。

（四）以沉浸式场景为特色

沉浸式体验通过对空间氛围与人文环境的重新塑造，让人们短暂脱离原有的社会环境，与周围环境达成价值观上的共鸣，进入沉浸状态。伴随消费者体验性需求的增长，以及消费习惯从"购买纪念品"向"购买体验与回忆"的变化，文商旅景区更加注重场景打造，通过沉浸式的商业空间与配套服务，满足消费者"景点打卡"的社交需求；通过提高消费者的交互度与参与度，增强消费者对于文化、理念的认同；通过话题讨论、氛围营造、场景互动，建立与消费者之间的情感联系。例如，西安大唐不夜城通过灯光、舞台演艺等方式，使游客置身"大唐盛世"，与"古人"进行互动；通过汉服换装、沉浸式演艺等方式，为游客打造一个沉浸式的旅游体验场景。

三 文商旅综合体的基本特征

通过打造业态复合的空间载体来承载文商旅深度融合发展是未来趋势，不同的文商旅综合体也有自身的侧重点，本报告将文商旅综合体大致分为以下三大类，分别结合典型案例进行剖析。

（一）"主题景观+商业衍生服务"类

主题景观群的打造需要结合 IP、文化以及区域特色、定位，以主题景观带动商业流量资源集聚，需要具有鲜明的文化内核。

以西安大唐不夜城为例，从"文"的角度来看，西安大唐不夜城具有深厚的文化底蕴，整个景区的陈设都以大唐文化元素为主，能够以浓厚的地域特色充分吸引各地游客。从"商"的角度来看，西安大唐不夜城为当地群众提供了新的就业岗位，同时带来商业消费，在一定程度上推动了当地的经济发展。从"旅"的角度来看,游客能够购买当地特色小吃、文创产品,在购物的同时游览当地夜景,参与了一场文化之旅,获得更具有内涵和价值的旅行体验。而在技术层面,西安大唐不夜城借助灯光、VR等新技术,紧跟新媒体的发展趋势,通过网络社交平台及各类"网红"、达人的直播进行持续性曝光,在网络上发起相关话题讨论,吸引了更多游客前来游玩。

国外以美国洛杉矶City Walk为例。City Walk以电影主题商业街、极具视觉冲击力的店铺建筑风格吸引游客,给予游客强烈的视觉刺激。City Walk依托奥斯卡颁奖典礼及电影主题活动,逐渐形成了以电影为主题的欢庆广场,用电影文化推动了商业发展。动感时尚类的商业店铺占比达70%,定位了商业娱乐化的服务核心。City Walk以电影作为主题,定位明确,凸显时尚性,同时开发了多样化的娱乐活动,让消费者能够不自觉地延长驻足时长,以特色文化驱动经济发展。

(二)"商业街区+文化体验"类

在商业街区的基础上注入文化内涵进行改造提升,协调多方资源、优化资源配置,能够构建共生共荣的新型商业跨界模式,虽以文化为导向、以旅游业为驱动,但其核心仍是商业发展。文商旅融合发展是商业集群改造的新思路和新方向,能够改变常规内向循环的封闭式发展模式,进一步满足大众的新消费需求。商业、旅行、文化在商业街区相互渗透,是不可分割的系统体系。

杭州万科天空之城·小藤街(以下简称"小藤街")是商业街区转型的良好案例。小藤街以社区商业街为载体、以地铁站为接口,打造成"让生活沸腾的24小时漫游式活力小街"。小藤街以青年友好作为主要理念,精准定位消费群体,在业态组合上更重视年轻人的感受,开业即登顶大众点评杭州新店销售额榜单。小藤街的独特性,增强了消费者线下购买的意愿。在文化体验上,小藤街带来音乐剧、街舞、吉他弹唱等艺术活动,构建了一个可观可赏的艺术街区。感兴趣的消费者能够在此体验不同的文化活动,如天空纳凉派对等。

商业街区更容易带动当地文化产业的发展，广州市天河区也打造了天河城广场、正佳广场等商业综合街区，融入了时代艺术价值观，将人文资源重新整合与利用。例如，正佳广场非常看重文化对商业街区的支撑，不仅邀请国学大师饶宗颐题字，还聘请城市设计顾问设计商圈标志性景观，在增加文化底蕴的同时打造文化消费新场景。在文化体验方面，正佳广场加设了极地海洋世界、广正街文化旅游街、自然科学博物馆等文化体验项目，为商圈的文化体验注入了新的活力。

（三）"文化消费场景+商业服务"类

随着图书馆、博物馆不断场景化，通过媒体技术赋能文化传承、展品呈现等，可以增强消费者的参与感。在图书馆、博物馆等公共文化空间之上叠加商业服务元素，打造复合型体验空间和业态空间，能够推动文商旅融合发展。

苏州诚品书店引自台湾诚品书店，一经开业就引来众多消费者"打卡"。据官方报道，苏州诚品书店的图书种类超过 15 万种，能满足消费者的多样化需求。作为公共文化空间，苏州诚品书店的核心价值理念是"人文、艺术、创意、生活"，以书店为载体打造品牌的文化形象。同时，它将园林、湖水等具有苏州特色的建筑风格融入其中，增强消费者的文化体验感。而从商业的角度来看，苏州诚品书店瞄准有潜力成为长期用户的读者，因此其通过复合式多元经营方式，在公共文化空间的基础上强调商业价值，强调"书与非书"的互动式体验，打造"诚品"品牌。同时，苏州诚品书店将商业服务融入图书的文化价值，直接提升了商业服务的层次，吸引更多关注精神享受的消费者。

综上所述，文商旅融合发展是一个逐渐深入的过程。内容创新、技术赋能、模式多元化都会成为未来文商旅融合发展的重要支撑。在此背景下，未来也需要进一步探究文化消费和旅游消费之间的协同发展关系，进一步做好两者的深层次融合。

四 文商旅融合发展的底层架构剖析

文商旅在融合发展过程中兼具社会与经济功能，在当前供给侧无法完全匹配需求侧的整体背景之下，文商旅借助数字技术实现重组、融合已成为必然，从影响因素与影响机制上看，这离不开资源、业态、市场、要素的整合与政策的支持与保障。通过对文商旅融合发展现状及案例的分析，结合现有的研究成果，本报告对文商旅融合发展路径进行总结。文商旅融合发展的底层架构见图4。

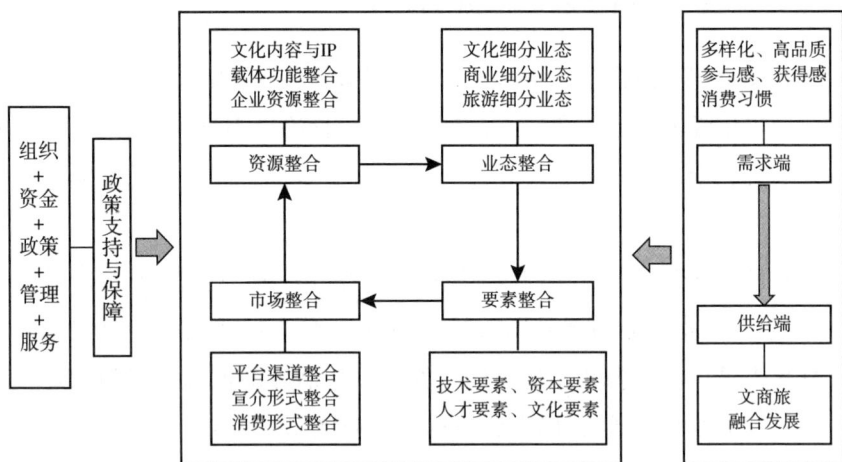

图4 文商旅融合发展的底层架构

资源整合是前提。一是文商旅融合发展离不开文化IP、品牌内涵、历史底蕴等无形资产的支撑，无形资产作为产品的内核，在整合开发过程中，能够最大限度地提高配置效率，打造多元产品，实现更高效的市场协同开发；二是文商旅融合发展过程中所对应的物质载体与场景，能够通过一定的经营方式、体制机制实现有形资产的共建共用；三是文商旅融合发展离不开企业，通过鼓励企业入场经营，运用市场化经营方式推进企业间的合作与良性竞争，整合不同企业间的资源，实现供应链上下游间的业务、流程、生产、营销的资源整合。

业态整合是核心。文商旅市场主体类型众多，规模、发展水平不等，文商旅通过整合资源、共享客群、共塑品牌、共创服务，在具体的经营服务过程中实现深度融合，充分发挥市场主体之间的互动与联动作用，形成一个有机生态系统，发挥各自产业优势，更好地实现产业融合，共享市场红利，实现科学高效的协同发展，从而形成规模效应，在区域范围内打造拥有高知名度的优质品牌；通过业态融合，能够打破原有产业链壁垒，运用商业化手段在服务优化、产品创新、场景打造等方面融入市场化因素，实现优势互补，为文旅发展、技术落地带来更多机遇。

要素整合是关键。当前，元宇宙、AIGC、虚拟现实等数字化技术及概念为第三产业发展带来更多媒介支撑，通过整合技术要素，融入文商旅产品创新，为产业升级带来坚实支撑；此外，鼓励人才创新，引入智力支撑，整合文化要素，挖掘地方历史内涵，能够提高产业运营的整体效率，通过产业化手段促进地方就业与文化保护。

市场整合是落点。通过市场整合，实现平台渠道、宣介形式、消费形式的整合，打通市场阻隔，利用市场营销优势打造新的消费路径，为文商旅融合发展创造更大的市场空间。文商旅融合发展传导机制见图 5。

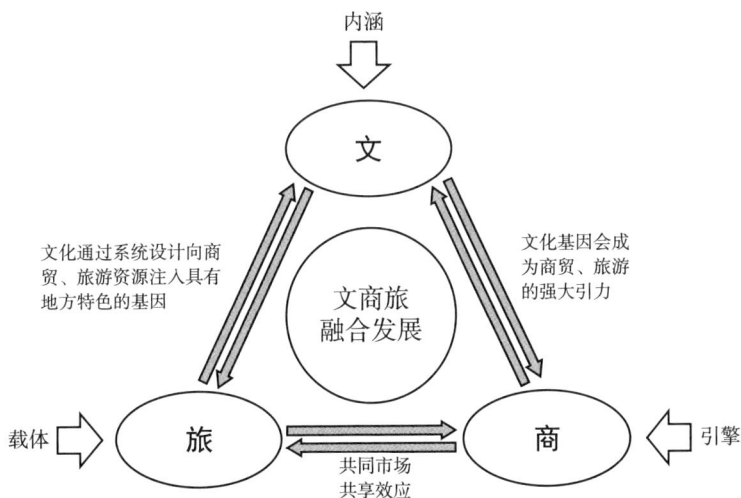

图 5　文商旅融合发展传导机制

政策支持是保障。产业间的相通、相融、共生，不能仅靠内生动力实现，还需要政府的支持与助力。文商旅融合发展涉及不同部门之间的机制协调与政策协同，文商旅综合体的打造离不开城市规划、财税金融等的支持，不同部门存在指导理念和政策侧重上的差异，需要推进职能融合，整合地方文旅发展专项资金和银行信贷资金等不同金融资源，优化产业引导政策机制，做好市场监管。

五　北京地区文商旅融合发展面临的问题

北京作为首都，承担了全国政治中心、全国文化中心、国际交往中心、国际科技创新中心的职能，能利用政策红利促进文商旅融合发展。2021年7月，北京等5个城市获批成为国际消费中心试点城市，同年8月，北京市委办公厅、市政府办公厅印发《北京市关于加快建设全球数字经济标杆城市的实施方案》，要求以数字技术助推文商旅融合发展，以数字链接、数字体验促进"以文塑旅、以文带商、以旅彰文"，进一步推进国际消费中心城市建设。在北京建设国际消费中心城市的过程中，文商旅融合发展亦是重要路径。当前，北京文商旅产业资源较为丰富，具有良好的数字经济发展基础，政策支持与保障水平较高。但目前来看，北京市文商旅深度融合发展存在一定阻力，需通过各方合力共同解决，推进国际消费中心城市建设，从而打造文商旅深度融合发展的标杆。

（一）品牌运营规划欠缺

当前，北京文商旅融合发展项目获得较多政策支持与关注，商业街区、旅游景观较多，但存在同质性，缺乏核心竞争力和差异化优势，如前门、南锣鼓巷等文商旅街区店铺设置较为"网红化"，售卖的文创及周边产品缺少特色，同质化的商业街区不能吸引消费者复游，往往在策划及运营阶段出现偏差，在目标客群、品牌定位等方面存在问题，为招商而招商，最终导致风格混乱，与最初定位背道而驰。

（二）产业业态耦合度不足

文商旅融合发展首先体现在产品和业态层面。当前，北京虽打造了一些地标型文商旅综合体，在景区资源、商圈建设方面具有得天独厚的优势，但内部经营管理模式滞后，政策制度管理、产品创新推广、服务体系建设等不同业态之间缺乏有机关联，难以形成交叉导流和 IP 联动的有机耦合关系，独立性较强，融合程度不高，既不利于区域带动能力的提升，也影响到游客端的整体体验。

（三）市场主体和资源分散

当前，北京已打造的 IP 分散在不同项目中，不同项目部门关系、人员关系、职能分布较为复杂，优质资源在空间上较为分散，缺乏统筹、规划与发展体制，挖掘与转化效果不足，难以承载融合业态发展，产业领域内各主体的资源整合主动性较弱，难以形成合力，在政策执行、战略制定等方面具有独立性，项目管理、政策制定等方面的跨部门合作难度大，影响了文商旅主体间的合作与创新积极性，关联整合力度仍需加大。同时，产业领域内部关联消费、延伸消费、衍生消费的挖掘与拓展力度不足，优质技术能力与智力支持较弱，未能充分利用业态融合带来的市场机遇。

六　推动北京文商旅深度融合发展的建议

（一）推进资源整合，实现主体联动

北京文旅部门应广泛建立 IP 调查、申报与评估的相关机制，深入挖掘北京特色文化、红色文化等文化内涵，推动 IP 创造性转化，实现创新性发展，盘活文商旅 IP 文化、商业价值，在文化呈现、周边产品打造等方面推陈出新；同时，推进载体资源整合，积极发展参与式、体验式消费业态，加强特色商圈、场景打造，利用区域资源、技术支持实现业态创新，积极发展角色体验式、故事沉浸式活动，充分挖掘资源价值；建立多层次、广覆盖的文商旅同业及异业发展组织，推进企业间业务的相互促进，实现跨行业、跨领域整合，实现北京文商旅经营资源整体化运营，打造精品线路，提高发展活力，共同展现北京文商旅魅力。

（二）做好品牌形象搭配，实现整体良性发展

深入挖掘北京地方品牌价值，有意识地挖掘本土特色品牌，引进独有品牌，在区域内部招商、经营过程中，注重品牌选择与搭配，避免出现大品牌挤压小品牌、连锁店挤压个性化品牌、同质化品牌挤压差异化品牌等现象，注重整体融合发展以及品牌形象塑造。北京的老字号品牌众多，但在发展过程中缺乏创新活力，在特色品牌及老字号企业转型过程中，应抓住数字经济发展契机，通过政策倾斜、财政支持等方式，鼓励北京传统品牌及企业在文化呈现、形象塑造等方面进行创新，积极利用数字媒体及商业技术等推出新的特色产品，提高自身服务能力，提高品牌活力与知名度，扩大自身影响力，塑造良好口碑，积极融入文商旅融合发展进程。

北京作为全国政治、文化中心，应在文商旅融合发展过程中注重全球化发展，打造能够面向国际的旅游品牌形象，在发展地方特色文化的过程中，发展能够展示东方文化的特色文商旅产品，更好地满足国际国内不断升级的消费需求，提高文商旅产业的品质与品味。

（三）建立城市数字平台，实现数据共享和技术共建

在文商旅融合发展过程中，数字技术是支撑。为适应需求端的不断升级以及互联网技术的不断发展，北京应在政府层面建立数字平台，将城市的文化、商业、旅游方面的信息进行整合，通过数据共享，帮助有关部门及文商旅业态主体在更具体细化的层面分析产业发展动态，为调整发展策略、深化产业融合、促进资源整合提供有力的数据支撑，为消费者提供更便捷、更具沉浸感的体验环境。同时，积极推进智能街区、智能景区等的建设，对商业主体、旅游景区进行数字化赋能，提升管理水平，创新服务

方式，提高服务水平。在产业融合过程中，发挥主体间的技术带动作用，通过信息、经验共享，以技术为依托，充分利用 VR、AR 等信息技术手段，共同打造具有北京城市特色、IP 联动的文商旅产品，提高城市内不同区域的关联性，呈现文化情景，共同讲好城市故事，打造城市特色。

参考文献

《2023 年"五一"假期文化和旅游市场情况》，文化和旅游部网站，2023 年 5 月 3 日，https：//www. mct. gov. cn/whzx/whyw/202305/t20230503_ 943504. htm。

《2020 年"五一"小长假全国共接待游客 1. 15 亿人次》，文化和旅游部网站，2020 年 5 月 5 日，https：//www. mct. gov. cn/whzx/whyw/202005/t20200505_ 852977. htm。

纪园园、朱平芳：《数字经济赋能产业结构升级：需求牵引和供给优化》，《学术月刊》2022 年第 4 期。

陈红玲、陈文捷：《基于新增长理论的广西民族文化产业与旅游产业融合发展研究》，《广西社会科学》2013 年第 4 期。

梁慧超、任俐璇：《数字技术推动旅游业与三次产业融合发展的路径研究》，《财贸研究》2022 年第 6 期。

北京京和文旅发展研究院编《中国文化产业和旅游业年度盘点报告（2022）》，2023。

《推动步行街改造提升工作方案》，商务部网站，2019 年 8 月 30 日，http：//www. mofcom. gov. cn/article/h/redht/201909/20190902896483. shtml。

《一条街 一座城 | 美国洛杉矶 City Walk》，搜狐网，2018 年 9 月 6 日，https：//www. sohu. com/a/252269480_ 748672。

张芳、吕秋菊：《商旅文跨界融合视角下商业步行街改造提升路径分析》，《商业经济研究》2020 年第 16 期。

旋凯：《基于城市界面的商业综合体沿街空间的适应性探析——以广州正佳广场为例》，《住宅与房地产》2018 年第 6 期。

崔静、邹悦：《简析苏州诚品书店商业模式：公众的投入》，《新闻传播》2019 年第 20 期。

雷石标、邵小慧：《商旅文跨界融合对旅游产业的影响研究》，《商业经济研究》2021 年第 13 期。

崔凤军、张英杰：《机构改革促进文旅融合效果评估及提升路径——以浙江省为例》，《地域研究与开发》2021 年第 5 期。

曹静、冉净斐：《推进国际消费中心城市建设的瓶颈与经验借鉴》，《区域经济评论》2022 年第 16 期。

Dimitrios, B. , "Strategic Use of Information Technologies in the Tourism Industry," *Annals of Tourism Research* 4 (2003).

Li, Y. , Yu, L. , "Factors Influencing Social Media Users' Continued Intent to Donate," *Sustainability* 3 (2020).

Boulianne, S. , "Social Media Use and Participation: A Meta Analysis of Current Research," *Information, Communication & Society* 5 (2015).

技术应用篇

Technological Application Reports

B.15

数字技术赋能文旅融合发展的
实践和探索

孟潇 陈曦 刘平平*

摘 要: 无论是从国家的顶层设计来看,还是从文化和旅游融合的现实发
展趋势来看,数字技术对于文旅融合发展的重要意义日益凸显。
本报告梳理了目前文旅领域中应用的关键技术,从协同效应、产
业格局、创新契机等方面阐释了数字技术赋能文旅融合发展的内
在机理。结合具体案例,对北京发展数字文旅的实践和探索进行
了梳理和总结,提炼出了数字 IP、智慧旅游、数字文博、"沉浸式
经济"等依托数字技术而形成的文旅融合发展新业态、新模式。
围绕北京数字文旅高质量发展提出了持续培育消费新动能、加强
数字技术的落地和转化、培育新型数字文旅产业链等对策建议。

* 孟潇,北京市科学技术研究院科技情报研究所助理研究员,主要研究方向为科技创新管理、
科技成果转化;陈曦,北京市科学技术研究院科技情报研究所助理研究员,主要研究方向为
国际政治经济研究、产业创新治理;刘平平,北京市科学技术研究院科技情报研究所助理研
究员,主要研究方向为竞争情报分析、科技政策研究、科技评估评价。

225

关键词： 数字技术　文旅融合发展　内在机理　业态创新

2020 年 11 月，文化和旅游部发布的《关于推动数字文化产业高质量发展的意见》明确指出：以数字化推动文化和旅游融合发展，实现更广范围、更深层次、更高水平融合。2021 年 6 月，文化和旅游部印发《"十四五"文化和旅游发展规划》，提出推进文化和旅游数字化、网络化、智能化发展，推动 5G、人工智能、物联网、大数据、云计算、北斗导航等在文化和旅游领域的应用。由此可见，文旅融合的数字化转型已经在国家层面受到了重视和肯定，指引和规划了文旅融合高质量发展的方向和路径。如今，文旅消费者的需求层次、消费习惯、消费心理等已经发生巨大的改变，以往作为线下旅游替代方案的云旅游、云观展等数字化文旅产品和服务已经逐渐成为新的消费增长点。并且，随着数字技术与文旅产业的跨界融合不断深入，面向用户价值供给的数字文旅生态系统正在形成，规模效应正在显现。面对数字化变革这个重大时代机遇，有必要深入理解数字技术赋能文旅融合发展的内在机理，从数字文旅发展的实践和探索中找到持续激发数字文旅生态活力的有效途径。

一　应用于文旅领域的数字技术

数字技术在文旅领域的加速渗透和应用，正在开启文旅融合发展的新时代。应用于文旅领域的关键数字技术主要包括以下几类。

交互式人工智能技术。人工智能领域的研究主要包括机器人、语音识别、自然语言处理、图像识别等。人工智能由机器学习、计算机视觉等不同的领域组成，能够实现人与操作系统或人与软件之间的信息交互，为文旅产品的创意和设计、旅途中的优化决策和互动体验等提供支持。例如，阿里的人工智能设计师鲁班能达到日均设计 4000 万张海报的能力；移动端 App、智能机器人等则可以作为线上引导游客的重要服务窗口。

智能传感技术。智能传感技术可以实现高精度、远距离且低成本的信息采集。在万物互联的背景下，智能传感系统通过采集、处理、交换信息，能够将景点、公共设施、文物古迹等进行联网，并对旅游产业链中的各个关键系统进行在线监测和实时监控。此外，数据的快速传输、可视化等可应用于景区的智慧管理，如智慧安防、客流监测、智能门禁等，还能够及时识别游客所处的场景及需求并提供相应的服务。

电子导航技术。当游客选择自驾游或者自主游览时，电子导航技术的重要性逐步凸显。该技术不仅能帮助游客及时确定自己在景区的精确位置，提供丰富且即时的导览服务，还能帮助游客合理规划游览路线，避开拥堵、节省时间。并且，电子导航技术还具备智能推荐功能，游客能够准确查询景区内部和附近的美食、酒店、购物、交通等信息，提高了景区及周边对游客衣、食、住、行"一站式"信息需求的服务精准性。

虚拟现实技术。2022 年 11 月，工业和信息化部、教育部、文化和旅游部、国家广播电视总局、国家体育总局五部门联合印发《虚拟现实与行业应用融合发展行动计划（2022—2026 年）》，明确提出要加速多行业多场景应用落地，其中，"虚拟现实＋文化旅游"为场景之一。虚拟现实技术可以使人们足不出户体验千里之外的风光，还可以让人们根据自身需求选择虚拟导览，穿越时空感受人文风俗，利用沉浸式体验设施设备获得身临其境的感受。同时，虚拟现实技术可以广泛应用于艺术品展陈、文物古迹复原、古建筑遗址修复等，在不破坏现状的基础上向游客展示遗址原貌、呈现文物历史内涵。

数字孪生技术。数字孪生技术源于 1969 年美国国家航空航天局（NASA）阿波罗计划提到的空间飞行器孪生体。而最早提出数字孪生思想的是美国密歇根大学的 Grieves 教授，他于 2003 年提出了"与物理产品等价的虚拟数字化表达"的概念，并于 2011 年与 NASA 的 Vickers 明确将该概念命名为数字孪生。2012 年，NASA 明确界定了数字孪生的概念：数字孪生是充分利用物理模型、传感器、运行历史等数据，集成多学科、多物理量、多概率的仿真过程，在虚拟信息空间中对物理实体进行镜像映射，反映其行为、状态或活动的全生命周期过程。将数字孪生技术应用于物质文化遗产的保护中，能够对其物理实体的外形、特征、状态、形成过程等进行表达、描述和建模，有利于避免和减少对遗产原件的影响和损坏，提高遗产保护效率，同时有利于充分展示物质文化遗产的历史价值和文化内涵。

二　数字技术赋能文旅融合发展的内在机理

（一）数字技术为文旅协同提供了原动力

从文旅融合发展的本质要求来看，文化是旅游的灵魂，旅游是文化的载体。文旅融合并不是文化产业和旅游业的简单拼凑和表面上的叠加，而是需要深度融合，要素之间产生相互作用或相互耦合。在数字技术引入之前，"文化+旅游"也十分常见，如中国长城、埃及金字塔、英国巨石阵等都是富含文化元素的典型旅游胜地。那么，数字技术的引入对文旅融合发展产生了什么样的影响力呢？

事实上，数据相比于其他的生产要素，具有更深、更广的融合能力。数字技术具有跨界、融合、渗透等特点，不仅是文化和旅游的黏合剂，更重要的是为文化和旅游相互融合、发挥协同效应提供了原动力。一方面，数字技术缓解了许多传统文化处在生命衰退期的困境，能让文化元素以鲜活、立体的形态呈现在消费者或游客面前，提升了文化要素的互动性和生命力，使文旅产品中的文化要素的数量和质量得到提升，增强了用户的体验感和满意度；另一方面，数字技术的应用使得旅游产品和旅游场景可以以较低的成本、灵活生动的方式注入文化元素，文化元素背后所蕴含的厚重感、趣味性、人文内涵等使得原本较为空洞、单纯的娱乐和游玩项目拥有精神维度的价值，为旅游产品注入了文化灵魂，附加价值因此显著提高。游客的身心也在旅游中接受了文化的洗礼，获得了更有人文价值、时空延伸感、精神满足感的旅游体验。

（二）数字技术塑造了文旅产业的新格局

随着大数据和数字技术在文旅产业中的重要性日益凸显，传统文旅产业的价值创造原理和模式发生了改变，原来各类旅游、文创、文博等机构的边界被打破，一些原本不属于文旅产业的企业、机构和个人也参与了价值创造，文旅产业主体的类别和功能发生了显著变化，传统的产业体系逐渐向文旅数字生态系统发展。并且，在这个系统中，个人、企业、政府、平台机构的生态位也更加复杂，某个单独的主体很可能同时占据生产者、消费者、传播者等多重生态位，由此引起了生产组织方式和商业模式的转变，催生了新企业、新业态。而新企业和新业态的出现又进一步改变了文旅数字生态系统的构成和格局，使文旅数字生态系统不断演变和完善。

此外，数字技术的应用有助于让用户深度参与产品的设计与生产，赋予了用户对产品的自主选择权，这也使得市场力量从供给端转移到需求端。在这种情况下，文旅产业的数字化发展将企业的目标聚焦用户不断变化和涌现的现实需求，企业之间通过相互合作产生的网络协同可进一步增强用户黏性，这使得企业将参与数字化生态作为实现自身发展的有效途径。

（三）数字技术为文旅融合发展提供了创新契机

数字技术的应用，提升了文旅体验的刺激性、趣味性、新颖性，也为文旅产品的开发和设计、文旅深度融合发展提供了创新的契机。

一方面，数字技术能够为消费者构建具有"虚实结合""时空无限"等特点的场景，带给用户超现实的体验感，文旅产品的设计和生产因此不需要囿于物理世界，任何突破时空、距离限制的新奇设计思路都有实现的可能性。并且，"文化元素"和"现实景物"同时具备虚拟成分和现实成分，它们之间连通和交融的方式更加复杂，而文旅产品的设计和生产依托现实世界和虚拟世界的连通，创新的思路和方式方法也更加多元化。

另一方面，从产业创新发展的角度来看，在数字技术的加持下，产品设计、生产、流通、消费、评价反馈等环节都出现了新的运行方式和治理利基，文旅产业的创新发展有了更多的突破点。比如，在销售环节，社交媒体、数字化平台能够满足信息传播的双向互动和即时需求，"屏屏传播""裂变式营销"等传播模式能够提升景区的知名度和曝光率，增强游客对景区的认同感和忠诚度。在消费环节，云直播、云看展、云体验等形式为消费者提供了更多的消费选择，未来还可以利用数字技术分析预测不同消费人群的个性化需求，通过数字装备的研发和技术升级，拓展用户价值的供给思路，形成更具特色、更加智慧化的新型消费场景。

三 北京发展数字文旅的实践和探索

数字文旅是当代科技特别是互联网等数字技术促进文化和旅游融合发展的所有现象的总和。《中国数字经济发展报告（2022年）》提出，北京发展数字经济具备明显优势，是国家数字产业化的创新策源地和"火车头"。从经济贡献来看，数字经济已经成为北京拉动经济发展的主导力量，数字经济在GDP中的占比超过50%。并且，北京是全国旅游资源和文化资源最为丰富的城市，在文旅互促的发展模式中不断推进历史与现代的连通、文化和科技的融合。《中共北京市委关于制定北京市国民经济和社会发展第十四个五年规划和二〇三五年远景目标的建议》为北京文旅产业的发展提出了新的要求，指出要实施文化产业数字化战略，推动文化与科技、旅游、金融等融合发展，培育发展新型文化企业、文化业态、文化消费模式。随着文旅产业数字化发展不断提速，北京文旅融合发展的内涵和外延也发生了改变，文旅市场整合步伐加快，业态创新加速演进。

（一）数字IP助力虚实相融

IP具备可识别、可引流、可变现、可跨界、可迭代等属性特征。游戏、动漫、网络视听等行业中涌现了诸多原创的以数字内容为核心的数字IP，有效挖掘和拓展数字IP的价值，或将它们移植和延伸至旅游业中，有利于提供集成式的文旅消费新场景，探索新的商业模式，开拓新的消费市场，尤其是既有文化内涵又能引发精神共鸣的数字 IP 的落地和孵化，是虚实结合、跨界融合的有益探索，是推动文旅融合高质量发展的重要途径。

例如，北京雨燕是北京中轴线申遗的首个数字 IP 形象，由北京中轴线申遗保护工作办公室联合腾讯 SSV 数字文化实验室共同打造，公众可以通过手机 App 随北京雨燕一同"遨游天际"，助力北京中轴线申遗。北京雨燕还被设计为数字藏品，首批发行的 9999 件北京雨燕数字藏品依托腾讯的数字技术实现了"千燕千面"，每一位用户领取到的都是独一无二的数字藏品。

北京环球影城选择合作的第一个中国原创 IP 是王者荣耀。王者荣耀作为一款国民级手游，自诞生以来一直在深耕游戏内容，"以点带面"的游戏故事已经架构出庞大的世界观。2022 年春季，"王者荣耀·英雄盛会"主题活动首次落地北京环球影城，该活动选取了王者荣耀中的"长安区域"作为故事背景，打造了英雄巡游和英雄见面会，为游客提供了集娱乐演出、角色见面会、主题餐饮于一体的自数字世界跨入现实世界的沉浸式主题体验。

（二）智慧旅游渐成主流

2020 年以来，很多旅游景区、文博艺术机构纷纷选择通过"智慧游"和"云游览"的方式，保持旅游目的地与游客之间的联系和互动，发展至今，"云游览""云看展"模式不再是替代方案，而已经成为消费者广泛接受的新的主流消费模式。

2021 年 10 月，北京市文化和旅游局印发《北京市"十四五"时期文化和旅游发展规划》，明确提出加快智慧旅游建设，要求完善旅游信息化基础设施，加快提升全域旅游示范区、国家 4A 级以上旅游景区、重点站区等各类旅游重点区域的 5G 网络覆盖水平。推动景区停车场、旅游咨询中心、游客服务中心、景区道路引导标识系统等进行数字化与智能化改造升级。

2022 年端午节假期，北京文旅部门联合景区、文博机构、企业等推出了多种形式的智慧游览项目，"节日+传统文化+旅游+科技"的新的文旅市场驱动模式正在形成。其中，北京市文化和旅游局通过设立"北京智慧旅游地图"微信公众号，实现了对旅游等级景区、红色旅游景区、冰雪游景点、老年人文化旅游接待基地等多种旅游资源点的分类搜索、虚拟导游，还实现了旅游公共服务设施在线查询等功能，为市民游客提供吃、住、行、游、娱、购方面的旅游公共服务信息。"故宫展览"手机 App 为观众提供了足不出户看展的机会；中青旅国际旅游有限公司推出了"觉醒年代 青春骑行"线上游览活动；中国紫檀博物馆举办了"博物馆里的端午节·云游紫檀宫"线上直播活动。

（三）数字文博创新迭出

数字技术是文博行业创新展览叙事方式、激活文化元素、实现跨时空互动的不可或缺的"底层器件"。北京文博资源极为丰富，古迹、文物、古籍、非物质文化遗产等多种形式和类别的文化瑰宝，通过数字化的保护与利用，能够实现人与物、人与人、人与历史时空等多种形式的互动和对话，对于激活文博资源生命力、扩大文博产品市场、带动文博周边产业发展等具有重要的作用。

例如，圆明园景区内的沉浸式商业街区——"拾光买卖街"由良业科技集团打造，街区中包含光影演艺、餐饮小吃、沉浸式主题体验 3 个板块，开设了近 30 家特色店铺，涵盖老北京特色餐饮、小吃特产、文创百货、光影体验空间等。其中，裸眼 4D 项目"千机圆明"沉浸式体验空间通过"5G+8K"、CAVE 沉浸式系统等新技术、新设备，重现了九州清晏、正大光明等经典场景。

2022 年 11 月，北京市文物局与腾讯 SSV 数字文化实验室联手打造的北京中轴线网站开始试运行，该网站不仅能够传达实时、全面的新闻资讯，还能同步更新中轴线学术研究、考古发现和保护监测等动态信息。北京市西城区文旅局联合北京河图公司打造了"万象中轴"数字文化体验项目，依托大规模 3D 地图构建、高精度空间计算等技术，将线下真实的物理空间与虚拟数字内容叠加，使北京中轴线的历史场景和消失的文物建筑得到了数字化重现。

（四）"沉浸式经济"新场景不断涌现

随着数字技术的不断推广应用和消费群体需求的不断变化，一批区别于传统文旅消费方式的文旅项目不断涌现，剧本杀、桌游、VR 馆、汉服游等逐渐成为年轻消费群体进行文旅消费的第一选择。"体验式经济"和"沉浸式经济"正在取代"门票经济"，文旅新场景和旅游新模式不断涌现。比如，真人 NPC、实景环境以及 AR、MR 等数字技术，不仅能够让用户拥有新奇感，还能使用户在沉浸式的体验中感受历史与文化的魅力，更能够将商业空间、文化空间和公共空间有效地连接起来。

例如，完美世界文创基于"CityGame"概念在北京前门打造了线下体验空间"慢坐书局"，该项目是以数实融合为基础、以持续推进数字经济和实体经济深度融合为目标的新型沉浸式文化体验项目。在"慢坐书局"里，消费者不仅可以喝茶、读书，还可以换上民国服装，参与沉浸式体验游戏"书·局"。该游戏通过线上线下相结合的方式进行，用户可以通过 AR 扫描获取线索，所有获取的道具都可以呈现在线上，即使离开游戏体验场景，参与者也可以通过小程序随时查看自己的成就和专属的数字藏品。另外，通过完成任务获取的金币也可以在"慢坐书局"里进行消费，如兑换"慢坐书局"里的咖啡。

在北京世界花卉大观园沉浸式数字夜游项目中，有很多令游客流连忘返的互动体验，游客可以尽情感受高科技手段施展的魔法：在"星怪之语——魔法树怪中"，不同表情的魔法树会通过雷达互动技术与游客对话；在"青丘妖灵——白狐"中，动作捕捉技术可以捕捉游客的动作和影像，再通过结构光视觉技术对人体动作进行重建，在光影交融中引导游客感受内心的奇妙时刻。

四 北京数字文旅高质量发展的对策和建议

（一）持续培育消费新动能

数字文旅产品和服务为消费者提供了更加多样化的消费选择以及更多高品质的体验和感受，同时促进了消费者品位的提升和想象空间的拓展。然而，尽管数字化转型为文旅融合发展打开了良好局面，但是文旅产品和消费场景雷同化、创新产品的供给不足等问题仍然存在，还不能满足消费者日益增长的多样化、个性化的文旅消费需求。

因此，应当持续推动数字技术对文旅产业的深度渗透，不仅要将数字技术应用于文旅产品和服务，而且要以文旅资源本身的特质和属性为基础，利用数字技术赋予文旅资源新的内涵，创新表达叙事方式，让原本被忽视的或不易开发的资源或要素重新"活"起来，真正展现完整生动的文化内涵，提供智能、舒适、贴心的旅游体验。此外，应当充分挖掘数字技术的应用潜力，通过数字技术精准分析、预测文旅产业消费需求的特点和变化趋势，利用数字技术与文旅产品的精准匹配不断拓展文旅体验内容和体验方式，满足消费者不断涌现的个性化、多样化的文旅消费需求，使消费者在身心愉悦的消费体验中加强正向反馈，不断激活消费新动能。

（二）加强数字技术在文旅产业的落地和转化

目前，基础研究和产品研究不足仍是制约数字文旅产业高质量发展的主要问题。人工智能、大数据、"5G+4K"等处于概念导入阶段，不少共性技术瓶颈有待突破。真正面向市场的数据生产、深度挖掘、仿真模拟、研发创新、功能预测等才刚刚起步，而高校、科研机构和企业等却普遍失去了深化基础研究和面向市场研发产品的耐心。

因此，数字技术的研究和转化还需要持续发力。北京拥有丰富的科教资源，在基础研究和技术转化方面具有很强的实力。应当充分利用这一优势，搭建涵盖旅游企业、研究机构、数字技术团队、国有文化机构的交流合作平台，推动人才、资源、技术要素的顺畅流动，以此增强企业的自主研发能力，帮助企业提升研判、预测数字文旅应用场景的能力，推动国有机构积极牵头开发创新型文旅融合项目，加强与数字技术企业和旅游企业的合作对接，为企业参与数字文旅生态建设搭建桥梁。同时，需要充分发挥孵化器和产业园区的积极作用，为初创企业和小微企业的技术创新和市场开拓提供资金和资源支持，激励原创技术的研发和应用。

（三）着力培育新型数字文旅产业链

从创新链、价值链、产业链、供应链融合的视角来看，文旅产业链是由消费者需求引发的，为了提供让消费者满意的文旅产品和服务，应构建涵盖设计创新、生产、运营、销售、消费、评价反馈等环节的价值增值体系。及时响应游客复杂多变、即时性强的需求是文旅产业面临的重大挑战，而数字技术能够提供有效的解决方案。因此，实现文旅融合高质量发展应当着力培育新型数字文旅产业链和供应链。首先，要识别数字技术对生产、运营、销售、消费等环节产生的变革性影响，大力培育处于价值增值关键环节的骨干企业。骨干企业有能力率先完成数字化转型，还具有产业链扩展能力和创新网络整合能力，能够引领和带动中小企业进入区域或行业的创新网络，获取更多的知识、信息和发展机会。其次，要从基础设施、人才、金融、信息、支持政策等方面构建有利于文旅新业态发展的支持环境。加大对数字文旅项目和企业的扶持力度，帮助中小企业拓宽投融资渠道，创新数字文旅人才的引进和激励体系。最后，也是最重要的，要立足北京的数字技术研发优势和文旅资源的区域特性持续构建和完善新型文旅产业链，不断挖掘和变现文旅资源的特色价值，以关键共性技术的突破来提升有效供给水平，补齐产业链短板，形成具有区域特色、产业要素更加完备的价值增值网络。

参考文献

李勇等：《基于专利挖掘的数字文旅关键技术识别和趋势分析》，《图书馆论坛》2023 年第 1 期。

秦晓珠、张兴旺：《数字孪生技术在物质文化遗产数字化建设中的应用》，《情报资料工作》2018 年第 2 期。

张胜冰：《文旅深度融合的内在机理、基本模式与产业开发逻辑》，《中国石油大学学报》（社会科学版）2019 年第 5 期。

庞诗颖：《数字技术赋能文旅融合高质量发展的路径选择》，《产业创新研究》2022 年第 24 期。

肖旭、戚聿东：《产业数字化转型的价值维度与理论逻辑》，《改革》2019 年第 8 期。

裴超：《文旅业的潮流——新时期文旅业发展新趋势》，《中国会展（中国会议）》2020 年第 24 期。

施芳：《一条"线"的数字化生长》，《人民日报》2023 年 2 月 22 日。

郑憩：《加快推进数字文旅产业高质量发展》，《宏观经济管理》2020 年第 12 期。

戴斌：《数字时代文旅融合新格局的塑造与建构》，《人民论坛》2020 年第 Z1 期。

B.16
人工智能与文化创意产业的
融合路径研究

徐轶瑛　佟雨欣*

摘　要： 大力发展数字经济已成为社会发展的客观要求，本报告以以
"人工智能"为代表的数字技术产业化路径和以"文化创意产
业"为代表的内容产业数字化路径为基础，探究在开放市场的
环境下两条路径如何实现有机融合。结合传播学与马克思主义
政治经济学的交叉视角，以社会再生产的生产、分配、交换、
消费4个环节为切入点，分析人工智能与文化创意产业的融合路
径发生机制：以生产为起点带动内容与方式的革新，以分配和
交换为中间环节进行相互扶植，并在最终的消费环节完成利润
产出与价值实现。两条路径的融合最终将推动人工智能与文化
创意产业实现双向互构的转型升级。

关键词： 人工智能　文化创意产业　社会再生产

一　引言

（一）文献综述

人工智能（简称 AI）以大数据、算法、自主学习、深度学习、传感器

---

* 徐轶瑛，首都经济贸易大学文化与传播学院传播学系党支部书记、副主任，硕士生导师，主
要研究方向为传播学理论、新媒体、国际传播、媒介研究等；佟雨欣，首都经济贸易大学文
化与传播学院传播学系 2020 级传播学专业本科生，主要研究方向为新媒体等。

等软硬件为基础，是一门研究、开发用于模拟、延伸和扩展人的智能的理论、方法、技术及应用系统的新技术科学①。对人工智能演进的历史阶段进行梳理，人工智能经历的阶段化进程从艾耶尔对人机差异的思考、图灵测试开始，1956 年达特茅斯会议正式标志着人工智能学科的诞生②。人工智能如今已经成为赋能文化创意产业的重要科技动力。文化创意产业是一种以"创造力"为核心的文化产业，主要包括视觉艺术、表演艺术、广播影视、广告装潢、服装设计、动漫、工艺与设计等方面③。《"十四五"文化产业发展规划》明确提出坚持以创新驱动文化产业发展，落实文化产业数字化战略，促进文化产业"上云用数赋智"。数据显示，2016~2021 年，我国文化创意产业相关企业注册量由 2015 家增长至 10955 家；截至 2022 年 10 月，我国文化创意产业相关企业总量超 3.6 万家④。虽然产业内部的企业数量持续增加，但我国的文化创意产业仍然面临发展不平衡不充分的问题，产品质量不高，无法满足人民群众对高质量文化产品的期待⑤。文化创意产业的发展亟须建构有效的优化路径。

当前，我国数字经济发展正逢上升时期，数字产业化、产业数字化发展需求旺盛。2023 年 4 月发布的《中国数字经济发展研究报告（2023 年）》显示，2022 年我国数字经济取得了较为显著的发展成效。我国数字经济规模达到 50.2 万亿元，同比名义增长 10.3%，已连续 11 年显著高于同期 GDP 名义增速，数字经济占 GDP 的比重达到 41.5%。数字产业化和产业数字化构成了数字经济的核心内容，对国民经济的发展乃至国家综合实力的提高有

---

① 解学芳：《人工智能时代的文化创意产业智能化创新：范式与边界》，《同济大学学报》（社会科学版）2019 年第 1 期。

② 杨云霞、张宇龙：《人工智能驱动文化产业高质量发展的理论逻辑与实践机制——以马克思主义政治经济学为视角》，《西北大学学报》（哲学社会科学版）2021 年第 2 期。

③ 唐庆：《我国文化创意产业与旅游产业融合发展研究——评〈理论与实践：当代文化创意产业发展研究〉》，《广东财经大学学报》2022 年第 5 期。

④ 《2022 年中国文化创意产业发展现状及前景展望，行业呈现出蓬勃发展的态势》，华经情报网，2022 年 10 月 30 日，https://www.huaon.com/channel/trend/846893.html。

⑤ 杨云霞、张宇龙：《人工智能驱动文化产业高质量发展的理论逻辑与实践机制——以马克思主义政治经济学为视角》，《西北大学学报》（哲学社会科学版）2021 年第 2 期。

着重要的研究价值。人工智能与文化创意产业的路径融合，是数字产业化与产业数字化两条数字经济核心链路的交互，能够成为促进人工智能多元发展、文化创意产业进一步转型升级的有效实践。目前，对"人工智能+文化创意产业"的融合方向，已有研究主要从政府、企业、个人等不同主体视角提出优化路径及策略，同时展开了对人工智能与传统文化、非物质文化遗产、设计服务等具体方面的个案分析[①]。黄美玲等学者概括了人工智能与文化产业融合的主要模式，包括技术融合模式、业务融合模式、市场融合模式、运作融合模式[②]。但尚未有研究从社会再生产的角度分析人工智能与文化创意产业的融合路径，故本报告将采用传播学与马克思主义政治经济学的交叉视角，进一步剖析人工智能与文化创意产业融合路径的现实基础、发生机制等问题。

（二）词频分析

本报告采用 VOSviewer 这一可视化分析软件，对中国知网上相关核心期刊篇名进行检索，试图通过词频构建的语义网络分析人工智能及文化创意产业领域的研究重点与学科交互关系。在中国知网中以"人工智能"为关键词进行篇名检索，共检索到 7257 篇文章，其中包含 21469 个关键词，出现20 次以上的关键词共有 59 个。筛选的文章主要发表于 SCI、EI、CSSCI 等核心期刊，最早的文章发表于 1992 年 1 月。通过关键词聚类，以相同颜色为一类，共分成了 11 类关键词。从关键词出现时间可见"人工智能"的发展周期；从物质载体层面关于"智能机器人""智能制造"的研究，到如今应用层面关于"赋能""技术创新"的研究，且由"人工智能教育"等关键词可见，目前人工智能已经广泛地融入了社会生产生活的过程，尤其是已与教育、就业等产业展开了较大规模的融合。人工智能的研究方向已经呈现

---

① 詹思琪、徐婵：《人工智能与文化创意产业的融合方式研究》，《西部皮革》2021 年第 19 期。

② 黄美玲、向辉：《人工智能与文化产业融合模式及规制路径研究》，《企业科技与发展》2018 年第 11 期。

产业化发展的需求。与此同时，当前人工智能与文化创意产业的融合研究较少，人工智能在产业融合实践方面存在较大的研究空间。

在中国知网中以"文化创意产业"进行篇名检索，共检索到 1717 篇文章，包含 5686 个关键词，出现 8 次以上的关键词共有 62 个。筛选的文章主要发表于 SCI、EI、CSSCI 等核心期刊。对关键词进行聚类，以相同颜色为一类，共分成了 14 类关键词。从关键词结果来看，文化创意产业仍旧具备突出的"文化产业"特性，产业化发展相关的"产业链""产业政策"内容较多。同时，其研究内容具有鲜明的城市地域特性，以不同地区的经济发展情况为基础探究适合区域发展的技术策略，"北京""上海"等经济发达的地区具有较高的关注度，北京文化创意产业的发展也在我国文化创意产业的发展体系中占据重要地位。此外，"融合发展""发展模式""发展"等关键词的出现，都表明了学界对文化创意产业发展方向与内容的密切关注，但对以人工智能为代表的数字技术与文化创意产业的研究方向，尚未存在更多的研究内容。人工智能与文化创意产业的融合路径研究成为文化创意产业可以进行创新性发展的新机遇。

二 融合路径的现实基础

融合路径的现实基础，围绕数字经济下数字产业化和产业数字化路径的优势与需求展开，基于政治、经济条件呈现一定的地域化特征。其中，北京依托政策、人才、资源等优势区位条件，具有深厚的文化创意产业基础与广阔的人工智能技术发展空间，为数字经济下的路径融合提供了优越的社会再生产环境，北京也将成为融合机制发挥成效的前沿地域。

（一）文化创意产业的"产业数字化"发展

相比其他产业，文化创意产业所生产的具有创造力的内容更容易满足用户的精神文化需求，往往用户黏性更强，能够更早洞察用户需求，更容易形成大规模的传播效果。国内文化创意产业已经初步实现产业化发展，具有完善的内容生产体系，耦合了具有商业联系的上下游行业。完善的产业链体系证明了文化创意产业具有产出高质量内容产品的能力，能够为其他数字技术发展提供大量的内容数据。文化创意产业的产业链主要包括上游的内容创意开发产业、中游的生产设计制造产业与下游的营销推广管理产业。北京由于具有政策支持力度大、国内外社会资源丰富等优势，在产业链上下游具有鲜明的优越性，对新型科技成果往往具有更高的接受度，也能为其提供更包容的市场环境。近年来，北京依托大兴区星光影视园、朝阳区莱锦文化创意产业园等文化创意产业园区以及故宫文创等 IP 资源，已经取得了较好的发展成果。同时，遵循《北京城市总体规划（2016 年——2035 年）》的城市战略定位，北京要建设成全国文化中心、科技创新中心，无疑需要更加有效的技术赋能。

产业数字化是应用数字技术和数据资源促进传统产业产出增加和效率提升的过程，即数字技术与实体经济融合的过程。当前，传统产业的数字化发展模式已在其他领域广泛应用，然而相较于第二产业发展需求而言，文化创意产业因为对创造性内容有着根本性的需求，所以仅有形式技术上的革新，难以从本质上改变产业现状，也难以为文创产品带来真正的发展动能。因此，人工智能技术的优势愈加凸显：依托深度学习功能和数据算法的高效精准，能够触及"内容"这一文化创意产业生产与消费的核心，甚至促进整个产业资源的整合与优化。

文化创意产业作为一种经济产业形态，需要遵循市场的价格规律与资源配置。马克思认为，只有当资本介入精神生产的过程中，人的劳动才属于生产劳动，且"具有离开生产者和消费者而独立的形式"的"艺术作品"可以作为商品而流通①。实现产业化发展正是生产劳动的高级阶段，通过集群化模式实现降本增效。2022 年，我国数字产业化规模为 9.2 万亿元，产业数字化规模则达到了 41 万亿元。其中，第三、第二、第一产业数字经济渗

① 杨云霞、张宇龙：《人工智能驱动文化产业高质量发展的理论逻辑与实践机制——以马克思主义政治经济学为视角》，《西北大学学报》（哲学社会科学版）2021 年第 2 期。

透率分别为44.7%、24.0%、10.5%，同比分别提升1.6个、1.2个、0.4个百分点，第三产业与数字技术产生了更好的融合效果。概言之，数字技术改造传统产业的过程就是路径融合的过程，把传统产业各个要素、各个环节数字化、网络化，推动业务流程和生产方式的变革重组，进而形成新的产业协作、资源配置和价值创造体系。数据成为产业产品的一部分，并通过数据产品和服务来拓展原有产业链的价值空间。

（二）人工智能的"数字产业化"发展

习近平总书记指出，人工智能是新一轮科技革命和产业变革的重要驱动力量[①]。人工智能技术是释放数字化叠加倍增效应、加快战略性新兴产业发展、构筑综合竞争优势的必然选择。人工智能在一定程度上代表着先进的生产力发展方向，只有正确把控人工智能的科技前景，才能实现科技带动产业化发展的持久目标，并在推动传统企业产业化发展的过程中形成具有颠覆意义的产业互联网。依托阿里、华为等高新技术企业，北京具有广阔的数字技术发展空间，人工智能产品也越来越多地走进北京市民的家庭场域。虽然国内企业尚未在人工智能领域取得举世瞩目的成就，但无人驾驶汽车、文心一言等不同品类人工智能产品的涌现，都体现了相关企业乃至国家对人工智能技术的重视。

数字产业化是以人工智能、5G网络、大数据、区块链等为代表的新兴技术，代表着将数字化的知识和信息转化为生产要素并形成数字产业链和产业集群的趋势。作为新技术的人工智能经历了从"发明"到"应用"的飞速发展阶段，开始转向从"应用"到"推广"的商业化落地阶段。在这一阶段，产业化发展成为人工智能真正走向公众的必然路径，人工智能技术也将发展为人工智能产业。例如，5G网络作为新基建的代表，在技术成型之后经过了万亿元级规模的投资，完成了各地的数据处理中心等网络基础设施

---

① 《习近平要求推动新一代人工智能健康发展 政治局集体学习》，"央视网"百家号，2018年10月31日，https://baijiahao.baidu.com/s? id=1615845925658912776&wfr=spider&for=pc。

建设，率先实现了大规模的产业化发展并应用到了众多相关领域之中。产业化发展有助于数字技术利用政策、人才等区位条件，节约投资成本，提高研发生产效率。因此，人工智能要想实现真正的产业化发展，需要满足产业集群等基本条件，充分发挥市场对资源的配置作用，在多元化发展中满足自身对技术、内容等资源的需求。

人工智能能够实现数字产业化发展，源于其科技属性与商品属性。作为科技产物的人工智能目前代表着近年来人类科技发展的至高成果。其深度学习功能颠覆了过往机器的运作模式，真正实现了对人的模仿，以人的创造模式完成各项指令。其科技引导的发展模式依靠有选择的数据收集，将数据输入机器中进行学习训练，形成符合一定标准的模型，再应用到实际业务之中，同时收集新的反馈数据进行更新优化。另外，作为商品的人工智能需要在市场上形成一定规模的流通，以数据的形式贯穿于社会资料生产的全过程。在马克思主义政治经济学视角下，智能程序内运行的数据首先将参与生产的过程，又将作为一种资产纳入生产资源整合流通的过程，最终以数字化的货币符号实现消费的价值交换。从媒介演进的历史来看，只有当新媒介真正以商业产品的形式走进公众的日常生活时，它才实现了技术的落地，让客观世界的普通公众承认了它的出现。任一技术商品化的产物都需要时间完善其产业链，进而实现大规模的发行应用。人工智能实现产业化发展的最优方式，并非从零开始搭建产业链，而要与文化创意产业等传统产业进行深度融合，共享资源、深度互惠。

三 社会再生产架构下的融合路径发生机制

社会再生产的过程是马克思主义政治经济学从宏观层面对社会经济活动的概括，其主要包括生产、分配、交换、消费4个环节，各环节之间不断循环、相互影响。本报告认为，人工智能与文化创意产业的融合路径发生在社会再生产的各个环节之中，在每一环节都产生了不同程度的融合与创新，又将融合创新的产物反哺于其他的环节中。文化创意产业本身就是宏观社会再生产环节中资源分配的产物①，其自身也体现着社会再生产的各个环节的特征，而人工智能则多是灵活地作为外部动能与文化创意产业产生不同环节内的赋能与优化。

（一）生产：内容与方式的革新起点

生产描述的是人们通过劳动创造产品的过程。生产环节是人工智能和文化创意产业进行路径融合的起点。在这一环节，人工智能实现了对文化创意产业的根本性赋能，智能化生产模式深刻影响了文化创意产业的生产内容、生产方式乃至生产者的思维与行为方式。文化创意产业也为人工智能提供了迭代优化所需的数据内容。

人工智能自身的内容生产方式不同于过去以百度、搜狐为代表的搜索引擎，虽然具备一定的数据处理能力，却只能应用在数据的收集功能上，成为大规模数据内容的"搬运工"。作为一种信息时代的高科技生产工具，人工智能能够基于大数据的模型设置进行内容的再创造，形成人机协作的新型生产方式。以当前最能体现"再创造"效果的 ChatGPT 为例，其优于过去大多数人工智能产品的鲜明特点主要有四个：一是能够实现连续的人机对话，二是能够在无法理解用户的指令时主动进行追问，三是话语体系更像人的语言体系和表达方式，四是能够存储、记忆用户生产创作的内容②。ChatGPT不仅能收集数据资料供人参考，而且能直接根据人的指令生成不同的文本内容，用于文化创意产品的制作，进而成为内容创作的主体之一，创作方式越来越体现人机协作的趋势。智能化生产方式的革新将带来新的"内容革命"，数据成为创造选题的重要依据之一，信息采集的范围得到全面拓展，更精准高效的信息加工能力与更智能有效的反馈机制将实现生产方式的彻底

---

① 林淞：《文化产业融合的复合式路径选择》，《南通大学学报》（社会科学版）2021 年第 5 期。

② 蒲清平、向往：《生成式人工智能——ChatGPT 的变革影响、风险挑战及应对策略》，《重庆大学学报》（社会科学版）2023 年 4 月 13 日。

革新①。可以预见，在 PGC、UGC、PUGC 之后，AIGC 的内容创作模式也将在媒体信息的公共空间中占据越来越高的比重，对于创作过程本身来说，这是一场即将到来的颠覆式的革新。

人工智能的应用拓展了文化创意产品内容融合的边界，实现了文化创意产品在内容、形式、终端上的全面融合。在文化创意产业的内容中，影视、游戏、音乐、动漫等内容能够进行广泛的跨界融合。不同领域的文化元素能够融合在一起创作新的内容，如将音乐、绘画、电影和数字技术相结合，开发 4D 电影、沉浸式密室等新型商业产品。文化创意产品的形式包括文字、图片、视频、音频、动画等，在技术的支持下，多种媒介形式能够相互融合。例如，H5 互动视频便是文字、视频、音频、动画等媒介形式融合的产物，为单一的宣传视频增加了互动的趣味性，产生了更好的传播效果。在终端融合层面，电脑、手机已经广泛普及，新兴的智能可穿戴设备不断地开拓着市场。其中，VIVE、Oculus、Pico、影创等专注于 VR/AR 智能眼镜市场的品牌的知名度快速提高，谷歌、微软、索尼等全球性头部企业，乃至三星、华为、小米、OPPO 等头部手机品牌厂商都逐渐入局。在终端融合的未来，依托人工智能技术实现脑机接口乃至元宇宙的畅想也并非不切实际，人将有可能打破虚拟与现实的界限，打造那些原本只存在于想象中的内容产品。

人们对新技术的观察视角通常会经历"仰视—平视—俯视"的过程，自人工智能诞生以来，关于其对人主体性的冲击的讨论就一直没有停下。纵观媒介的发展历史，新媒介总会为当时处在不同历史发展阶段的人们带来新的价值，但也往往会放大人们聚焦在媒介背后的期待与焦虑。人工智能技术能否真正带来托马斯·库恩所说的"范式革命"仍然需要更多的时间去检验。根据媒介演进的一般规律和当前的发展实际来看，"人是最根本的文化生产力"②的事实难以被根本改变，人工智能终将解放人，而非取代

---

① 彭兰：《智能时代的新内容革命》，《国际新闻界》2018 年第 6 期。

② 胡惠林：《论文化产业的本质——重建文化产业的认知维度》，《山东大学学报》（哲学社会科学版）2017 年第 3 期。

人。具有深度学习能力以进行再创造的人工智能可以使人从曾经的劳动密集型产业中解放出来，像职业跃升的台阶一般为人提供了新的就业领域与岗位，使人能够走向更多的高新技术产业。例如，人工智能的拼写检查可以大批量地校对文稿内容，通过标准的对比找到其中出现的错字、病句等内容，方便从业者直接进行下一步的修改工作，使原本从事校对工作的从业者省去大量精力消耗，只需对人工智能生成的内容进行合理性检验即可。不可否认，人工智能已经被投入部分工业生产的流程，对部分职业岗位产生了一定的挤兑现象。但人工智能的出现也带来了程序设计、维修等更多岗位，通过宏观调控与市场配置，整体就业率依然能够保持在一种动态平衡之中。

（二）分配与交换：相互扶植的中间环节

分配是对收入和生产要素的配置，描述的是社会资源配置的过程。交换则描述的是人相互交换劳动产品的过程。分配与交换作为连接生产与消费的桥梁与纽带，也正是人工智能与文化创意产业实现路径融合的中间环节。在这段相互交织的中间环节中，人工智能和文化创意产业能够在众多层面相互扶植、共享资源。

文化创意产业与人工智能具有相似的上下游产业需求，互联网时代文化创意产业崛起所需的必备产业同样能够为人工智能的发展提供上下游原材料的支持。例如，高质量原创画师是文化创意产业产品设计的必要链条，也是发展人工智能绘图的重要数据来源，在文化创意产业与人工智能互相扶植的过程中形成了资源的互动。文化创意产业可以以商业约稿的形式购买原创插画的版权，除了用于制作自身所需的文创产品之外，可以将其应用于数据样本之中，辅助人工智能数据的循环利用与反馈，优化人工智能绘图的运算模型，同时文化创意产业可以将人工智能绘图产生的设计结果投入自身的产业应用。

人工智能与文化创意产业能够共建平台，依托人工智能技术提高分配效率与精准程度，创新个性化的内容产品分发模式。传统意义上的"把关人"被后置，对信息的传输影响日益减弱，算法机制正在成为新的"隐形把关人"。个性化的内容产品分发模式以基于大数据的推荐页面为代表，其为每个用户提供独特的推荐结果，用户可以根据自身兴趣选择浏览的信息、购买的产品等内容，这一方式在很大程度上满足了用户的个性化需求。例如，腾讯视频等视频平台、网易云音乐等音乐平台乃至抖音等社交媒体平台都打造了个性化的"猜你喜欢"首页推荐功能，吸引用户对平台的注意力。此外，智能化的精准传播与匹配能够在一定程度上优化分配结构，有助于资源整合。人工智能有助于文化创意产业中智能化的运营与管理，文化作品的授权、销售和分配等事项可以交由人工智能进行自动化处理。

（三）消费：利润产生与价值实现的终点

消费描述的是人们对各种生产生活资料的使用和消耗过程。消费环节是人工智能和文化创意产业进行路径融合的终点。在这一环节，文化创意产业实现了盈利的最终目的，也通过人工智能技术实现了盈利模式与消费者体验的优化。人工智能通过数据在社会再生产的完整流通过程中获取了多样的信息，通过结合文化创意产品实现了数字化货币符号的价值获取。

技术推动文化创意产业形成创意盈利模式，精准高效的大数据为数字营销和计算广告带来了新的发展。过去，文化创意产业在营销的过程中虽然有目标用户的定位，但是高昂的渠道及交易成本使得企业无法准确发现其受众，只能通过广告这种能够依靠曝光量而获得收益的方式获取利润。但互联互通的新媒体数字技术打破了这面供求关系中的"墙"，通过精准的大数据用户画像，企业能够直接和其产品的消费者取得联系，确定其目标受众的信息偏好，进而减少渠道的费用消耗，直接生产适销对路的产品。大多数企业都能更好地贴近用户，其不再依赖 toB 端的广告营收，而是实现了数字化的营销模式，通过从 toC 端向受众直接收费来实现收支平衡。人工智能不仅能够通过大数据算法帮助企业降低渠道支出、改变盈利模式，还能够帮助企业进一步分析消费者行为，做出更有力的投资行为与生产安排，既满足了人民群众的物质与精神文化需求，又在一定程度上降低了交易成本，增加了企业所得收益。并且，对于人工智能的更新原理来说，用户消费文创产品的过程也是为应用于该文创产品的人工智能技术优化模型进行新一轮的社会再生产提供"养料"的过程。

生产环节中人工智能影响的主要是文化创意产业的从业者,而在消费环节中,人工智能能够影响文化创意产业的消费者群体。人工智能可以帮助文化创意产业的消费者提升消费获得的服务体验。随着 VR 技术的兴起,终端用户可以更加身临其境地体验音乐、电影、游戏等文化作品。VR、MR、AR 等技术在游戏、影视、动漫等产业取得了丰硕的成果。人工智能技术通过对用户的互动体验进行分析,可以更好地提高消费者的参与度和满意度,使用户能够在全新的生态环境中尽情地享受文化创意产品和服务。

数字化时代对文化内容的消费被转换为对数字化符号的消费,人工智能与现实世界的交互和情景的打造引导着消费者对文化内容进行感知与行动,并转向社交化、群体化、智能化[1]。作为数字技术与文化创意产业结合而诞生的技术,NFT(非同质化代币)已经展现了较高的经济价值。NFT 具有不可拆分替代、非标准化等特质,为数字艺术藏品提供以区块链技术为底层的技术协议标准。2021 年 3 月,佳士得首次拍卖的 NFT 艺术作品 *Everydays：The First 5000 Days* 最终以 6835 万美元成交,成为在世艺术家拍卖史上价值第三高的艺术品,随后更是引发了收藏、购买 NFT 艺术作品的热潮。支付宝、腾讯等互联网巨头亦纷纷加码 NFT 艺术,以蚂蚁链、至信链为底层技术支持,先后推出敦煌飞天、九色鹿等数字藏品,深受年轻群体喜爱,并以 NFT 拍卖、NFT 盲盒、各式加密艺术展等形式不断拓展 NFT 艺术的边界。

四 融合路径特点

人工智能实现数字产业化和文化创意产业实现产业数字化的过程都发生在社会再生产的 4 个环节之中。其路径融合的特点主要体现为：发生在开放

---

[1] 解学芳：《人工智能时代的文化创意产业智能化创新：范式与边界》，《同济大学学报》(社会科学版) 2019 年第 1 期。

的市场环境内、数据贯穿在融合路径的全过程中、能够循环式不断叠合发展。

融合路径的第一个特点，是以开放的市场环境为融合背景。广义的市场是一种商品交换关系的总和，人工智能与文化创意产业真正的路径融合正是以市场为实施场域，贯彻在产业再生产的全部流程之中。在一个相对自由的市场环境中，人工智能不再作为外化的工具，成为文化创意产业的主体附庸，而是直接在与文化创意产业融合的过程中影响了文化创意产业运行的底层逻辑。文化创意产业既主动选择以人工智能作为技术抓手，也几乎不可阻挡地在市场配置下将人工智能渗透运行过程。融合路径的第二个特点，是以数据为关键生产要素，贯穿在融合路径的生产、分配、交换、消费4个环节中。在生产环节，数据是文化创意产品的组成部分；在分配与交换的中间环节，数据是流动的资产；而在消费环节，数据则是货币符号消费的基础。重视数据在融合路径中发挥的基础性作用，有助于在数字化浪潮中把握产业发展方向，减少任由技术在市场中发展所带来的负面影响。融合路径的第三个特点，是融合过程能够循环式不断叠合发展。在社会再生产的环节中，数据的流通使人工智能与文化创意产业分别获得了所需的内容数据与技术赋能，而一轮循环的反馈结果能够为下一轮循环提供引导，重新配置新的资源进行第二轮的社会再生产。如此往复更迭，将会使人工智能与文化创意产业形成更高的发展水平与更紧密的融合程度。

综上，人工智能是当前新兴媒介的代表，也是未来科技发展的趋势，具有先进的数字技术特征。人工智能技术将为人类带来全新的机遇与挑战，人的主体性也将在冲击中得到新的诠释。文化创意产业则是当前重要的经济增长点，也是未来满足人民日益增长的美好生活需要的重要保障。文化创意产业只有合理把控内部发展与外部赋能的尺度，才能真正在数字技术的浇灌下焕发勃勃生机。立足现实，回应时代，人工智能与文化创意产业的融合路径，将始于北京、发于世界，植根于大国崛起的征程与服务人民的初心之中。

B.17
元宇宙在文创产业中的应用研究

杨海丽 刘洪彰 刘平平*

摘 要： 元宇宙是互联网发展的下一个方向和领域，是多种先进技术的深度融合和集成，能够提供高度沉浸式的真实体验。世界主要国家和地区都在大力发展元宇宙，尤其是美国、欧洲等发达国家和地区。北京也在大力发展元宇宙，尤其是直接受益于元宇宙技术发展的文创产业，与元宇宙不断加速融合，生态不断完善。其中，北京城市副中心大力发展元宇宙，助力文旅发展；北京还有很多与元宇宙相关的企业，建设了有代表性的元宇宙平台，为文创产业带来更多的商业机会和更高的社会效益。未来，北京要大力扶持元宇宙相关技术和产业，有效利用现有基础设施，加快研发智能化新型基础设施，建立文创数字服务平台，健全文创数据共享机制，促进线上线下融合互动，形成立体式覆盖的文创服务供给体系。同时，健全文创相关领域元宇宙产业链，将"文化"与"科技"融合起来，将丰富的文化内容投射到虚拟现实、增强现实、人工智能、区块链等新兴技术中，用元宇宙技术拓展内容创新空间。支持和保护元宇宙企业开发原创版权，实现数字文创版权的持续增值，推动元宇宙赋能数字文创传播方式创新，持续激发数字文创消费新活力。此外，政府要主动进行有效治理，积极参与建立身份共享、支付系统、应用兼容性、内容互操作性、用

---

* 杨海丽，北京市科学技术研究院科技情报研究所助理研究员，主要研究方向为科技创新、科技成果转化；刘洪彰，北京市科学技术研究院科技情报研究所助理研究员，主要研究方向为科技成果评估与转化；刘平平，北京市科学技术研究院科技情报研究所助理研究员，主要研究方向为竞争情报信息分析、科技政策研究、科技评估评价。

　户隐私控制、广告监管、沉迷控制等跨行业标准及监管体系，规
　范元宇宙相关产业发展，积极有力地引导元宇宙在文创产业中确
　立与完善伦理价值。

关键词： 元宇宙　虚拟现实　文创产业

　　近年来，整个社会的上网时间持续上涨，信息技术的飞速发展加速了非
接触式文化的形成。随着虚拟现实、5G、数字孪生与区块链等底层信息和
硬件技术的不断突破，元宇宙概念开始流行并迅速占据热点和头条，成为企
业界和研究者的"新宠儿"。从此，集成了前沿尖端信息技术、丰富的沉浸
式体验应用场景与无限广阔的市场空间的元宇宙开始深刻影响人们现在与未
来的生产与生活。各行各业都在积极尝试并探索与元宇宙结合的方式方法，
力求实现产业结合、市场结合、观念结合和能力结合，进而推动传统产业、
商业模式和生产组织结构等的转型与升级，快速加入这个未来的主赛道。文
创产业是直接受益于元宇宙技术发展的产业，元宇宙沉浸式的体验与去中心
化的模式和能力能够让文创产品更丰富、更卓越。借此机会，文创产业要更
努力地创新思维模式、服务内容、业务流程和管理方式，打造基于元宇宙相
关技术与传统行业融合的新业态、新模式，以期为客户提供更丰富的沉浸
式、个性化与多维度服务体验，重塑产业格局，突破产业瓶颈。

一　元宇宙的概念和内涵

　　截至目前，"元宇宙"还没有一个能够被各界广泛认可和接受的确切的
定义，仍然处于探索和演变的阶段。从本质上来说，这并不是一个纯粹的学
术概念，而是由企业界、产业界和投资界等多个维度、多个方面来推动的。
清华大学新闻与传播学院新媒体研究中心沈阳教授团队在综合和梳理了各种
概念和研究后，尝试做了一个相对精准的概括和总结：元宇宙是整合了多种

前沿新技术而产生的一种新型的虚实相融的互联网应用和社会形态，它基于扩展现实技术提供沉浸式体验，基于数字孪生技术生成现实世界的镜像，基于区块链技术搭建经济体系，将虚拟世界与现实世界在经济系统、社交系统、身份系统上密切融合，并且允许每个用户进行内容生产和世界编辑。但是，元宇宙并不等同于虚拟世界，它是叠加在现实世界基础上的一个虚实相融的新世界。元宇宙通过多种先进的技术能力，在现实物理世界的基础上搭建了一个平行于现实物理世界并且能够持久存在的多维的虚拟数字世界，让现实中的人类能够以数字身份或者化身等形式进入虚拟的时空中生活和工作，同时这个虚拟数字世界可以拥有一套完整运行的社会与经济系统。这是人类社会之前从未出现过的一种新型的交互模式与商业、社会生态。

当前，大家对于元宇宙的讨论多处于虚拟游戏、娱乐、社交等初级层面。其实，元宇宙的内涵是非常丰富且深刻的，涵盖了商业、工业、产业、贸易、社会等各个层面，包括"产业元宇宙"和"文创元宇宙"，甚至还有"正能量元宇宙"。元宇宙能建立一个共识性的价值体系，并基于此拥有一个健全和完善的经济与社会系统，这个体系可以把所有的人都连接起来，让所有人获益。而元宇宙的持续发展核心则是跨地域、跨国界的经济系统和协作分工体系，让人类愿意并能够在元宇宙里做出贡献、创造价值，可以促进人类生存维度的拓展、相应感官维度的拓展以及一定思维空间的拓展。元宇宙本身并不是一种、一类技术或产品，而是一个理念和概念，需要整合不同的复杂的前沿新技术，如5G、6G、人工智能、区块链、大数据等。

二 元宇宙的技术方向

元宇宙能够实现与现实世界的高度同步与拟真，交互效果逼近真实，能够得到相对真实的反馈信息，可以拉进各商业品牌与客户之间的距离，让用户拥有更美好和真切的虚拟体验，这将给现实商业世界带来全新的机遇和商业运转模式。元宇宙将是继互联网、移动互联网之后的又一个全新的互联网与社会形态，成为新兴科技与互联网行业下一阶段重要的发展方向与领域。

　　构想中的元宇宙的最核心特征就是真假难辨的沉浸式体验，包括生活、工作、学习、娱乐和社交等现实世界里人类的各种活动，真实还原现实世界里人类的各种社会关系，并与现实世界完美融合，是一个立体、多维、实时、能够超越时空的交互空间，是未来人类生活的主要载体。元宇宙的生态版图已日趋成熟，主要包括底层技术支撑、前端设备平台和场景内容入口，如图1所示。这需要多种先进技术的深度融合，包括人工智能、数字孪生、区块链、云计算、拓展现实、机器人、脑机接口、5G等。其中，虚拟现实、增强现实和混合现实技术如今被视作未来元宇宙的入口。脑机接口技术展示了人类意识与互联网进行更深层结合的可能性，也为元宇宙的实现带来了更多遐想，建立虚实世界的连接，提供沉浸式体验。人工智能为数字角色提供高互动性，在内容生产、内容呈现、内容审查上发力。数字孪生构建虚拟世界，提供细节丰富的拟真环境，虚拟人提供虚拟化身进行沉浸式互动。区块链提供认证机制，使价值归属、流通、变现和虚拟身份的认证具有稳定高效、确定透明的优点。云存储、云渲染、云计算和边缘计算提供算力基础，为元宇宙提升了推动效率。

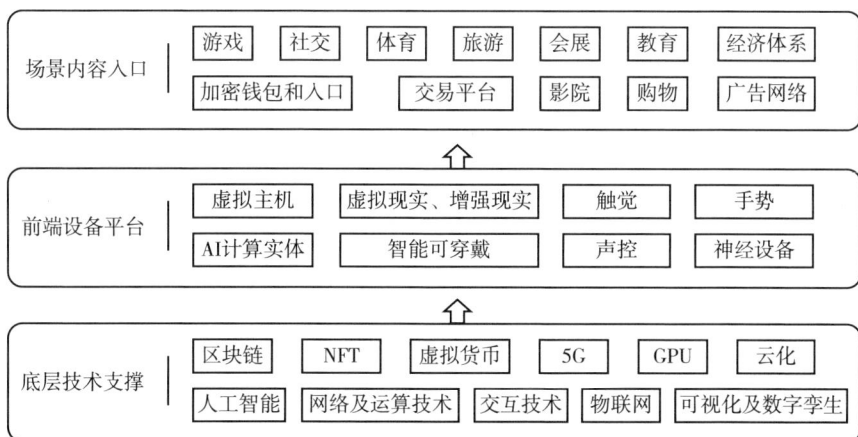

图1　元宇宙的生态版图

元宇宙包含三个属性，一是包括时间和空间的时空属性；二是包括虚拟人、自然人、机器人的人机属性；三是基于区块链所产生的经济增值属性。元宇宙的新技术能够重塑当前商品和服务的经济模式，引发市场价值与生产网络的重塑。目前，不同产业领域与元宇宙融合发展的速度有很大的不同，如果某一个产业领域和元宇宙的三个属性有密切结合，它会发展得更快、更先进，这包括游戏、展览、教育、设计规划、医疗、工业制造、政府公共服务等，如图 2 所示。

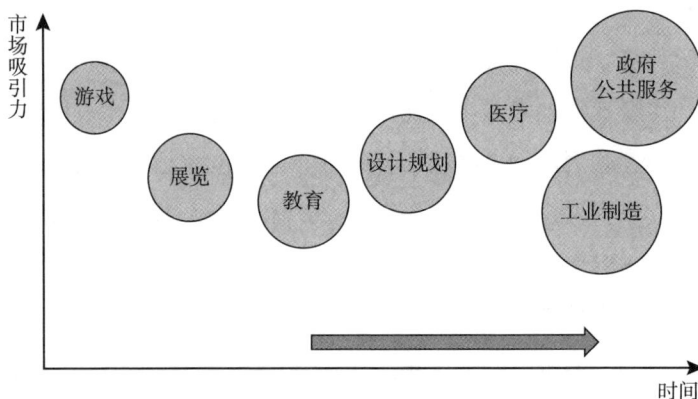

图 2　元宇宙的梯次产业革命

三　世界主要地区元宇宙的发展现状

（一）美国元宇宙的发展现状

元宇宙技术已经在美国得到了广泛的认可和应用，并且未来将有更多的领域和场景开始探索和应用这一技术。美国政府和企业界都在积极推动元宇宙技术的发展，投资了大量资金来支持元宇宙技术的研发和应用。美国政府在 2022 年的科技创新预算中拨出了 80 亿美元，用于支持人工智能、量子计算和元宇宙技术的发展。美国国家标准技术研究院（NIST）正在制定元宇宙技术的标准和指南，以确保各个系统之间的兼容性和互操作性；美国国家科学基金会（NSF）正在资助多个元宇宙相关的研究项目；美国国家航空航天局（NASA）正在开发一些基于元宇宙技术的太空探索应用；多个企业也在开发各种基于元宇宙技术的商业产品。同时，有许多公司正在研究、开发和推广元宇宙技术，涉及的领域包括游戏、虚拟现实、电影、旅游、教育等。

Facebook 是其中最早开始布局这个赛道的选手之一。早在 2014 年，Facebook 就以 20 亿美元全资收购了虚拟现实头显的初创公司 Oculus，进行虚拟现实产品的布局。收购完成后，Facebook 加大了对虚拟现实业务的研发投入力度，从每年 59 亿美元提升至近 185 亿美元，并在 2015 年发布了首款消费者版 Rift 虚拟现实头显。HTC、Magic Leap 等也在积极探索元宇宙技术的应用。苹果、谷歌、微软等大型科技企业分别进行了大量的技术布局和探索。苹果建立了数千人的增强现实研发团队并开发了 ARKit；谷歌为安卓平台开发了 ARCore，方便安卓开发者对其进行调用与开发；微软的 HoloLens 虚拟现实头戴设备支持元宇宙技术，并且该公司还在研究名为 "Microsoft Mesh" 的元宇宙平台。

元宇宙技术在游戏领域中的应用最为广泛和深入。美国的游戏公司如 Epic Games、Unity Technologies、Roblox 等都在积极探索元宇宙技术的应用。例如，Epic Games 旗下的游戏引擎 Unreal Engine 5 就将支持元宇宙技术，为游戏创作者提供更加开放和自由的创作工具；该公司还推出了名为 "MetaHuman Creator" 的软件，可以快速创建逼真的人物角色。Unity Technologies 是一家游戏引擎和开发工具的提供商，其也支持元宇宙技术，并且推出了名为 "Unity Reflect" 的软件，可以将建筑模型转换为元宇宙中的虚拟场景。Roblox 是一家非常受欢迎的游戏开发平台，其游戏世界可被视作一个元宇宙，用户可以通过该平台创作、分享和游玩各种不同类型的游戏。元宇宙技术在电影、旅游、教育等领域中也有着广泛的应用。华纳兄弟娱乐公司利用元宇宙技术创建了名为 "WBWorld" 的虚拟电影世界，让观众可以进入虚拟的电影场景中进行探索和互动。旅游公司 Expedia 利用元宇宙技术创建了一个名为"Expedia Labs"的虚拟旅游平台,让用户可以在虚拟的世界中探索各种不同的旅游景点和城市。教育科技公司 Immersive VR Education 已经利用元宇宙技术开发了名为"Engage"的虚拟教室平台,让学生可以在虚拟的教室中进行课堂学习和互动。

(二)欧洲元宇宙的发展现状

欧洲的政府、学术机构、企业和社区都在积极支持元宇宙技术的发展,为元宇宙技术的创新和发展提供了良好的环境和条件。欧盟正在为区块链和数字经济领域提供资金支持,其中包括元宇宙技术;同时,欧盟正在积极制定有利于元宇宙技术发展的法规和政策,颁布了一系列数字化单一市场法规,其中包括有关虚拟货币、数字身份和数据隐私的规定,为元宇宙技术的发展提供了支持和保护。政府、学术机构、企业和社区之间建立了许多合作和联盟,以促进元宇宙技术的发展和创新,欧洲区块链联盟是欧洲的一个区块链和数字经济联盟,旨在促进区块链技术的发展和应用。政府和学术机构为元宇宙技术的培训和教育提供了支持,欧盟的"Erasmus+项目"提供了资金和资源支持,为欧洲的年轻人提供数字技能和创新教育。

元宇宙技术在欧洲的应用领域非常广泛。虚拟地产领域,一些公司正在欧洲开发基于区块链的虚拟地产平台,允许用户购买和出售虚拟地产和建筑物。例如,总部位于英国的虚拟地产平台公司 SuperWorld 允许用户购买和出售虚拟房产和土地。游戏和娱乐领域,一些游戏公司正在使用元宇宙技术来创建沉浸式的虚拟世界,吸引更多的玩家。The Sandbox 是一家总部位于瑞士的虚拟世界公司,它使用区块链技术创建了一个沙盒式的虚拟环境,允许用户创建和分享自己的虚拟内容。教育和培训领域,一些公司正在创建虚拟教室和学习工具,帮助学生更好地学习和交互,如英国公司 Immerse 提供基于云的虚拟现实培训解决方案,能够为企业客户提供高质量、可定制的虚拟训练场景和教学内容。艺术和文化领域,一些公司正在创建虚拟艺术展览,允许用户在虚拟世界中参观各种文化场所,如总部位于伦敦的公司

Acute Art 致力于推广数字艺术和虚拟现实技术，其与众多国际著名艺术家合作，通过元宇宙技术为观众提供沉浸式的艺术体验。金融和商业领域，一些公司正在使用元宇宙技术创建虚拟的商业和金融平台，允许用户进行在线交易和合作。

四　元宇宙在北京文创产业发展上的布局与趋势

随着信息技术、数字化技术不断更新和迭代，元宇宙代表了互联网发展的下一个赛道，将进一步赋能智能生产、智能制造等环节，通过数字孪生、智能模拟、风险演算等对生产线、产品线实现优化升级，提升生产效率，激发创新潜能。一些大公司如腾讯、百度、小鹏汽车、网易等对元宇宙领域的布局，让人们看到了国内发展元宇宙经济的实力与决心。在北京，元宇宙的产业规划正在进行，在项目布局、内容生产和资本投入等各个方面加速运转，目前已经组建元宇宙新型创新联合体，并在城市副中心成立全国首个元宇宙数字艺术产业园——大稿元宇宙艺术区，创建线上线下相融合的元宇宙数字艺术区和元宇宙虚拟园区，打造新型文创产业的亮点。

元宇宙产业虚实交互、虚实共生的沉浸式体验催生数字文化产业新业态，如非遗、民俗、音乐、展览等，可以在元宇宙中打造具有特色的虚拟展览、文化主题公园、艺术家工作室等；同时，可以在电影、游戏等领域中打造更真实、沉浸式的体验，为用户创造更多与现实世界不同的体验。此外，利用元宇宙技术，文创产业可以将文化产品、艺术品、音乐作品等数字化，让用户可以在元宇宙中观看、欣赏、互动，实现数字文化与现实社会的深度交融。

（一）元宇宙的文创产业生态不断完善

元宇宙通过数字技术有效实现了时间与空间的统一、虚拟和现实的融合，将人类的想象力和科技完美结合，从而创造了新型空间环境，与文创产业加速融合。北京首钢建设投资有限公司与红色地标公司、华为河图合作，采用数字空间多维搭建等方式，将深厚的工业文化底蕴和丰富的科幻场景叠加，上线"首钢元宇宙"，开启数字文化元宇宙新时代；王府井落地了"故宫以东·城市盲盒"数字沉浸体验空间，通过"线上+线下"模式增强游客的体验感；北京环球影城涵盖了变形金刚、功夫熊猫、小黄人、哈利·波特以及侏罗纪等五大IP，开业1年累计迎客超过1380万人次，共推出超过3400款主题商品，无纸化畅游体验受到广泛欢迎，为北京数字文创产业注入活力；数字新媒体园区聚焦元宇宙方向，以"科技+文化"融合发展为特色，构建多个元宇宙场景，一批待建、在建、完建的数字文创产业项目不断涌现，加速拓展了北京元宇宙文创产业空间发展格局。

（二）北京城市副中心元宇宙助力文旅发展

北京城市副中心正在统筹规划科技创新、产业发展、人才队伍等方面的战略部署，2022年8月，《北京城市副中心元宇宙创新发展行动计划（2022—2024年）》印发，明确指出加强文化IP资源创造性转化和创新性开发，打造元宇宙主题乐园，建设"元宇宙+文旅"场景。规划建设以元宇宙应用创新中心为示范引领的"1+N"产业空间布局，辐射带动其他产业园区协同发展，高标准打造以文旅内容为特色的元宇宙应用示范区，建设完成1.6万平方米的元宇宙应用创新中心。同时，相关创新资源不断涌入。2022年，北京城市副中心新增落地元宇宙企业63家，深入挖掘大运河景区、张家湾设计小镇等重点建设场景，利用数字技术打造沉浸式体验、创建虚拟化分身、实施开放式创造，推动文化、生产与消费全流程数字化转型，推进元宇宙技术成果在城市副中心的示范应用。未来，元宇宙还将聚焦场景，加速产业升级，利用5G、云计算、人工智能等数字技术，建设数字孪生平台，打造线上线下融合交互的文旅消费体验。

（三）北京从事元宇宙相关行业的企业

一些企业专注于元宇宙的开发和应用，如华大智造、天使之翼、5D畅游、铜元素等。这些企业主要从事元宇宙平台的开发、虚拟现实游戏的制作、虚拟展览的设计以及元素交互技术的研究等工作。一些知名文化机构、艺术公司和企业已经开始应用元宇宙技术，推出了各种有趣且具有实用价值的项目，如"元宇宙文化产业园""2022北京冬奥会元宇宙"等。一些博物馆、艺术机构和新媒体公司也开始将元宇宙技术融入自己的文化产品，形成了一些具有创意和特色的项目。未来，随着元宇宙技术的不断发展和创新，北京的文创产业将有更多的机会与元宇宙相结合，为人们带来更多有趣、新颖、有意义的文化体验。除此之外，北京还建设了一些具有代表性的元宇宙平台，如华大智造的"创想小镇"、5D畅游的"数字长城"等。这些元宇宙平台吸引了越来越多的艺术家和设计师等人才在其中创作、交流和展示自己的作品和创意。总体上可以看出，北京的元宇宙发展现状十分活跃和多样化。未来，随着技术和营销模式的进一步成熟，元宇宙将进一步深入人们的生活，为文创产业带来更多的商业机会和社会效益。

五　对策与建议

随着人工智能、虚拟现实、区块链等技术的不断发展，元宇宙技术也将不断地进步和升级，图形处理能力将更强，交互性和体验性也将更好。在北京文创产业的发展过程中，元宇宙技术的应用可以为文创产业的转型注入新的动能，文创元宇宙将实现跨越时空、虚实结合的沉浸式演艺、虚拟展览、智慧空间、社会教育、线上旅游及数字文创等典型场景的应用，创造更为真实、丰富和具有沉浸感的体验，开启全新的虚拟共生、真实体验时代。截至目前，北京在元宇宙基础研究、设施建设、技术创新和场景应用等方面已取得了一些进展，在未来的文创产业发展中，要利用好北京的地理与文化优势，以用户需求为导向，重塑思维，加速转型，推动元宇宙文创场景的落地与应用，赋能数字经济高质量发展。

（一）大力扶持元宇宙相关技术和产业

近年来，加快数字化发展、建设数字中国已是中国的重要战略，被写入

《中华人民共和国国民经济和社会发展第十四个五年规划和2035年远景目标纲要》，其中5G网络、工业互联网、数据中心、人工智能成为重要组成部分。在元宇宙发展初期，政府应该加大对相关核心技术的扶持力度，有效利用现有基础设施，加快研发智能化新型基础设施，建立文创数字服务平台，健全文创数据共享机制，促进线上线下融合互动，形成立体式覆盖的文创服务供给体系。北京有大量的研发基地和基础设施来解决技术问题，同时拥有相对比较完整的产业链，如虚拟现实、增强现实产业链。北京可以优先扶持有较强感官体验、直接带来生产力效应的行业，积极运用超高清视频、5G、虚拟现实、增强现实、人工智能等数字技术，深入挖掘IP的深层次价值，推出创新IP衍生项目和多样化、数字化产品，通过直播、电商、云展览等方式大力发展相关产业。北京有很多互联网巨头公司，这些公司是元宇宙生态的重要贡献者，在流量、数据、场景和底层技术层面具有显著优势，北京政府可以支持并引导这些公司在基础性软件上摆脱"卡脖子"情况，推动元宇宙数字孪生引擎自主化，获得更广阔的发展前景。

（二）健全文创相关领域元宇宙产业链

北京可以着力打造面向元宇宙的数字文创产业链，从内容创新、产品制作与传播、产品消费等方面充分利用元宇宙技术重塑相关产业链。可以基于北京特有的古都文化、京味文化、红色文化和创新文化，将"文化"与"科技"融合起来，将丰富的文化内容投射到虚拟现实、增强现实、人工智能、区块链等新兴技术中，用元宇宙技术拓展内容创新空间。支持和保护元宇宙企业开发原创版权，实现数字文创版权的持续增值，推动元宇宙赋能数字文创传播方式创新。探索数字文化流通新模式，利用数字视听、全景影像以及虚拟现实、增强现实等技术手段创造文创产业传播新渠道，形成特色突出的数字文创产业传播展示体系，推动元宇宙平台内文创要素的流通和协同联动，打破平台垄断格局，提升流通能级，发展云展览、云旅游、云演出等"云"端文化传播新形式，让文创相关信息传播更快、更广、更精准、更生动。丰富文创领域元宇宙产业链的消费环节。加快构建元宇宙文创产业新业态、新场景，把历史遗迹、民族文化、人文景观等文旅元素植入元宇宙，构建多元化文旅消费场景，打造高品质、沉浸式、体验式的消费新场景与新业态，持续激发数字文创消费新活力。

（三）着重关注相关风险

从各行各业的发展可以看出，元宇宙时代已经悄然到来，但目前企业界仅关注元宇宙引发的商业颠覆和带来的市场机会，而政府更关注元宇宙对国际战略的影响，以及对国内社会的潜在影响。元宇宙的技术基础仍较为薄弱，存在很大的风险与缺陷，主要包括用户的隐私风险以及处理大量数据的能源成本。政府要主动进行有效治理，积极参与建立身份共享、支付系统、应用兼容性、内容互操作性、用户隐私控制、广告监管、沉迷控制等跨行业标准及监管体系，规范元宇宙相关产业发展。政府有能力快速制定文创领域相关政策和标准，可以优先扶持一些非营利组织来研究和制定这些政策和标准，探索文创领域元宇宙数据治理新经验和新模式，提升数据治理现代化能力，同时加强元宇宙数据要素市场交易监管，加大对相关制度规范与法律法规的普及和宣传力度，积极有力地引导元宇宙在文创产业中确立与完善伦理价值。

B.18
数字藏品行业发展的北京实践
与路径探析

陈娴颖　廖梦君　黄雨轩*

摘　要： 随着元宇宙概念的兴起，国内数字藏品市场飞速发展，数字藏品
　　　　 主题形式新颖、应用场景多元，加速了文化场景和消费模式的创
　　　　 新。"数字藏品+旅游""数字藏品+文物""数字藏品+非遗"等
　　　　 创新模式能与城市IP打造和城市品牌建设有效结合，成为城市
　　　　 推动文化数字化发展、创新文化传承和传播路径的新选择。在这
　　　　 一趋势下，北京需要思考如何将数字藏品、城市品牌、文化旅
　　　　 游、文物和非遗更好地结合，全面发掘数字藏品在北京文化发展
　　　　 上的多重价值。

关键词： 数字藏品　城市品牌建设　文化数字化

随着数据成为与土地、劳动力、资本、技术同等重要的生产要素，数字
资产化趋势日益显著。以NFT（非同质化代币）为代表的区块链技术能更好
地为数字资产确定价值，助力数字艺术和数字藏品更便捷安全地流通，激发
艺术创作者的创作热情，满足收藏品购买者的收藏和投资需求，在提高文化
产品流动性的同时降低交易门槛，从而推动线上文化市场更加繁荣。根据
NFT数据公司Nonfungible数据，2021年全球NFT交易额达到176亿美元，相

---

* 陈娴颖，中国传媒大学文化产业管理学院副研究员、文化产业系副主任，主要研究方向为文
化创意产业；廖梦君，中国传媒大学文化产业管理学院研究生，主要研究方向为数字文化产
业；黄雨轩，安徽大学经济学院本科生，主要研究方向为经济学。

比 2020 年的 8200 万美元大幅提升①。2022 年，因为受到整体经济低迷的影响，全球 NFT 市场略有萎缩，但 DappRadar 报告数据显示，2022 年 NFT 交易笔数达 1.01 亿笔，比 2021 年增长 67.57%②。2022 年 12 月，全球 NFT 交易市场逐渐转好。ForeChain 报告显示，2022 年 12 月全球 NFT 市场交易额为 4.34 亿美元，环比增长 4.88%；交易用户数量近 34 万人，环比增长 5.58%。

因"去货币化"政策，国内数字藏品与国际发展势头有一定差距，但作为文化数字化的重要形态之一，数字藏品主题形式新颖、应用场景多元，其核心应用场景包括数字艺术收藏品、数字音乐藏品、数字景区藏品等；另一类衍生场景是基于目前现有的应用场景延展出的场景，其渗透领域包括娱乐、休闲、餐饮、购物、旅游、体育、票务等。比如，国内不少知名景区创作了文旅数字藏品，打造了文化消费新场景；一些博物馆开发了文创数字藏品，更好地拉近了公众与文化遗产的距离。"数字藏品+旅游""数字藏品+文物""数字藏品+非遗"等创新模式备受市场追捧，加速了文化场景与消费模式的创新，推动了文化产业高质量发展。各地政府正积极通过各类尝试探索入局路径。目前，数字藏品已经成为城市推动线上文化市场更加繁荣、城市文化更好传承和传播的新路径。在这一趋势下，北京需要思考如何将数字藏品、城市品牌、文化旅游、文物和非遗更好地结合，全面发掘数字藏品在城市发展上的多重价值，更好、更规范地培育数据要素市场，打造全球数字经济标杆城市。

一　数字藏品的发展现状与现实困境

自 2021 年下半年以来，元宇宙概念的兴起带动了 NFT 技术的应用和数字藏品在国内市场的飞速发展，我国数字藏品的发展正式进入"2.0 时

---

① 《Nonfungible：2021 全年 NFT 交易额超 170 亿美元》，腾讯网，2022 年 3 月 12 日，https：//new. qq. com/rain/a/20220312A0287Z00。

② 《数据：2022 年 NFT 交易达 1.01 亿笔，环比增长 67.57%》，腾讯网，2023 年 1 月 23 日，https：//new. qq. com/rain/a/20230123A031HT00。

代"。据 01 区块链、Forechain 不完全统计，截至 2022 年 7 月 12 日，国内数字藏品平台数量已经达到 998 家。数据显示，2021 年我国数字藏品市场规模达到 2.8 亿元，预计 2026 年将达到 23.9 亿元。数字藏品总额及数量大幅增长，从 2021 年 8 月至 2022 年 6 月每月发行的数字藏品数量来看，2022 年 2~6 月的单月发行数量均突破百万件。其中，2022 年 5 月发行数量最高，达到 496.9 万件，发行总额达到 14739.8 万元。2023 年第一季度，数字藏品平台的新产品、新玩法层出不穷。但我国数字藏品仍存在不少亟待解决的现实困境。

（一）数字藏品类别与应用场景

数字藏品目前主要在文化属性较强的领域发力，以推动实现社会效益与经济效益的"双提升"，其类别和应用场景主要分为以下 4 类。

1. 文物、非遗类数字藏品

党的二十大报告指出，要建设社会主义文化强国，发展面向现代化、面向世界、面向未来的，民族的科学的大众的社会主义文化，激发全民族文化创新创造活力，增强实现中华民族伟大复兴的精神力量。2023 年 4 月 28 日，由 iBox 链盒、澳门自强文创智库、北京元气星空科技有限公司联合推出的"澳门世遗建筑"系列数字藏品，通过 3D 建模技术再现澳门经典历史建筑全貌，以盲盒形式正式在 iBox 链盒平台上线发行。该系列盲盒共计 7 款，均以澳门经典历史建筑为原型，包括东望洋炮台、大三巴、岗顶剧院、妈阁庙、仁慈堂、行走澳门及议事亭前地。此前，河北博物院的镇院之宝"长信宫灯"化身 3D 数字藏品，限量 1 万件在支付宝蚂蚁链发售，上线即告售罄；由"蟾宫"数字藏品平台与《国匠集》联合打造的"国匠非遗"系列数字藏品也吸引了众多消费者。在推动建设文化强国的大环境下，各大平台敏锐地嗅到了文物、非遗产品承载的重要文化价值，推出了大量文物、非遗类数字藏品，推动优秀传统文化在快消费时代创造性转化、创新性发展。另外，这些文物、非遗类数字藏品本身具有的独特性与稀缺性也与 NFT 属性不谋而合，成为国内数字藏品的重要分类。

2. 艺术类数字藏品

从细分门类来看，艺术类数字藏品可分为数字绘画、数字影像、数字音乐、数字工艺品等多种类型。腾讯幻核首推"有声十三邀数字艺术收藏品NFT"；NFT 中国推出简笔画数字藏品 CryptoFunk；iBox 链盒与宁波市演艺集团打造舞剧《花木兰》系列数字藏品……相比文物、非遗类数字藏品的历史文化属性，艺术类数字藏品更加强调艺术家的个性特征与表达方式，因此艺术类数字藏品大规模见于 UGC 生态平台，使艺术品数字化发展更显活力。

3. 文化衍生类数字藏品

2021 年 6 月，支付宝联合敦煌美术研究院在国内限量首发敦煌飞天和九色鹿的付款码皮肤，16000 张付款码皮肤一上线就迅速售罄；基于成都大运会会徽 1∶1 建模而成的"大运数字会徽"数字藏品正式在唯一艺术平台发行，全球限量 1 万个，被迅速抢空。百谷王数字艺术、千寻数藏、盒盒、无异艺术、七级宇宙等平台发售的数字藏品主要就是这种类型。2023 年春节，"鲸探"小程序和 App 与支付宝"集五福"活动深度融合，推动了数字藏品的"破圈"。经数字化的衍生品在创作手段上更具灵活性，在传播上更具便利性，在消费上更具广泛性。文化衍生类数字藏品形态多样，以提升文化 IP 对消费者的吸引力与消费者对文化 IP 的注意力为首要目的，与原始文化 IP 在流量加固方面有双向赋能作用。

4. 游戏、动漫及其他小众类型数字藏品

受制于受众圈层的局限性与产业结构的差异性，头像、卡牌、游戏道具等 NFT 项目一般在国内被归类为小众类型数字藏品，如嗨易购平台打造的"蔬菜天团"头像、蓝猫数字推出的"像素小明"系列等。大部分的小众类型数字藏品具有较强的 IP 独立性，在国内数字藏品市场还未发展成熟的当下，小众类型数字藏品大多难以突破自身圈层壁垒建立本土化市场。

（二）数字藏品存在问题与现实困境

1. 缺乏相关法律法规监管

2021 年 9 月，中国人民银行发布通知，全面禁止与虚拟货币结算和提

供交易者信息有关的服务。与国外资本大量涌入推动 NFT 金融化、证券化不同，国内针对虚拟货币的交易炒作活动开启了严格的监管模式。2022 年下半年，部分数字藏品平台面临崩盘，引发讨论。如今，鲸藏等众多头部平台为防范相关风险，开启全流程实名、内容全链路审查，且不开放用户间数字产品转移，以削弱数字藏品交易属性中的金融化趋势。可以说，从国家层面界定数字藏品的交易属性与流通方式迫在眉睫。

此外，互联网创新监管模式与底层区块链标准亟待更新。当前，国内大部分数字藏品项目采用由国内技术生产商提供的联盟链，而部分 UGC 生态平台则采用以太坊等公链，公链面向所有人，本身具有一定的信息暴露风险，而国内联盟链因无完整的规范化标准，发展形态各异，各链之间并未打通流通渠道，使数字藏品不能实现价值最大化。

2. 知识产权仍存在确权风险

在数字藏品产业化发展过程中，知识产权仍存在确权风险。一方面，购买者买到的是所有权而非原始内容版权，数字藏品创造者和原始内容创作者、发行者的权利仍有分化地带。发展数字文创，版权是基础，内容是核心。另一方面，数字藏品创造者在发行数字藏品过程中能够保证其原创性，但无法保证原始作品的原创性，被指抄袭"无聊猿"的"元气猴""无聊的悟空"等 NFT 项目，也从另一个角度说明了抄袭、跟风等现象并不能止于一个独有化的数字凭证。此外，如果最先完成区块链上链的作品本身就存在知识产权缺陷，数字藏品的发行有可能通过作品的不断出售而大幅增加原作者因知识产权缺陷而受到的损害。由于数字藏品的交易和版权实际上是分离的，可能带来包括 NFT 滥用、"一物二卖"、瑕疵给付以及由此而来的合同解除、退货等诸多交易风险。创作者可能以数字藏品形式将独家版权卖给多人，也可能把自己不具备的权利卖给他人，还会引发许多复杂的版权问题。

3. 为文化赋能的能力待验证

尽管国内目前发展数字藏品的首要目的是创新文化消费模式、活化传统文化，但数字藏品却可能对艺术品、文物和非遗产生价值异化。以地区非遗产品为例，对于一些实用型非遗产品，体验感不可或缺，实体藏品虚拟化能够推动无界传播，但无形中削弱了其体验感；另外，一些 NFT 项目对艺术的本质产生了颠覆，2021 年"DoubleFat 双盈——首届 NFT 加密艺术展"上，一幅绘画作品被做成 NFT 后于现场焚烧，最终成交额达到 40 万元。用"稀缺性""唯一性"提升艺术品价值，或将对实体藏品产生冲击，而其中的边界亟待探索。

二 数字藏品行业入局探索

作为数字经济的崭新业态和区块链技术推广应用的重要探索，数字藏品主题形式新颖、应用场景多元，这对弘扬传统文化、鼓励创新创造、助推文化产业开拓具有数字化特色的发展路径至关重要。因此，虽然数字藏品的发展面临很多问题和挑战，但各地政府正积极探索入局路径。

（一）构建治理生态矩阵，建设知识产权数字服务与治理体系

基于 NFT 技术在数字文化产业发展中的重要性，新华网股份有限公司与上海文化产权交易所积极推动打造具有行业领导力和规范性的国家级版权交易保护联盟链及国家级数字文创要素市场价值管理平台。2022 年 12 月 22 日，新华网股份有限公司与上海文化产权交易所签署协议，提出构建国家级数字文创规范治理生态矩阵，共同推动和强化行业规范治理，引导数字文创、数字艺术、数字版权、虚拟世界与现实交互版权产业合理有序发展，以便为全国数字文创产权及虚拟世界与现实交互优质版权探索提供规范的数字文化产权登记、托管、转让、分发等综合服务。双方将共同推进达成数字文创与数字版权相关行业共识，为全行业提供规范执行标准，引领行业合规发展；共同推进建设知识产权数字服务与治理体系，规划建立国家级数字文创要素市场舆情与风险测评中心，对数字文创、数字艺术、数字版权、数字收藏、虚拟世界与现实交互等相关行业风险动态进行实时监控，定期公示预警，为行业平稳运营构建警示纠偏的护航机制。双方还将以国家级版权交易

保护联盟链为依托，在央地国有文化无形资产增值管理、沉浸式剧本游戏内容生态建设、数字文创园区、数字版权基金、数字文化经济论坛、数字文创指数、文化金融服务等领域展开全面合作。

（二）推动产业落地奖励，推进开放应用技术场景更新

截至 2020 年底，中央、各部委及各地方政府已发布的区块链相关政策文件超过 600 个，众多地区政策文件中均包括推动数字技术落地的奖励、支持措施，并支持不断推进开放应用技术场景更新，为数字藏品提供底层支持。上海杨浦区印发《杨浦区推动区块链产业升级发展政策》，指出将"打造一批具有推广示范意义的区块链应用产品，形成一批可复制可推广的商业模式，开展区块链与实体经济深度融合项目示范工程"，落户运营补贴每年最高达 100 万元。广东省深圳市龙华区发布《深圳市龙华区支持区块链产业发展若干措施》，对获得基金投资入股的区块链企业最高给予 300 万元支持，且每年评选不超过 10 个区块链应用场景重点项目，每个项目给予建设方 20% 的经费补贴，最高达 20 万元。

（三）成立数字藏品平台，赋能地方文旅数字化发展

2022 年，山东、四川、浙江等地成立了数字藏品平台，这将为助力文旅产业数字化转型、规范数字藏品市场带来正向的示范效应。2022 年 4 月 15 日，山东省互联网传媒集团和山东文化产权交易所联手打造的山东首个国有数字藏品交易服务平台"海豹数藏"正式启动建设，该平台致力于与国内数字藏品管理、咨询、研究机构和平台等开展合作，助推山东省文旅产业高质量发展。2022 年 4 月 18 日，四川省文化产业商会数字藏品创新专委会主任单位推出了全国首个专注巴蜀文化的数字藏品平台"灵兽宇宙"。该平台致力于推动巴蜀文化数字化发展，为文化机构、艺术家和爱好者提供数字艺术作品的发布、收藏、展示、研究和体验等多维度服务。2022 年 4 月 25 日，浙江省内首个规范化数字藏品平台"虚猕数藏"在浙江杭州正式发布。作为杭州国际数字交易有限公司旗下专营数字藏品的子品牌，"虚猕数藏"的发布上线，

是杭州市金融投资集团有限公司广泛布局数字经济产业的积极探索，也是杭州国际数字交易有限公司"以数图变"、探索数字产品交易的尝试。2022年1月，武夷山市人民政府联合熵链科技推出了"链尚武夷"数字藏品平台，该平台以呈现、宣传、销售当地特色文旅产品为主，成为全国首个旅游城市数字藏品平台，开启了武夷山"数字经济+智慧旅游"全新模式。

（四）发行城市数字藏品，全面宣传推广城市文化

2021年底，衢州市人民政府与新湖集团在红洞数藏平台发布衢州城市品牌系列数字藏品。这是中国首个城市数字藏品，是一次城市宣传的全新探索，有力推介了衢州"南孔圣地·衢州有礼"的城市品牌。2022年4月28日，由"灵锡"携手"鲸探"推出的全国首批城市级数字藏品"重现西林园 梦回'含星濑'"上线5秒瞬间售罄。2022年5月1日，"北京历史文化名城"系列数字藏品由北京市政府国有文化管理机构北京文投集团和其上市企业文投控股联合北京文化产权交易中心在"星元数"小程序上发行。同时，"星元数"小程序同北京文化产权交易中心积极展开数字藏品交易对接工作，以期能形成更规范安全的数字藏品交易生态。这意味着越来越多的城市开始注重打造城市数字IP，进行数字藏品商业化应用，促进数字藏品与传统行业的结合；孵化数字藏品二次创作与设计公司，培育数字藏品行业，打造数字藏品产业链，探索更多合作可能，共建良性的数字文创行业生态。

（五）合作头部平台，深度凸显数字化城市IP元素

2022年5月，"元宇宙数字藏品馆"连续限量发售中国城市文化艺术系列数字藏品，"印象北京""印象杭州""印象苏州""印象上海""印象广州""印象深圳"等都已完成发售，该系列数字藏品结合油画表现形式让更多人关注、了解中国城市文化。各地艺术馆、博物馆也通过突出自身IP强化城市记忆。天坛与百度超级链合作推出"纪念版北京天坛神兽藏品"。西藏艺术馆与Umx合作推出"静好"等系列艺术藏品，让当地艺术迸发了新活力。敦煌研究院与唯一艺术平台合作推出"敦煌艺术系列动态NFT盲

盒"、与灵稀合作推出"探行丝路一览敦煌"系列数字藏品等,都让城市IP元素更为凸显。

目前,数字藏品已经成为积极抢占数字经济赛道、全面推动城市数字化转型、引导企业加紧研究未来虚拟世界与现实社会交互的重要平台,这说明发展数字技术是促进文化保护、传承、利用的最优方式之一。

三 数字藏品行业发展的北京实践及未来建议

(一)数字藏品行业发展的北京实践

1.国企央媒入场,积极拓展数字藏品平台版图

在现有民营资本数字藏品平台出现各种乱象的背景下,国资背景平台纷纷进军数字藏品行业,这些平台普遍具备较高的公信力,相对可以保障数字藏品的价值和安全性,有助于推动数字藏品行业规范、健康、有序发展。目前在北京的由国有企业和中央媒体组建的数字藏品平台如表1所示。

表1 目前在北京的由国有企业和中央媒体组建的数字藏品平台

数字藏品平台名	单位名称	宗旨	发行的数字藏品
天工数藏	工业和信息化部工业文化发展中心	弘扬与传承中国工业文化与工业精神,推动工业文化数字产品创作、版权保护与市场繁荣	浦东陆家嘴
中国文化传媒新文创藏品平台	中国文化传媒集团	依托集团中传新文创平台在知识产权溯源、确权的基础,结合区块链技术,对溯源结果生成的数字资产进行存证,通过文化内容的二次创作,以"区块链+数字化"的呈现方式,促进从网络文化数字资源到数字资产的内容生产方式转变,既体现内容创作的文化价值,又体现内容创作的文化价格	时光之钥—未来
央数藏	央视网	借助数字藏品这一"新载体"传播中国文化,让众多优秀IP与品牌更深入地走进大众视野	"YSC"系列藏品
新华数藏	新华网	用数字藏品助力公益事业	看得见的改变·石阡旧貌、看得见的改变·石阡新貌

续表

数字藏品平台名	单位名称	宗旨	发行的数字藏品
灵境·人民艺术馆	人民网	助力普及大众艺术作品,为更多艺术爱好者提供更多展示空间,为艺术品数字版权保护、数字出版、数字转化、数字认证等提供服务,用数字技术服务大众艺术,促进大众艺术品市场的健康发展,让艺术走进寻常百姓家	世界知识产权日数字藏品
时藏	新华社	时空珍藏	"一飞冲天"中国好故事
光明数藏	光明网和北文中心	为各级政府文化部门、非遗传承人打造区块链数字藏品发行平台,成为数字藏品爱好者收藏文物、非遗类数字藏品的重要渠道	臻藏纪念券、兔er爷陪你过中秋、数字月饼
豹豹·青春宇宙	中国青年网	官方优质文化产品的发行平台,青年人创新、创造、创效的平台	航天青年数字徽章

资料来源:根据网上公开资料整理。

2.围绕重大主题,升维拓展数字藏品元宇宙

2022年,北京市围绕中轴线申遗、冬奥会、航空航天等重大主题,推出了一系列数字藏品。为助力"北京中轴线"2024年申报世界文化遗产,2022年9月13日,北京中轴线主题数字藏品"中轴元力神"公益限量首发。该系列数字藏品以先农坛、天坛、正阳门箭楼、故宫、景山、钟鼓楼六大中轴线古建筑为原型创作而成,创造性地将中轴线古建筑的文化内涵变为具有生命力的动漫形象"ZZLINE元力神",以"古建筑+灵动IP"的形式在"赛博中轴线"的元宇宙里进行升维拓展。该系列数字藏品在北京市文物局、北京中轴线申遗保护办公室以及北京市委网信办的共同指导下,由新华社媒体融合生产技术与系统国家重点实验室和网易传媒联合发布。此外,在2022年北京冬奥会期间,"冰娃""雪娃"等4款3D运动形象数字藏品上线即售罄;由国际奥委会官方授权的"冰墩墩"数字盲盒于2022年2月12日凌晨在nWayPlay平台发售,总数为500个,每个99美元,每人限购5个,发售3小时内售罄。航空航天主题数字藏品也吸引了全国上下航空航天

爱好者的目光。一系列重大主题的数字藏品在宣扬本身主题的基础上进行拓展和延伸创作，让主题更加鲜活，更加契合当下年轻人的需求，不仅传播了中国精神，还做到了商业价值的衍生。

3. 线上线下结合，探索数字藏品融合新玩法

2023年3月29日，北京市文物局首批评定落地的类博物馆——瞭仓数字藏品博物馆正式挂牌，这也是全国首家数字藏品类博物馆。瞭仓数字藏品博物馆以中华优秀文化为基础，深入挖掘文化背后的思想价值、精神价值，依托虚拟现实技术，为市民打造沉浸式、可交互的文化数字体验空间。自开馆以来，该博物馆先后研发并推出了展现优秀家风文化的"生生不息—时空的理想之旅"主题数字艺术展、展现节日民俗的"奇境"主题数字艺术展和展现西山永定河文化的"流动万象"主题数字艺术展。作为全国、北京市和石景山区首家以数字藏品为展示特色的类博物馆，瞭仓数字藏品博物馆将充分发挥技术、空间和业态优势，重点打造文物活化展示、趣味交互、寓教于乐的博物馆元宇宙标杆应用场景，并于2023年"5.18 国际博物馆日"期间正式推出一场"文物+数字艺术展"、一个"文物+元宇宙互动平台"和多种以文物数字互动为特色的虚拟现实玩法[①]。

4. 拓展数字藏品衍生产品链

2022年，中国东方演艺集团（北京）着力拓展数字化领域版图，开启虚拟形象研发工程，开发优秀剧目数字藏品，拓展演出项目的虚拟空间，其中以舞蹈诗剧《只此青绿》为典型代表。2022年2月25日，《只此青绿》数字藏品发布会在北京举行，2022年3月3日，中国东方演艺集团（北京）、大麦、灵境文化共同宣布推出《只此青绿》数字藏品纪念票。2022年5月5日，《只此青绿》首个3D数字藏品项目"曼舞"在"幻彩数藏交易平台"发售。"曼舞"以《只此青绿》的"青绿"为原型进行二次创作，在展现中国古典之美的同时，加入当代年轻人喜欢的Q版元素，通过Q版

---

① 《全国首家数字藏品类博物馆在石景山挂牌》，"北京石景山官方发布"百家号，2023年4月2日，https://baijiahao.baidu.com/s?id=1762068807924393674&wfr=spider&for=pc。

造型拉近了传统文化与 Z 世代的距离，让中国传统文化生动再现，用 Z 世代的方式把中国传统文化"玩起来"。

（二）北京市发展城市文化数字藏品的对策建议

第一，深度挖掘可数字化的城市文化 IP 要素，发挥城市文化数字藏品在城市文化名片打造中的重要作用。从内容上看，城市文化藏品的数字化应当选取合适的转化性强的文化内容，避免其"水土不服"。要选取能够代表古都文化、红色文化、京味文化、创新文化的精品力作，采用符合消费者审美的方式进行呈现，以 NFT 作为分销渠道而非营利手段。此外，需注重对实体经济赋能，增强城市文化藏品的数字化适应性，注重发挥城市文化数字藏品作为活化文化与艺术的数字创意品对文创产品的赋能作用。

第二，建立健全北京城市文化数字藏品授权体系。北京市需制定城市文化数字藏品授权政策与规定，以推动行业的规范化发展。可制定出台市级"城市文化数字藏品授权手册"，在手册中细化著作权利人、授权/经营组织权利义务、交易安全细则等方面的条例。同时，建立城市文化数字藏品授权登记制度，为原始 IP 的权属认定提供重要参考。政府可以对重点企业进行扶持，掌握行业交易动态，从而制定更为科学有效的政策，真正地连接市场经济发展与城市文化数字藏品发展。

第三，明确城市文化数字藏品价格与价值动态平衡的可视量化指标。推动城市文化数字藏品健康发展首先要构建规范、合理的市场政策与交易模式，探索合适的城市文化数字藏品市场监管机制，规范行业执行标准与奖励标准，合理化城市文化数字藏品的价值与价格。应规划设立城市文化数字藏品的标准化价格体系，建立包含价格识别、价格锚定、价格核查在内的可视量化指标，在全平台推动价格合理化、平衡化。针对不同类型、性质的城市文化数字藏品，还应提出多元且精准的定价方法。

第四，建设北京市级城市文化 IP 联盟链，打造具有竞争力的专业化数字藏品平台。应适度探索数字藏品的金融属性，积极发挥北京文化产权交易中心的优势，拓展数字藏品交易业务。北京文化产权交易中心本就具备相关资质和健全的监管机制，可将文化产权资源与数字金融科技相结合，进一步激发文化产业创新潜力。北京文化产权交易中心应积极推动建设北京市级城市文化 IP 联盟链，强化数字文创要素市场价值管理，逐步引领探索数字藏品领域二级市场跨链交易的相关规则和标准。

第五，多平台多形式联动，实现传播效果最大化。开放 UGC 与 PGC，推动创意集成，实现传播效果最大化。北京市委宣传部、市文物局、市文旅局、市公园管理中心、各博物馆等相关机构可以组织授权部分城市地理标志、城市文化符号、文化遗产等 IP，推出 NFT 数字艺术创作大赛，与相关平台进行合作联动，吸引更多参与者共同设计、创作北京城市文化数字藏品，让来自全世界的艺术家迸发创意灵感，提升北京的数字创意能力。

B.19
科技支撑北京文化体育融合发展研究

蒋金洁*

摘　要： 近年来，我国文化产业与体育产业的融合发展成为重要趋势。北京是首个举办过夏奥会与冬奥会的"双奥之城"，具有得天独厚的发展文化产业和体育产业的资源优势，将这些优势充分发挥，是实现首都高质量发展的必然要求。北京体育产业正处在结构调整、动能转换和消费促进的关键阶段，体育、科技与文化融合发展等工作持续推进并取得显著成效。

关键词： 科技支撑　文化体育　融合发展　体育消费

　　近年来，我国文化产业与体育产业深度融合发展，已成为经济和社会领域高质量发展的一抹亮丽色彩。在新一代信息技术的持续渗透和有力支撑下，文化产业和体育产业不再彼此独立，呈现加速融合的发展新态势。《"十四五"体育发展规划》对体育产业发展提出了新的更高要求，计划到2025年实现体育产业总规模5万亿元，增加值占GDP的比重达到2%，居民体育消费总规模超过2.8万亿元。促进文化产业与体育产业融合发展将成为达成这一目标的关键。在产业数字化升级的大趋势下，中国体育产业"强势增长"离不开科技的支撑，科技渐渐从幕后走向台前，成为促进体育产业发展的"主角"，从AI到VR，从体育转播到体育营销，科技重塑着体育的呈现与消费方式，也改变着人们对体育的认知。北京作为全国文化中心

---

* 蒋金洁，北京市科学技术研究院科技智库中心副研究员，主要研究方向为文化创意产业。

和全球唯一的"双奥之城",以科技为支撑,加快推进文化产业与体育产业融合发展,具有重大的现实意义和深远的历史意义。

一 科技支撑北京文化产业与体育产业融合发展的现状

北京是全国政治中心、文化中心,国际交往中心以及国际科技创新中心,也是历史上首个举办过夏奥会与冬奥会的"双奥之城",具有得天独厚的发展文化产业和体育产业的资源优势,将这些优势充分发挥,是实现首都高质量发展的必然要求。

(一)北京文化产业与体育产业融合发展支持政策走向深入

近年来,北京市出台了多项有关文化产业与体育产业融合发展的支持政策或措施,强调要充分发挥首都科技、旅游、体育等产业资源优势,在体育、文化和旅游等产业相互融合的过程中呈现业态多样化发展,促进北京体育产业规模和质量双提升。无论是从更加细致、务实的政策内容角度来看,还是从市级向各区传达并精准落实的政策层级来看,北京文化产业与体育产业融合发展支持政策正在不断走向深入,推动规划布局、政策指引落实落地。

1.北京市级文化产业与体育产业融合发展支持政策持续加码

早在 2012 年,北京市人民政府就出台了《关于加快发展体育产业的实施意见》,其中多处提到体育产业要与文化产业融合发展,并从产业结构、产业主体、政策支持等方面提出了具体举措。一是推动体育产业结构优化升级,积极探索体育产业与文化、科技、传媒、旅游、会展等相关产业融合发展的新模式,丰富体育产业发展内涵,提升体育产业的文化含量、科技含量,延伸产业链,提升首都体育产业核心竞争力,逐步构建具有较强辐射能力和带动作用的体育产业体系。二是培育产业主体,鼓励体育企业与文化创意企业、旅游企业联合开发户外健身休闲、极限运动、体育文化等综合性体育休闲产品，鼓励文化、旅游、传媒、会展、金融等领域大型骨干企业进入体育产业领域，共同参与体育市场开发和体育资源整合。三是完善政策支持体系，把体育产业纳入本市促进文化产业发展的政策框架，支持举办各种体育活动或允许体育活动举办场地所得的业务收入按照文化体育业经营收入享受税收优惠。

2015 年，北京市人民政府发布《关于加快发展体育产业促进体育消费的实施意见》，从三个方面提出了促进文化产业与体育产业融合发展的支持措施。一是培育壮大体育新业态，丰富体育产业内容，推动体育产业与文化旅游、教育培训、影视动漫、广告会展、网络传媒、建筑、金融保险、健康养老等产业深度融合，促进相关业态的发展，提供多样化的体育产品和服务。积极支持体育影视、体育动漫、体育文化创作。二是加快体育产品和服务创新，研究开发更多拥有自主知识产权和科技含量的体育用品，加快推动一批现有新技术、新产品向体育领域转化，提升体育产业的技术与装备水平。三是扶持体育企业做强做大，支持有条件的体育企业加强与国外体育文化机构的合作，通过海外并购、联合经营、设立分支机构、共建营销基地等方式，推动体育文化产品和服务出口，开拓境外市场。

2018 年，中共北京市委、北京市人民政府印发的《关于推进文化创意产业创新发展的意见》提出了支持文化产业与体育产业融合发展的具体措施：推进创意设计与高端制造、商务服务、信息、旅游、农业、体育、金融、教育服务等产业融合发展；积极开展知识产权、影视、演艺、体育、会展、旅游等方面的保险保障服务；对实现文化科技融合关键技术突破的示范项目以及文化与旅游、体育、教育、农业等业态融合项目给予相应奖励支持。

2019 年，北京市文化改革和发展领导小组印发《北京市文化产业高质量发展三年行动计划（2020—2022 年）》，其中专门提到要推进文化产业与体育产业互融互促，充分发挥首都科技、旅游、体育等产业资源优势，以筹办 2022 年冬奥会、冬残奥会为契机，重点推进滑雪、滑冰等冬季项目与文化表演融合互动，开展"5G+8K"超高清体育赛事转播创新试验研究，着力提升品牌赛事的国际传播力和影响力，加快国家体育产业示范区建设。

2020 年，北京市体育局发布的《北京市体育设施专项规划（2018 年—

2035 年)》对文化产业与体育产业融合发展提出了专项要求，提出要打造体育文化交往平台功能体系，强化各级公共体育设施的文化属性和文化交往功能，围绕体育场馆设施植入文化和商业元素，提供多元化服务，打造城市新兴运动休闲消费热点地区。通过丰富业态，打造互动体验生活圈，让市民可以充分体验文化、体育、艺术、科技、娱乐全方位互动的生活。采取多元化经营模式，以主题活动、大型项目为盈利点，将大型体育场馆建设成集体育、娱乐、旅游、商业、文化于一体的综合性场地设施；努力创办自主赛事品牌、艺术展览品牌及文化演出品牌，开展丰富多彩、群众喜闻乐见的竞赛、表演等活动，打造文化艺术交流平台。同年，北京市体育局印发的《北京市贯彻落实〈体育强国建设纲要〉实施方案》重点从两个方面提出加强文化产业与体育产业融合发展：一是打造体育产业新业态，大力发展体育培训、策划、咨询、经纪、营销、会展等产业，推动体育与健康、文化、民宿等业态深度融合，催生新业态、新模式；二是繁荣首都体育文化，推动创作具有时代特征、首都特色、体育内涵的体育文化产品，倡导文明观赛、文明健身等体育文明礼仪，推动首都精神文明建设。

2021 年，北京市人民政府办公厅发布的《关于促进全民健身和体育消费推动体育产业高质量发展的实施意见》将文化产业与体育产业融合发展提到了新的高度，明确提出要促进体育与文化、旅游、科技、教育等领域融合发展，全面提高体育事业发展水平，实现体育产业规模和质量双提升。该意见具体从三个方面部署推进文化产业与体育产业融合发展：一是推动体育赛事新发展，创新赛事文化，完善体育赛事体系，支持体育赛事与文化娱乐深度结合，推进体育竞赛表演业创新发展；二是促进体育消费新增长，建设一批户外体育活动营地和特色小镇，加强体育与文化娱乐、购物观光等业态的结合，推进体育服务综合体发展，增加体育文化消费供给，支持各区将体育文化消费纳入文化消费计划；三是推动高科技体育领域新应用，促进体育与传媒融合，推进 5G、8K、VR 等技术在体育赛事中应用，推动人工智能、物联网、区块链等新兴技术在体育制造领域应用，鼓励发展一批智能健身俱乐部和优质体育科技服务品牌。

2. 北京"十四五"文化产业与体育产业融合发展要求相对聚焦

依托"双奥之城"丰富的文化和体育资源,"十四五"时期将是北京文化产业与体育产业融合发展走深走实的关键时期。2021年,北京市人民政府印发的《"十四五"时期健康北京建设规划》中,体育产业占了较大篇幅,通过科技支撑、消费牵引、赛事助力,北京文化产业与体育产业融合发展将迎来新的机遇。

一是推动高科技体育领域新应用,强化科技支撑地位。拓展新场景应用,以数字化赋能体育产业发展,打造数字体育产业。推动人工智能、物联网、区块链等新兴技术在体育制造领域应用,发展高端智能体育用品制造业,打造智能体育产业集群。鼓励高科技冰雪运动装备研发,打造冰雪智能运动装备一体化产业链。鼓励建设智能体育场馆,推出一批体育特色鲜明、服务功能完善的综合体项目。创新体育培训业态及商业模式,鼓励发展一批智能健身俱乐部和优质体育科技服务品牌。

二是促进体育消费新增长,发挥消费牵引作用。加快形成以健身休闲业、竞赛表演业为龙头的体育产业体系,发展体育中介咨询、体育产品研发等体育服务,释放体育消费潜力,助力国际消费中心城市建设。发展夜间体育经济,将"8·8"北京体育消费节打造成国内知名品牌。对开发奥运遗产资源进行谋篇布局,支持举办各类体育展会,提高体育企业产品和服务质量,提高首都市民体育消费结构占比。坚持体旅融合,发展体育旅游项目,协同建设京张体育文化旅游带。

三是推动体育赛事新发展,形成品牌化效应。加强与国际体育组织及高水平职业俱乐部的合作,鼓励引进国际顶级商业体育赛事。支持北京体育职业俱乐部建设与发展,鼓励职业俱乐部市场开发,培育体育赛事经纪服务能力,加快构建职业赛事全产业链。创新赛事文化,提升职业联赛品质,打造北京"金牌球市"。支持体育赛事与文化娱乐深度结合,推进体育竞赛表演业创新发展。鼓励体育社会组织和市场主体举办电子竞技比赛。以推进京津冀体育设施布局、体育组织建设、健身休闲和赛事活动组织融合互补为重点,打造立足区域、服务全国、辐射全球的体育、休闲、旅游产业集聚区。

3. 北京各区"十四五"文化产业与体育产业融合发展重点突出

在《"十四五"时期健康北京建设规划》的指引下，北京各区先后发布了"十四五"时期的体育发展规划，在凸显文化产业与体育产业融合发展的主题之外，将科技支撑放在重要位置。

东城区注重体系化布局。《"十四五"时期东城区体育事业和体育产业发展规划》提出，要践行"体育+"融合发展模式，有效激活体育与文化创意产业、大健康幸福产业等领域的联动效应，以提供丰富多元、便捷贴心的健康综合服务为战略主线，有效释放体育内生动能。充分激发体育的延展性，不断丰富体育的内涵与外延，促进体育与文化、教育、健康、医疗、旅游、科技、金融等领域的创新融合，深化体育部门与文化、教育、卫生、旅游等相关部门的交流合作，推动体育成为产业融合发展新引擎。推动体育与文化融合发展，进一步引导企业发展体育表演、体育影视、体育综艺、体育动漫、体育主题文化创意活动等业态。大力支持体育赛事运营企业与文化企业强强联合，探索建设国家电竞产业基地，开发体育赛事创意衍生品。推动体育与文化产业、传媒产业加强跨界合作，进一步丰富文化创意活动与内容传播路径。大力推进"体育+互联网"发展，推动体育与信息服务业融合发展战略布局，打造体育科技创新明星企业，主动推进5G、区块链、大数据、物联网等技术和新科技的应用，培育发展数字体育业态，拓展线上线下相结合的体育文化消费新空间。

西城区突出消费的引领带动作用。《西城区"十四五"时期体育发展规划（2021—2025年）》提出，要积极实施"体育+"工程，推动体育与教育、科技、健康、文化、旅游、商务等产业融合发展。加强体育与文化娱乐、购物观光、培训体验等业态的结合，创新推出多元体育消费产品，丰富夜间体育消费内容，升级用户体验，增强消费黏性。

海淀区重点推进品牌发展和文化科技支撑。《海淀区"十四五"时期体育事业发展规划》提出，要依托海淀区举办国际大型体育赛事的优势，加强国际体育赛事及文化交流，搭建国际体育赛事及文化交流平台，打造海淀区体育发展国际品牌，以体育赛事活动为载体，将体育赛事活动融入海淀群众的日常生活，与文化、旅游、民俗、商贸融合，形成特色鲜明的海淀体育名片，推进现代科技与全民健身相结合，发展科技体育、数字体育、智慧体育，提升海淀体育科技创新力，打造体育科技成果孵化基地。

朝阳区做了数字技术助力文化产业与体育产业融合发展的系统部署。《朝阳区"十四五"时期体育发展规划》提出，要积极推动体育与文化、教育、科技、大健康和旅游等关联要素的融合，进一步释放高质量的社会和经济效益。推动数字技术助力各业态创新发展，不断延伸朝阳区体育产业链条，逐渐形成特色鲜明的"433"式发展结构，即重点支持体育竞赛表演、体育健身休闲、体育教育与培训和体育场地设施管理四大核心业态高质量发展；保持体育传媒与信息服务、体育广告与会展服务和体育用品及器材销售三大业态稳步发展；扶持体育健康与运动康复服务、体育金融与资产管理服务和体育经纪与代理服务业态成长。

丰台区明确了融合发展的战略定位。《"十四五"时期丰台区体育发展规划》提出，要注重体育与现代科技、旅游、健康、文化、教育、养老、医疗等产业的融合，拓展新业态，发展新经济，把丰台区建设成北京城市运动休闲区、北京城西足球赛事文化区、北京市体育文化新高地。

房山区关注文旅资源的协同互促。《房山区"十四五"时期体育发展规划》提出，要推进体育与卫生、教育、文化、旅游、科技等融合发展，促进体育竞赛表演业健康发展，形成体育新场景、新消费、新模式，推动高科技体育领域新应用，推进体育场馆数字化进程，打造青龙湖户外休闲运动基地、北京房山国际体育文化节等。

（二）北京文化产业与体育产业融合发展的环境与条件较为成熟

1. 首都经济的蓬勃增长造就了文化产业与体育产业融合发展的有利条件

2013 年，北京 GDP 跃上 2 万亿元，2018 年突破 3 万亿元，2021 年超过 4 万亿元[①]，经济实力全面提升。全市人均 GDP 在 2017 年突破 2 万美元，

---

① 《凝心聚力谋发展砥砺奋进启新程——党的十八大以来北京经济社会发展成就系列报告之一》，北京市统计局、国家统计局北京调查总队网站，2022 年 9 月 22 日，http://tjj.beijing.gov.cn/tjsj_31433/sjjd_31444/202209/t20220922_2820354.html

2021 年超过 2.8 万美元，居全国 31 省份首位①。全市居民人均可支配收入由
2012 年的 36817 元增长到 2021 年的 75002 元，居民生活水平不断提升（见图
1）。全市社会消费品零售总额在 2013 年突破 1 万亿元，2021 年为 1.5 万亿元，
全市消费率保持在 6 成左右，消费主导作用更加突出。居民人均消费支出由
2012 年的 2.7 万元提升到 2021 年的 4.4 万元，服务性消费支出占比为 57.1%，
消费结构持续升级②。首都经济持续向好，为服务型体育产业提供了广拓的发
展前景。截至 2022 年底，通过多部门联合调查统计，北京体育产业各类法人
单位超过 2.7 万家，文化产业与体育产业融合发展的底子更加厚实。

图 1　2012~2021 年北京市居民人均可支配收入及增长速度

资料来源：《北京居民收入十年来由 3.68 万元跃升至 7.5 万元居全国第 2 位》，"中国新闻网"百家号，2022 年 9 月 29 日，https://baijiahao.baidu.com/s? id = 1745314755788910
379&wfr = spider&for = pc。

2. 北京拥有数量庞大的体育产业企业且主要集中在体育服务业

根据一项基于企查查（全国企业信息查询门户网站）的数据调研结果，
截至 2017 年底，北京拥有体育用品制造企业 1787 家，体育服务企业 12914 家，

---

① 《新时代首都发展实现历史性跨越》，澎湃网，2022 年 9 月 23 日，https://m.thepaper.cn/
baijiahao_20030508。

② 《凝心聚力谋发展砥砺奋进启新程——党的十八大以来北京经济社会发展成就系列报告之
一》，北京市统计局、国家统计总局北京调查总队网站，2022 年 9 月 22 日，http://
tjj.beijing.gov.cn/tjsj_31433/sjjd_31444/202209/t20220922_2820354.html。

体育服务企业的数量约为体育用品制造企业的7倍。从地域分布来看，体育服务企业的集聚程度高于体育用品制造企业，但两类企业均主要集聚在主城区。

3. 北京体育产业发展驱动力正向服务导向和技术创新转变

2013年来，北京体育产业发展呈现多元化态势，"互联网+体育""体育+"等新兴业态快速发展，相关企业数量呈倍数增长。特别是在北京成功举办了一系列国际体育赛事后，大量体育服务企业将北京作为首选落户地区，在产业集聚、信息交流的影响下，北京体育产业逐渐向以服务为导向的产业模式和技术创新发展路径转变。

（三）北京文化产业与体育产业融合发展取得初步成效

1. 体育产业发展持续向好，融合发展有序起步

北京市体育产业规模呈显著扩大趋势，"十三五"时期末，北京体育服务业占体育产业的比重超过90%，体育竞赛、体育会展、场馆服务、体育培训等业态呈现较快发展态势。体育与文化、旅游、教育、卫生等领域相互促进、融合发展。近年来，北京市引导创建了16家国家级体育产业基地、61家市级体育产业基地、140家市级体育类高新技术企业、17家体育类"专精特新"中小企业以及5家体育类专精特新"小巨人"企业，涌现了一批如卡路里科技有限公司（Keep）、京东星宇电竞（北京）、乐动天下（北京）等国内外领军体育企业。

2. 体育赛事影响力日益扩大，奥运遗产文化IP运作成为焦点

"十三五"时期，北京成功举办世界女子冰壶锦标赛、世界女子冰球锦标赛甲级B组、世界单板及自由式滑雪大跳台世界杯、中国网球公开赛、北京马拉松、北京国际长跑节—北京半程马拉松等重大赛事，以及第十五届北京市运动会、首届北京市冬运会等1634项市级及以上体育赛事活动，北京的体育赛事影响力持续扩大。

奥运遗产熠熠生辉，体育与文旅开启深度融合。奥运遗产作为北京体育旅游资源具有独特优势，有利于传播体育文化，丰富旅游产品，提高旅游体验，为北京体育与文旅融合发展提供条件与机遇，促进体育产业和文化、旅游产业

可持续发展。这对扩大体育旅游市场供给、满足体育旅游新需求、构建新发展格局意义重大。像具备了一流设计和丰富文化内涵的"鸟巢"、"水立方"、国家体育馆、国家跳台滑雪中心、国家速滑馆等奥运场馆，通过多功能、多主题和多种方式利用，已成为北京的标志性建筑，大大提高了北京的体育文化水平，见证了城市发展。这些奥运遗产的开放，丰富了城市旅游资源，满足了体育爱好者和旅游者对奥运、体育场馆的期许，实现了体育空间的社会价值。

3. 冰雪运动蓬勃发展，"冰雪+"消费不容小觑

"十三五"期间，北京完成冰上项目训练基地建设，全市有 50 座室内冰场、20 家滑雪场。开展"市民快乐冰雪季"等各级各类群众性冰雪活动1.5 万场，参与人数超 2480 万人。举办首届市冬季运动会，总参与人数达到 6.24 万人。建设 200 所市级冰雪特色学校、200 所奥林匹克教育示范学校。组建 6 支市级、126 支区级青少年冰雪运动队，冬季项目注册后备人才达到 7565 人，4 年内增长近百倍①。

相关统计数据显示，北京市在 2015~2022 年组织举办了 7 届"市民快乐冰雪季"活动，累计开展了各级各类群众性冰雪活动 2 万余场，参与人数超过 3100 万人②。为了进一步满足广大市民参与冰雪运动的需求，北京市绘制了"2022 年北京冰雪消费地图"并在线上发布，推出 22 条"北京冰雪主题游"路线，整合了北京市近百个冰雪运动休闲目的地，有效推动了传统冰雪体育消费的数字化升级，提高了冰雪运动参与度，促进了冰雪体育消费③。

（四）科技为北京文化产业与体育产业融合发展提供重要基础和动力

科技创新为产业发展提供不竭动力，增强文化产业与体育产业的竞争力，

① 《"十三五"期间北京市冰雪运动实现跨越式发展》，北京市昌平区人民政府网站，2021 年 2 月 18 日，http://www.bjchp.gov.cn/cpqzf/315734/bmdt/5367042/index.html。
② 《北京冰雪运动进万家》，人民网，2022 年 2 月 7 日，http://ent.people.com.cn/n1/2022/0207/c1012-32346378.html。
③ 《七届"北京市民快乐冰雪季"累计开展群众性冰雪活动 2 万余场》，新京报网，2022 年 2 月 17 日，https://www.bjnews.com.cn/detail/164507924214292.html。

必须实现科技与文化产业、体育产业的协同创新和共同发展。新一代互联网、大数据、物联网和人工智能等技术不但为传统产业赋能，也在重塑着文化产业与体育产业，并成为推动北京文化产业与体育产业融合发展的重要力量。

1. 科技助力文化体育综合体转型升级

随着新一代信息技术在近几年飞速发展，体育公园融合实体与数字技术，构建线上线下互动的智能运动环境，给市民带来多种智能化健身体验。2018年，北京海淀公园被改造成全球首个AI科技主题公园。市民可以在公园内体验无人驾驶小巴。这种无人驾驶小巴没有方向盘、雨刷器和司机座位。它靠车身感应器实时避障、规划行驶路线。市民还可以免费体验各种AI设备，如智能跑道、智能钢琴步道、AR太极教练等。信息技术让这些体育场景和智能装置跨越时间空间，帮助市民达到强身健体的目的。

五棵松体育馆是北京最著名的综合体育场馆之一，它在数字化转型方面也取得进展。体育馆引入各种智能设备，如人脸识别系统、智能票务系统、智能导览系统等，给观众提供更便捷的服务。此外，体育馆实现了4K全景直播，用VR技术给观众带来沉浸式观赛体验。

中关村（延庆）体育科技前沿技术创新中心成立于2020年9月，是北京市唯一的以体育科技为主题的科技园区。该中心聚集了众多优秀的科技企业和研究机构，致力于推动体育与科技的深度融合。重点引进创新型企业、新兴技术，以及应用在体育装备、科学训练、运动监测与康复、电子竞技、赛事裁判、赛事直播、体育服务等场景的科技产业，打造产业综合体，形成产业集聚[1]。

2. 科技推动文化体育新业态、新模式、新场景涌现

体育领域5G、AI、VR和物联网技术应用层出不穷，从线上健身、体育直播到线下场馆，技术赋能无处不在。线上健身、体育直播近年来受到关注，由此诞生了在家做运动的"宅"经济。以VR技术为例，它催生了虚拟

---

[1] 《中关村延庆园体育科技创新园开园，32家企业签约入驻》，北京市科学技术委员会网站，2020年9月8日，http://zgcgw.beijing.gov.cn/zgc/yw/yqfc5/10861597/index.html。

体育产业，如VR体育运动场馆、VR真人体验馆等，让观众身临其境观赛，这种沉浸式体验激发了观众的全新观赛需求，这些新业态扩大了文化体育产品和服务的供给范围。5G和AI等技术推动体育直播新模式落地，观众可在家观看高清体育赛事，体育产品和服务从场馆延伸至家庭，扩大了产品和服务供给并刺激线上观众需求。技术降低了参与门槛、产品和服务的供给成本，如VR课程降低体育培训成本，更多人可以轻松体验，释放潜在需求。云计算等技术简化运营，降低相关产品和服务价格，让更多人可以消费与享受。

3.科技全面支撑2022年北京冬奥会赛事转播

2022年北京冬奥会赛事转播出现了信号制作新应用、数字媒体新服务、传输技术新功能和云转播服务新能力，应用了AI时间切片三维回放、运动数据跟踪、多摄像机位回放系统、无人机运动拍摄传输等特色应用场景和技术。信息化、网络化、移动化的深刻影响，电视转播技术的明显变化，改变了奥运会转播的工作流程与技术方式，使远程制作更具可行性、AI形成转播制作新特色、"5G+8K"制作日益成为主流化选择、平台多样化带动直播形态再竞争、VR/AR转播需求增长更加迅猛、虚拟化云协同成为未来发展新重点。

二 科技支撑北京文化产业与体育产业融合发展 存在的主要问题

2021年8月，国家体育总局印发《"十四五"体育发展规划》，提出支持大数据、区块链、云计算等新技术在体育领域的创新应用，实施体育产业数字化战略[①]。当前，北京体育、科技与文化融合发展等工作持续推进并取

---

① 《加快体育信息化建设，助力实现体育强国目标——〈"十四五"体育发展规划〉体育信息化内容解读》，国家体育总局网站，2021年11月10日，https://www.sport.gov.cn/n20001280/n20745751/c23720905/content.html。

得显著成效，但与世界体育科技发展领先城市相比，北京体育产业在整体质量和水平上仍存在问题和不足。

（一）科技助力文化体育融合的政策供给不足，产业融合发展的协调性较差

目前，我国推动体育产业高质量发展的政策体系初步形成，自《国务院关于加快发展体育产业促进体育消费的若干意见》实施以来，加快发展健身休闲产业、竞赛表演业、支持社会力量举办体育赛事等方面的 25 个配套文件和 9 个专项运动规划陆续印发①。北京自 2014 年以来陆续发布了《北京市全民健身条例》《北京市全民健身实施计划（2021—2025 年)》《"十四五"时期健康北京建设规划》等多项政策，促进体育产业和体育事业的发展，但是目前尚未出台推动科技、文化、体育产业融合发展的专项规划和政策，缺少统一的纲领规划，对发展战略布局缺少顶层设计，融合发展的机制不够完善，缺乏统一的监管体系，导致文化产业与体育产业融合发展的效果不理想。

文化产业与体育产业融合发展的协调性相对较差，主要表现在以下三个方面。第一，部门协调性不足。文化产业与体育产业融合发展需要相关部门的引领，但体育管理部门和科技、文化管理部门之间缺乏有效沟通。第二，产学研协调性不足。长期以来，高校和研究机构的研发能力较强，而企业技术开发能力较弱，导致体育科技创新体系不完善。第三，产业协调性不足。体育产业、文化产业之间的协调性不足，缺乏协同意识，发展观念较狭隘，制约了两产业深度融合发展，也限制了产业经济效应的进一步发挥。

（二）体育产业体量整体较小，融合领域有待拓展

近年来，北京体育产业产值保持较快增长，但与北京文化产业、旅游业

---

① 《面对产业新业态与消费新需求体育产业如何抓住"黄金五年"》，《中国经济导报》2019年 9 月 10 日，第 5 版。

及其他国家体育产业相比，北京体育产业规模较小、市场份额不大、对本地经济贡献度较低。从 2020 年体育产业增加值占 GDP 的比重来看，北京市体育产业增加值仅占 GDP 的 0.86%[①]，与上海、深圳、浙江等地区相比还有较大差距。

技术对文化和体育的影响还不够深入。虽然技术已经开始影响文化和体育领域，但其影响还不够深入。有些领域，如传统体育项目、体育教育培训、体育咨询等还没有被技术完全渗透，而传统文化和体育也需要保留自己的特色。

（三）科技成果转化率低，体育活动技术管理服务欠缺

科技成果转化率低，创新水平不高。北京市的体育技术平台虽然发展较快，但是科技创新水平相对落后。相关高校与科研机构在体育科技基础研究方面实力有限，高水平体育科技实验室资源较匮乏，研究成果质量以及转化能力均有待提高。知识产权保护意识不强。文化产业与体育产业融合发展涉及知识产权保护，但目前体育产业的知识产权保护意识不够强，导致一些创新成果和知识资产难以获得保护和发展。数据安全问题仍存在。部分体育技术平台存在数据安全问题，如个人信息泄露、网络攻击等，这些问题不仅会对用户造成损失，也会对平台的声誉造成负面影响。

（四）资源配备不足，导致体育内容生产缺乏多样性

资源配备不足。体育内容的生产需要人力、物力、财力等资源，但是很多机构在这方面缺乏足够的支持和投入，导致很多体育内容无法得到及时、全面和深入的报道和分析。缺乏专业人才。北京市的体育技术人才、顶尖专家短缺，激励机制尚不健全，缺乏技术研发和运营方面的专业人

---

① 《北京统计年鉴 2020》，北京市统计局、国家统计局北京调查总队网站，2020 年，https：//nj. tjj. beijing. gov. cn/nj/main/2020-tjnj/zk/indexch. htm。

才。2021 年，北京市信息技术领域就业人数为 98.6 万人，而仅有 2.5%的人从事体育信息技术方面的工作。体育内容缺乏创新和多样性。许多体育内容都采用传统的报道方式，缺乏新颖的创意，难以引起读者和观众的兴趣。大多数体育内容都集中在少数几个运动项目上，如足球、篮球、羽毛球等，这使得体育内容生产缺乏多样性，而其他运动项目的推广和报道相对较少。

（五）消费动力不足，体育产业结构不均衡

体育消费规模相对较小。据统计，北京市 2019 年的体育消费总规模仅为 578.8 亿元，相较于其他消费领域，体育消费规模较小，这说明了体育产业的消费动力相对不足。体育设施分布不均。体育设施在市中心相对集中，而在城市边缘区域和农村地区相对匮乏。体育产业链较为脆弱，产业结构不均衡。北京体育产业的重心目前主要集中在赛事运营和场馆经营上，而相关配套产业（如体育装备、体育科技等）相对薄弱。

三 科技助力北京文化产业与体育产业融合发展的方向与建议

通过总结分析科技支撑北京文化产业与体育产业融合发展的现状和存在的问题，在借鉴国内外经验和做法的基础上，本报告提出以科技手段为支撑，推动北京文化产业与体育产业融合发展的对策建议。

1. 推动科技支撑文化体育融合发展顶层设计，助力体育强国建设

出台北京科技支撑文化体育融合发展专项规划。因地制宜地制定"十四五"期间的科技支撑文化体育融合发展专项规划，明确战略定位和发展方向，促进科技与文化、体育的深度融合，提出一系列推进举措和重点工作。设立体育科技跨部门协调机制。发挥体育管理部门统筹协调作用，与科技管理部门、文化管理部门、教育管理部门等加强合作，解决政策执行中的问题。完善文体金融服务体系。创新文化体育金融产品，在服务平台、保

险、风险投资、基金投资和直接融资等方面提供支持。健全知识产权保护机制。创新文体知识产权交易方式，支持企业和技术联盟建立专利库，鼓励市场竞争，完善相关制度，加强市场监管，保护知识产权。发挥体育科技顾问的作用。体育科技发展需要各方面的专业知识与建议，应进一步激发院士、专家、学者的积极性，聘请更多体育科技领域的专家学者担任政府的体育科技顾问，为政策和规划制定提供专业咨询与建议。

2. 建设国际体育科技创新中心，培育体育科技企业主体

科技创新是推动城市发展的关键要素，体育科技创新是建设世界著名体育城市的重要基石。建设国际体育科技创新中心，需要采取有针对性的对策，培育具有竞争力的体育科技企业主体。营造良好的营商环境。政府应出台一系列激励政策，如提供税收、财政等优惠支持，降低企业运营成本，鼓励国内外优秀的体育科技团队到北京创业。加大对体育科技企业和项目的扶持力度。设立政府引导基金，专门投资科技体育初创企业，支持科技与文化、体育的深度融合项目，支持行业领军企业发挥示范引领作用，推动产业变革升级与市场化改革，带动产业生态化发展。建立公共研发基础设施和平台。建设国际体育科技创新中心需要提高研发机构的研究水平，增强企业的研发能力、创新能力，政府应通过建立先进的体育科技公共研发基础设施，如实验平台、大数据分析平台、成果转移转化平台等，为体育创新发展提供技术保障。

3. 加强体育产业核心技术研发，强化企业自主创新能力

大力推进互联网、大数据、人工智能等新技术在体育领域的应用。当今世界范围内，体育科技的创新与发展正处于关键时期，体育企业要深入全民健身、体育产业发展实践，密切关注全球体育产业技术发展趋势和最新科技成果，选择与自身业务匹配的前沿技术进行研发和应用，抢占技术发展先机。发挥科技对文化体育融合的引领作用，强化本土体育科技企业的自主创新能力。建立以企业为主体、市场为导向、产学研深度融合的体育科技创新体系。依托北京科研机构、高校以及体育科技企业建立体育科技自主创新平台、体育科技应用研发平台等，针对体育科技创新关键技术和薄弱环节开展

技术研发和集成创新，提高体育产业关键技术和装备的自主创新能力。

4. 营造鼓励人才创新的政策环境，加强体育科技人才培养

建立人才评价体系，为人才成长提供政策激励和支撑。建立科学的体育科技人才评价体系，不仅评价其科研成果，也要重视其产业推动力和市场商业价值等贡献，充分激发人才的精神与活力。政府应加大各类人才培养政策的扶持力度，如给予体育科技人才财税优惠、设立人才基金会、提供人才津贴补助、对人才的创新项目和成果予以资助等，为人才培养营造良好的环境。制定体育科技人才培养方案。制定统一的体育科技人才培养方案，明确不同层次人才的知识结构、技能要求、职业方向等，为人才培养提供指导框架。引入国外先进课程，设立体育科技学科和实验室。相关高校可以引入国外先进的体育科技课程和教材，吸收全球最前沿的知识和理念，培养具有国际视野的体育科技人才；设立体育科技管理、体育工程等专业，并建设VR、运动追踪分析、体育数据等实验室，为体育科技人才培养提供专业支撑。此外，体育科技企业可以与高校开展人才联合培养，实现校企资源共享，培养学生的实践能力和创新精神。

5. 聚焦体育消费者深层次需求，推动体育科技消费品升级

首先，运用AI、大数据等科技手段洞察体育消费者的深层次需求。借助新一代信息技术，对消费者的需求偏好及其变化趋势进行识别、预测和分析，引导体育企业准确应对需求特征变化，挖掘分析"范围经济"和"长尾效应"下的体育消费和创新消费潜力，提供满足个性化消费需求的体育产品和服务。其次，利用电商平台开展品牌营销。体育科技企业要加大品牌营销投入力度，传播品牌理念，通过体育赛事和运动明星进行品牌推广，积极与各大电商平台合作，加速产品的网络销售，拓展线上市场，提高品牌知名度与美誉度，帮助消费者识别和选择，从而引领体育消费。再次，培育文化体育消费新场景。延伸拓展"文化+""体育+""科技+"消费内容，形成更多集运动、休闲、旅游、娱乐、健身等于一体的智能体育运动场景，为消费者提供更加健康、丰富的运动体验。最后，增强消费体验感。增强体育科技服务功能和实力，在场馆、赛事与健身等领域引入创新技术，为广大消

费者提供便利。

科技进步是促进体育产业发展的重要动力。新一轮科技革命的到来，为北京体育产业转型升级带来难得机遇。北京体育产业应积极实施科技引领战略，推动产业转型升级，兼顾市场需求，把握科技应用尺度，实现科技进步与产业发展的有机结合。产业链各主体要加强沟通配合，政府也要在引导、支持与监管上发挥作用，这是推动北京体育产业高质量发展的重要举措。

案例分析篇
Case Study Reports

B.20
文旅深度融合背景下北京新型实体书店的景观意义及营销策略

于　隽*

摘　要： 随着电子商务的兴起，纸质传媒受到冲击，但应运而生的是一批在外观和功能上都具有创意特征的新型实体书店。北京新型实体书店的数量位居全国第一，这些书店多开在景区、商业中心、公园或文化产业园区，不仅承担着城市"公共文化新空间"的功能，也体现了北京的不同文化、时尚、情怀，丰富了北京城市的景观内容，具有景观性价值。党的二十大报告提出要"推进文化和旅游深度融合发展"，新型实体书店是文化与旅游的最佳结合空间之一。依托北京市建设"书香京城"的战略，北京的新型实体书店应当把握其在城市中的景观价值和意义，借鉴旅游思路，在强化品牌特色、营造体验场景、打造独特文创、增加研学旅行项目等方面实现深层次的创意开发，为北京建设全国文化中心创造新地标、新风景。

---

* 于隽，北方工业大学文法学院副教授、硕士生导师，主要研究方向为文化创意产业。

关键词： 文旅融合　新型实体书店　景观

　　书香是一座城市的灵魂和软实力。2023 年，北京市人民政府工作报告中再一次提出"深化全民阅读活动，建设书香京城"①，新型实体书店的经营与发展对"书香京城"的建设起到了不可磨灭的推动作用。截至 2022 年 12 月，北京的新型实体书店已经超过 2100 家，数量位居全国第一，万人拥有书店超过 0.94 家。这些书店多开在景区、商业中心或文化产业园区，不仅承担着城市"公共文化新空间"的功能，是城市文化发展的"文化舒适物"②，也随着文化与旅游的深度融合具有了"景观意义"。新型实体书店借助景区的地缘优势及"光晕③效应"带来流量，也因其文化内涵及创意经营方式提升了景区的文化价值，成为景区文化的新内容。因为新型实体书店的开设，新的景点、新的故事和拍照"打卡"处被创造出来。新型实体书店为北京建设全国文化中心贡献了力量，同时，新型实体书店的文旅属性也有必要被深入探讨，并以此作为新型实体书店增强体验感、打造场景特色、增加吸引力的创意逻辑。

一　新型实体书店的界定与文旅融合背景

（一）新型实体书店的概念

　　从概念来看，新型实体书店更像是一种"逆命名"④，它是区别于网络

---

① 2014~2023 年，"全民阅读"连续 10 次写入北京市人民政府工作报告。
② 吴军、〔美〕特里·N. 克拉克等：《文化动力——一种城市发展新思维》，人民出版社，2016，第 6 页。
③ "光晕"为德国哲学家本雅明提出的概念，认为它是机械复制时代以前的传统艺术作品的本质属性，艺术品具有因独特的时空和情境的融合而产生的一种独一无二的本真性，也因此能够带来令人膜拜的价值。
④ 夏德元、宁传林：《城市空间实体书店的功能再造与价值回归》，《编辑学刊》2020 年第 1 期。

书店和传统书店的特征而获得的概念。随着电子商务的兴起，纸质传媒受到冲击，传统实体书店的发展受到影响，一批改变单一图书售卖功能、在外观和功能上都具有创意特征的新型实体书店应运而生。从环境来看，新型实体书店与城市道路、工作场地和休闲娱乐场所相连，通过独有的建筑形式、独具匠心的陈列，以及"图书+创意生活品"的环境，呈现富有设计感的沉浸式文艺空间。从内涵来看，它创造了一种独特的阅读态度和生活态度，建立了一种新型的"共读社群"。法国对新型实体书店的称呼是"创造型书店"，"意思是有文艺气息、催生创造力的书店"，是"文化交流和信息发布的据点"①。本报告认为，新型实体书店是一种书店与文化创意产业相结合，有内涵、有颜值，兼具阅读与"生活+"功能的城市商业文化综合体。

（二）文旅深度融合对新型实体书店"景观化"发展的驱动

"景观化"发展是新型实体书店的发展趋势之一，它主要包含两个层面的意思。其一，新型实体书店因开设在景区或其他具有旅游、休闲功能的空间，成为大众旅游观光和休闲娱乐的重要一环；其二，新型实体书店因品牌突出、设计感强、体验性好，具有强烈的引流效应，成为"景观本身"，带动了周围环境向书店靠拢，从而产生新的旅游、"打卡"意义。

新型实体书店的"景观化"发展有赖于文化创意产业的发展及文旅融合政策的有力推动。党的二十大报告在第八部分"推进文化自信自强，铸就社会主义文化新辉煌"中提出要"推进文化和旅游深度融合发展"，文旅部在《"十四五"文化和旅游发展规划》中提出要"推动博物馆、美术馆、图书馆、剧院、非遗展示场所等成为旅游目的地，培育主客共享的美好生活新空间"。文化是旅游的灵魂，旅游是文化的载体，文化与旅游的融合发展既是推动公共文化高质量发展的重要手段，也是推进旅游创新发展的动能。新型实体书店作为文化服务窗口之一，"具备文化功能和旅游功能，既可以集中展示优秀的旅游资源，又可以通过公共文化服务提升旅游的品质、丰富

---

① 〔日〕X-Knowledge 出版社：《书店时光》，汪洋译，南海出版公司，2020，第37页。

旅游的内涵"①。当前，全国许多城市和区域都拥有具有景观意义的新型实体书店，如作为南京文化名片的先锋书店，作为台北文化地标的诚品书店，还有在网络上"爆火"的秦皇岛"孤独图书馆"等。"对于大众游客，它们是传统精粹和时尚新潮共鸣、文化气息和趣味情调同在的文旅综合体；对于当地居民，它们又是通过传播文化思想、培养阅读习惯、涵养书香社会而达到呼朋引伴、同类相聚的本地品质生活新范式"②。

在北京，富有景观意义的新型实体书店的发展获得了许多助力，如由中共北京市委宣传部主办的"书香中国·北京阅读季"全民阅读活动，自2011年以来已经坚持举办了十余年，对提升首都城市文化的底蕴和品质起到了重要的引领作用。2022年4月，北京市正式出台《北京中轴线书店评审认定工作方案（试行）》，认定并扶持一批北京中轴线书店，引导新型实体书店传播中轴线文化，推动北京中轴线申遗工作。2022年11月，北京市出台了《北京市关于深入推进新时代书香京城建设的实施意见》，旨在不断巩固实体书店建设成果，提升公共文化服务效能，增强实体书店的创新力、竞争力和社会影响力，从而进一步打造氤氲着书香、令人留恋的城市。

二　北京新型实体书店的景观生成类型

北京拥有丰厚的旅游资源、历史文化资源，是潮流生活的引领地和发布地，因此造就了北京新型实体书店丰富的景观生成类型，主要包括旅游景观类、文创园区景观类、商场景观类、公园景观类及文化微地标景观类。

（一）旅游景观类

旅游景观类书店主要开设在景区里或景区周边，它的主要特征是强调

---

① 姜方瀚、周睿、陈松凯：《文旅融合背景下景点型书店的服务体验重塑与思考》，《家具与室内装饰》2022年第8期。

② 《旅游+书店：文旅融合新亮点》，人民网，2022年4月29日，http：//fashion. chinadaily. com. cn/a/202204/29/WS626ba424a3101c3ee7ad33d0. html？from＝timeline。

与景区环境之间的功能叠加、设计相融、内涵呼应。开在北京中轴线上的几家新型实体书店就是此类型的代表。位于天安门广场旁正阳门西南角的PAGEONE 北京坊，同时地处大栅栏传统商业区的核心地段，这个特殊的地点承载了北京商业发展重要的历史痕迹和空间记忆。书店占地面积约为3000 平方米，读者在巨大的落地窗玻璃前，既可以欣赏到正阳门箭楼的全景，也可以举目远望，看到毛主席纪念堂以及天安门城楼错落有致的廊檐瓦顶。为了和景区相匹配，PAGEONE 北京坊还专门设置了老北京文化及中轴线主题阅读区，并开发了中轴线相关文创产品，店内摆放着《再会，老北京》《四合院里的北京》《我与中轴线》《北京中轴线变迁研究》等书籍，读者可以坐在落地窗前，一边阅读着老北京的历史文化故事，一边欣赏着窗外专属北京的景色。除了 PAGEONE 北京坊，位于中轴线上的书店还有杨梅竹斜街的模范书局、前门大街的中国书店、永定门的十月文学院等。它们各有特色，"有的得天独厚，隔着落地窗可俯瞰正阳门城楼；有的对雕版活字印刷术集中展示；有的以回购古旧书籍服务海内外游客为主业；有的以作家交流地和文学青年打卡地为特色；有的复古还原乾隆书房摛藻堂的特色布局"[①]。中轴线的历史与景观为新型实体书店带来了客流，新型实体书店也为中轴线的文化与故事宣传贡献了重要力量，助力中轴线申遗，促进了区域文旅的协同发展。

（二）文创园区景观类

文创园区景观类书店主要开设在文化创意产业园区内，通过园区文化创意产业的集体影响力吸引客流而获得景观意义，并与园区内的餐饮、艺廊、展演空间、创意工作室等互相补充，构成多元化的园区经济业态。此类书店往往具有鲜明的造型感、设计感、艺术感，令人过目不忘。

全民畅读书店（首钢园店）和瞭仓真读书店就是文创园区景观类书店

---

① 张恩杰：《推动全民阅读走深走实，"书香京城"建设打出组合拳》，北青网，2023 年 1 月 12 日，https：//www.360kuai.com/pc/99cc41c54ef158c7d?cota＝3&kuai_so＝1&sign＝360_57 c3bbd1&refer_scene＝so_1。

的代表。全民畅读书店（首钢园店）位于首钢园三号高炉内，走进书店，即可体会到浓厚的工业风格。钢板混凝土结合的建筑延续了首钢的历史，传承了首钢人硬朗干练的精神，白色钢结构书架为书店增添了一丝灵动以及现代气息，书店的空间改造最大限度地保留了三号高炉的历史遗迹，利用150吨分割钢板拼插焊接而成，以双曲面钢板结构书架打造"时空彩带"环绕钢铁炉芯，形状酷似当年炼钢时钢水崩落瞬间溅起的钢花。瞭仓真读书店位于首钢园中的瞭仓艺术馆中，这里曾经是储存铁粉的工业厂房，如今被书籍和艺术品填满，摇身一变成为充满现代气息的复合型文化空间。无论是全民畅读书店（首钢园店），还是瞭仓真读书店，都与首钢园内的整体氛围和格调相得益彰。不仅在建筑形式上与首钢建筑遗迹进行了融合，让人感觉在参观一座工业博物馆，而且在文创商品上也别具一格地售卖以首钢为主题的雪糕、冰箱贴、手办等周边艺术产品。

文创园区景观类书店与园区间存在一种共生共荣的关系。以全民畅读书店（首钢园店）为例，作为园区内较早打出品牌的文化空间，全民畅读书店（首钢园店）因能满足亲子购物与阅读的需求，为首钢园聚拢了不少人气；而园区的发展也给全民畅读书店（首钢园店）带来了机遇与平台，全民畅读书店（首钢园店）曾亮相服贸会首钢园区会场，代表北京实体书店在现场设立展台，增加了与全国各地供应商合作的机会。

（三）商场景观类

当前，购物中心景区化已经不再罕见，购物中心、文旅项目的边界越来越模糊。在国内，部分知名商场已经成功获得 A 级旅游景区资质，如上海的月星环球港、泉舜中央休闲购物公园。它们尝试用旅游景区的思维来经营购物中心，力图把购物中心打造成一个本地居民能够来消费、外地游客也能够来体验的目的地。"书店商场化或商场书店化是当代消费社会打造商业空间的方法之一"[①]，开在商场内的新型实体书店成为商场景观的重要组成部

---

① 李育菁：《当代实体书店的空间与消费美学探讨》，《艺术教育》2018 年第 2 期。

分。北京的许多商场、购物中心和历史文化街区都开设有新型实体书店，如北京朝阳大悦城的单项空间，西单老佛爷百货的钟书阁，石景山模式口历史文化街区的京西书局、樊登书店，在华润万象汇、国瑞购物中心、来福士购物中心、永旺梦乐城、华润五彩城等北京多家购物中心都开设分店的西西弗书店，以及在北京远洋未来汇、蓝色港湾、金融街购物中心都开设分店的字里行间书店等。这些书店不再只是卖书，还售卖创意家居、美学产品并倡导和推广新型生活方式。它们隐藏在喧闹的环境之下，满足了都市生活中人们对精神生活的需求，吸引了旅游购物的人群，也为商场平添了人文气息、文化景观。

（四）公园景观类

不同于著名景区，公园的消费对象往往是本地游客和周边居民。近年来，在北京的公园内开设新型实体书店正悄然成为一种文化时尚。公园里的新型实体书店能够丰富公园的内涵层次，在快节奏的生活中增添慢节奏的空间氛围，也为市内旅游增加了内容和景观。公园内的新型实体书店大多因地制宜地设立了主题，"有的以大运河文化为主题，有的打造耕读田园文化，还有的开进大观园、以红楼主题为元素""优雅舒适的复合文化空间植入诗情画意的公园绿地，把内部空间美学拓展到外部自然天地"①。

位于石景山区新安城市记忆公园内的全民畅读书店就贴合公园特色设立了怀旧主题。这里像是一处记忆博物馆，高高的房顶为木质结构，旧式横梁展露在外，保留了老建筑的特色与风味。书店内除了丰富的书籍，还陈设着旧钢琴、旧电视等各类复古老物件。书店内的旧刊、旧书也布满了时光的痕迹。走进书店，仿佛一下子就穿越到了 20 世纪 70、80 年代。

位于通州区大运河森林公园内的京杭大运河书院，在设计上以"大运河文化"为主题，书院大气典雅，以从南方运河沿线运过来的石刻作为庭

---

① 《公园里开书店正成为文化时尚：赏春光品书香》，光明网，2023 年 3 月 20 日，https://baijiahao.baidu.com/s? id＝1760863142223456944&wfr＝spider&for＝pc。

院和室内装饰，内部造型自然流畅，寓意大运河源远流长。书院内还开设了大运河文化空间、非遗产品展示区，让人在逛公园之余可以深入地了解京杭大运河文化。

北京开在公园里的书店还有很多，如东城区明城墙遗址公园京奉铁路信号所旁的文沁阁书店、昌平区东小口城市休闲公园里的飞鸟东舍书店、奥林匹克森林公园里的奥森书局……这些书店都具有贴近大自然的阅读环境，让人置身其中，又仿佛身处户外，将精神美学、生活美学与健康美学融为一体。

（五）文化微地标景观类

城市是文化的容器，文化是生活的地标。文化微地标，不一定是闻名遐迩的景点，也不一定是高耸巍峨的建筑，它也许就是人们身边的文化，也许是老城一隅的一口古井、寻常巷子中的一块小碑，是旅游中撞见的小惊喜，是"酒香不怕巷子深"的执着探访……它们背后的故事，能让人感受这座城市独具韵味的人文景观。文化微地标的空间影响力和时间影响力也许都很小，但它在城市景观意义的构成上却是一种积累和创新。

位于海淀的万圣书园就堪称一处文化微地标。这座位于两所顶尖学府——北京大学、清华大学之间的书店专营学术性书籍，通过书店连接学者、学子，连接愿意通过书来获得知识和喜欢好书的人，类似的具有文化微地标意义的书店还有位于昌平区的针对女性读者群体的雨枫书馆，成为女性文艺青年的集聚地。

具有文化微地标意义的新型实体书店往往具有明确且独树一帜的主题，吸引特定客群前来"打卡"，从而为城市新景观的打造提供了驱动力。优秀的文化微地标有助于彰显城市文化特质，带动旅游业发展。

三 基于文旅融合视角的营销策略

在电子商务和网络书店迅猛发展的背景下，新型实体书店的生存与发展面临较大的挑战。作为实体空间，北京的新型实体书店应当把握其在北京城市发展建设中的景观价值和意义，借鉴旅游思路，在强化品牌特色、营造体验场景、打造独特文创、增加研学旅行项目等方面实现深层次的创意开发。

（一）强化品牌特色

品牌个性与品牌精神是文化产业的灵魂，从景观意义上讲，品牌是产生并实现差异化的核心。新型实体书店应当做到"千店千面"，连锁书店"连锁不复制"。不必效仿"书店+咖啡""书店+餐饮"等简单相加的经营模式，而是应当将重点放在文化和价值层面，通过独特的内涵形成 IP 力量。北京许多特色主题书店鲜明的品牌文化和独特的定位成为吸引客流前去"打卡"的重要动因。比如，坐落于通州区格斯拉小镇的蜗牛慢慢书店，就将"慢"作为书店主题。书店的创始人将书店的经营内容总结为 3 个特点——慢慢读、慢慢吃、慢慢活，希望让人们在书店中进行的一切活动慢下来，去寻找宁静、祥和以及健康的生活。位于西城区和石景山区的两家地图主题商店也深受市民和游客欢迎，其中西城区地图主题书店的店长如此形容书店受欢迎的原因："我们之所以成为网红书店，不仅是因为这里创意满满、收藏多多，更在于它有自己的魂，那就是以培育全民版图意识为己任。"①

在形成品牌特色方面，书店应注意充分利用北京的文化高地因素、充分发掘新的生活方式因素、充分融合京味因素，还应注意收集读者与书店空间的故事，不断积累品牌经历。就像《书店时光》的封底所说的那样，"如果没有莎士比亚书店，海明威、菲茨杰拉德客居巴黎的日子一定会艰难很多……如果没有神保町，鲁迅、陈寅恪的东京留学生活或许只剩下无尽的课程与论文"。都市人的生活、经历、故事是城市新风景的一部分，也是书店品牌建构的重要维度。

---

① 张阳：《走进北京地图主题书店》，《中国自然资源报》2020 年 4 月 17 日。

（二）营造体验场景

体验经济已成为新的经济形态，消费者不仅满足于获得物质体验，还希望在购物过程中获得良好的环境体验。体验经济是从生活与情境出发，塑造感官体验、增强思维认同，由此抓住顾客的注意力，改变消费行为，并为商品找到新的生存价值与空间。新型实体书店的发展应当注意营造场景感、体验感，通过独特的气氛提升游客和读者的获得感。

被誉为南京文化地标的先锋书店南京博物院分店，就是一家做足"场景文章"的书店。在南京博物院地下二层的民国街上，先锋书店"新生活书局"以其民国建筑风格，老照片、海报、纸质化民国专题图书以及民国复古创意文化产品给人以"重回民国"的穿越之感。北京的库布里克书店作为一家以电影名导"库布里克"命名的书店，也在场景设置方面体现了浓郁的"电影风"。嫩绿色的书架错落有致地挂在房顶或摆在周围；嫩绿色线路连接着的灯泡投下暖黄色的灯光；手绘的促销信息与图书内容简介，当然还有随处可见的库布里克导演作品的海报，书店里处处透露着"小清新"和文艺范儿。

体验性场景需要道具、灯光、气味等元素共同架构，形成独特的"空间情调"，体验性场景是可以让游客"走进来，留得下"的有效手段。

（三）打造独特文创

在当今生活中，旅游和购物已经密不可分，在旅游的同时购买旅游文创可以为旅行经历增添美好的内容和记忆。逛书店、购买精美的书店文创也是新型实体书店审美体验的一项重要内容。

常见的新型实体书店文创产品主要有三类：书店品牌文创、图书周边文创和城市礼物。书店品牌文创主要是以书店的品牌名称、品牌形象、品牌理念为创意的产品，如书店印章、冰箱贴、书签、笔记本、购物袋等。图书周边文创指的是书店以图书为灵感，以作者形象、作品金句、作品理念为创意的产品，如钟书阁以诗歌衍生的李白、唐寅、杜甫主题的"诗酒趁年华花瓶套餐";地图主题书店的"手绘地图壁画""地图丝巾"等。城市礼物是利用当地文化资源进行创新、能够代表本地文化的旅游纪念商品。

文创商品与普通商品的最大区别就是通过文化符号的灌注和艺术化的设计使其拥有感性的特质,"优秀的文创产品都凝结着审美特质与价值理念,走进大众日常生活"①。新型实体书店的文创产品将文化艺术元素通过独特的产品进行表达,具有较高的审美价值和实用价值。在南京的先锋书店里,你不仅会嗅到阵阵书香,更可以体验由书店创制的充满故事的南京气味香水,如"桂花莲影淡秋光""秋雨梧桐落叶时"。猫的天空之城书店以明信片作为主要的文创产品,店内的"明信片墙"以"寄给未来"为主题,由读者选定日期,书店将明信片寄出,寓意温暖而浪漫。可以说,书店文创的背后有理念、有故事,为商品平添了感性能量。

对于文创这种"带得走的风景",经营者还需打开思路,不仅从文化符号入手,更要从文化本身入手。比如,有些书店结合城市旅游或自身选书的理念策划出版精品刊物、图书,这本身就是一种独有的文创。北京的"杂志迷的福音"书店——YAN BOOKS,独创同名杂志"YAN SELECTION",里面收录了书店创立以来各领域有价值的书籍和杂志,希望可以留给读者长期存放、时常翻阅。这样的文创产品既凸显了书店自身的文化品质,又制造了新鲜感。

(四)增加研学旅行项目

书店研学是新型实体书店的社交功能之一,许多书店同时引入讲座、新书分享活动等。新型实体书店在研学层面应当更进一步,结合中小学生研学旅行的需求,拓展校外教育活动。

新华书店在研学方面走在了新型实体书店的前列,研学旅行成为全国各地新华书店多元拓展的重要发力方向之一。早在2018年,山东新华书店集团就成立了山东省书香研学旅行社;2022年,桂林市新华书店有限公司桂林书城推出的人民防空知识公益课、游泳安全教育小课堂、"文化+非遗"

---

① 陈世瀚:《文创应以文促创、以创彰文》,《人民日报》2022年4月15日。

剪纸活动等颇受欢迎；2022 年，广东新华四阅研学的课程更加全面及体系化，研学课程设置更加科学合理，与教育政策和校本课程的衔接更加紧密……这些研学项目多整合业内资源，打造跨界平台，深入挖掘当地特色文化，定制传统文化、自然科普、社会技能实践及红色教育等主题活动。

北京的新型实体书店可以针对北京及全国中小学生的研学需求，结合北京的文化旅游资源，尤其是通过书店启用高水平的领读者作为"导游"，打造高质量的研学旅行项目。

除了上述几点策略之外，基于文旅融合及景观意义的视角，北京的新型实体书店还可以在夜经济、创意集市、线上线下场景融合、文化信息发布与交流集聚地等多方面发力，建设富有个性和创意的"城市书房"。

四 结语

新型实体书店是推动文化产业高质量发展的重要力量，承载着人们的文化实践活动。书店本身就是一座城市重要的文化符号，一家书店可以改变周边的文化氛围，激发文化活力。2023 年的春节期间，"北京有近 20 万名市民逛书店"[1]；而仅在 2023 年 3 月 31 日至 4 月 7 日这一周，北京近 50 家实体书店就为读者"准备了 80 余场精彩的阅读文化活动，在书店探寻节日记忆，续文化根脉；诵读古诗词，聆听诗情画意；浸润书香，寻找四月的新启示"[2]。可以说，北京的新型实体书店已经是北京不可或缺的文化风景，是北京文化的传播窗口，虽然北京的 2100 余家新型实体书店在形式上各有不同，但实质上都是"理想与情怀"的结合体，也是"诗和远方"的融合空间。只有担负起文化传播的使命，广泛借鉴文旅发展的思维和策略，增强经营业态的复合性，结合时代的需求持续创新，才能让"书香京城"和全国文化中心的建设不断走深走实。

---

[1] 韩浩月：《深入挖掘实体书店的隐藏价值》，《光明日报》2023 年 2 月 17 日。
[2] 资料来源："北京实体书店"微信公众号。

B.21
以纺织博物馆建设带动北京市
纺织文化传承与发展[*]

颜　煌　肖丹^{**}

摘　要： 政府将地方特色文化以市场文化参与、消费的形式带给当地居民。北京市朝阳区八里庄街道开展打造纺织博物馆等纺织文化传承工作，重点推动存量博物馆的特色发展，完成纺织博物馆建设。本报告基于此项目，以协助八里庄街道筹建纺织博物馆为契机，通过实地考察、采访、数据登记、查阅相关档案等方式进行文化资源整合，从文化创新视域对项目实践层面进行梳理，以地区博物馆建设带动市级文化传承，对特定博物馆项目筹建、观众市场开发进行研究。

关键词： 博物馆建设　方案设计与研究　纺织文化传承与发展　地区文化和旅游

---

* 本报告系 2023 年国家级大学生创新创业训练计划项目北京城市学院"历史文化资源保护与利用研究——八里庄街道纺织博物馆筹建"的阶段性研究成果，以及北京市朝阳区八里庄街道指导纺织博物馆项目筹建的学术成果。本报告有关纺织博物馆整体规划与设计、体验类项目设置等资料均由北京市朝阳区八里庄街道提供。

** 颜煌，北京城市学院经济管理学部讲师，主要研究方向为文化产业管理、文化市场营销、文化资源开发；肖丹，北京市朝阳区宣传文化中心副教授，主要研究方向为社区文化治理、文化馆活动策划与管理。本报告项目组团队构成：史思奇、李子琪、韩思蕊、赵芮禾、沈玥瑶。

一 当下北京市朝阳区博物馆建设新发展

（一）国内及北京博物馆建设现状[①]

对城市的历史文化资源进行积极的保护和合理的开发利用，打破"大破坏"和"大建设"并行的历史循环，具有与城市的物质现代化同样重要的价值。放眼全球，国际社会在不断探索有效保护历史文化资源的途径和方法。文化资源是现代社会性资源的重要组成部分，选择建造博物馆，应以传承、再创造本土的传统文化为主，用历史文化资源数字化路径对接时代。

国家文物局统计数据显示，2019 年，我国博物馆参观人数已经达到12.27 亿人次，同比增长 8.97%。2019 年末，北京地区备案博物馆为 183座；截至 2020 年底，北京地区备案博物馆已达 197 座[②]。目前，国内及北京博物馆主要存在以下问题。一是博物馆建设、运营的资金问题。博物馆筹建前期的资金多于后期，对博物馆的运营与发展不利，这与博物馆后续规划有关，也与博物馆资金投入有关。二是部分博物馆风格千篇一律、设计同质化现象较为普遍。三是文创产品开发两极分化，质量参差不齐，文创产品与历史文化割裂。四是人才资源配置问题。一场优秀的博物馆展览需要靠营销的方式将主题信息传播出去，这需要更多的经费及专业人力的投入。专项人才培育不足，针对博物馆"项目—管理—推广"的循环体系并未完善。要让专题性的展览深入生活，成为一般博物馆观众的精神渴求，则需要回到教育本身，这也需要专项人才的参与。

如上所述，纺织博物馆[③]的发展也存在许多问题，仅仅作为文化沉淀的

---

① 研究资料由项目组成员赵芮禾、史思奇整理。
② 刘超英主编《北京地区博物馆发展报告（2019~2020）》，社会科学文献出版社，2021。
③ 纺织博物馆是一类专门性展馆，主要展示与纺织相关的展品、馆藏或具有特定历史、文化意义的遗址保护基地。

馆藏库并不能使文化资源管理得到可持续发展，多元化、创新化的纺织博物馆寥寥可数。目前，国内大部分博物馆的文创产品或多或少都存在文物要素过多、文化内涵不足的问题。本报告围绕纺织博物馆筹建工作，依据北京市朝阳区八里庄街道对纺织博物馆的设计构思，提出项目技术路线，对纺织博物馆的文化创新与实践展开策略性调研，对体验类项目设计案例进行重点分析，对博物馆产业效能与社会价值进行系统分析。

（二）北京市朝阳区八里庄街道纺织博物馆筹建概况

2021年末，全国文物机构接待观众84591万人次，比上年增长37.3%，其中未成年人19912万人次，比上年增长46.8%，占参观总人数的23.5%（见图1）。博物馆发展势头良好，越来越多的消费者会选择去博物馆参观，收获文化体验。

图1 2011~2021年全国文物机构接待观众人次、未成年人观众人次

资料来源：《2021年文化和旅游发展统计公报发布》，文化和旅游部网站，2022年7月1日，https://zwgk.mct.gov.cn/zfxxgkml/zcfg/zcjd/202207/t20220701_934437.html。

在现代社会，一个地区的历史文化资源开发与市场消费者是紧密关联的，如某地区博物馆的文化创意与生产（通过策展创意将历史文化资源进行文化产品转化）只有经过文化传播（包含文化传播媒介、观众拓展实操与文化旅游发展等相关文化再生产的实践），才能实现文化创意产品的流通与消费（即文化资源的市场增值，也是文化资源的生产环节），这也体现了历史文化资源的传承与发展。

20世纪50年代，北京工业版图中曾有"一黑一白"之说，"一黑"指首钢厂，与其并肩的"一白"便是京棉厂。作为当时的新兴支柱产业，棉纺织业成为首都工业的生力军。位于北京东四环朝阳路上十里堡至慈云寺，长达1.7公里、占地近百万平方米的土地，是北京工业史上著名的"纺织城"所在地，也是原北京第一、第二、第三棉纺织厂厂址。随着"一五"计划的实施，朝阳区八里庄成为"纺织城"的中心，慈云寺至十里堡区域内有京棉一厂、京棉二厂、京棉三厂、纺织研究所。伴随工厂的建立，京棉一厂、京棉二厂、京棉三厂的职工宿舍楼也正式建成，形成了马路南边为厂区、马路北边为生活区的布局。为记录和展示20世纪50~80年代"纺织城"的辉煌与骄傲，北京市朝阳区八里庄街道计划向周边100位老职工进行口述采访，并收集老物件作为纺织博物馆的藏品，将口述史和老物件融入主题展览，以展览为依托讲好京棉厂的故事，以"以人为本"为宗旨，以"人与物相结合"为理念，致力于发挥保护博物馆和开发历史文化资源的作用。

为配合朝阳区打造首都"博物馆之城"核心区的工作目标，依托北京市政策文件，八里庄街道印发了《高质量党建引领高质量发展五年行动计划》，提出打造纺织博物馆、构建纺织文化传承体系的工作任务，培育博物馆特色品牌。

八里庄街道纺织博物馆研究的理论意义有以下两个。一是以推进全国文化中心建设中长期规划为背景，运用老物件征集和纺织厂职工"口述史"采集进行深入分析与研究，为馆校联合的理论研究提供一个有价值的案例；二是从促进历史文化资源保护与利用研究角度，为博物馆研究提供新的角度和逻辑分析方法，拓宽文化产业发展研究的视野与思路。

八里庄街道纺织博物馆研究的现实意义有以下四个。一是响应朝阳区打造首都"博物馆之城"核心区号召，改善纺织博物馆现状；二是实现经济价值，推动博物馆与文化产业有机融合，不管是临时联合展览、社教活动，还是专业服务、纺织类文创产品开发和品牌建设，都能带动区域经济持续发展；三是为研究纺织文化的学者或机构留下真实有效的资料，拓展纺织文化的研究边界；四是促进就业，未来八里庄将建成莱锦文化创意产业园、纺织博物馆、纺织文化研究院，与相关高校展开"馆校共建"，为学生提供实践机会。莱锦文化创意产业园将提供场地，用于纺织博物馆建设，由属地办事处整合资源、多方筹措，全面负责纺织博物馆的建设与运营工作。该项目于2022年10月启动，预计于2023年10月完成。为支持莱锦文化创意产业园打造地区文旅IP，八里庄街道将联合地区纺织相关社会单位，拍摄纺织文化类微电影，收集整理纺织故事，编排纺织话剧，打造纺织博物馆，探索举办纺织文化科技论坛，形成"一影一书一剧一馆一坛"的纺织文化传承体系。本报告依据项目设计构思，确定了项目技术路线，如图2所示。

项目前期，对博物馆建设方案进行设计讨论，通过查阅本地纺织类文献，以纺织类工业遗址博物馆作为初步参考，确定博物馆的建设目的以及主题方向，将观众带入纺织文化中，构建纺织文化传承体系。

项目中期，确定博物馆的建设方案，从项目建设背景入手，打造北京市全域活态博物馆，将其定位为"小而美"的创意文化博物馆，实现传统与现实的结合。主要设计5个主题展厅：在序厅，展示有代表性的纺织历史人物塑像；在中国纺织历史展示区，按从古至今的顺序展示纺织工具以及纺织成品，让观众直观地看到纺织工具的变化、工艺面料的演变；在世界纺织历史展示区，介绍世界纺织文化，通过主题转换进行视野聚焦；在北京纺织历史展示区，以八里庄地区的纺织文化历史为脉络，通过图纸、照片、视频等方式进行科普和实景还原，让人身临其境；在互动体验区，观众可以亲自体验编织地毯等活动；在文创体验售卖区，观众可以体验并购买多样的文创产品（见图3）。纺织博物馆将利用虚拟交互场景进行模型构建，将纺车、立式编织机等纺织工具进行复原和展示，并呈现旧时场景。同时，以视频等方式展示老职工的采访，让观众更加了解京棉厂的历史。八里庄街道对纺织博物馆的设计构思（二楼文化体验空间）如图4所示。

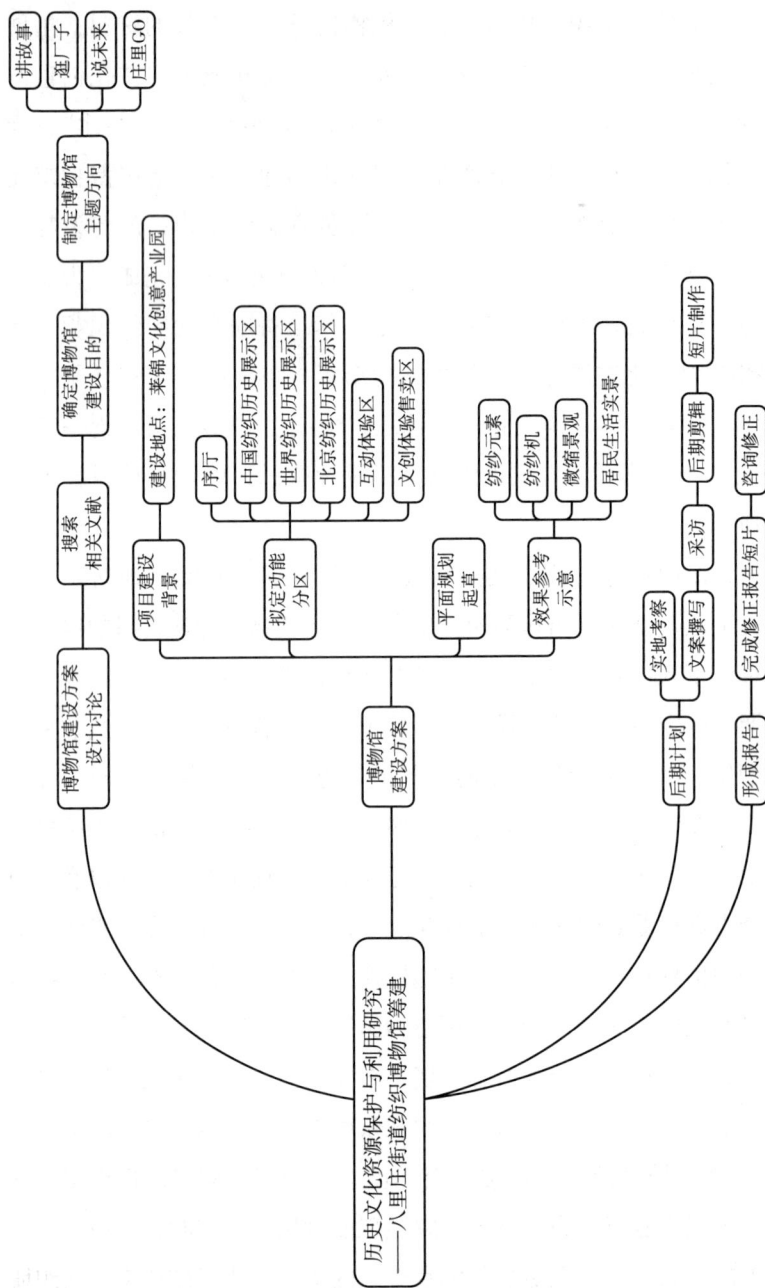

图2 项目技术路线

资料来源：项目组成员李子琪调研整理。

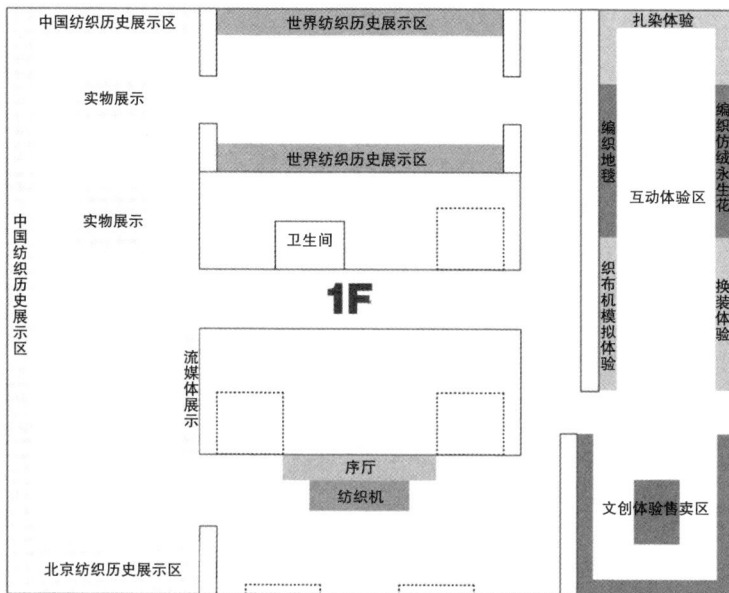

图3　八里庄街道对纺织博物馆的设计构思（一楼常规展厅）

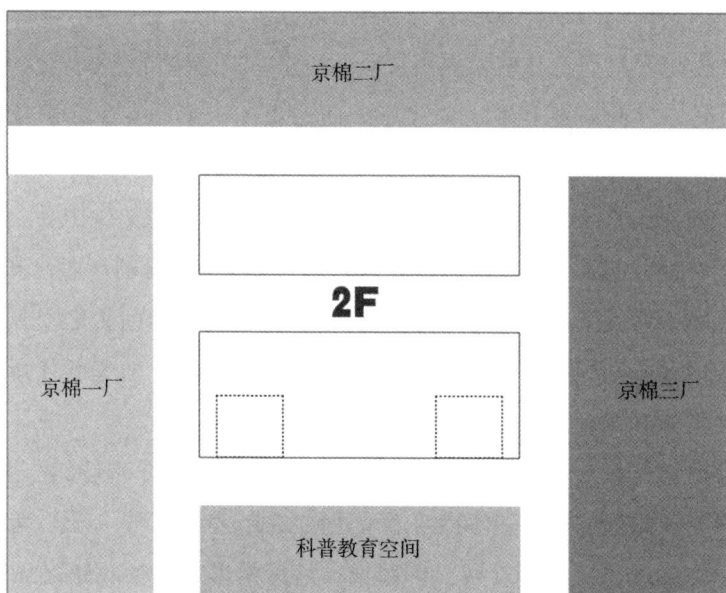

图4　八里庄街道对纺织博物馆的设计构思（二楼文化体验空间）

二　纺织博物馆文化创新与实践策略

（一）纺织博物馆文化创新策略研究[①]

如今，"互联网+"、新一代信息技术快速发展，许多博物馆也逐步采用多元化的营销方式。盘点当前博物馆的文化创新策略，大型展览侧重召开新闻发布会、名家座谈，进行网络促销与新媒体广告投放，小型展览则注重网站宣传、现场宣传等方式，一些小众博物馆还推出了会员卡制度，用优惠来吸引观众。本报告基于纺织博物馆筹建项目，调研了解居民的喜好，这也是一种较为直接的了解消费者内心的渠道，其目的依旧是吸引更多的人前往博物馆，而且不止一次。

推进纺织博物馆建设，需要遵循历史文化资源可持续发展战略相关原则。一是坚持以文化资源保护和积累为基础。纺织博物馆依托文化资源收集、整理、分类与保存，在展示、传播层面则需要培育地区居民的文化自觉意识，逐步通过展览、体验来提高观众的质量。二是坚持将文化资源保护和开发相结合。文化资源开发需要注意调研对象的深度与特色，避免文化展览、文化产品的粗制滥造、表层模仿。文化产品的卖点在于将产品创意与文化资源的"神韵"相结合，观众可以带走符合其需求的文化产品。三是坚持兼顾经济效益与社会效益。通过地区纺织历史文化资源的产业化开发，实现双效兼顾。四是坚持文化多样性和文化自觉原则。避免文化资源创意枯竭，应通过调研挖掘本地区文化资源特色与内涵，以主人翁意识来承担地区历史文化资源开发责任。

按照北京建设全国文化中心的要求，朝阳区始终注重博物馆事业发展，依托全区丰富的文博资源和博物馆体系建设实践经验，不断加强政策和服务创新，全力推进"博物馆之城"的建设，并探索形成"博物馆之城"建设

---

① 研究资料由项目组成员韩思蕊整理。

的"朝阳模式"。一是利用多方联合的方式，推动政府、专家、社区、高校相互配合，共同推进纺织博物馆高效运转。纺织博物馆可以与学校进行联合策展，面向社会征集各类策划与设计活动，提供多元化的服务。二是依托莱锦文化创意产业园，以"产业+文化+传媒+N"建立多元化、科学化、专业化的博物馆体系，和企业共同助力纺织博物馆的各项策展活动。三是纺织博物馆不仅能为高校提供实习机会，还能与高校合作开发纺织类文创产品和纺织类艺术衍生品，带动区域经济持续发展，产生一系列的联合效应，具有独特的经济价值。四是基于"小而美"的创意文化博物馆建设路径建设纺织博物馆。不同于其他博物馆，纺织博物馆不仅有专业的知识展厅展示中外纺织历史和北京纺织历史，为参观人员提供专业的纺织文化知识，还会设置其他展厅用于互动体验、"网红打卡"等，打造多维度区域，为受众提供丰富多彩的体验内容，提高展品与受众的互动性。

未来，纺织博物馆将不断提高自身发展能力、自身品牌效应与传播能力，专注于对人本身的启迪与教育，注重地方文化特色，让参观者感受文化、传承的力量，提升国民文化素养。

（二）基于沉浸式博物馆的文化体验与传播研究

截至2022年末，全国群众文化机构共组织开展各类文化活动270.73万场次，比上年增长7.4%；服务人次95922万人次，比上年增长15.2%（见表1）。本报告基于纺织博物馆文化资源开发与评估，从博物馆公共文化服务的空间转型视域研究文化再生产功能。

表1　2022年全国群众文化机构活动开展状况

项目	总量		比上年增长（%）	
	活动次数（次）	服务人次（万人次）	活动次数	服务人次
各项活动总计	2707286	95922	7.4	15.2
其中:文艺活动	1391490	62140	15.5	10.2
训练班	920740	6119	-4.4	11.3

续表

项目	总量		比上年增长（%）	
	活动次数（次）	服务人次（万人次）	活动次数	服务人次
展览	167497	14259	6.0	39.4
公益性讲座	41939	768	1.3	-0.7

资料来源：《中华人民共和国文化和旅游部 2022 年文化和旅游发展统计公报》，中国政府网，2023 年 7 月 13 日，https：//www.gov.cn/lianbo/bumen/202307/content_6891772.htm。

2022 年，文化和旅游部修订《国家非物质文化遗产保护资金管理办法》，印发《关于推动传统工艺高质量传承发展的通知》，组织 2022 年 "文化和自然遗产日" 非遗宣传展示活动，举办 "云游非遗·影像展""非遗购物节" 等，全国共开展非遗活动 6200 多项①。

2023 年 4 月，国家大剧院艺术普及活动较为多元，其版块具体包括 "周末音乐会"（主题风格各异的演出）、"经典艺术讲堂"（围绕剧院重要演出，为观众带来多场精彩的讲座活动）、"演前导赏"（带来 7 场精彩的演前导赏，为观众带来更加深入的观演体验）、"公共空间演出"、"公益演出"（艺术家们走进北京 7 所大中小学校、中国盲文图书馆、武警部队、市区街道和文化中心等地，将艺术送到城市各个角落）。

借鉴同期市场文化体验活动案例，纺织博物馆体验类项目设置如下：模拟车间以纺织厂为主题背景，设置道具及假人进行场景还原，通过播放织布机音效等方法，营造车间环境，使参观者沉浸式体验纺织生产环境，深入了解生产过程；一比一还原纺织厂职工家庭原貌；参观者可以在虚拟现场体验纺织材质变化带来的服装质感的不同。

纺织博物馆围绕亲子工作坊、亲子体验特点设置如下体验式场景：体验织布过程，包括棉花脱籽、弹棉花、配色、混线；体验纺织画，在成形的画

---

① 《中华人民共和国文化和旅游部 2022 年文化和旅游发展统计公报》，中国政府网，2023 年 7 月 13 日，https：//www.gov.cn/lianbo/bumen/202307/content_6891772.htm。

作上进行编织。

此外，纺织博物馆还将开设文创体验售卖区，展出并售卖紧扣博物馆主题的相关纪念品（如微缩模型、钥匙扣、明信片等），兼具可玩性、潮流性、艺术性的艺术娱乐衍生设计商品，以及定制 T 恤、拖鞋等生活用品。

分析博物馆观众心理与市场，是进行历史文化资源现代化开发的重点。林敏霞指出，利用观众的怀旧心理，把文化资源开发与怀旧旅游相结合；通过博物馆观光与文化资源、文化遗产互动结合，如用想象力重构历史场所感，让人们发现自我，理解历史文化与现代生活传承的意义[①]。

沉浸式博物馆的特点体现为强调实体与虚拟恰当融合，给观众带来空前的感官体验。例如，大英博物馆推出了一个名为"大英博物馆在线"的虚拟平台，为全球用户提供在线参观博物馆的机会。该平台展示了世界各地的艺术和文物收藏品，并提供了可互动的学习资源。用户可以在任何时间、任何地点浏览大英博物馆的藏品[②]。在数字博物馆空间延展方面，传播从业者需要在"展陈—体验—实践"的循环模式中树立主动而为的互联思维，通过场景来推动博物馆的文化传播与转型发展。

线上展览基础资源数字化是把传统实体产品与服务项目相结合并应用现代信息技术，从而持续地展示公共文化服务内容的过程。提到数字博物馆的建设，"数字敦煌"平台是一个具有前瞻性的典范，它把敦煌石窟的影像扫描和储存成可视化信息，建立集成化数据库，以便永久保存。这种方式对恢

---

① 林敏霞：《文化资源开发概论》，知识产权出版社，2021，第 17 页。

② 另外一个例子是美国犹他美术馆，其虚拟展览包括"古代地中海文明"、"美洲原住民艺术"和"当代艺术"等主题，通过数字化的艺术品和互动式体验，向用户展示不同文化背景下的艺术珍品。在现实感官探索上，北京今日美术馆结合"今日·未来英才推介计划：谁的梦——厉槟源个展"推出公共艺术教育活动，活动提出口号"今日我们不看展览，邀你来美术馆做梦"，在 7 天内全天候免费向公众开放，允许所有人在展览空间交流，同时邀请报亭在展区出售当天各种报刊，用沉浸式的体验让人们对美术的不同形态产生深刻的认识。随着技术的发展成熟，将 AR、VR 等技术应用在成体系的公共艺术教育课程中，将会极大地丰富课堂内容，通过各种感官的充分调动，能够最大限度地吸引受众特别是年轻群体的关注。

复和保护中国传统文化至关重要。数字媒体资产是一种信息产品，它有着特殊的成本构成，同时具有可以重复使用的特性，不能完全按照竞争策略进行定价。

数字终端系统的优势之一在于其便捷性，能够打通公共文化服务的"最后一公里"，形成线上线下互补关系，从而打开传统意义上馆藏资源互联互通的崭新空间。已经有很多公共文化服务机构试图通过加强数字技术的融合来减少民众使用公共文化服务所带来的成本。例如，在图书馆大厅配备触屏导读设备，建立公共电子阅览室，并开通手机阅读专区，开发"移动图书馆"App、微信小程序等终端，做到多屏同步配置数字资源。

凭借数字化热潮，各地区公共文化服务机构试图与商家合作开放精品栏目或者文化产品，针对不同群体、不同阶层需求进行差异化生产定价，实现线上线下资源联动。故宫博物院 IP 开发就是一个很成功的案例：故宫不仅充分了解年轻群体的购买需求，利用电商平台将具有故宫元素的文创产品推向市场；同时以纪录片、网络综艺、短视频等新型媒介为文化载体，广泛传播故宫文化。在未来，借助数字技术开发公共文化服务项目并进行差异化定价、产业化运营将成为一大突破点①。

三 基于文化产业创新的博物馆产业效能与社会价值

（一）博物馆运营效益与文化产业经济效能研究

文化市场、博物馆观众市场的发展程度，体现为市场、消费的存在与否、规模大小等。与地区博物馆紧密关联的文化和旅游业是融合传统文化资源、历史文化遗迹、现代商业运营活动的综合性文化创意产业，这其中还包括文化产业间接带动、影响的餐饮、住宿、交通等产业，所以博物馆有着自

---

① 研究资料由项目组成员史思奇整理。

身的文化产业经济效能。基于文化、旅游视角，政府、社会力量共同推动地区博物馆经济效能的产生。挖掘地区博物馆历史文化资源可以从以下两个方面进行：推广现代文化衍生产品；推出各类型文化体验服务。博物馆的经济效能基本可以在两个操作型实践层次上挖掘。第一，博物馆的整体经济效能指的是创作工作岗位的价值、面向市场的整体产值，包括博物馆相关产业直接与间接产生的经济效应，尤其是在文化和旅游层面。在我国文化体制改革的过程中，文化场馆逐步发挥其自主性与市场属性（效率更高、创新性更强），在展演、策展创新层面产生更高的整体价值。第二，博物馆的运营能力体现在其经营理念、观众拓展营销层面，强调博物馆项目制度与评估体系，势必会提升博物馆运营能力及经济增长的可能性，促进博物馆财务管理的科学化。以上两个层面有利于博物馆市场的经营化，能够使博物馆不断推陈出新，吸引更多感兴趣的市民。对于一些非营利性博物馆，需要考虑政府文化艺术基金的支持，需要政府统一的城市建设规划，也需要博物馆自身努力。

从第一个层面看，博物馆的整体经济效能指标包括文化产值、文化艺术人才培育。具体而言，整体经济效能体现在博物馆上中下游文化产业的增值层面。可以增值的部分包括门票收入、场地租赁、设备供应、文化服务等。博物馆上中下游文化产业的增值体现在餐饮、住宿等旅游项目上，也包括文化体验、文化演出等项目。

从第二个层面看，博物馆的运营能力体现为博物馆的项目运营与自筹、联合能力。博物馆绩效增长与否，决定着该博物馆是依赖政府或公共文化服务项目的支撑，还是依赖市场化、自给自足能力。门票收入是博物馆的主要收入来源，当门票总额趋于稳定，表明客源充足，观众乐于前往观看常规展览、非常规展览，这也就反映了博物馆社会文化教育属性的强弱；博物馆营销是关键点，博物馆的功能包括策展、文化教育、文化体验、收藏与研究等，如何将这些常规功能与市场结合，体现着博物馆的营销能力，也考验着我国大中小型博物馆的策划、运营能力，投入比、人才培育、独有部门是营销绩效考核的要点。

（二）北京市朝阳区八里庄纺织博物馆文化资源评估与开发[①]

1. 文化资源概况

为了响应首都全国文化中心建设，加强公共文化设施建设和历史文化资源保护，北京市朝阳区八里庄街道以"保护纺织历史文化，发展纺织文化传承"为目标建设纺织博物馆。纺织博物馆内空间主要围绕中外纺织文化史、纺织厂职工"口述史"、纺织厂老物件、实景体验和文创设计等主题布局。场内会有不定期的体验课程和科普教育讲座，以传播纺织文化。

2. 评估指标体系设计

参照文化资源开发评估指标体系，本报告对纺织博物馆评估指标体系进行设计，大致包括资源品相、资源价值、资源效用、发展预期、传承能力5个一级指标[②]。评估指标体系的设计遵循树形设计的原则，从综合评价的角度确定分值，总分值为800分（见表2）。

表2 纺织博物馆评估指标体系

一级指标	二级指标	具体内容	总分值	权重（%）
资源品相	文化特色	地域性、历史性、差异性	200	25
	保存状态	保存数量、保存质量		
	知名度	媒体提及率、公众提及率、辐射范围		
	独特性、稀缺性	强、较强、一般、差		
	分布范围	国际、国内、省内、市区		
资源价值	文化价值	内涵深度、传承范围、启发教育、保存意义	200	25
	时间价值	历史久远性、稀缺性		
	消费价值	旅游价值、教育价值、科学价值、审美价值		
	遗产保护等级	世界级、国家级、省级、市级		
	资源开发价值	高、较高、一般、低		

[①] 研究资料由项目组成员李子琪整理。
[②] 资源品相侧重资源的基本属性，资源价值侧重文化资源产业化开发的价值，资源效用侧重文化资源所带来的效应，发展预期侧重产业化开发的条件和能力，传承能力侧重文化资源产业化开发的可持续能力。

一级指标	二级指标	具体内容	总分值	权重（%）
资源效用	社会效用	区域形象塑造、文化资源传承、民众素质提高	160	20
	经济效用	好、较好、一般、差		
	公众效用	好、较好、一般、差		
	民间风俗礼仪	好、较好、一般、差		
	资源消费人群	国际、国内、省内、市区		
	资源市场规模	国际、国内、省内、市区		
发展预期	资源属地的经济发展水平	地区生产总值、财政收入、人均国民收入、居民消费水平	80	10
	交通运输便利程度	距市中心距离、公路等级、交通工具、资源内部密集度		
	生活服务能力	二星、三星、四星、五星		
	商务服务能力	高、较高、一般、低		
传承能力	资源规模	大、较大、一般、小	160	20
	资源综合竞争力	强大、较强、相同、较弱、很弱		
	资源成熟度	非常成熟、较成熟、成长中、不成熟		
	资源环境	很好、较好、一般、较差、很差		

3. 评估步骤方法

（1）明确评估对象。

（2）建立评估指标体系。

（3）确定定性和定量指标评估值。

（4）确定评估指标权重，采用统计均值法。

（5）确定指标间合成关系，采用加法合成，计算综合评估值。

（6）根据评估过程和结果进行系统分析和决策。

4. 评估结果

纺织博物馆是北京市唯一以纺织文化为背景建设的博物馆，获得政府支持，有着一定的媒体提及率和一定的知名度。纺织博物馆体现了北方纺织业特色，独特性突出，馆内藏品有近千件，并且保留状态良好。在文化价值上，纺织博物馆向观众全面展示北京纺织文化，有着一定的内涵深度和文化价值，且唯一性、独特性和资源丰富程度较高。纺织博物馆有自己的教育和体验课程，提升了教育价值，消费价值也相对较高。纺织博物馆资源品相评估、资源价值评估、资源效用评估、发展预期评估、传承能力评估见表3~7。

表3　纺织博物馆资源品相评估

二级指标	具体内容	得分
文化特色	地域性	13
	历史性	15
	差异性	13
保存状态	保存数量	15
	保存质量	11
知名度	媒体提及率	9
	公众提及率	8
	辐射范围	5
独特性、稀缺性	强	60
	较强	—
	一般	—
	差	—
分布范围	国际	—
	国内	—
	省内	10
	市区	—

表4　纺织博物馆资源价值评估

二级指标	具体内容	得分
文化价值	内涵深度	4
	传承范围	5
	启发教育	7
	保存意义	9
时间价值	历史久远性	8
	稀缺性	19

二级指标	具体内容	得分
消费价值	旅游价值	14
	教育价值	4
	科学价值	4
	审美价值	13
遗产保护等级	世界级	—
	国家级	30
	省级	—
	市级	—
资源开发价值	高	60
	较高	—
	一般	—
	低	—

表5 纺织博物馆资源效用评估

二级指标	具体内容	得分
社会效用	区域形象塑造、文化资源传承、民众素质提高	23
经济效用	好、较好、一般、差	16
公众效用	好、较好、一般、差	20
民间风俗礼仪	好、较好、一般、差	15
资源消费人群	国际、国内、省内、市区	35
资源市场规模	国际、国内、省内、市区	18

表6 纺织博物馆发展预期评估

二级指标	具体内容	得分
资源属地的经济发展水平	地区生产总值、财政收入、人均国民收入、居民消费水平	32
交通运输便利程度	距市中心距离、公路等级、交通工具、资源内部密集度	20
生活服务能力	二星、三星、四星、五星	4
商务服务能力	高、较高、一般、低	9

表7 纺织博物馆传承能力评估

二级指标	具体内容	得分
资源规模	大、较大、一般、小	30
资源综合竞争力	强大、较强、相同、较弱、很弱	33
资源成熟度	非常成熟、较成熟、成长中、不成熟	35
资源环境	很好、较好、一般、较差、很差	30

根据上述评估，纺织博物馆资源开发价值总体评估如下：资源品相总分为159分，资源价值总分为177分，资源效用总分为127分，发展预期总分为65分，传承能力总分为128分。总分为656分（满分800分），处于B级水平。等级水平划分标准为：700~800分为A级（优秀），600~699分为B级（良好），500~599分为C级（一般），400~499分为D级（较差），400分以下为E级（差）。

总体而言，纺织博物馆有自己的独特性和稀缺性，相关文化资源丰富，品质和价值较高，有着较好的文化基础，能提供优质的基础服务，是区域文化载体与城市功能相结合的产物。

5.开发模式

（1）文化资源开发模式

在文化资源的利用和再造方面，纺织博物馆中的展品大多数是从老职工手中征集而来，"口述史"板块以采访录制的形式向大家介绍纺织文化。博物馆内设有文创体验售卖区，让游客亲自动手、亲身体验，学习运用纺织技术，制作属于自己的文化衫、环保袋，潜移默化地将纺织文化融入生活。游客也可以购买纺织博物馆自行开发的具有可玩性、潮流性、艺术性的衍生设计商品。

（2）公共空间开发模式

纺织博物馆改造建筑面积约为3000平方米。一层聚焦纺织主题，二层为文化体验空间，突出参与体验感。

（3）历史展示开发模式

依托京棉厂遗产进行纺织博物馆的建设更具有历史感，同时可以激发当地游客和原京棉厂家属的认同感。

（4）创意产业开发模式

纺织博物馆在对历史文化遗产进行保护的前提下进行创意产业开发，体现了对建筑和生活方式的创造性理解，让更多人认识纺织文化、了解纺织文化、传播纺织文化，也为国内工业厂房开发改造提供了新的经验。

（5）综合功能开发模式

纺织博物馆体现了博物馆与文化产业的有机融合，能带动附近区域经济持续发展。纺织博物馆不仅有专业的知识展厅，还有用于互动体验、文创产品售卖的展厅，呈现区域多维度开发特色。

纺织博物馆本身也在不断提升，接下来将跟随时代的步伐，挖掘藏品内涵，与文化创意、旅游产业相结合，开发更多独特品牌，增强自身发展能力，提高自身的品牌传播能力。

B.22

城市更新视角下的文化产业
园区发展新模式

——以隆福寺文创园为例

杨金叶 曹瀛琰*

摘 要： 文化产业园区作为城市有机更新的重要载体之一，承担着促进城市减量发展、推动文化产业高质量发展的双重使命，探索如何通过文化产业园区与城市更新互融互促推动产业转型升级、优化城市公共资源配置至关重要。本报告以隆福寺文创园为例，探究其做法、总结其经验，有利于探索北京文化产业园区建设新路径，拓展北京文化产业园区高质量发展新模式，践行城市发展与文化产业园区共生共荣新理念。

关键词： 城市更新 文化产业园区 隆福寺文创园

自 2006 年北京在全国率先提出发展文化产业以来，文化产业逐步成为北京的重要支柱产业，在推进全国文化中心建设进程中起到了重要的支撑作用。近年来，北京坚持以推动文化产业高质量发展为主线，特色园区正成为北京文化产业高质量发展的重要承载地。为进一步推动文化产业园区高质量发展，北京市发布了《北京市级文化产业园区认定管理办法

---

* 杨金叶，北京国际工程咨询有限公司咨询工程师（投资），主要研究方向为文化产业政策、文化产业园区、老旧厂房改造等；曹瀛琰，北京国际工程咨询有限公司咨询师，主要研究方向为文化产业经济、文化金融、网络视听、文化企业战略、品牌及营销等。

（试行）》，2022 年北京共有 97 家文化产业园区获得"市级文化产业园区"认定。根据北京市文资中心数据，截至 2022 年 9 月，文化产业园区对全市文化产业的贡献已达 60%①，经认定的市级文化产业园区中，由存量资源改造而来的园区占 60%②，包括"新华 1949"文化金融与创新产业园、隆福寺文创园等。

北京作为中国首个减量发展的超大城市，以城市更新行动为契机，努力建设具有国际竞争力的创新创意城市，为充分发挥政府在盘活文化资源、构建"高精尖"产业结构等方面的重要作用，北京市出台了《关于进一步鼓励和引导民间资本投资文化创意产业的若干政策》《关于加强腾退空间和低效楼宇改造利用促进高精尖产业发展的工作方案（试行）》等一系列政策文件，以市政府固定资产投资形式支持存量资源改造项目，近年来陆续支持了一批文化产业园区改造项目，其中隆福寺文创园内的地铁 6 号线东四站织补项目和长虹电影院外立面及内部装修改造项目均获得市政府固定资产投资资金支持。

隆福寺文创园是北京文化产业园区高质量发展的一个缩影，自 2019 年开园以来连续两年获得"市级文化产业园区"认定。2020 年 11 月，隆福寺获评"北京网红打卡地"；2022 年 7 月，隆福文化街区修缮更新项目入选"北京城市更新最佳实践"。隆福寺一期引入 40 余个商户，举办 200 余场线下活动③，大麦新空间等文娱"首店"纷纷落户，木木美术馆、更读书社等高品质文化艺术空间也相继入驻，高能级资源的聚合效应推动隆福寺文创园呈现北京文化产业园区新的形象，研究其创新做法，对在城市更新背景下推动文化产业园区高质量发展具有重要的借鉴意义。

---

① 《文化产业园区展示"产城融合"发展成果》，《北京日报》2022 年 9 月 3 日，第 7 版。
② 《从"瓦片经济"到"服务经济"——来自北京文化产业园区转型升级的报道（上）》，《光明日报》2020 年 8 月 26 日，第 10 版。
③ 《"两区"建设｜东城区：隆福寺打造国际文化消费新地标》，"金台资讯"百家号，2023 年 2 月 24 日，https：//baijiahao. baidu. com/s？id＝1758688562964758982&wfr＝spider&for＝pc。

一 隆福寺文创园的深厚底蕴

（一）隆福文化历史源远流长

隆福寺始建于明朝 1452 年，至今已有五百余年的历史，见证了北京城市的历史变迁，凝聚了深厚的文化内涵，构成了独特的文化景观。

1. 庙会文化

隆福寺庙会位列北京最早的"五大庙会"之首，因隆福寺位于东城区，即明清时期的国子监和科举考试的贡院所在地，"文房四宝"和书籍盛行，庙会以买卖"文房四宝"和书籍碑帖为主。因此，隆福寺庙会较其他庙会而言，文化色彩更为浓烈。

2. 书店文化

20 世纪初，隆福寺的古旧书业迎来发展高峰[1]，仅一条小街就有 30 余家书店，成为北京著名的"文化一条街"，逐渐成为市民广场与休闲胜地[2]。隆福寺街的刻书、印书与当年隆福寺刻印佛家经典一脉相承，部分书店以经营古旧书为主，兼有修补、整理旧书的业务。1958 年，隆福寺街古旧书业12 家书店并入中国书店，中国书店北京隆福寺书店距今已成立几十年。

3. 演出文化

隆福寺最早的演出来自清代景泰茶园，主要演出杂耍曲艺，民国之后，景泰茶园更名为来福戏园；新中国成立后，建成了东四剧场、明星电影院、蟾宫电影院（现已改名为长虹电影院）以及东四工人俱乐部。

4. 皇家文化

隆福寺是北京唯一的汉藏佛教同驻的皇家寺院，曾是明清两朝的皇家香火院，规制等级极高，寺庙建筑气势恢宏。

---

[1] 《中国书店隆福寺书店 3 年后原址重张》，《北京日报》2013 年 1 月 25 日，第 9 版。
[2] 《隆福寺的文化印记》，《北京晚报》2020 年 2 月 4 日，第 18 版。

（二）隆福寺独特的区位优势

隆福寺具有独特的地理位置优势，地处首都核心区，位于东城区东四路口西北角，与王府井商业街相邻，距离故宫和东二环仅 1.5 公里，距离长安街仅 1.8 公里。

1. 地缘相近，毗邻北京文化中轴线朝阜路

朝阜路和中轴线相互结合，一条横贯东西，另一条纵贯南北，共同形成老北京城区的文化肌理。在朝阜路两侧，分布着元朝以来类型多元的历史文化遗存。

2. 文化相融，打造"文化金三角"

故宫、王府井、隆福寺是北京城市崛起的重要标志，代表着北京的古都文化、京味文化、民俗文化、宗教文化等，构成了北京城市文化的缩影。基于此，东城区充分挖掘三地历史故事、文化内涵，提出构建"文化金三角"，进一步加快重点功能区建设。"文化金三角"各有侧重，通过区域联动、资源共融，助力城市发展。故宫是文化的地标、源头和符号，王府井是文化的展示平台，隆福寺则是文化的传承、体验和创新载体。

（三）隆福寺文创园的发展基础

隆福寺文创园于 2012 年 8 月开始建设。市区两级国资公司，即北京市国有资产经营有限责任公司（70%）与北京东方文化资产经营有限公司（30%）共同出资成立了北京新隆福文化投资有限公司，负责推进项目开发建设、策划定位、招商运营等工作。2019 年 8 月，隆福寺文创园一期项目正式运营，二期项目预计将于 2023 年底整体竣工亮相。

1. 园区范围

隆福寺文创园地处东城区，北至钱粮胡同，南至东四西大街，西至美术馆东街，东至东四北大街，占地面积约为 15.5 公顷。其中，功能区占地面积约为 6 公顷，现有建筑面积约为 18 万平方米，包括隆福大厦、隆福广场、

长虹影城等;四合院传统风貌区包括西侧和东北角的平房民居,占地面积约为9.5公顷。

2.园区建设

园区分三期进行建设,一期包括隆福大厦、隆福寺北里及隆福文化中心项目,占地面积约为1.7万平方米,建筑面积约为7.5万平方米,地上建筑面积约为6万平方米,包括城市书房、美术馆、艺术街区、共享办公等文化生态新空间;二期主要围绕地铁织补地块开展区域建设,包括隆福寺东院、隆福寺南坊及长虹影城项目,总建筑面积约为11万平方米;三期拟开展平房(院落)申请式退租及恢复性修建,打造以博物馆、设计师工作室、国学馆、书吧等复合功能为主的四合院传统风貌区(见表1)。

表1 隆福寺文创园三期建设概况

阶段	建设重点	重点项目	建设目标	建设状态
一期	老旧楼宇改造更新	隆福大厦、隆福寺北里及隆福文化中心项目	打造办公和文化艺术消费业态	正式开业并稳定运营
二期	围绕地铁织补地块开展区域建设	隆福寺东院、隆福寺南坊及长虹影城项目	打造文商旅复合空间以及国际文化交流体验区	预计2023年亮相
三期	拟开展平房(院落)申请式退租及恢复性修建	打造四合院传统风貌区	保护历史文化街区和传统风貌,改善居民居住环境和区域整体品质	开展前期研究工作

资料来源:根据公开资料整理。

3.重点项目

隆福寺文创园改造项目主要有以下5个。一是地铁6号线东四站织补项目,功能定位为现代文化交流展示融合体验中心;二是长虹电影院外立面及内部装修改造项目,功能定位为文化科技融合体验中心;三是隆福广场项目,功能定位为中华文化交流聚集地;四是一商办公楼项目,功能定位为艺术家工坊；五是隆福大厦项目，功能定位为文化产业办公楼。其中，长虹电影院外立面及内部装修改造项目和地铁 6 号线东四站织补项目获得北京市发展改革委资金支持，两个项目的基本情况如下。

地铁 6 号线东四站织补项目位于东四路口西北角，是东四路口重要的城市景观节点，被称为隆福寺东院。项目总建筑面积为 5 万平方米，工程包括地上 3 层、地下 4 层。其中，地上工程面积为 2.35 万平方米，采用坡屋顶形式，檐口高 14 米，主要对新建 7 个院落的地上部分实施建筑、装饰、电力、给排水、暖通等工程。项目致力于打造现代文化交流展示融合体验中心，建成后拟引入世界知名博物馆的展览和商店，预计于 2023 年 12 月竣工。

长虹电影院外立面及内部装修改造项目位于北京市东城区隆福寺街 75 号，西邻隆福大厦，项目占地面积为 2462.76 平方米，改造总建筑面积为 7207.22 平方米，通过对原有建筑外立面的拆除、加固、装修等配套工程，设置 70 个体感座椅和巨型球幕，改造成沉浸体验式飞行影院，预计于 2023 年投入使用。

二 隆福寺文创园的创新做法

自 2019 年一期揭幕以来，隆福寺文创园始终坚持时尚与古典并存、艺术与传统协调、产业与消费共融，以自身的"华丽转身"联动故宫、王府井等周边历史文化资源、商业消费资源，推动文商旅科深度融合，形成新时期北京文化产业园区发展新模式。到 2025 年，隆福寺将打造成传统文化与现代文明交相辉映、中华文化与世界文明协调共融的文化新中心①。

（一）高起点定位，市区合力共筑精品

隆福寺文创园是北京市文化产业创新的代表案例之一，是对"产业+消

---

① 《关于印发〈隆福寺园区发展建设三年行动方案（2023—2025 年）〉的通知》，北京市东城区人民政府网站，2023 年 1 月 17 日，https://www.bjdch.gov.cn/zwgk/zfwj/202304/t20230415_3034347.html。

费"文化产业园区发展新模式的重要探索。隆福寺文创园的发展深度融入北京城市规划,紧密嵌入东城区战略定位与长期规划,组织机制的创新也保障了园区的可持续发展。

首先,市区联动,融入首善之都建设发展。"两区"建设是北京市推动新时代首都发展的重要政策,科技创新、服务业开放、数字经济是主要特征,并以首善标准搭建立体化开放体系,融入和服务全国新发展格局①。2021年8月,隆福寺地区被纳入北京市"两区"重点园区;2022年东城区人民政府工作报告提出打造国际消费中心城市示范区,引导故宫、隆福寺、王府井沿线文化消费资源协同联动,促进商旅文体跨界融合,提升整体消费体验,增强对商品和服务消费的拉动力。这意味着隆福寺文创园不仅要承担促进文化企业成长、推动文化产业跃升的双重使命,而且要重现曾经作为北京市商业消费中心的地位,融入城市更新大格局,体现"首都风范、古都风韵、时代风貌"②,打造"宜产宜民"的文化生态。东城区深入落实北京市商业消费空间布局专项规划,以"故宫以东"品牌为抓手,培育数字消费新业态,进一步打响消费品牌,这也成为隆福寺文创园肩负的重任。

其次,高位推动,筑牢隆福寺文创园科学发展基底。为保障隆福寺文创园长期稳定发展,落实国际消费中心城市示范区建设,东城区人民政府与北京国有资产经营有限责任公司合作成立"隆福寺地区改造项目领导小组",确立"统一领导、统一规划、整体推进、分步实施"的工作原则,成立项目公司,统一持有改造项目的产权,统一实施改造,为项目历史遗留问题解决、区域资产整合、规划设计、策划定位以及招商运营等工作提供了重要保障。在有力、有序的组织统筹下,隆福寺文创园以时间换内涵、以空间换功能,取得了扎实的发展基础:一期建设历经7年,完成"绣花式"保护与更新工程;二期建设推动科技与文化深度融合,预计2023年底亮相;其后还将启动三期建设。

---

① 《北京"两区"建设服务全国新发展格局》,《光明日报》2021年3月29日,第1版。
② 《关于印发〈隆福寺园区发展建设三年行动方案(2023—2025年)〉的通知》,北京市东城区人民政府网站,2023年1月17日,https://www.bjdch.gov.cn/zwgk/zfwj/202304/t2023 0415_3034347.html。

（二）高标准建设，科学引导重点明确

"文化金三角"的独特区位，使隆福寺文创园成为东城区贯彻"两区"建设、打造特色文化产业园区的重要抓手。在相关部门的引领下，隆福寺文创园构建了"区级+园区"的双层发展框架。

首先，规划引导，区级层面制定行动方案。2023 年 2 月，东城区人民政府印发了《隆福寺园区发展建设三年行动方案（2023—2025 年）》，从项目建设、文化赋能、品牌培育、招商推介、园区品质、多元治理 6 个维度对隆福寺文创园的发展建设做出方向性、原则性、指引性规定。东城区人民政府引导隆福寺文创园产业发展、品牌培育，将隆福寺文创园纳入东城区城市更新发展规划中，引导、推动隆福寺文创园对标国际一流园区，探索园区特色化、差异化发展路径。

其次，纵深推进，分阶段开展重点建设。隆福寺文创园及其周边拥有错综复杂的胡同和几千个大小院落，在发展中需坚持地方风貌保护。2019 年，《隆福寺文创园区建设和发展规划》出台。结合产业政策及市场需求，秉承城市发展新理念，隆福寺文创园一方面推动周边资源高效整合，联动故宫、北京人民艺术剧院、中国美术馆、嘉德艺术中心等资源，形成故宫、王府井、隆福寺"文化金三角"，打造"产业+消费"的文化生态；另一方面加强园区规划的前瞻性、科学性，以三期为节点，分阶段设置项目重点和项目目标，将园区发展与时代需求相结合。

（三）高能级集聚，打造艺术核心业态

隆福寺文创园围绕"世界级文化艺术消费目的地"定位，聚焦艺术消费，完善文化消费产业链，打造垂直领域的产业集群，丰富文化消费业态内涵，引入沉浸式戏剧、小剧场等演艺新空间，建设多元化、沉浸式、可体验的产业链集群。

首先，围绕"演艺和展览"打造高雅文化艺术消费链条。隆福寺文创园逐步完善艺术产品供给，积极引入重大品牌活动和市场主体，建立完善立

体的艺术业态。一是打造国内艺术理论和品牌高地。与首都版权协会共同举办"艺术版权的新生——加强民间文学艺术保护,推动《视听表演北京条约》落地实施"主题活动,并先后承接"视听中国"系列活动启动仪式暨"北京新视听"开年活动、首届北京艺术双年展等大型活动,树立艺术高地品牌。二是引入潮流先锋文化和前沿创新业态。隆福寺文创园加强与知名演艺机构合作,立足城市更新,关注沉浸式、体验式潮流业态,引入小众演艺品类,丰富艺术类型;引进现代化的演艺新空间,如木木美术馆、大麦"当然有戏"沉浸式剧场等,以艺术展览、艺术装置、数字艺术、音乐演出、戏剧表演为方向,打造文化科技融合发展新高地。

其次,培育文化金融业态,完善艺术消费生态。作为艺术消费的重要一环,隆福寺文创园加强培育文化金融业态,完善担保、融资租赁等艺术金融环节,引进北京中小企业信用再担保公司、华夏银行总行金融信息中心、北京国华文科融资担保有限公司等金融机构,打造艺术品金融集聚地和产品创新平台,在合法合规的基础上引导文化金融创新与发展。依托头部企业,充分发挥数字化、智能化、大数据在文化金融领域的应用,促进文化金融线下(物理空间)和线上业态的双重集聚,力求构造艺术消费生态闭环。

(四)高品质推进,深化文商旅科融合

隆福寺文创园从改善市民生活环境及满足多元化消费需求出发,以文化体验为抓手,从三个方面打造全域化沉浸式消费新场景,丰富隆福寺地区文商旅科业态内涵。

首先,"绣花式"改造物理空间,打造融合传统与现代的空间载体。隆福寺文创园毗邻故宫、王府井,曾是北京市商业消费中心,周边遍布大大小小的胡同、四合院,承载着北京商业和人文生活的历史记忆。在保护传统的基础上,隆福寺文创园对原有建筑进行翻修、改造,并引入国潮店、实体书店、小剧场、剧本杀、创业咖啡厅等文化消费新空间、新业态,打造风格多样的文化消费新场景,实现物理空间意义上的传统与现代交融、复古与时尚同台,打造兼具传统与时尚的沉浸式消费体验。

其次，抢抓数字化机遇，打造融合线上与线下的未来艺术消费场景。为进一步加快北京市全球数字经济标杆城市建设，同时顺应数字化管理、数字化运营、数字化消费的发展需求，隆福寺文创园大力推进建设"数字隆福寺"，打造"数字隆福"线上平台[①]。线下方面，开放隆福寺数字展览馆，搭建数字化展示空间，为隆福寺贴上"未来媒体艺术体验地""历史与文化交融的潮流打卡地"等文化新标签[②]。

最后，结合区域定位，打造融合多元文化要素的体验式消费动线。联动周边旅游、消费资源，依托北京人民艺术剧院、中国美术馆、嘉德艺术中心等文化场所，形成跨区域联动的文化消费街区，发挥文化产品集聚效应。此外，通过时尚、潮流的文化市集进一步突出区域消费特色，如东城区联手隆福寺文创园开办的 2022 年中国国际服务贸易交易会东城区分会场活动 NEED 复古市集、2023 年 2 月亮相的"大娃怪市"时尚集市……众多特色活动汇聚来自全国的时尚商家，为市民游客提供全域化、沉浸式、体验式的消费动线。

三 隆福寺文创园的经验与启示

隆福寺文创园一期于 2019 年开园，2020 年获北京市级文化产业园区认定。探究其做法、总结其经验，有利于探索北京文化产业园区发展路径、拓展北京文化产业园区高质量发展新模式，践行城市发展与文化产业园区共生共荣新理念。

（一）"新融合"打造老城复兴"金名片"

通过延展城市历史文脉助力文化产业提质已逐步融入城市更新的理念，

---

① 《引进沉浸式戏剧、注重数字化展示……隆福寺园区三年规划出炉》，"北京日报"百家号，2023 年 2 月 23 日，https：//baijiahao. baidu. com/s？id = 1758625435389122722&wfr = spider&for = pc。

② 《"两区"建设 | 东城区：隆福寺打造国际文化消费新地标》，人民网，2023 年 2 月 24 日，http：//bj. people. cn/n2/2023/0224/c14540-40314476. html。

历史赋予现代文化产业灵魂。隆福寺文创园立足首都文化新中心建设，丰富自身功能定位，探索产城融合的新路径，打造文化街区新生态。

一是"腾笼换鸟"，将文化元素融入生活街区。近年来，东城区积极引导社会资本参与老旧厂房改造利用，加快"腾笼换鸟"，持续优化文化产业园区空间布局。隆福寺文创园作为新范例，立足"两区"建设，打造"宜产宜民"的文化生态，破除园区院墙壁垒，加强园区、街区、商区、社区"四区"联动，进一步提升空间品质与服务水平，不仅将园区打造成文化科技融合的创新地、优质文化企业的集聚地，更打造成市民进行文化消费的"打卡地"、城市有机更新的承载地。以文化为抓手，隆福寺文创园进一步促进老城文化复兴，推进整个区域的有机更新。

二是开放运营，构建文化融合新范式。隆福寺文创园打破封闭运营模式，打通园区与街区，充分发挥文化空间的引领、催化作用，将文化消费与市民生活相结合，将园区发展与社区功能优化相结合，通过设立实体书店、小剧场、国潮店等文化新空间，形成文化消费新形态，构造涵盖生产、消费、娱乐、休闲等功能的复合型城市文化新空间，满足消费者的多元文化需求，成为提升城市化水平的加速器。

（二）"新业态"打造北京潮流新地标

在北京市众多文化产业园区中，隆福寺文创园品牌定位明确，品牌管理有力，具有独特的品牌属性。

一是深入聚焦，增加隆福寺文创园文化 IP 亮点。隆福寺文创园加强业态集聚，围绕"艺术+展览"行业深挖产业链，引进行业头部企业、人才，如北京市国通资产管理有限责任公司、木木美术馆、更读书社、张永和非常建筑等。发挥行业龙头的引领作用，高效带动展览、演艺两大业态发展，提升品牌效应，打造差异化的品牌特色，引领园区向高端化、特色化、集约化、品牌化发展。

二是捕捉重点，激发潮流先锋的文化传播活力。以时尚业态为主，隆福寺文创园加强打造夜间文化消费 IP，将文化消费、沉浸式演艺相结合，打造面向 Z 世代新生消费群体的多元文化消费新场景，鼓励潮流文化内容生产与呈现。支持大麦演艺新空间上演沉浸式互动戏剧《现在开市》；二期计划打造的世界级环游天地飞行影院，承载了文化演艺、文化展示、科技体验等功能，是隆福寺文创园"科技+文化+消费"特色的综合体现。

（三）"新生态"激发产业发展新活力

隆福寺文创园在探索产城融合、打造城市更新"样板间"的路径上，加强文化产业承载空间运营，厘清产业生态焦点，一纵一横交叉构造创新型、全链条产业生态。

一是明确特色，厘清产业生态焦点。根据《隆福寺文创园区建设和发展规划》《隆福寺园区发展建设三年行动方案（2023—2025 年）》，隆福寺文创园明确"打造成传统文化与现代文明交相辉映、中华文化与世界文明协调共融的文化新中心"的总定位，以艺术为焦点，围绕艺术"做文章"，聚焦演艺、展览两大业态，做实产业链，扩大文化艺术产品供给，围绕艺术消费完善艺术金融服务，打造艺术消费的产业生态闭环。

二是纵向深入，发展全链条产业生态。以演艺、展览两大业态为重点，发挥服务优势和龙头企业的引领作用，加强行业头部企业、领军人才引进。同时，增强产业服务平台运营能力和小微企业孵化能力，培育初创文化品牌，支持开设独立店铺，推动初创品牌成长及连锁化发展，通过平台资源赋能小微企业品牌形象提升和经营模式升级。

三是横向扩展，加强文化金融引入与培育。隆福寺文创园立足东城区创建国家文化与金融合作示范区的目标，发挥辐射带动作用，拓宽金融资本与文化资源的对接渠道，持续优化营商环境，为企业、消费者提供精准、高效、便捷的服务，创新文化与金融合作机制，激发文化市场主体的活力。

区域发展篇

Regional Progress Reports

B.23
朝阳区：注重数字赋能，抓好
园区提质，打造文化高质量
发展新样板

李 浍 王 琼 郭翔宇*

摘 要： 2022 年，朝阳区文化产业发展稳中向好，通过深入实施"园区品质提升行动"，推动园区街区向文化特质明显、文化氛围浓厚的城市目的地升级。朝阳区坚持以创新驱动引领高质量发展，大胆探索实践，在体制机制、园区品质、精准服务、金融创新、品牌宣传等方面精耕细作，全力以赴优服务、聚生态、促发展，全面繁荣发展文化事业和文化产业，打造引领全国文化产业创新发展的"风向标"和"样板区"。未来，朝阳区将主动担当责任使命，着力在文化体制机制改革上率先作为，探

* 李浍，国家文创实验区管委会副主任，主要研究方向为文化产业管理；王琼，国家文创实验区管委会产业发展部部长，主要研究方向为文化产业管理；郭翔宇，国家文创实验区管委会四级主任科员，主要研究方向为文化产业管理。

索园区提质升级先进经验，不断挖掘文化消费潜力，完善公共服务体系，持续阔步前进，努力开创区域文化产业高质量发展新局面。

关键词： 文化产业　数字经济　朝阳区

一　发展概况

2022 年，朝阳区深入落实党的二十大精神，紧抓全国文化中心建设、国际消费中心城市建设等重大战略契机，聚焦"五子"联动，在产业升级、园区提质、业态创新、文化出口等方面求突破、树标杆、做示范，书写出踔厉奋发、勇毅前行的新篇章。

（一）文化产业发展稳中向好

朝阳区勇于创新、大胆实践，持续深化文化体制改革，市场主体规模不断扩大，高端资源要素加速集聚，文化产业发展韧性和活力全面彰显。从发展规模来看，2022 年，朝阳区规模以上文化产业单位数达到 2512 家，占全市的比重为 44.4%，实现收入 2874.3 亿元，占全市的比重为 16.0%，产业发展整体呈现稳中有升的良好态势。从示范引领来看，2022 年，朝阳区因"文化产业和旅游产业发展势头良好、文化和旅游企业服务体系建设完善、消费质量水平高"，获"国务院督查激励"，朝阳区是北京市唯一入选的地区。

（二）园区街区建设卓有成效

朝阳区在高品质文化空间建设上向新而生、向深而为、向好而行，深入实施"园区品质提升行动"，创新开展第二批文化事业产业融合发展示范园区、特色文旅消费街区认定工作，推动园区街区向文化特质明显、文化氛围浓厚的城市目的地升级。2022年，朝阳区有33家园区被认定为市级文化产业园区，占全市的34%，数量居全市首位；北京欢乐谷和朝阳大悦城获评第二批国家级夜间文化和旅游消费集聚区，全市共5家；三里屯太古里入选首批国家级旅游休闲街区，全市共2家。此外，朝阳区认定公布了第二批10家文化事业产业融合发展示范园区和8家特色文旅消费街区，全区文化空间数量多、质量高，形成了"事业+产业+消费"融合发展的生动实践。

（三）数字经济活力加速迸发

朝阳区顺应数字产业化和产业数字化发展趋势，积极推动文化与科技双向赋能，促进5G、超高清直播、融媒体互动、AI数据算法等技术在文化领域的创新应用，区域数字文化产业驶入"快车道"。2022年，朝阳区创新设立游戏出版服务窗口，并在国家文化产业创新实验区开展"数字化版权管理提升文化资产价值""新业态 新模式 新机遇——数字文化产业发展趋势与展望"等主题活动，为数字经济时代文化产业高质量发展探索出更多有效路径。此外，朝阳区聚能成势，已经涌现直播经济、网络新视听、数字文旅、数字音乐、数字出版等数字新业态。2022年，朝阳区数字文化产业实现收入1176.9亿元，同比增长11.9%，增速高于文化产业收入增速11.8个百分点，数字经济已经成为推动朝阳区文化产业高质量发展的重要引擎。

（四）文化消费引领时尚潮流

朝阳区将扩大内需同推进文化领域供给侧结构性改革有机结合，积极拓展文化消费特色空间，培育新兴文化消费业态，在激发文化消费活力、提振文化消费信心、促进文化消费提质升级、引领时尚消费潮流等方面成效突出。2022年，朝阳区聚焦高奢、潮购、时尚品牌等关键词，联动北京SKP、三里屯、朝阳大悦城等多家重点商圈，创新开展2022"潮朝阳"消费季活动，为消费者打造惊喜满满、丰富多彩的文化消费体验，彰显朝阳区活力、时尚的消费形象。此外，朝阳区打造了14号线、亮马河"一纵一横"商业带，纵向上依托14号线实现地铁和商圈的双向引流，横向上以亮马河串起三里屯、蓝色港湾等重点商圈，有效释放了区域文化消费市场活力，持续助力北京建设国际消费中心城市。

（五）文化出口优势持续彰显

朝阳区全力服务北京建设国际交往中心，紧抓"两区"建设契机，持续强化文化出口优势，向建设具有广泛国际影响力和竞争力的和谐宜居国际化城区迈出坚实步伐。2022年，朝阳区成功举办"北京朝阳国家文化出口基地——文化贸易发展云沙龙"，以"贸易促进发展，文化携手共赢"为主题，邀请专家、企业、学者共话朝阳区文化贸易发展广阔前景。此外，朝阳区培育出一批有代表性的外向型文化企业，2022年，共有12家企业和9个项目被认定为2021～2022年度国家文化出口重点企业和重点项目，分别占全市的38%和82%，正大宝库获批成为全市首家国际高端艺术保税库及"两区"建设重点项目。朝阳区在讲好中国故事、传播好中国声音、更好推动中华文化"走出去"等方面发挥了重要作用。

二 创新举措

朝阳区坚持以创新驱动引领高质量发展，大胆探索实践，在体制机制、园区品质、精准服务、金融创新、品牌宣传等方面精耕细作，全力以赴优服务、聚生态、促发展，全面繁荣发展文化事业和文化产业，打造引领全国文化产业创新发展的"风向标"和"样板区"。

（一）深化改革创新，发挥体制机制优势

朝阳区深入推进体制机制改革，加快推陈出新步伐，形成先行先试、集成创新的政策体系，为全国文化产业高质量发展提供可借鉴、可复制的"朝阳经验"。一是动态调整相关产业资金政策，形成《朝阳区促进文化产业高质量发展引导资金管理办法（2022版）》，扶持一批示范性强、综合效益高、影响力突出的重点企业和重点项目。二是起草《关于推进朝阳区文

化产业园区高质量发展的意见》，制定朝阳区文化产业特色园区认定办法和认定标准，在全区认定一批文化科技融合特色园区、文化事业产业融合特色园区和文化消费特色园区，形成特色化、品牌化、集约化的园区发展新格局。三是出台《北京市朝阳区国家文化出口基地建设实施方案》，实施"六七三"行动，不断加快建设对外文化贸易高地，推动朝阳区国家文化出口基地建设迈上新台阶。四是把握前沿风口，完成"元宇宙背景下朝阳区文化产业创新发展机遇与路径"等课题研究，为促进朝阳区高质量发展提供强有力的理论和智力支持。

（二）提升园区品质，打造新型文化空间

朝阳区聚焦文化产业园区品质提升，鼓励园区进行数字化改造和智慧化升级，不断解锁各类文化消费新场景，形成了一批品质高、特色足的文化产业园区。一是探索建立全国首个文化产业"云园区"，即国家文化产业创新实验区"云园区"，引导百家文化专业服务机构、千个线下文化公共空间、万家驻区文化企业在"云端"集聚，推动线上"云园区"与实体园区的深度融合，形成智慧园区建设新模式。二是深入实施"园区品质提升行动""文化园区和科技园区（基地）'伙伴成长计划'"等，将798艺术区、首创郎园Station等纳入城市更新重点项目，协调推进751园区与将台乡北京国际文化硅谷协同发展，探索文化产业园区建设新模式，形成各美其美、美美与共的文化空间发展格局。三是持续提升重点园区科技感，推动东枫德必WE人工智能创新基地建设成新型科技智慧园区，将中国出版创意产业基地打造为文化科技特色园区，打造兼具个性与潮流、活力与人气的数字文化"潮地标"。

（三）注重精准服务，增强市场发展活力

朝阳区主动问需求、送服务、解难题，持续优化营商营文环境，以精准服务长效机制为文化企业可持续发展保驾护航。一是深化落实"服务包""服务管家"制度，为"服务包"企业提供人才评选认定、应届毕业生落

户、入学就医等多项服务，引导更多新企业、更多重点项目落户朝阳区。二是积极开展以"保主体 强信心"为主题的文化企业纾困政策线上宣讲会，联合发改委等部门讲解减税降费、房租减免、金融服务等相关政策，确保优惠政策精准送达企业。三是坚持需求导向，针对企业成长和发展过程中的难点痛点问题，开展"4·26"知识产权服务周、双创周等各类培训活动，把贴心服务送到企业面前。

（四）完善金融体系，构筑良好创新生态

朝阳区深入推进文化金融融合发展，创新金融服务模式，畅通文化金融合作渠道，逐步构建多层次、多渠道、多元化的文化金融服务体系。一是落实相关扶持政策，鼓励文化产业园区运营单位（非国有）为符合条件的承租方减免租金，给予首创郎园 Station 等 17 家园区共计 729.52 万元的房租补贴支持，打好"降本增效"攻坚战。二是充分发挥朝阳区文化产业发展引导资金作用，聚焦数字文化新业态，支持项目 100 余个，支持金额超 1 亿元。同时，推动设立规模为 10 亿元的文化科技子基金（真格信远创投基金），引导发展数字文化新业态、文化消费新模式。三是正式揭牌以国家文化产业创新实验区命名的文创专营支行"北京银行国家文创实验区支行"，鼓励北京银行国家文创实验区支行、杭州银行朝阳文创支行结合"两区"建设和文化企业需求，推出"蜂鸟贷""科易贷""成长贷""智权贷"等 10 余个文化金融特色产品，大力锻造文化金融服务"首善标准"。四是依托文化金融服务中心和文化企业信用促进会两大平台，精准解决企业融资难题，积极整合优质金融资源，引导更多金融机构和专业服务机构参与朝阳区文化金融服务体系建设。2022 年，文化企业信用促进会合作金融机构共为朝阳区 662 家文化企业提供贷款融资 31.18 亿元，为文化企业提供了强大的金融服务保障。

（五）搭建对接平台，释放品牌辐射效应

朝阳区依托区域媒体资源优势，加大对关键领域、重点企业、示范项目

的宣传推介力度，持续提升文化辐射力和影响力。一是擦亮国家文化产业创新实验区"魅力京津冀"活动品牌，以"峰会研讨+项目推介+精准对接"的方式，扩大活动半径和覆盖面，彰显朝阳区在京津冀三地文化产业发展中的带头作用。二是搭建宣传推介平台，开展北京文创大赛朝阳赛区评选相关工作，组织泡泡玛特、Keep 等重点文化企业参加中国国际服务贸易交易会，引导多方资源主动"走出去"，提升朝阳区品牌知名度。三是推荐优质企业参与国家级、市级称号评选工作，联合国家文化产业创新实验区发布第五批"蜂鸟企业"名单。2022 年，推荐报送的北京太合音乐文化发展有限公司、中国出版创意产业基地分别获得 2022 年北京市版权保护示范单位、示范园区（基地）称号；推荐的莱锦文化创意产业园、懋隆文化产业创意园、东亿国际传媒产业园、中国出版创意产业基地 4 家园区（基地）获得市级版权工作站称号，朝阳区文化品牌愈加响亮。

三　发展思路

2023 年是全面贯彻落实党的二十大精神的开局之年，是实施"十四五"规划承前启后的关键一年，也是我国意气风发踏上全面建设社会主义现代化国家新征程、向第二个百年奋斗目标进军的重要一年。新形势下，朝阳区全面把握和贯彻文化"四个重要"的精神内涵，聚焦"三化四区"发展定位，主动担当责任使命，着力在文化体制改革上率先作为，探索园区提质升级先进经验，不断挖掘文化消费潜力，完善公共服务体系，持续阔步前进，努力开创区域文化产业高质量发展新局面。

（一）加强科学管理，夯实文化产业支撑

用好"两区"建设、国际消费中心城市建设等政策红利，充分发挥国家文化产业创新实验区文化经济政策的"试验田"作用，先行先试，争取更多市级文化领域政策落地朝阳区。高水平推动国家文化产业创新实验区"云园区"建设，创新"一个云服务中心+N 个数字服务模块"数字化治理

模式，促进园区、企业、政策、服务、资源上云，加速构建公共管理服务新范式。进一步优化和完善"经济大脑"文化模块功能，按照最新的市场、税务、统计数据梳理形成区域文化企业数据库，做好数据的挖掘、整合、分析等工作，为服务部门决策和推动市场主体发展释放强劲能量。加强与智库、咨询机构的交流合作，持续推进前沿领域研究，及时掌握文化产业重点领域、新兴业态发展动向，多措并举提升朝阳区科学管理水平。

（二）升级载体建设，擦亮园区亮丽品牌

加快落实《朝阳区"十四五"时期加强全国文化中心建设规划》，聚焦朝阳区"三化四区"发展定位，深入实施"园区品质提升行动"，促进文化产业园区提质增效、转型升级，提升园区特色化、品牌化、集约化、国际化水平，提升园区经济和社会效益，抓好泡泡玛特城市乐园、北京音乐产业园等项目建设，加速实现文化事业产业融合发展、社会效益和经济效益双效统一。充分发挥全国老旧厂房协同发展联盟、国际文化产业园区发展联盟作用，持续推动"文化园区和科技园区（基地）'伙伴成长计划'"，围绕园区建设、招商引资、品牌推广、产业培育等方面建立协同联动机制，推动产业链、价值链、创新链优势互补，加速实现协同发展。大力推动智慧园区建设，依托数字孪生、云计算、移动互联网等技术，引导园区进行信息化、智能化改造升级，推动园区管理数字化与服务数字化，积极推进微博电竞场馆项目建设，打造一批科技感强、品质高的智慧园区。

（三）做强数字经济，拓展经济发展空间

顺应数字产业化和产业数字化潮流，深入落实国家文化数字化战略，推动大数据、云计算、人工智能、虚拟现实等技术在文化领域的创新应用，促进文化传媒、创意设计、广告会展、文化贸易、休闲娱乐等传统优势行业数字化转型升级，加快培育发展网络视听、互动娱乐、数字出版、数字创意、线上演播等新业态，筑牢文化产业高质量发展的"数字底座"。把培育引进优质文化企业与做优做强产业链相结合，持续开展"数字文化企业培育行

动",面向短视频、数字音乐、虚拟人等领域,积极引进一批创新能力强、成长性好的文化科技融合旗舰企业。支持展览机构、演出场所、娱乐场馆等主体进行基础设施数字化改造升级,创新全景视角、自由视角、第二现场等线上观演模式,鼓励开发沉浸式演艺、沉浸式展览等文化体验产品,促进文化科技深入融合发展,进一步完善高质量发展的现代文化产业体系。

(四)挖掘消费潜力,激发产业发展动能

以满足人民文化需求为着力点,广泛应用新技术升级文化消费形式、丰富文化消费体验,打造沉浸式、互动式、智能化的文化娱乐消费新场景,加快推进文化消费领域"首店""首发"落地,充分激发文化产业发展活力。优化提升首创郎园 Station、亮马河国际风情水岸、朝外大街等区域的文化消费功能,打造一批有代表性的数字潮流街区和"网红打卡地"。依托朝阳区14 号线商业带建设,通过地铁等方式持续推动北京合生汇、SKP 等商圈联动发展,将各大商圈特色活动串联起来,多向引流,带动更多年轻客群参与、感受、体验国家文化产业创新实验区消费文化。以京津冀文化产业协同发展中心为主要载体,加快推动京津冀消费市场协同发展,聚焦文化消费领域进行多方交流与合作,精心策划举办"魅力京津冀"等品牌活动,持续提升京津冀文化消费响应度,进一步促进京津冀协同发展走深走实。

(五)优化公共服务,营造一流营商环境

提升文化金融综合服务能力,充分发挥朝阳区文化产业发展引导资金的市场撬动作用,依托文化金融服务中心、文化企业信用促进会等平台,整合银行、信用评价、担保等多类金融服务机构资源,提供多元特色的金融服务产品以及融资服务,以源源不断的金融"活水"滋养文化产业。加强文化领域专业人才储备,深入实施新时代人才强国战略,持续开展"凤凰计划""文化菁英"等评选工作,在落户创业、医疗服务、子女教育等重点领域提供服务保障,培育人才资源竞争优势,将朝阳区打造成文化人才大有可为、大有作为的热土。构建全方位的知识产权服务体系,依托首都数字版权交易

中心、国家文化产业创新实验区知识产权分中心、北京版权保护中心、国家文化产业创新实验区文化金融服务中心版权服务线上平台等，聚焦版权登记、版权商品发行销售、版权资产挂牌等关键环节，持续完善服务流程，高水平开展知识产权周等系列活动，做好新形势下知识产权领域的全方位服务。

B.24
丰台区：提升服务效能，当好“服务管家”，推动文化产业提质增效

龚俊 杨光 郭尚珍*

摘 要： 作为首都功能拓展区、中心城区增长带、城南行动引领区，丰台区紧紧围绕服务全国文化中心建设，以规划为引领，当好“服务管家”，积极落实服务机制，搭建服务平台，打造文化品牌，不断提升区域文化产业发展水平。今后，丰台区将围绕“倍增追赶、合作发展”目标任务，通过创新产业服务举措、延伸产业服务链条、提升产业服务质效、健全服务保障机制，以精准服务持续推动区域文化产业高质量发展。

关键词： 文化产业 服务效能 提质增效 产业链 丰台区

近年来，丰台区始终深入贯彻新发展理念，主动融入新发展格局，深化文化产业“服务管家”工作机制，采取积极措施强化服务保障，优化服务举措，提升服务效能，推动文化产业提质增效。

一 丰台区文化产业发展现状

2022年，丰台区227家规模以上文化产业单位实现收入269.6亿元，

---

* 龚俊，北京市丰台区文化创意产业促进中心主任，主要研究方向为文化产业管理；杨光，北京市丰台区文化创意产业促进中心副主任，主要研究方向为文化产业管理；郭尚珍，北京市丰台区文化创意产业促进中心研究室副主任，主要研究方向为文化产业管理。

与上年相比下降6.2%，位列全市第八。其中，内容创作生产、新闻信息服务、文化传播渠道产业收入位列前三，分别占23%、22%、19%；文化投资运营、内容创作生产、文化辅助生产和中介服务产业增速较快，分别同比增长13%、4%、2%。

2022年，丰台区文化产业园区招商引资工作取得较好成效。15个在账文化产业园区中，一半以上的园区空置率低于10%，总体处于比较平稳的状态；园区入驻企业共计1000余家，数量较2021年增加100家左右，园区集聚载体作用持续显现。

二 服务区域文化产业主要做法及成效

（一）坚持规划引领，强化产业服务支撑

一是稳步推进重大项目。以市区"十四五"时期文化产业发展规划为引领，按照市区两级推进全国文化中心建设领导小组部署，积极发挥丰台区推进全国文化中心建设产业组牵头单位作用，围绕拓展产业发展空间、扩大文化消费内需等任务，推进北京国家数字出版基地建设以及中国手工坊、深山集市等项目。中国手工坊、深山集市项目2022年累计完成纹样提取2700个，其中2200个完成数据库上传，完成知识产权保护申请250个。第六届中国戏曲文化周期间同步举办"绣梦中国·百年传承"国潮时尚秀等活动，打造国潮文化消费新体验，增强文化自信。北京国家数字出版基地获得北京市知识产权工作站、北京市商标品牌指导站与市级版权服务中心等多项知识产权公共服务资质，园区引入多家数字视听领域优质企业，有力提升了园区服务质量，增强了产业集聚氛围。

二是加快文化产业园区建设。积极落实《北京市推进文化产业园区高质量发展的若干措施》，围绕"两区"建设和城市更新，加快对文化产业园区的改造与建设，以老旧厂房改造和非首都功能疏解工作为依托不断拓展文创空间。积极支持区内文化产业园区参与北京市版权保护示范园区（基地）

申报工作。2022 年，在 6 家园区（基地）、16 家单位分别获评"北京市版权保护示范园区（基地）""北京市版权保护示范单位"称号的基础上，积极推进版权工作站在版权保护示范园区（基地）落地运营，打通文创领域版权工作"最后一公里"，发挥版权保护示范园区（基地）的引领作用。重点做好市级文化产业园区服务，协助园区申请市级文化产业园区公共服务资金支持，4 家文化产业园区入选"2022 年北京市级文化产业园区"。主动服务二七厂 1897 科创城等市保护利用老旧厂房拓展文化空间试点项目，进一步推动文化产业发展提质增速。

三是强化人才队伍建设。落实人才优先发展战略，以"丰泽计划"为抓手，持续做好文化领域高层次人才服务保障工作，充分发挥高层次人才的带动、引领、示范作用，激发人才创新创业活力。用好用足"丰九条"政策，围绕招商引资、"两区"建设等工作，积极拓展文化产业人才引进路径，与符合条件的人才积极对接，完善相关人才服务事项。依托丰台文创训练营开展常态化人才培训，2022 丰台文创训练营以"文化赋能 转型提升"为主题，邀请文化领域知名专家学者、企业家导师，开设文创产业与政策、文创企业数字化转型、如何打造"爆款"文化产品等课程，提供创业经验与创业实战指导，以"线上授课+线下拓展"的方式开展集中培训、园区实地教学及项目路演，为文化产业从业人员提供理论教学与实践指导，助力区域中小微文化企业发展，服务文化产业人才队伍建设。

（二）落实"服务管家"工作机制，优化营商环境

一是全面摸清文化产业园区、企业底数。当好"服务管家"，通过调研走访各街镇、社区、老旧厂房、文化产业园区、企业等，对全区文化产业园区、老旧厂房等空间资源进行更新梳理，掌握一手数据并定期跟踪，建立丰台区文化产业园区及老旧厂房资源基础信息台账。建立并完善区域规上文化企业台账、外资企业台账，掌握企业存续及经营情况。及时反馈企业诉求，强化线上"接诉即办"机制。通过电话沟通、网上联络、实地走访等方式，对重点文化产业园区及规上文化企业进行摸底调研，了解企业复工复产情况

和实际经营困难，为精准服务企业夯实基础。

二是落实"服务包"工作机制。围绕为区域企业做好服务保障，主动对接税务、统计、市场监管等部门，通过实地走访、定期沟通和及时回应等方式，对"服务包"企业开展"管家式"服务、"一对一"专人服务，做到项目管理清单化、企业服务责任化。实地走访依文集团、人教教材中心、中华书局、中国戏曲学院、法律出版社等单位，主动联系"服务包"企业，了解企业经营情况并对接需求，介绍区情、政策、可申报项目及活动平台，推荐区内重点文化企业参与企业家晨会，协助三月雨申报第九届北京市文化融合发展项目、值得买科技申报企业标准"领跑者"重点领域项目，央广传媒集团有限公司获第十四届"全国文化企业30强"提名。进一步落实"服务管家"职责，服务企业人才落户、居住证办理、办公场所及项目选址等。

三是用好用足市区产业政策。持续加强对企业的政策宣介和精准服务，梳理国家、市区文化产业扶持政策，形成《文化企业服务手册》。积极争取各级各类扶持政策惠及丰台区文化产业园区及企业，利用相关平台及时推送惠企政策及项目申报通知，举办"房租通""投贷奖"等市级政策线上宣讲会。2022年全区共有134家文化企业获"房租通"政策支持，20家文化企业获"投贷奖"政策支持。利用自媒体平台，对区内重点文化产业园区、企业进行线上宣传推广，进一步提高企业的行业知晓度。

（三）搭建交流平台，服务政企资源对接

一是借助中国国际服务贸易交易会平台进行集中推介展示。丰台区以"妙笔生花 丰采无限"为主题参加2022年中国国际服务贸易交易会文旅服务专题展，展区围绕北京推进全国文化中心建设，融合"青山绿水、花好月圆"的设计理念，以"品质""传承""赋能"三大板块为主线，将"静态展陈"与"互动展演"相结合，打造"可看、可听、可触、可感、可交互"的多功能沉浸式复合空间。丰台展区有60余家企业集中亮相，组织近20家企业现场参展，展陈内容包括百余件特色文创产品及多项文化科技融

合项目，现场表演共计 15 场，累计吸引参展游客 5 万余人次，同时邀请 60 家企业注册"服贸会云上展厅"线上参展。开展"丰台区文化企业及园区推介日"活动，组织南中轴国际文化科技园、北京国家数字出版基地、二七厂 1897 科创城、依文文化产业园等重点文化产业园区进行现场展示与招商推介。此次展览通过多媒体视听展示及互动技术，多角度展示丰台区文化建设新成就、产业发展新成果，搭建政府与文化产业园区、文化企业的联动平台，进一步促进丰台区文化产业招商引资。

二是以文化惠民促文化消费。围绕北京推进国际消费中心城市建设，充分挖掘丰台区作为首都高品质生活服务供给保障区所拥有的丰富文化消费资源，持续举办丰台惠民文化消费季活动，包括"丰·花"绽放、"丰·惠"观影、"丰·创"市集等板块，满足广大人民群众多元的文化消费需求。不断拓展文化消费空间，集中推介汽博文化消费圈、园博文化消费圈、花卉文化消费圈、方庄文化消费圈等文旅消费商圈，推进文化产业园区、商圈、剧场、景区、特色街区等文化消费空间协同联动，线上线下互相促进，扩大和引导区域文化新消费。2022 年共举办线上线下活动 100 余场，推出花卉、观影、文创市集、图书等不同主题的折扣惠购促销活动，进一步加大惠民力度，扩大文化消费普惠面，提高群众参与度，展示了时尚现代的丰台形象。

三是举办丰台文创大赛，挖掘优质文化项目。丰台文创大赛通过挖掘和培育文化产业领域具有成长性的人才和项目，引领金融资本和社会资源挖掘创新项目、支持优质项目创业。近年来，丰台文创大赛累计征集 400 多个项目参赛，其中共有 37 个项目进入北京市 100 强，7 个项目在市赛中获奖，促进了更多优质项目落户丰台区。2022 丰台文创大赛先后有 70 余个项目报名参加，项目类型涵盖数字出版、文科融合、数字创意、非遗及 IP 开发等，经过初赛、决赛的项目路演，共有 9 个项目脱颖而出、获得奖项。丰台文创大赛还为获奖项目提供丰厚的奖励，包括免费入驻空间及注册地址、为创业者提供创业辅导和金融方案等"一条龙"服务，吸引优秀项目和人才落户丰台区，不断激发产业发展活力。

（四）挖掘特色资源，打造丰台区文化品牌

一是打造具有丰台区特色的 IP 形象。以卢沟桥上的石狮子为原型设计卢沟狮"丰丰"IP 形象，不断完善应用设计，对卢沟狮"丰丰"整体形象进行版权登记，制作推出海报、文具、表情包、纸雕灯、玩偶、手提袋等文创宣传品和伴手礼，并将卢沟狮"丰丰"作为"丰台区创建全国文明城区代言人""丰台创森卡通形象大使"用于丰台区形象宣传推广。立足丰台区花卉文化资源优势，基于"丰台芍药甲天下"提取丰台区芍药文化符号，完成"妙笔生花看丰台"系列主视觉特征、比例及色彩搭配等设计要素的归纳整理，以参加 2022 年中国国际服务贸易交易会文旅服务专题展为契机，深化"妙笔生花看丰台"系列文创宣传品和伴手礼的设计应用。

二是打造"中国戏曲文化周"文化名片。依托区域特色戏曲文化资源，连续成功举办六届中国戏曲文化周，培育打造戏曲与园林相交融的文旅融合新样态，逐渐形成有影响力的国家级戏曲文化品牌，推动了中华优秀传统文化创造性转化、创新性发展。第六届中国戏曲文化周延续"中国梦·中华魂·戏曲情"的活动主旨，以"和合共美"为年度主题，在艺术专业性、内容多样性、空间延展性等方面再次升级，举办精彩纷呈的开幕演出，打造创新融合的学术论坛，搭建线上线下的展示平台，组织丰富多彩的戏曲市集，形成全媒体传播的宣传矩阵，在北京园博园、中国园林博物馆、长安大戏院、吉祥戏院等专业剧场以及中央民族大学（丰台校区）等场馆开展约400 场活动，线下参与观众共计 45000 人次，全网全媒总浏览量超过 3 亿次，以实际行动贯彻落实党的二十大精神，用生动鲜活的艺术形式推动文化自信自强，满足人民对更丰富的精神文化生活的新期待。此外，围绕戏曲文化惠民，整合区内戏曲文化资源，开展"戏炫生活 共享小康"主题活动以及"嬉戏"亲子剧场、"小戏台"等群众性戏曲文化活动，在全区营造浓厚的戏曲文化氛围。

三　存在的问题

一是产业集聚效应不够明显。丰台区文化产业整体规模较小，缺少对行业发展具有较强带动力的龙头企业，行业资源要素吸附和放大效应不够明显。在空间资源利用上，文化产业园区主导行业优势不够明显，缺少在全市范围内的标杆性、示范性文化产业园区。

二是产业发展生态有待完善。丰台区文化产业存在细分业态发展不够均衡的问题，各大类单位数量和收入占比差距较为明显，需要进一步延伸产业服务链条，通过强龙头、补链条、聚集群，整合产业链条，完善产业发展生态。

三是产业服务机制有待健全。在服务丰台区文化产业发展过程中，干部队伍的服务理念、服务水平、服务效率需要跟上产业发展变化趋势，区域各部门的协调联动机制有待进一步加强，精准化、多样化和便捷化的"服务管家"工作机制有待进一步完善。

四　推动丰台区文化产业提质增效的思路及对策

当前，丰台区文化产业进入从规模扩张向高质量发展转型的关键时期，以及打造首都功能拓展区、中心城区增长带、城南行动引领区及实现"倍增追赶、合作发展"的战略机遇期。新时期，丰台区将紧紧围绕全国文化中心建设"一核一城三带两区"总体框架，以首都发展大局为统领，全面贯彻"十四五"时期文化产业发展规划要求，着眼区域文化产业现阶段发展特征和长远布局，充分挖掘资源，着力补齐短板，服务区域文化产业高质量发展。

（一）创新产业服务举措，激发产业发展活力

一是加大政策扶持力度。继续加大对中央、市、区相关政策的落实力

度，充分发挥"丰九条""独角兽八条""丰泽计划"等一系列政策的支持引导作用，优化文化产业发展环境。在此基础上，结合丰台区实际探索文化产业发展专项扶持政策，积极支持文化产业园区和中小微企业发展。

二是搭建政企交流合作平台。发挥中国国际服务贸易交易会等展会拉动文化消费的作用，支持文化企业通过展会展示推广产品，加强文化交流合作。办好丰台文创大赛、园区推介等活动，吸引优质项目入驻，引导文化资本及产业资源集聚丰台区。以北京建设国际消费中心城市为契机，围绕区域活力中心建设，持续举办丰台惠民文化消费季活动，顺应文旅融合、数字消费、线上消费等文化消费发展趋势，推动数字货币、"元宇宙+文化"等技术在各环节中的应用，延伸特色文化消费链条。

三是持续打造品牌文化活动。围绕"莲花池—金中都""南中轴—南苑""卢沟桥—宛平城—长辛店"三大文化板块建设，依托博物馆、纪念馆、公园以及永定河、莲花池、园博湖、北宫、千灵山等"山、水、林、田、湖"自然生态格局、非物质文化遗产，举办更加丰富多彩的品牌文化活动，不断提升特色文化活动的知名度和影响力，为区域文化产业园区、文化企业提供更多参与平台。

（二）构建"1+2+3"产业体系，延伸产业服务链条

一是大力培育发展数字文化产业。以文化科技融合发展为方向，以南中轴国际文化科技园、北京国家数字出版基地、北京园博数字经济产业园为引领，积极推动文化产业数字化，支持文化企业数字内容及体验服务的研究开发，打造沉浸式、互动性的数字文化应用场景。密切关注数字新兴产业发展趋势，以市场为导向，加强顶层设计，积极培育发展网络视听、在线教育、网络文学、数字文旅等数字文化产业新型业态和新兴平台。

二是做大做强两大优势产业。围绕"强链建圈"目标，不断做优存量、做大增量，立足丰台区新闻出版、创意设计服务两大优势产业基础，以内容创作、图书期刊出版、数字出版、数字内容服务、影视传媒等为重点，推动新闻出版转型升级。积极推动中国国际出版交流中心建设，打造"丰台出

版"新名片。发挥服装设计、工程设计、形象设计等传统行业优势，增加更多创意元素，打造设计产业园区和设计产业集群，支持设计企业向"专精特新"方向发展。

三是巩固提升三大地域性特色文化产业。依托区域特色文化资源，巩固提升红色文旅、戏曲演艺、花卉花艺三大地域性特色文化产业。以西山永定河文化带精华区建设为契机，深入挖掘"卢沟桥—宛平城—长辛店"文化板块的红色文化资源，推动发展红色文化旅游产业。依托区域戏曲文化资源优势，在办好中国戏曲文化周的同时，加大戏曲产业研究力度，鼓励戏曲院团和文化企业以多种方式开发戏曲衍生产品，丰富戏曲文化体验、戏曲教育培训产品内容，延伸戏曲产业链条，促进戏曲与影视、旅游等产业的融合发展。依托北京世界花卉大观园和北京花卉交易中心等平台，完善花卉交易、生态教育、展示体验功能，推动花卉文化产业发展。

（三）推动文化产业园区"强基提质"，提升产业服务质效

一是优化文化产业园区空间布局。在已有的 15 家在账文化产业园区的基础上，对全区文化产业园区、老旧厂房等文化空间开展资源普查，摸清底数，加强对文化产业园区的台账式管理。鼓励支持老旧厂房改造，完善产业格局和空间布局，形成运营主体多样、运营模式多元、园区业态多样的特色产业集群。加强文化产业园区配套设施建设，不断完善硬件设备的服务功能，加强产业配套和周边环境治理，为园区发展营造良好环境。

二是大力推进文化产业园区品牌化建设。推动北京石榴中心文化创意产业园、首科大厦文化创意产业园、永乐文智园、京工时尚创新园 4 家市级文化产业园区形成显著的示范效应，鼓励其他文化产业园区积极申报市级文化产业园区，引导依文文化产业园、北京国家数字出版基地、二七厂 1897 科创城等文化产业园区向品牌特色化、差异化发展。积极争取市文资中心、市文促中心等市级行业主管部门支持，鼓励文化产业园区承办国家级、市级文化活动，提升文化产业园区品牌影响力。

三是充分发挥党建引领作用。指导文化产业园区加强"两新"党组织

建设，健全完善党建服务工作平台，为园区企业提供党建宣传、党群服务、教育培训、政务服务、志愿帮扶等一体化综合性服务，及时帮助企业员工解决实际问题。引导文化产业园区用好智能办公系统、自媒体平台等，完善"互联网+党建"工作模式，积极开展党的创新理论宣讲、主题党日等活动，发挥党建工作对文化产业园区发展的政治引领、思想引领、组织引领作用。

（四）打造文化企业服务体系，健全服务保障机制

一是健全组织领导机制。积极整合各方资源，建立健全促进文化产业发展的协调推进机制，定期研究并推动解决文化产业发展的重大问题，推动文化产业发展各项工作任务落到实处。

二是健全"服务管家"工作机制。加强各部门之间的统筹联动以及部门与属地之间的协同配合，健全"全周期、一站式、流程化"的"服务管家"工作机制，增强"服务包"工作效能。持续开展"大走访""大调研"，为园区、企业送政策、送市场、送信息、送服务、送温暖，当好"有求必应、无事不扰"的"服务管家"。加强对重点企业的精准服务，对"中"字头大型文化企业进行系统梳理，实现头部企业的优势带动，推动优质企业快速发展。

三是健全人才队伍保障机制。以"丰泽计划"为牵引，发挥高层次人才队伍的示范引领作用，树立行业人才标杆，培养更多的领军人物。以丰台文创大赛为抓手，挖掘文化产业领域成长性好的人才和项目，整合各部门惠企政策，为大赛获奖项目做好后续跟踪服务，通过为企业提供贴息贷款、岗位补贴等服务，助力优质项目、优秀人才扎根丰台区。

四是健全动态监测评估机制。定期收集整理文化产业运行相关数据，监测文化产业发展新趋势和市场需求新变化，及时研究分析重点难点问题，为决策提供科学参考。对文化产业重点项目进行定期追踪、动态反馈和效果评估，更好地推动丰台区文化产业提质增效和优化升级。

B.25
怀柔区：坚持文化影视旅游融合发展，奋力打造"永不落幕的电影节"

于德利[*]

摘　要： 怀柔区全力打造"中国（怀柔）影视产业示范区"，创新搭建怀柔国际影视摄制服务中心政务服务站，全方位高效服务怀柔区影视产业的发展。专注文旅融合发展，坚持以影旅联动激活消费，以资源开发为导向，构建涵盖规划策划、品牌塑造、空间设计、活动举办、乡村振兴等内容的文旅融合整体解决方案。

关键词： 中国影都　政务服务　文旅融合　影旅联动　怀柔区

近年来，中国（怀柔）影视产业示范区（又名中国影都）专注文化旅游融合、影视旅游联动发展，围绕生态建设、城市更新、资源开发等多个消费场景下的文旅资源，以资源开发为导向，构建涵盖规划策划、品牌塑造、空间设计、活动举办、乡村振兴等内容的文旅融合整体解决方案。中国影都的发展活力显著增强，文化消费潜力逐渐释放，"来影都过周末"品牌不断打响。

一　三季有花，四季如歌，用心镌刻优美生态画卷

中国影都位于北京市怀柔区东南方的杨宋镇，东邻密云，南接顺义，形

---

[*] 于德利，怀柔区文化产业发展促进中心党组书记、主任，杨宋镇党委书记，主要研究方向为影视文化产业。

成了"一高铁、三高速、一市郊、三城际"的交通体系，京承高速公路穿境而过，留有"中影杨宋站"出口。已经通车的京沈客专在杨宋镇设有怀柔南站，约18分钟达到星火站，可与建设中的地铁3号线和规划中的地铁20号线实现"零距离"换乘。北望延绵不断的巍巍燕山，南聚潮白雁栖两汪碧水，蓝绿交织让这里四季如歌。秉持"影视+城"的发展理念，中国影都逐步构建产业高质量发展和乡村振兴城乡互补、协调融合的发展格局，打造"潮白水润、茂林修桐、美田弥望、影都雅韵"的秀美生态画卷和宜居生态影都。深挖美丽乡村、美丽街巷、美丽庭院内涵，聚焦"一村一策"和影都特色，完成四季屯村、西树行村等美丽乡村建设。引入高端影视、科技创新要素，以耿辛庄艺术家村为试点，建设一批科影主题小院。发展玫瑰庄园等高端农业，推动休闲观光、农业体验、亲子萌宠等业态融合发展。2022年，中国影都推出影都花海2.0版本，腾退土地打造千亩影都花海景观，打造怀柔南站、北京电影学院怀柔校区等新地标。

二 搭建怀柔国际影视摄制服务中心政务服务站，高效服务怀柔影视产业发展

（一）怀柔国际影视摄制服务中心挂牌成立

2021年5月28日，北京市委宣传部（市电影局）、北京市广电局、北京市公安局、国际影视公司、中外合拍片公司、重点影视企业、知名影人齐聚中国影都，为国内首家国际影视摄制服务中心揭牌。自此，怀柔国际影视摄制服务中心成为全国首个、全市首创的国际性影视服务机构，入选全市"两区"建设第一批改革创新实践案例。

（二）政务服务站挂牌运行

2021年8月18日，怀柔国际影视摄制服务中心政务服务站挂牌运行，成为继六里桥北京市政务服务中心、通州北京城市副中心政务服务中心之后第3个可承接影视领域市级事项受理工作的政务服务场所，"影片备案、设立广播

电视节目制作经营单位审批"等 31 个市级事项和"公司设立登记"等 30 个区级事项可以在此实现受理、咨询、帮办。这既是对完善影视创作生态链、产业链、创新链的一次制度创新，更是与国际影视产业深度耦合的一次有效探索。

（三）结合中国影都功能定位，围绕企业需求深化"影视摄制+政务服务"融合发展

怀柔区文促中心和怀柔区政务服务中心不断进行改革探索和创新实践，推动服务事项向集成化品牌化转变、办事环境向精细化舒适化转变、人员队伍向年轻化专业化转变、办理方式向数字化智能化转变、宣传推介向国际化多元化转变，全面提升服务水平，进一步优化区域营商环境。怀柔国际影视摄制服务中心政务服务站在全市"放管服"改革中提出了"精准集成市区级事项服务企业"的"怀柔方案"。政务服务站共设有 4 个综合受理窗口、1 个网上帮办窗口，以及剧组服务、招商引资 2 个业务窗口。突出专业化、年轻化特点，配备 6 名综窗行政辅助人员以及 2 名怀柔区文促中心业务骨干，进一步抓好人员选优配强工作。打造基于区块链应用的影视全栈式一体化线上服务平台，新增 106 个区块链应用场景。企业可以通过微信搜索"怀柔政务"小程序，进入服务平台选择"我要拍电影""我要拍电视剧""我要找资源"等相关业务，实现从"入怀"到"出怀"的"管家式服务"。围绕中外影视合拍接待服务、政策咨询、手续办理、宣传推介等工作，政务服务站已为关耳闻心影业、星公坊影视、倾诉文化、星耀齐昱传媒等 900 家企业办理各类业务 1200 件，北京"中国电影窗口"作用进一步凸显。

三　文旅融合，激活消费，全新营造
"元素融合"品牌

（一）畅游好风景，串联全域旅游设计精品线路

围绕中国影都全域全产文旅资源，梳理影都花海、老爷车博物馆、

影人酒店等影视文化资源，盘点景区景点、精品民宿等周末消费业态，打造"大槐树"美食一条街。精心绘制美食地图，整合中国影都核心区18家特色美食店并提供优惠折扣，进一步激活消费潜力。同时，聚焦中国影都核心区，辐射覆盖雁栖湖、科学城乃至怀柔全域旅游示范区，推出"畅游影都"特色旅游精品线路，科影融合旅游线路，以绿色生态和民俗风情为主题的怀柔山水风景深度游线路以及以名胜古迹和红色旅游为主题的多节点、有内涵的红色文旅线路，打造"来影都过周末"文旅品牌，让广大市民来怀柔区"玩转影视文化、触摸前沿科技、乐享会都山水"。打造40公里文旅骑行精品线路，东起雁栖湖，西至渤海镇北沟村，游客在骑行途中可观红螺千年古刹，可游栗花溪谷，可登慕田峪长城，可赏沿途美景，实现了全时全景娱乐消费。"怀柔区全域旅游数字地图"微信小程序正式上线，实现"一图在手、游遍怀柔"，为来怀旅客提供便利。

（二）"种草"新场景，塑造"网红打卡地"

2022年，中国影都围绕"来影都过周末"品牌，突出"电影+慢生活+微旅游"主题，集合咖啡、音乐餐吧、露天电影、生态微景观、露营、展览展示等，引导现有空间改造升级，打造了多处"网红打卡地"，也成为周边学生、企业白领的绝佳休闲场所。翰高文创园内岩彩艺术馆、光影咖啡吧、健身馆、大型会议室、书吧等配备齐全，常年举办书画艺术展、沙龙等丰富多彩的文艺活动，是众多文艺青年的集聚地；与北京电影学院怀柔校区一路之隔的伴影良甜咖啡屋、璟玥林汐美学艺术馆吸引了众多游客在闲适惬意的环境中陶冶自己、欣赏花海、阅读城市、感悟美好生活；作为全国科普教育基地的鹿世界主题乐园娱乐设施丰富，萌宠乐园成为孩子们"撒欢儿"的好去处。星巢露营地、伴影良甜咖啡屋、鹿世界主题乐园、老爷车博物馆等6家"网红打卡地"成功入选"2022北京网红打卡地推荐榜单"，星巢露营地和鹿世界主题乐园还成功获评"北京微度假目的地"，中国影都的知名度和品牌传播力显著提升。

（三）释放新消费，激发区域经济新活力

为进一步拉动消费，吸引市民游客不断"来影都过周末"，中国影都与抖音达成战略合作，串联现有"网红打卡地"及景点，制作"来影都过周末"创意短视频，200 名"网红达人"来中国影都探店"打卡"，成交量超过 10000 单，将线上人气引入线下消费。2022 年国庆假期前夕，北京市文化和旅游局与北京市委网信办共同指导的"网红打卡网红地——来影都过周末"特别直播活动吸引了 83.5 万人次通过"文旅北京"官方抖音账号观看，打破了市文旅局单场直播的播放量纪录，越来越多的市民深入了解、走进中国影都。以"举办一个节，点亮一座城"为牵引，中国影都在 2022 年北京国际电影节红毯仪式现场首次设置直播间，宣传推广慕田峪长城景区、青龙峡景区以及老栗树、红螺食品等特色品牌，"优质资源+爆款 IP"紧密结合，吸引了 5 万多名网友关注，打造了一场网络盛宴。特色文旅项目的知名度、影响力进一步扩大。第 12 届北京国际电影节电影嘉年华期间，5 个会场销售额达 300 万元，影人酒店、中影酒店游客接待量同比增长 40%，销售额同比增长 40 万元。充分释放北京国际电影节品牌效应，怀柔区乡村民宿接待总人数达 71 万人次，实现总收入 11322 万元；慕田峪、雁栖湖、红螺寺等主要旅游景点接待总人数达 16 万人次。通过"推流量"和"网红达人探店带货"等有效方式，进一步激发消费活力。此外，密室逃脱、剧本杀等当下热门游戏不但丰富了新业态，也进一步形成了新业态、新模式引领新型文旅消费发展的趋势。

四　影旅联动，深度谋划，精心擦亮
"影视文化"品牌

（一）着力打造影视数字产业高地，擦亮北京城市文化"金名片"

1995 年，飞腾影视城落户怀柔区，开启了怀柔区影视文化产业发展之

路。2008 年，国家中影数字制作基地投用，让怀柔区拥有了引领全国影视产业发展的核心资源。2014 年，中国影都建成，成为全国首个国家级影视产业示范区。经过多年发展，怀柔区集聚了中影、博纳等 1000 多家影视及相关文化企业。从 2015 年开始，北京国际电影节"天坛奖"评奖、开幕式、北京策划·主题论坛等九大主题板块和相应活动全部在怀柔区举办。"怀柔出品"的《流浪地球 2》《满江红》《熊出没·伴我"熊芯"》《无名》4 部影片以高票房、高满意度领跑 2023 年春节电影档。其中，科幻电影《流浪地球 2》凭借精彩的剧情和层出不穷的"硬"科技获得口碑票房"双丰收"。

多年来，北京市委、市政府高度重视中国影都发展建设，要求积极发展文化科技新业态，吸引广大市民"来影都过周末"，打造"永不落幕的电影节"。中国影都紧邻科创中心——怀柔科学城，在借助科技发力方面有着得天独厚的优势。科技创新和影视文化为怀柔区添上双翼，同时发力。2020年以来，怀柔区通过引进酷漾网络科技有限公司、北京楚天云技术服务有限公司、盈科旅游文化科技公司等 100 多家"影视+科技"型文化产业企业，从剧本创作、拍摄、后期制作、成片宣发等各个环节助推影视产业发展，让影视产业"插上科技的翅膀"。

（二）会展产业日趋成熟，充分激发影都消费新动能

日渐成熟的会展产业为怀柔区打造影视会展新地标提供了强劲动力。2010 年 4 月，北京雁栖湖生态发展示范区项目启动，怀柔区会展产业进入"国际会都"建设的崭新发展时期。日出东方酒店、雁栖酒店、雁栖湖国际会展中心等新场馆相继落成，迅速提升了怀柔区会展产业软硬件服务水平和"国际会都"知名度。2014 年 11 月 11 日，亚太经合组织（APEC）第 22 次领导人非正式会议在雁栖湖成功召开，标志着怀柔区的会展经济跃上新台阶。从 2015 年开始，怀柔区连续举办了 8 届北京国际电影节，并举办了第 16 届中国电影华表奖颁奖典礼、第 4 届北京电视节目交易会与北京剧本推介会、2017 年北京春晚、央视 2018 年跨年晚会等大型影视类会议会展活

动。近年来，怀柔区共举办世界中小企业大会等国际会议 70 余场、会展活动 3 万余场；怀柔区荣获"中国最具竞争力会奖强区"称号，雁栖湖国际会展中心荣获"中国最具品牌价值国际会展中心"称号；怀柔区会议会展业综合收入达到 46.5 亿元，年均增长 5.5%。生态、科技、影视、会展的协同发展，让怀柔区真正成为影视会展的新地标。怀柔区以北京国际电影节电影嘉年华为契机，积极打造中国影都特色"夜经济"模式，拉动多元化消费，通过布局科技、旅游、文化等消费场景，吸引多层次消费者，在中国影都打造"永不落幕的电影节"，为怀柔区经济增长注入新动能。作为怀柔区"一城两都"建设的重要阵地，中国影都不断打造城市形态、拓展产业业态、丰富品牌活动，以"电影+慢生活+微旅游"为主线，全景展示了"来影都过周末"的发展新面貌，新场景、新生态、新风尚正在形成。

（三）北京国际电影节主体活动全部落户，打造全维度"红毯经济"品牌

2022 年，第 12 届北京国际电影节"天坛奖"评奖、开幕式、北京展映、北京策划·主题论坛、北京市场、电影嘉年华、大学生电影节、闭幕式暨颁奖典礼、"电影+"九大主题板块及相应活动首次全部在怀柔区举办。北京国际电影节传播力和品牌影响力持续提升，形成了"全球联动、全网覆盖、全新宣推"的传播新生态。第 12 届北京国际电影节自启动对外宣传以来，发布相关资讯近 2000 万条，海内外参与报道媒体超 9000 家次，其中带有"怀柔"词条的超过一半，"北京怀柔""中国影都"再次得到海内外高度关注，仅电影嘉年华的全网累计曝光量就超过 4000 万次，"北京怀柔"和"中国影都"的出镜率和曝光度大幅提升。

（四）电影嘉年华活动"火爆出圈"，打造全开放"影视户外节展"品牌

怀柔区抓住北京国际电影节长久落户本地的战略性机遇，发挥"红毯效应"，促进影视产业要素集聚，2022 年电影嘉年华首次把活动扩展到影都

花海等 5 处场地，形成 50 万平方米的"开放式"光影目的地，举办 48 项文旅活动，布置多条夜景灯光大道及影视元素景观节点，营造夜游、夜娱、夜购的休闲氛围，吸引 15 万名市民游客"来影都过周末"。同时，重点营造与影人、影视不期而遇的浓厚氛围，成功举办以"数字赋能、影向未来"为主题的中国影都发展论坛，邀请专家学者、影视科技业界高管和知名人士担任发展顾问。首次举办"电影人的电竞盛典""影人足球赛""影人欢乐跑"等主题赛事，邀请 250 名艺术家、青年演员、影视从业人员参加，着力打造"影人之家"。

（五）文创田园市集迎春开幕，打造沉浸式体验"文创魅力"品牌

2023 年春节过后，以文化艺术和乡野田园为主题的饮风文创田园市集在影都花海开集。香浓的手磨豆浆、漂亮的手工编织、孩子们喜爱的阮氏沙燕等 20 余项文创项目、特色美食和音乐表演吸引了大量市民前来体验，市民可沉浸式感受影都花海的文创魅力。市集现场，老北京绒鸟绒花、面人张、杨门浆水豆腐等多家非遗摊主为市民带来了传统文化技艺体验，让大家深刻感受传统文化的魅力；空灵鼓、手碟等乐器表演为游客提供了丰富的视听感受；柴烧瓷器、甲骨文书法、古法茶道等项目让大家的身心得到了放松。

下一步，中国影都将以培育消费增长极为引领，以打造数字场景为驱动，以集聚消费品牌为核心，以提升服务品质为重点，以构筑新型城市形态为支撑，全力打造"数字影都""品质影都""活力影都""潮流影都""生态影都"，完善"电影+微旅游+产业促进"的文旅新模式，培育"影视文化+"产业业态，不断吸引广大市民"来影都过周末"，高标准打造"永不落幕的电影节"，为推动新时代首都和怀柔区发展贡献力量，为建设全国文化中心和电影强国做出新的更大贡献。

附录1 2022年度北京市级文化产业园区认定名单

（排名不分先后，共97家）

一 市级文化产业示范园区（11家）

东城区 嘉诚胡同创意工场

北京德必天坛 WE 国际文化创意中心

航星文化科技产业园

西城区 "新华1949" 文化金融与创新产业园

朝阳区 798 艺术区

751D·PARK 北京时尚设计广场

郎园 Vintage 文化创意产业园

东亿国际传媒产业园

海淀区 中关村软件园

腾讯北京总部文化产业园区

中国人民大学文化科技园

二 市级文化产业示范园区（提名）（10家）

东城区 歌华大厦文化产业园区

西城区 中国北京出版创意产业园区

西什库 31 号

朝阳区　莱锦文化创意产业园

恒通国际创新园

文心华策国际影视交流中心

海淀区　中关村东升科技园

中印科院科技文化园

大兴区　星光影视园

顺义区　国家对外文化贸易基地（北京）

三　市级文化产业园区（76家）

东城区　77 文创园

北电科林 107 号院文化创意产业园

北京德必龙潭 WE 国际文化创意中心

东雍创业谷

亮点文创园

隆福寺文创园

鑫企旺文创园

咏园

远东科技文化园

"红桥智·创"文化创意空间

人民美术文化园

雪莲·亮点东四文创园

北京坊

西城区　北京 DRC 工业设计创意产业基地

北京设计之都大厦园区

北京天桥演艺区

北京文化创新工场车公庄核心示范区

繁星戏剧村

国家音乐产业基地中唱园区

经济日报文化金融融合创新园

天宁 1 号文化科技创新园

中国文化大厦文化科技创新园

京盐融园

十月星吧广场

朝阳区 E9 区创新工场

半壁店 1 号文化创意产业园

北化机爱工场文化科技融合产业园

北京电影学院影视文化产业创新园平房园区

北京化工集团华腾易心堂文化创意产业园

北京懋隆文化产业创意园

北京塞隆国际文化创意园

北京万荷文化艺术硅谷创意产业园

创立方·自空间 CBD 写字园

电通创意广场

东郎电影创意产业园

吉里（北京）国际艺术区

锦珑（北京）创意产业园

菁英梦谷广渠文创园

尚 8 国际广告园

尚 8 设计+文化创意产业园

铜牛电影产业园

西店记忆 FunsTown

觿堂文化艺术园区

中国电影导演中心

中国动漫科技产业园一期

醉库国际文化创意园

首创郎园 Station

东枫德必 WE 人工智能创新基地

东方科技园

通惠河畔文化创意产业园

海淀区　清华科技园

768 创意产业园

海淀区东升镇兴华新媒体文创空间

海淀文教产业园

百旺弘祥文化创意产业园

中关村创客小镇

中关村数字电视产业园

国际传播科技文化园

丰台区　北京石榴中心文化创意产业园

首科大厦文化创意产业园

京工时尚创新园

永乐文智园

石景山区　首创郎园 Park 文化创意产业园

门头沟区　中关村（京西）人工智能科技园·智能文创园

房山区　北京大学创业训练营房山基地

北京智慧长阳文化产业园

通州区　弘祥 1979 文化创意园

新潞·运河文创园

顺义区　顺义金马文化创意产业园

昌平区　宏福文创园

腾讯众创空间（北京）文化创意产业园

大兴区　北京大兴新媒体产业基地

北京印刷学院文化创意产业园

格雷众创园

开发区　东尚·E 园

数码庄园文化创意产业园

附录2 中国创意产业研究中心 "创意书系" 出版书目

2006年

《中国创意产业发展报告（2006）》，中国经济出版社。

2007年

《中国创意产业发展报告（2007）》，中国经济出版社。

《创意为王——中国创意产业案例典藏》，科学出版社。

"奥运·创意"丛书之《科技奥运》，科学出版社。

2008年

"奥运·创意"丛书之《绿色奥运》，科学出版社。

"奥运·创意"丛书之《人文奥运》，科学出版社。

"奥运·创意"丛书之《和谐奥运》，科学出版社。

"奥运·创意"丛书之《安全奥运》，科学出版社。

"奥运·创意"丛书之《财富奥运》，科学出版社。

"奥运·创意"丛书之《创意奥运》，科学出版社。

《北京——创新之都》，科学出版社。

《中国创意产业发展报告（2008）》，中国经济出版社。

2009年

《中国创意产业发展报告（2009）》，中国经济出版社。

《思想力》，中国人民大学出版社。

2010年

《中国创意产业发展报告（2010）》，中国经济出版社。

《首都文化创意产业标准化》，科学出版社。

《创意起步——中小型创意企业创业指导》，中国经济出版社。

《注意力——创意产业案例之影视戏剧篇》，中国城市出版社。

2011年

《中国创意产业发展报告（2011）》（上、下），中国经济出版社。

《文化创意产业集群发展理论与实践》，科学出版社。

"创意城市蓝皮书"之《北京文化创意产业发展报告（2011）》，社会科学文献出版社。

"创意城市蓝皮书"之《青岛文化创意产业发展报告（2011）》，社会科学文献出版社。

2012年

《中国创意产业发展报告（2012）》，中国经济出版社。

"创意城市蓝皮书"之《北京文化创意产业发展报告（2012）》，社会科学文献出版社。

"创意城市蓝皮书"之《青岛文化创意产业发展报告（2012）》，社会科学文献出版社。

2013年

《中国创意产业发展报告（2013）》，中国经济出版社。

《工业遗产的保护与利用——创意经济时代的视角》，北京大学出版社。

《中外文化创意产业政策研究》，科学出版社。

《中国创意产业发展战略》，中国计划出版社。

"创意城市蓝皮书"之《北京文化创意产业发展报告（2013）》，社会科学文献出版社。

"创意城市蓝皮书"之《无锡文化创意产业发展报告（2013）》，社会科学文献出版社。

"创意城市蓝皮书"之《武汉文化创意产业发展报告（2013）》，社会科学文献出版社。

2014年

《中国创意产业发展报告（2014）》，中国经济出版社。

《北京文化创意产业功能区发展研究》，中国经济出版社。

"创意城市蓝皮书"之《北京文化创意产业发展报告（2014）》，社会科学文献出版社。

"创意城市蓝皮书"之《武汉文化创意产业发展报告（2014）》，社会科学文献出版社。

"创意城市蓝皮书"之《无锡文化创意产业发展报告（2014）》，社会科学文献出版社。

"创意城市蓝皮书"之《台北文化创意产业发展报告（2014）》，社会科学文献出版社。

"创意城市蓝皮书"之《青岛文化创意产业发展报告（2013~2014）》，社会科学文献出版社。

"创意城市蓝皮书"之《重庆创意产业发展报告（2014）》，社会科学文献出版社。

2015年

《中国创意产业发展报告（2015）》，中国经济出版社。

"创意城市蓝皮书"之《北京文化创意产业发展报告（2015）》，社会科学文献出版社。

"创意城市蓝皮书"之《武汉文化创意产业发展报告（2015）》，社会科学文献出版社。

《北京文化创意产业功能区发展报告（2014）》，中国经济出版社。

《中国创意城市指数评价体系研究》，中国城市出版社。

《文化产业（文化企业）案例分析》，经济日报出版社。

2016年

《中国创意产业发展报告（2016）》，中国经济出版社。

"创意城市蓝皮书"之《北京文化创意产业发展报告（2016）》，社会科学文献出版社。

"创意城市蓝皮书"之《武汉文化创意产业发展报告（2016）》，社会科学文献出版社。

"创意城市蓝皮书"之《天津文化创意产业发展报告（2015~2016）》，社会科学文献出版社。

2017年

《中国创意产业发展报告（2017）》，中国经济出版社。

"创意城市蓝皮书"之《北京文化创意产业发展报告（2017）》，社会科学文献出版社。

"创意城市蓝皮书"之《武汉文化创意产业发展报告（2017）》，社会科学文献出版社。

2018年

《中国创意产业发展报告（2018）》，中国经济出版社。

"创意城市蓝皮书"之《北京文化创意产业发展报告（2018）》，社会科学文献出版社。

"创意城市蓝皮书"之《武汉文化创意产业发展报告（2018）》，社会科学文献出版社。

"创意城市蓝皮书"之《成都市文化创意产业发展报告（2018）》，社会科学文献出版社。

"创意城市蓝皮书"之《天津文化创意产业发展报告（2017～2018）》，社会科学文献出版社。

2019年

《中国创意产业发展报告（2019）》，中国经济出版社。

"创意城市蓝皮书"之《北京文化创意产业发展报告（2019）》，社会科学文献出版社。

2020年

《中国创意产业发展报告（2020）》，中国经济出版社。

"创意城市蓝皮书"之《北京文化创意产业发展报告（2020）》，社会科学文献出版社。

"创意城市蓝皮书"之《成都市文化创意产业发展报告（2020）》，社会科学文献出版社。

"创意城市蓝皮书"之《武汉文化创意产业发展报告（2019～2020）》，社会科学文献出版社。

2021年

"创意城市蓝皮书"之《中国创意产业发展报告（2021）》，中国经济出版社。

"创意城市蓝皮书"之《北京文化创意产业发展报告（2021）》，社会科学文献出版社。

2022年

"创意城市蓝皮书"之《中国创意产业发展报告（2022）》，中国经济出版社。

"创意城市蓝皮书"之《北京文化创意产业发展报告（2022）》，社会科学文献出版社。

"创意城市蓝皮书"之《成都市文化创意产业发展报告（2022）》，社会科学文献出版社。

2023年

"创意城市蓝皮书"之《中国创意产业发展报告（2023）》，中国经济出版社。

"创意城市蓝皮书"之《北京文化创意产业发展报告（2023）》，社会科学文献出版社。

社会科学文献出版社

皮 书

智库成果出版与传播平台

❖ 皮书定义 ❖

皮书是对中国与世界发展状况和热点问题进行年度监测，以专业的角度、专家的视野和实证研究方法，针对某一领域或区域现状与发展态势展开分析和预测，具备前沿性、原创性、实证性、连续性、时效性等特点的公开出版物，由一系列权威研究报告组成。

❖ 皮书作者 ❖

皮书系列报告作者以国内外一流研究机构、知名高校等重点智库的研究人员为主，多为相关领域一流专家学者，他们的观点代表了当下学界对中国与世界的现实和未来最高水平的解读与分析。截至2022年底，皮书研创机构逾千家，报告作者累计超过10万人。

❖ 皮书荣誉 ❖

皮书作为中国社会科学院基础理论研究与应用对策研究融合发展的代表性成果，不仅是哲学社会科学工作者服务中国特色社会主义现代化建设的重要成果，更是助力中国特色新型智库建设、构建中国特色哲学社会科学"三大体系"的重要平台。皮书系列先后被列入"十二五""十三五""十四五"时期国家重点出版物出版专项规划项目；2013~2023年，重点皮书列入中国社会科学院国家哲学社会科学创新工程项目。

权威报告·连续出版·独家资源

皮书数据库
ANNUAL REPORT(YEARBOOK)
DATABASE

分析解读当下中国发展变迁的高端智库平台

所获荣誉

- 2020年，入选全国新闻出版深度融合发展创新案例
- 2019年，入选国家新闻出版署数字出版精品遴选推荐计划
- 2016年，入选"十三五"国家重点电子出版物出版规划骨干工程
- 2013年，荣获"中国出版政府奖·网络出版物奖"提名奖
- 连续多年荣获中国数字出版博览会"数字出版·优秀品牌"奖

皮书数据库

"社科数托邦"
微信公众号

成为用户

登录网址www.pishu.com.cn访问皮书数据库网站或下载皮书数据库APP，通过手机号码验证或邮箱验证即可成为皮书数据库用户。

用户福利

- 已注册用户购书后可免费获赠100元皮书数据库充值卡。刮开充值卡涂层获取充值密码，登录并进入"会员中心"—"在线充值"—"充值卡充值"，充值成功即可购买和查看数据库内容。
- 用户福利最终解释权归社会科学文献出版社所有。

社会科学文献出版社 皮书系列
SOCIAL SCIENCES ACADEMIC PRESS (CHINA)

卡号：645879891798
密码：

数据库服务热线：400-008-6695
数据库服务QQ：2475522410
数据库服务邮箱：database@ssap.cn
图书销售热线：010-59367070/7028
图书服务QQ：1265056568
图书服务邮箱：duzhe@ssap.cn

S 基本子库
SUB DATABASE

中国社会发展数据库（下设 12 个专题子库）

紧扣人口、政治、外交、法律、教育、医疗卫生、资源环境等 12 个社会发展领域的前沿和热点，全面整合专业著作、智库报告、学术资讯、调研数据等类型资源，帮助用户追踪中国社会发展动态、研究社会发展战略与政策、了解社会热点问题、分析社会发展趋势。

中国经济发展数据库（下设 12 专题子库）

内容涵盖宏观经济、产业经济、工业经济、农业经济、财政金融、房地产经济、城市经济、商业贸易等 12 个重点经济领域，为把握经济运行态势、洞察经济发展规律、研判经济发展趋势、进行经济调控决策提供参考和依据。

中国行业发展数据库（下设 17 个专题子库）

以中国国民经济行业分类为依据，覆盖金融业、旅游业、交通运输业、能源矿产业、制造业等 100 多个行业，跟踪分析国民经济相关行业市场运行状况和政策导向，汇集行业发展前沿资讯，为投资、从业及各种经济决策提供理论支撑和实践指导。

中国区域发展数据库（下设 4 个专题子库）

对中国特定区域内的经济、社会、文化等领域现状与发展情况进行深度分析和预测，涉及省级行政区、城市群、城市、农村等不同维度，研究层级至县及县以下行政区，为学者研究地方经济社会宏观态势、经验模式、发展案例提供支撑，为地方政府决策提供参考。

中国文化传媒数据库（下设 18 个专题子库）

内容覆盖文化产业、新闻传播、电影娱乐、文学艺术、群众文化、图书情报等 18 个重点研究领域，聚焦文化传媒领域发展前沿、热点话题、行业实践，服务用户的教学科研、文化投资、企业规划等需要。

世界经济与国际关系数据库（下设 6 个专题子库）

整合世界经济、国际政治、世界文化与科技、全球性问题、国际组织与国际法、区域研究 6 大领域研究成果，对世界经济形势、国际形势进行连续性深度分析，对年度热点问题进行专题解读，为研判全球发展趋势提供事实和数据支持。

法律声明

"皮书系列"（含蓝皮书、绿皮书、黄皮书）之品牌由社会科学文献出版社最早使用并持续至今，现已被中国图书行业所熟知。"皮书系列"的相关商标已在国家商标管理部门商标局注册，包括但不限于LOGO（▧）、皮书、Pishu、经济蓝皮书、社会蓝皮书等。"皮书系列"图书的注册商标专用权及封面设计、版式设计的著作权均为社会科学文献出版社所有。未经社会科学文献出版社书面授权许可，任何使用与"皮书系列"图书注册商标、封面设计、版式设计相同或者近似的文字、图形或其组合的行为均系侵权行为。

经作者授权，本书的专有出版权及信息网络传播权等为社会科学文献出版社享有。未经社会科学文献出版社书面授权许可，任何就本书内容的复制、发行或以数字形式进行网络传播的行为均系侵权行为。

社会科学文献出版社将通过法律途径追究上述侵权行为的法律责任，维护自身合法权益。

欢迎社会各界人士对侵犯社会科学文献出版社上述权利的侵权行为进行举报。电话：010-59367121，电子邮箱：fawubu@ssap.cn。

社会科学文献出版社